梦境

赤耳／作者

ISBN: 978-1-957144-51-1

本书由美国 Asian Culture Press, LLC 出版

Published by Asian Culture Press, LLC

1942 Broadway, Suite 314C,

Boulder, CO 80302,

United States

Published in the United States of America

First paperback edition October 2022

本书2022 年10 月在美国第一次出版

序 言 | PREFACE

留给读者

目录

CONTENTS

第一章　梦境的开始 …… 1
第二章　迷乱的世界 …… 11
第三章　城堡的突变 …… 19
第四章　公正的审判 …… 25
第五章　变化的接应 …… 35
第六章　王子的去向 …… 47
第七章　王位的继承 …… 55
第八章　飘荡的船舶 …… 65
第九章　王后的选择 …… 75
第十章　霸主的传说 …… 83
第十一章　兄弟的相残 …… 91
第十二章　金石的巨子 …… 101
第十三章　战争的前期 …… 111
第十四章　公平的誓言 …… 121
第十五章　赛马尔之战 …… 131
第十六章　人间的异类 …… 139
第十七章　战争的延续 …… 147
第十八章　大海的歌声 …… 155
第十九章　谈判的结果 …… 163

第二十章　明亮的诅咒…… 171
第二十一章　有趣的比方 …… 179
第二十二章　冰山的青龙…… 187
第二十三章　流水的花园 …… 195
第二十四章　激情的兽场 …… 203
第二十五章　都城的风笛 …… 213
第二十六章　叹息的森林 …… 223
第二十七章　奇异的梦境 …… 233
第二十八章　林中的生死…… 241
第二十九章　都城的密谈 …… 249
第三十章　族人的文化…… 259
第三十一章　女仆的供词 …… 267
第三十二章　死堡的城门 …… 275
第三十三章　亚索的愤怒 …… 283
第三十四章　金黄的蝎尾 …… 291
第三十五章　王者的权杖 …… 299
第三十六章　安西的刺杀 …… 309
第三十七章　穿衣的铜镜 …… 317
第三十八章　城主的约定 …… 325
第三十九章　都城的棋局 …… 333
第四十章　归来的旅人 …… 341
第四十一章　四方的混乱…… 351
第四十二章　江河的暗流…… 361
第四十三章　鼠堡的狂欢…… 369

目录

3

第四十四章 赛马尔的骄傲…… 377
第四十五章 无聊的戏剧…… 387
第四十六章 隐秘的身份…… 395
第四十七章 整齐的书房 …… 403
第四十八章 围困的城堡…… 411
第四十九章 悲喜的交谈…… 421
第五十章 影子的消息…… 429
第五十一章 离奇的归来 …… 437
第五十二章 消失的战争…… 445
第五十三章 真实的故事 …… 455
第五十四章 不死的残缺 …… 465
第五十五章 盛大的婚礼 …… 475
第五十六章 重设的道路 …… 485
第五十七章 未完的心愿 …… 495
第五十八章 离世的英雄…… 505
第五十九章 情报的真假 …… 513
第六十章 虔诚的誓言 …… 523
第六十一章 双线的交织 …… 533
第六十二章 永久的睡眠 …… 543
第六十三章 紧守的城门 …… 553
第六十四章 面前的真相 …… 563
第六十五章 苏亚斯的猜想 …… 571
第六十六章 梦境的结束 …… 579
第六十七章 复活的觉醒 …… 589

第一章 梦境的开始

我做了一个梦。

我梦到一个酒馆，它的陈设很简单，地方也不大，可是除了壁炉，这里所能见到的一切都是木制的。

酒馆的地面是土地，上面摆着八个正方形的桌子，三十二把椅子。而这些桌椅的东面则是一个长方形的柜台，柜台后一人空隙处则立着一个高高的木柜，木柜的下方被隔断成三个大格的空间，每一个空间中都放着一个圆形木桶。木柜上方被分成三层，每层上都零零散散的摆放着大小不一的酒杯。

这酒馆内光线昏暗，那八个桌子和三十二把椅子散乱的摆放着，显得乱糟糟的。而各式各样的男人、女人在这里或坐或站，或调情聊天，或咒骂赌酒——他们有的年轻，有的老迈，身上穿着粗布或麻布的打着各种补丁的宽大衣袍，腰间则系着白色，灰色或黑色的绳子。

一个男人推开门，外面呼啸的风雪瞬间刮了进来，石头壁炉里的火焰晃了晃。这男人快速走进，他关上门，拉下了帽子，露出一张轮廓分明的脸。

男人褐色的眼睛四处望了望，他先是到壁炉边暖了一会儿手，然后便来到柜台对里面站着的老板道：“来杯麦酒。”

“好嘞。”老板是一个肥胖的中年男子，他转身拿起一个大木杯，动作敏捷的弯下身子从酒桶中接了满满一杯的麦酒递给那个男人，跟着他狡黠地眨了眨眼睛道：“贫穷使你今天来迟了！”

男人接过木杯坐下，他喝了一口酒，没有说话。

老板看着男人的眼睛道：“你应该高兴些，这里所有的人都贫穷，但他们很会找乐子。他们虽然喝着劣质的麦酒，但我相信他们的快乐不亚于国王！”

“敬国王一杯，国王万岁。”一个胡子邋遢的男人刚刚走到柜台边就接过老板的话茬，他醉醺醺的举杯高嚷道。

“国王万岁！”老板也嚷道。

“妈的！”那个胡子邋遢的男人呲牙咧嘴、口齿不清的道：“谁敢他妈的说这是劣质的麦酒，再来一杯。”他硕大的鼻子已经通红了。

“好嘞。”老板笑眯眯的拿过那男人的杯子，他再次动作敏捷的弯下身，从酒桶中接了满满一杯的麦酒递给那个男人。

男人付过钱，他高举酒杯却转身响亮的叫道：“国王万岁，我祝国王这婊子养的万岁，他是婊子养的，我也是婊子养的，我们都是婊子养的，我们都万岁！”他边嚷边脚步不稳的向一位高瘦的中年女人身边走去，他盯着那个女人看了一会儿，那个女人也看着他嘻嘻的笑着。

“哈哈！”那男人突然笑着扑到那个女人的身上又亲又摸，女人没有丝毫的厌恶，也紧紧的抱着他又亲又摸。

“过会儿他又该喊婊子万岁了！”老板摸着自己的双下巴笑嘻嘻的说：“这就是离国都远的好处，在这里他没的选择，不然他要么选择挨打或死亡，要么就要选择虚假或沉默。”

坐着的男人放下酒杯，他问老板道：“外面有没有什么消息？”

“麦子马上又要涨价了。”老板趴在柜台上道：“我去进酒的时候听说的，国家已经发布了税法，这样我这儿的三桶酒喝完后，酒也要跟着涨价。我觉得我应该换个地方去开酒馆，可是我没有足够的金币。我想起当初我有两个选择。一个是用我的钱来你们这个地方开酒馆，一个是我借钱去另外一个地方开酒馆。但我选择了这里——因为经验告诉我，这儿人多，地便宜，你们需要酒，于是我用我为数不多的钱搭建了你们这儿唯一的一家酒馆，可是你们却教会了我在贫穷的地方折腾不出金矿来。我一直觉得自己是一个聪明人，但现在我只能安慰我自己，也许我去另外一个地方我这会儿连命都没有了。”

“幸好你没得选择，要不然我连这唯一的乐子也没有了。”那个男人道。

“还是想想怎么在矿区上多挣些钱吧，要不你也要没得选择了！”老板边说边向角落里努努嘴道：“你看见那边坐着的那个垂头丧气的青年没有？对——就是那个嫩脸，他说他是什么吟游诗人，还是什么流浪家——乱七八糟的。说的好听，但从我的眼睛里看，他就是个不折不扣的大骗子！他一进来就问我要酒喝，为什么，因为他渴了，可是他没有钱。他还问我有没有吃的，为什么，因为他饿了，可是他也没有钱。我差点忘记告诉他如果什么诗人什么家不用吃喝不用钱也能活着，那么不用活到他这个年纪我就已经选择做他这一行了。我告诉他如果他要吃饭，我这里还有些顾客，他可以靠着自己的本事去挣。于是他意气风发的去了，现在却垂头丧气的坐着。”

男人向老板说的地方看着，确实见一个青年在酒馆的角落里坐着，他看上去很瘦弱，留着弯曲成结的长发，此刻他正低着头，摆弄着手上不大的小竖琴。

“他都唱了些什么？”男人问。

“嘿嘿，”老板的双下巴轻微的抖动着道：“还能有什么？不是酸的肉麻、就是甜的发苦的爱情呗。不过，我敢拿我的酒馆打赌，他嘴上虽然唱着爱情的调调，但如果哪个姑娘让他在她身上占了便宜，那么他转身时跑的一定像贼一样快。”

“也许这是你的偏见，并不是所有的青年都是这个样子。”男人不置可否的道。

“偏见？哦！天哪，我拿我最尊敬的该死的神让我降生到这个世界的那天起誓——这如果不是经验，那就让祂等我落地的瞬间就把我重新塞进我母亲的体内。所以，我一定要让我的女儿离这种青年远一些——她风华正茂，情窦初开，就如同一座尚未被开垦过的金矿——那些胆小的贼看在眼里，胆大的贼藏在心里，而他们这种贼最可恶，他们使我女儿把他们藏在心里、虽然我并没有女儿……嘘，你瞧，他又要开口唱了。”

“那年我十七岁，你只有九岁。今年我三十五岁，你二十七岁。我孑然一身，你是两个孩子的妈妈。我生活得还好，你过得也不差。时间就像是精明的商人一笑而过，但我还想和它做笔交易，二十五岁，那样我便不会孤独终老，而你也会是我两个孩子的妈妈。”

老板挤了挤眼睛道：“这倒是新调调，我喜欢精明的商人这个词。”

男人转下身，他想把那个青年叫过来，却看到那青年旁边一个满脸横肉的男人醉醺醺的搂着那个青年的肩膀粗狂的笑道：“哈哈，来，来为我两个孩子的妈妈干杯！”

男人转回身，又喝了一口自己杯中的麦酒。

老板拿起干布，他擦拭着水桶里放置的酒杯道：“这是他今天挣到的第一杯酒，也许这杯酒会让他明白以后要学些更有用的淫词浪调。我坚信流浪使人明智，那些虚无缥缈的歌词在王子或公主的婚礼前唱吧，他们虽然富有，但也更容易贪婪，所以他们给予的赏赐也更容易多些。我倒希望他最终会变成这么一种人，像我一样——其实我这种人除了偶尔要碰碰运气外别的也没什么不好——你给我一枚索币，我给你一杯劣质麦酒，你给我十枚索币，我给你一杯上等麦酒，你给我一枚银币，我给你一桶上好麦酒，你若给我二十枚金币，我就给你一座酒馆。你若是要给我一百枚金币，哈哈，那我就要看看我还有什么可卖的了，力气？智慧？还是情报！懂得等价交换，机会便会使身体不受贫苦。”

“没人会给你一百枚金币的，那样一大把钱我连想都不敢想！”男人低头笑起来。

“当然。”老板也笑起来道：“那样的人不是傻瓜就一定是把我当成了傻瓜。”他把擦好的杯子放在身后的架子上道：“不过昨天我就碰到了这样的傻瓜。”他转回身又趴在柜台上道：“愿意给我一百枚金币。”

男人没有抬头道：“愿意买你的酒馆吗？”

“他们向我打听一个人，一百枚金币。你知道，一百枚金币可以使我过上我想过的生活。你对于生活有没有过什么幻想？”

男人摇摇头。

“我有过幻想、两家生金子的酒馆，几个听话的仆人。我每天睡到日上三竿，起床在热闹的城镇里走走，城镇里卖的东西，不论贵贱，我都能有买或者不买的能力。中午，我会吃顿丰盛的午餐，然后小憩一会儿，下午我再去奴隶市场或斗兽场逛逛，这是两个最能消化食欲与振奋人精神的热闹地方。而夜晚，我则会在灯火通明的舞女街看舞女跳舞，而只要我乐意，我便能撒一大笔金币让她们其中的任何一个陪我直到天亮。我可能也会选择结婚，只要我能找到一个老实年轻的姑娘，因为我需要一个子嗣来继承我的家业，他身上要流着我的血，脑中要继承着我的思想。他要在每一年与我告别的那天里，都会因为失去使他出生的我而悲痛的向神祷告。我将彻底地告别这无聊的日以续日，过上我梦中的生活。”

“一百金币是过不上这样的生活的，”男人轻轻笑道：“你这个幻想超过了你所标出的价格！”

“当然。”老板也眯起眼睛笑起来道：“但我年少时曾游荡过许多地方，我去过瓦斯瓦特城，跟过那里最精明的商人，你有时间听我讲一段往事吗？”

“当然，”男人一口喝光了杯中的麦酒，他拿出十个索币道：“再来一杯。”

“好嘞。”老板敏捷的弯下身，然后他把杯中满满的麦酒递给男人道：“我十六岁到的瓦斯瓦特城，我想你也知道，那儿被誉为金沙之城，也是所知大陆最繁华的城镇之一。在看到它以前，我对它只是听闻，而它对我来说也只是一个地方，但当我真正站在这个地方上，我的心不免颤抖了。我不断告诉自己，这是我亲眼所见，不是我心中的想象——不，有些是我连想象也不敢想象的。我就这样，每天战战兢兢的仰望着它里面各种精雕细琢的楼房，抚摸着广场上巧夺天工的乳白色大理石雕像，看着各种各样的商人带来的奇奇怪怪的货物——你肯定没见过猫一样小的雄狮，也一定没见过狮子一样大的猫。你也一定不知道，海盗们除了打家劫舍还能逮到美丽的人鱼，它们的叫声很难听，就像是撕扯的棉麻，可是它们的歌声很好听。有人说它们的歌声能使人沉睡，那也不完全是扯谎，但你只要将它鱼尾部的鳍连根剁掉，把它绑在木桩上，它就只能唱出使你益寿延年地美妙的曲子来。但你一定要记得每七天喂它喝一次水，虽然它们的寿命很长。当然，如果你有用不完的金币也无所谓，海盗会不时来城中交易，人鱼虽少见但也有价格。”

老板摊摊手接着道：“就这样，我每天仰视着这个城镇、这个城镇也每天俯视着我。好在它富裕，对我也算友好，它看着我在它的各个角落里流浪，缩成一团、像只肮脏的却不肯离开的老鼠般捡食充饥倒也没使我饿死。在这个城镇的捡食者不多，直到有一天我引起了一个人的注意，他问我愿不愿意在他的每笔交易下出点力气。我问他有没有饭吃，他告诉我他会付给我报酬，‘按劳所付，等价交换。’他笑着说。于是我便跟他走，成了他的一个货物搬运工——他做的是衣料生意，这世上的商人很多，但我相信他一定是最精明的商人。而随着我每月送衣料的次数越来越多，我也从每月能存下一个银币，到每月能存下三个银币。你别看我现在很胖，那时我可是一个精壮的小伙子呢！”老板咧开嘴嘿嘿笑起来。

“就这样过了一年多，他找到我，让我当了我们那一队货物搬运的队长。那时他已经有了四个货物搬运队，每队十个人，分别给城镇的东西南北送货。队长可以分派送货，还负责收钱，但我不用担心那九个人哪一个会卷钱逃跑，因为我们都记录在册，没有雇主介绍我们不可能从城门卫兵的眼皮子底下溜出去。总的来说这是件相对轻松的工作。‘这是你一年多的报酬，’他笑着对我说，‘等价交换。’这样我又干了几个月，直到有天晚上，我去把一天收的钱币交给他，发现他并不在这个时间该在的饭桌旁，几个仆人在那里忙碌的打扫房间，而他应该是去送一个贵重的客人了，因为我看到一个金质的酒杯摆在桌子的另一头、一个离我很近的地方。”

老板摇晃了下身子，他闭上眼睛吸口气又睁开道：“一个金质的酒杯、一个离我很近的地方，我顺手把它塞进了自己衣袍的右边口袋，没有人注意到我、我转身想离去，却正好和他碰了个满怀。‘你做什么？’他问我。‘我把今天收的钱币给您送来。’我把钱袋举起到他面前，可是我的腿在发抖，因为我的右口袋鼓鼓的，我左手下意识的遮掩着右边的口袋，就像一个裸露的处女在外人面前下意识的遮掩着自己隐秘的部位。可是这害怕来得迟了些，他已经看到了空空如也的桌子，他没有拿我递到他面前的钱袋，而是绕过我坐下沉默了一会儿。这沉默更使我恐慌，我虽没有见过，但我知道在城镇里偷窃罪一旦成立是要被砍掉右手的。我的呼吸越来越急促，心也跳得莫名的厉害，就在这时他冲我招招手，我走过去，他拿过我手里的钱袋打开数了数。‘这是今天的收账？’他问我。‘是的。’‘一文不少？’‘一文不少。’接着他让仆人们都出去了，屋里就只剩我们两人，我看着他，又不太敢看他。‘今晚我送你出城，’他说，‘你去收拾一下，这个月的工钱我就不发放给你了，但我也不会动你的右口袋，不是预言家的人预言眼睛会瞎掉的，但我知道那里面装着你的一个机会。’他说完后陪着我收拾了行李，然后把我送到城门边上让卫兵放行。而就在我走出城门的时候，他说，‘机会只是开始。’就这样我离开了瓦斯瓦特城，直到现在我都非常感谢他当初的决定，保存了我现在这只擦杯子的右手。”老板说完又拿出一个木杯轻轻擦拭起来。

“谨慎方是守护！”男人说了一句，然后他默默的喝了口酒又道：“不过我觉得他说的机会并不是指你口袋里的金杯。”

“可能吧！”老板咧开嘴笑道：“但那又有什么关系？很感谢你现在告诉我后一句话，但我要说的是从那以后我确实过了几年好的日子，我也结交了几个知心好友。说实在的——我厌恶富裕的生活，就如同我厌恶女人，因为它会使你疯狂的上瘾成性，而你又不敢抛弃它。我白天想方设法的挥霍践踏着这种生活，只因我要享受它所有的一切，我要告诉它，我是它的王，而夜晚我却又会在它面前偷偷地哭泣，祈求它不要抛弃我。我努力的做过几笔投资，也碰过几次运气，可是我的运气实在是太坏了，直到有一天我发现我再次的一无所有，我又回到了以前——不知道你有没有过从高处跌到地面的经历，那是个非常不好的经历，所以直到现在我每晚闭上眼睛都是自己辉煌的过去，而这过去的辉煌又促使现在的我浑身出奇的痒。”老板说着把木杯放在桌上道：“一个金质的酒杯、一个离我很近的地方，这是上天对我的恩赐。我原以为我这辈子再也交不到这样的好运了，直到昨天有人带着一张羊皮上的画像来问我，而我、似乎恰恰认识上面的那个人。”

老板直视着男人的脸道：“三十七岁，身高五尺四寸。轮廓分明的脸，褐色的眼睛，挺直的鹰钩鼻子，方正的嘴巴，络腮胡子，短发，最明显的是在右眉边到右眼间上有一条不大的伤疤。你来这个贫困的矿区有快一年了，我喜欢和你说话，因为你是唯一一个肯听我说话而不愿打断的人。你告诉我你来自犹伦之地，你叫索尔孟，但我知道那里的人都很野蛮，后来我又听你的矿友说你来自飞鹰之堡守护下的赛尔之城，因为盗窃跑出来流浪至此，他们都叫你夏尔络。这都无所谓，每个人都有自己想要保守的秘密，言谈可以转变，名字可以更改，胡子可以剃光，但你愿不愿意捋起你的头发，让我看看你的右眉？”

男人捋起头发，露出了自己右眉与右眼间一条不大的伤疤。

“不论你是什么人，我希望你不要怪我，我不想一辈子和这里自甘堕落的人打交道。”老板道：“我的耳朵格外敏锐，我想外面那急促的马蹄声就是为你而来的，并且我希望你不要逃跑，你跑了我们这里的人都会没命的。”

“当送信人出去另外三个人进来的时候我就知道自己已经无路可逃了。”男人放下右手道：“但我没想到他们依然这么胆小，他们不知道我伤情未愈，尚不适合缠斗，不然，我们的交谈也早就结束了。”

酒馆外传来吵杂的吆喝声与马嘶声，显然外来人将这个酒馆包围了。酒馆里的众人不明就里，乱作一团，而在角落里的三个男子忽然站起抽出各自长靴中的短剑喝道:“想活命的就老老实实的坐下，这事儿与你们无关。”

酒馆里瞬间安静了。

酒馆木质的大门打开，一队穿着黑色盔甲的卫士手持着明亮的佩剑冲了进来，他们团团围绕在那个男人的身边。

男人喝干了杯子中的酒，他站起身对老板道：“谢谢你给我讲的往事，我也给你一个忠告。”他转过身去道：“隐姓埋名，远走高飞，去过、你想过的生活。”

“罗里斯，”领头的卫士大叫道：“你已经被包围了，外面有二十个持枪士兵，二十个弓箭手，你最好用自己的腰带捆绑住自己的双手，免做无谓的争斗。”

“那样我的裤子就会掉下来了，”男人说着缓缓向门口走去。围着男人的包围圈越来越小，就在男人将要走出门口的一刻，领头的卫士大喝一声冲过去将他按倒在地，几个卫兵上前用绳子反绑住了他的双手。

众卫士将男人提起，领队用粗犷的嗓音道：“桑尔夏的丛林之子，游荡叛军的首领，神射手罗里斯，让我来看看你怎么逃脱。”

男人的脸痛的变了形，他深吸一口气，摇头冷笑道：“我只是想有尊严的跟着你们走，但没想到你们根本就没给我选择。”

第二章
迷乱的世界

“这是哪儿？”女人朦胧的问道，她站在绿草地上举目四望，只见周围各种高大的树木将她所站的绿地围成了一个不大的圆形。

她缓步向这圆形的正中央走去，那里长着颗粗壮的榕树，她抚摸着这棵树的树身，风吹过榕树，上面椭圆形绿色的叶子不停的摆晃着。

“这是你的森林啊——你的森林啊——”她听到风含糊不清的飘过，而周围的树叶也都在沙沙的响。

‘我是谁？’她在心中朦胧的问着，她绕到榕树后，看见一个不大的水塘，她低下头去，平滑如镜的水面上出现了一张美艳绝伦的脸。

“咯咯咯咯。”她忽然听到森林中传来一个女孩子的笑声，她顺声走进森林，看见一个十岁左右的女孩儿正蹲在不远处的地上，“我射中它了，我射中它了。”那女孩儿欢呼雀跃的大叫着，她左手提起一只野兔的大耳朵，右手挥舞着一张小弓。

她见那女孩儿手舞足蹈的站起，然后向森林更深处跑去，可却脚下一滑摔了一跤，而一只灰色的饿狼正在不远处盯着她。

女人心中焦急又害怕，她大声呼叫，可是那小女孩似乎是摔晕了，她趴在地上一动不动。

眼看那只狼奔跑起来，女人随手拾起地上的一根木枝，然后不顾一切的向那小女孩儿摔倒的地方跑去，可等她跑到后却什么也没有看到。

树叶依旧在沙沙的响，女人紧握木枝的手在不断地颤抖，她只觉得自己的心跳的出奇的厉害，她四处望了望，双腿一软，半蹲在了地上。

‘这是我的森林，我却是谁？’女人心中再次朦胧的问，她丢下树枝，站起身。

“这是属于你的森林，”她听到一个男人的声音从几棵树后传来，“也是属于我的森林。”女人顺声走过去，看到不远处一对男女正站在一块绿色的草地上。

“百木见证，风神传送，从今开始，直至死亡。”男人的声音再次传来。

‘这是在求婚呢。’女人看他们面对面的站着，她强忍住心中的欢喜，然后把自己的身子藏在一颗树后想道：‘让我来听听他们说些什么。’

“咯咯咯咯。”她听到那女孩儿清脆的笑声。

“百木是看不见你的行为的，”那个女孩儿道：“而风神虽然会听到你的言语，但那是个糊涂的神灵，祂有时连自己都不知道自己要上哪儿去，今天往东，明天往西，你拿他们起誓也许就是为了代表你那飘忽不定的内心。”那女孩儿说着挽起男人的手道“从此刻起，如果你的心像狐狸一样狡猾，那么，我也将像变色龙一样善变！”

女人在树后抿嘴笑起来，‘这可真是个伶牙俐齿的姑娘！’她心中赞赏道。

“可是，你是谁？”女人忽然听到那女孩儿质问地声音。

‘对啊，他是谁？’女人探出头去，想看看那个男人的样貌，却发现那里什么也没有了，而自己正处在一片白茫茫空阔的砂石地面上。

“王后，王后。”女人睁开眼睛，她看见一个中年女仆正站在床边，接着那个女仆压低声音小声道：“他们捉住了罗里斯。”

王后瞬间便直坐起身，她洁白如雪的肩膀裸露出来，她的表情中充满着差异、失望、还带有一丝小小的愤怒。

王后平复了一会儿自己的情绪，开口问道：“现在是什么时辰了？”

“午夜。我也是刚刚听到的消息，国王正在开会，很有可能明天中午当众将他绞死。罗里斯现在正关在地牢，我已经让菲利亚特调换了持岗的时间，他现在正等在地牢门口，如果您要去见他最后一面，就请换上我的衣袍，菲利亚特会接应您，如果您决定不去，那么他便会正常上岗。”

“我要见他。”王后斩钉截铁的道，然后她迅速下床，换上女仆脱下来的衣袍。

“把帽子裹得严实些，王后。”女仆小声道：“到地牢时遮上面纱，不要太长时间。”

王后低下头，打开门，匆匆的出去了。

王后一路走到地牢，她看见菲利亚特远远地迎了过来。

“请不要说话，王后，我带您进去。”菲利亚特说着挽起王后的手臂。王后遮上面纱，把头更低了些，两人一起走进了曲曲弯弯的地牢。

“哟！菲利亚特，你今天提早来了一会儿啊？这位是——”地牢中一个守卫的士兵问道。

“万斯利，这是我母亲，她知道我当上守卫没多久，想来看看我为国家效力的地方是什么样的。”菲利亚特回道。

“夫人您好。”万斯利礼貌的鞠躬，王后也回了个礼。

“夫人，您该告诉王后，虽说在哪儿为国家守卫都是一样的，但国王守卫队总比我们地牢守卫队站的地方要好些。”万斯利调皮的冲菲利亚特眨眨眼睛又道：“这里没有光线照射，也太晦暗了些，并且这里还总有着挥之不去的难闻的味道。”

王后点点头。

“好了，万斯利。”菲利亚特笑道：“你先回去休息吧，我再陪母亲逛逛看，她常告诉我，路是踏实的人走出来的。”

万斯利又鞠躬笑道：“再见，夫人。”王后又回了个礼，然后万斯利把钥匙交给菲利亚特，迈着大步走了出去。

“就是这里，王后。”菲利亚特来到一扇在石壁上镶着的铁门前轻声道，然后他递给王后一根蜡烛点燃，他拿起钥匙道：“我会在外面看守，但请不要太长时间，王后。”

随着铁门吱呀一声的打开，王后忽然觉得自己的心跳的厉害，她走进牢房，铁门随后关上了。

王后听到地牢中老鼠在“吱吱”的惊慌逃窜，而借着蜡烛微弱的光芒，她看到一个男人正蜷缩着身子躺在墙角的干茅草上，她一步步走过去，烛光照到了那个男人，那人坐起身，王后掀开面纱，拉下了帽子。

“贝丽苏亚，我没想到我还能见到你！”那人苦笑一声。

“为什么？为什么……要谋害我的父亲？”王后悲哀的眼睛却投射出有力的仇恨。

男人摇摇头道：“我没有谋害你的父亲，他是被国王杀害的。”

“你在撒谎，”王后摇头道：“不可能。事实是在国王迎娶我的当天夜晚，你就发动了叛乱，杀死了我的父亲。只因为我的父亲把我许配给国王以来换取他所守之地的平安，你就心存愤恨，想自立为王。而国王听到消息后派出军队镇压，方才把你们驱除出去。”

“我不知道你在这里究竟听到什么，贝丽苏亚，”男人悲哀的摇头道：“而我所知道的是当时国王名义上是退兵了，解除了包围。但当天夜里城门突然大开，接着一大队骠悍的骑兵却趁虚而入，进行了一场惨烈的屠杀。那时我正在桑尔夏森林，当我看到城堡起火时我慌忙率军赶到城内，当时城里一片大乱，四处都有人哀嚎与数不清的火焰。我急忙赶到宫殿，在宫殿门口看到，看到……看到你的父亲已经——。”

王后的身子晃了晃，她强忍着语气中的悲痛道：“你怎么知道那是国王的部队？”

“当时周围都很太平，并且也只有国王才有黄金铁骑。”

“我需要证据。”王后一字一句的说道。

“我没有证据，也没有证人。”男人又摇摇头道：“当天晚上我率军刚灭了国王的黄金铁骑，国王镇压我们的大军便冲进城内，我和残留的一些守卫与骑士逃出了城，后来我们在桑尔夏森林里组成了游荡军团。可在一年前我们却遭到了国王部队的伏击，他们将部队伪装成了商队，在离我们聚集地不远的地方，突然发起了攻击。当时有很多人被俘或者被冲散，而你父亲最忠心的守卫、也是你叔叔的桑罗斯在保护我的时候死去了，他替我挡了致命的一箭，而我也在那场战斗中负了伤。”

王后认真的看着那个男人，他也看着王后。

“你明天就要被绞死了，罗里斯。”王后道。

“我知道，只是这一天比我想象的来的早了些。”

“我感谢你在我小的时候教我射箭，直到现在我都忘不了我第一次射中野兔时的那种喜悦。我也感谢你在恶狼的身边救了我的命，使你的右眉边到现在都留有一道伤痕，我同样也感谢你在森林中的求婚。”王后道。

“百木见证，风神传送。”罗里斯道。

“从今开始，直至死亡。”王后道：“还记得我最后说过什么吗？”

“如果我的心像狐狸一样狡猾。”男人看着她道。

王后点点头道：“谢谢你还记得这一切，罗里斯，但我现在是王后，所以，我将选择相信我的国王。”

罗里斯点点头。

“这是最后一夜了，罗里斯，我希望你能对自己好点。”

“你不知道外面的情况，王后，因为国王的残暴，他原本占据的地方现在已经有许多人在偷偷的聚集，而且——”

“那又有什么关系？”王后打断他的话道：“国工年纪大了，也许确没有以前明智，但他是个好国王，一直以来他使我过着锦衣玉食的生活，并且你说的那些事国王也都会处理的。”王后说着向门口走去。

男人看着王后的背影哀伤的摇头，最终他叹息一声道：“这将会是我最难过的一个夜晚，因为我亲眼看见桑尔夏森林之花凋零了。”

王后已经走到了门口，她站住沉默一会儿道：“罗里斯，这世上根本就没有什么桑尔夏森林之花，这一切只不过是你的臆想。”

午后的阳光有些耀眼，王后站在宫殿花园的走廊，她看着远处空地上一个十岁的男孩儿挥舞着手中的木剑，向手持着木盾的菲利亚特攻去。

“留些力气在防守上，脚步要站稳，不要急于进攻，要看到敌人露出的薄弱地方。”菲利亚特一边退一边指导着。

可是男孩儿每一下都用力很猛，木剑砸到木盾面上，发出清脆的“梆梆”声。就在男孩儿又一剑劈来的时候，菲利亚特一个转身，男孩儿脚下不稳的向前摔去。菲利亚特持盾的手挡住了男孩儿的腹部，让他免于跌这一跤。

“你用力太猛了，殿下，这样打斗起来你只会白费力气。”菲利亚特轻声说。

“咯咯咯咯。”男孩儿笑起来道：“菲利亚特，我们休息一会儿吧，我已经没有力气了。”

“可以，但只能休息一会儿，这些天虽然没有下雪，但天气还是很冷的，我们只有不停的运动着，才不会感觉寒冷。”菲利亚特说着和男孩儿停了下来。

“我都出汗了，”男孩儿认真的道：“我什么时候才能像你一样强？菲利亚特？”

“我知道的剑术是要和思想配合的，殿下，长剑不同于战斧或者铁锤，那是有力者装备的武器。而长剑讲究技巧，它可能不急于进攻，但进攻时很巧妙，它总是能看到对方露出的薄弱环节，比如说——”

“其实仔细看你你长得也挺好看的，菲利亚特。”男孩儿天真的说：“棕色的头发，黑色的眼睛，白白的脸，我妈妈说你在前天的剑术比赛中取得了很好的成绩，那天有很多女孩儿向你抛红色玫瑰花，并且你已经十八岁了，也该要结婚了。”

菲利亚特羞涩的笑了，他道：“你长大后也会很好看的，殿下，并且你长大后还会做国王。”

“我妈妈没准备让我做国王。”男孩儿认真的道：“她说国王的肩膀要很厚实，而我的肩膀太瘦弱了。”

女仆走到王后的身边低头轻声道“罗里斯已经逝世了，王后。他最后也是唯一说的一句话我没有听清，但他说的时候是面带微笑的。”

王后点点头，她向那个男孩儿练剑的地方走了过去。

“王后陛下。”菲利亚特慌忙低头鞠了个深深地躬。

“母后。”男孩儿扑到她的怀里，王后将他抱起来道：“我是真的真的很爱你，亚伦。”

梦境

18

第三章
城堡的突变

“这个世界太大了，贝丽苏亚，而我的年纪也太大了。记得娶你的时候我还只有四十五岁，但现在我们的孩子亚伦都已经十岁了。他在一天天的长大，可我头上却已经生出了白发。岁月不饶人，我以前常听带我的老师感叹，但现在，也轮到我感叹了。”

“您并不老，陛下。在贝丽苏亚的眼里您还像娶我的那天一样年轻。”

“被喜欢的女人夸奖不论何时总能让人感到喜悦。”国王笑起来道：“可是讨厌的岁月总会不时的在提醒我，你的膝盖儿开始慢慢变得僵硬了，你的背也要慢慢弯了，你的气力在一点点的消失——年轻人从未相信过衰老的到来，而老人在它到来时又不敢相信。其实它才是我们公平的王，因为在它面前每个人都一样。我记得以前带我的老师常常唱一首歌，现在我倒总会想起它的旋律，你要听吗？”

“当然，也许我也会喜欢它的旋律的。”

“我唱歌不太好听，”国王又笑道：“上天并没能赐给我一副好嗓子，虽说遗憾，但我想这也是它公平的证明。”国王清清嗓音，低唱道：“旭日如红，百草茂盛。岁月如水，奔流向东。时光啊，你把最好无私的赐予了我。时光啊，你把我最好的无情剥夺。无声、无声。莫用悲怆为我送行，只因旭日如红，百草茂盛。也莫用欢乐为我送行，只因岁月如水，奔流向东。”

“陛下，您不该想这样的曲子，这曲调有些悲哀了，贝丽苏亚听了心里难受，你应该想些欢乐的曲调。”

“悲哀能够战胜怒气，悲悯能够化解仇恨。贝丽苏亚，我知道你今晚心里不好受。”

“为什么？陛下？”贝丽苏亚惊讶的问道。

“我要向你道歉，贝丽苏亚，我下午才得到消息，知道罗里斯曾向你求过婚。”国王真诚的道：“罗里斯旁边的牢房里是我安排的眼线，他在牢房底掏开了一块石头，本来我是想让他监视罗里斯的动静，但没想到昨晚你过去了。”

“陛下。”贝丽苏亚脸色苍白的说了一声。

“你不用解释，贝丽苏亚，我已经将那个眼线真正关进地牢了。他认为我很忙，并且也并没什么重要的事，所以他才自作主张。但如果我能在早上或昨晚得到消息的话，我一定会力排众议赦免罗利斯的死罪，虽然他犯的是叛国罪。”

“陛下，那是他咎由自取，而且他向我求婚时并未取得我父亲的同意。他当时可能以为我只是一个年幼无知的姑娘，仗着他以前教过我一些箭术，又在饿狼的面前救过我的命才敢厚着脸皮胆大妄为。”贝丽苏亚激动地辩白道。

“可是他毕竟是你以前认识的一个人，我总该给他一点慈悲。”国王看着贝丽苏亚悲哀的说。

“慈悲？”贝丽苏亚冷笑一声道：“是的，慈悲。但他是否把慈悲给了我的家人？为了自己心中的一己之利，他背叛了我的父亲，背叛了自己发过誓的身份，当他举起冰冷的刀剑起军叛乱的时候，他的心中是否有过一点慈悲？倒是您，陛下，将我父亲的遗骨安然地运回，能让他在我面前体面地下葬，而当我在父亲的坟前洒下第一把土的时候，我哭得有多么悲痛，我心中就有多么的愤恨。”

“对不起，贝丽苏亚，”国王摇头道：“这件不幸的事给我也有些关系，但我无心让你提起这件不好的往事。”

“中午我让我的女仆去看了行刑，他全程并未认罪，也并未说一句话，但我认为陛下让他死的太快了些。”

“杀戮毕竟是件不好的事。虽然城中晚上都会因为这件事张灯结彩的跳舞庆祝，但——”

“陛下，这一切都过去了。贝丽苏亚无意打断您的话，但我还是想听听您给我讲讲这世界外面的奇妙和您以往的英雄事迹，这些才是我百听不厌的话题。”

国王高兴起来道：“我也爱讲这些，只有这些才能使我遗忘自己的年龄，亚伦呢？把他叫来，我记得他也喜欢听这些。”

王后摇铃叫来了女仆，道：“去把亚伦叫来，也快要到吃晚饭的时间了。”

女仆低头道：“王后，下午我儿子带着亚伦王子去秘密的地方练剑了，说是晚饭时才能回来。”

“秘密的地方，”国王笑起来道：“在我管辖的地段里哪有什么秘密的地方，我找人去把他叫回来。”

“这个秘密的地方可是亚伦自己找的。他说过要在这个地方把剑术练的让您大吃一惊，我想您如果把他找到，他一定会非常生气的。”王后不痛不痒的嗔怪道。

“你知道这个秘密的地方吗？”国王孩子似的笑道。

“我也不知道哦！”王后无奈的耸耸肩膀。

“秘密的地方，嘿嘿，秘密的地方。”国王靠在椅背上道：“男人从小就有着探索与解密的想法，内心总是这么的不求安逸。我以前也是这样，四岁时我将一柄真正的宝剑锁进我的铁箱内——它就是我全部的秘密，因为有天我要带着它踏遍整个世界。可是这个世界太大了，比我老师告诉我的还要大，直到有天我才知道，他告诉我的是已知，而不是全部。”

国王抬起头，看着窗外，“如果我要从这里出发，骑上快马，路过那数不清的草原，森林，城镇还有沙漠，如果我要让日月星辰都能见证我的身影在这个世界的每个角落都一闪而过，只怕我穷尽一生，始终也无法抵达。”他叹了口气，轻闭上眼。

过了一会儿，他接着道：“众所周知，我的出身并不算好，虽然我生在王族，但我的母亲并不是王后，我是靠不太光彩的手段得来了王位。但当我站上高台听着万众呼喊万岁的那天，我第一次真正举起了锁进铁箱内的那柄宝剑。说不出为什么、也不知从何时起，男人的雄心就要开始夹杂起壮志，而这柄宝剑也开始陪着我南征北战，开疆扩土，历尽了数不清的流血，记不清的杀戮，戎马半生，经历了一个又一个的计谋、联合、利用还有吞并。”

国王的言语有力起来，“它陪我与骑兵一起冲击过依靠象群作战的蛮国，指挥过铁甲部队围困过以山脉为屏障的石城，同样也号令过弓兵与高悬的鹰堡对射。从那时起，我们便总是能走一步就是一步，能进一寸就是一寸。你知道吗？贝丽苏亚，在荒芜的沙漠中，有着能将人肉融化的毒蛇，有着白天淡黄而夜晚深蓝的陷沙，在有些地方我见过风电组成的漩涡在半空中旋转，也有着高大却圆如雪球的白兽在离我部队很远的地方在用人类的声音唱歌。”

王后入迷的看着国王，国王也看着王后。

“真的，贝丽苏亚，这个世界太大了，大到你和我都无法想象。我以前曾发誓要征服它，但那时我并不知道，它是神灵的心脏啊！”国王叹息一声。

“您已经做得够好了，陛下，贝丽苏亚以前从没见任何一个男人做的这么好过，以后也不会。”

国王招招手，女仆端上来一个托盘，她打开盘中的葡萄酒，倒了一小杯自己先一饮而尽，然后才倒进盘中的金杯。

“你不喝点吗？贝丽苏亚？”国王问。

“当然要来点，每次听您的往事我都会想到美酒。”

女仆将葡萄酒又倒进另一个金杯。

国王站起来，他拿起一个金杯，把另一个金杯递给王后。王后接过来道：“祝您能够长命百岁，陛下。”她有礼的点了个头，然后将杯中的酒一饮而尽。

“每到此时我都会想到亚伦的诞生。”国王和蔼的摇晃着手中的酒杯，他扭头向门口看道：“亚伦呢？这孩子还没回来吗？”

王后对女仆说道：“去找他们一下，也要到吃晚饭的时间了。”

“不用了，还是我让我的护卫士去找找他吧。他可以保有秘密，但在父亲面前，这个秘密不会保守的时间很长。”国王叫进护卫，命令一句，护卫行了个礼，出去了。

这时有人敲门。

“进来。”国王道。

“陛下，已经到吃晚饭的时间了，重臣们都在前餐厅等候。”国王的贴身护卫道。

“已经这么长时间了吗？”国王放下酒杯道：“欢乐的时光总是短暂，我真痛恨每晚都要和重臣共进晚餐这项法令。”他说着站起身，王后也跟着站起身来。

国王向门口走去，忽然他又折返回来道：“差点忘了这杯酒。”他拿起酒杯对王后示意，接着道：“最美的姑娘当配最好的酒。”

“陛下，今晚贝丽苏亚会等您归来。”王后优雅的行礼。

国王将手中的酒一饮而尽，然后哈哈大笑一声转身离去了。

王后走到窗户边，夜幕已经降临，外面高大的楼顶上都悬挂了明亮的灯，城中各处人们欢呼的声音隐隐的传进她的耳内，她听到了众人在喊国王万岁，“这将是个不眠之夜啊！”她轻声道。

王后站了一会儿后转身躺在床上，不知过了多久，她忽然听到城内的钟声在急促的响，她起身来到窗边，外面的世界安静了。

大门外的动静声却越来越大，似乎有许多人正在无意义的奔跑。她走到门口，打开门，看到一队金甲卫士向她急奔而来。

“到底出了什么事？”她急冲站在她面前的卫士问道。

“王后，国王已经驾崩了，我们是奉王子的命令来保护您的。”领队沉重的说。

在城外林间小道上，菲利亚特正用自己厚实的黑袍罩着亚伦，他骑在一匹黑马上默不作声的向前急促的狂奔。

第四章
公正的审判

“菲利亚特，我们要去哪里？”亚伦问道。

“殿下，你困吗？”

“我已经很困了，菲利亚特。但在马上颠簸，我总是睡不着。”

菲利亚特勒住马，他扭头看看身后，自言自语道：“我们已经飞奔很长时间了，今天晚上没有月亮，也没有星，林间道路如此漆黑，如果不是这匹马，我们肯定跑不到这里，它的毛皮是黑的，可是它却有着比同类都要敏锐的眼睛。”

菲利亚特放开缰绳，那匹马慢慢的溜达起来。

“你冷吗？殿下。”

“我很有些冷，菲利亚特，虽然你的黑袍子一直裹着我，但这匹马儿跑起来却像风一样快。”亚伦笑起来。

菲利亚特也笑起来，“等到前面那条小溪旁，我们就下马，吃些东西，再点上火休息一会儿。这匹马也要休息一会儿了，我都能感觉到它身上的汗珠。”

黑马摇摇头，打了个响亮的喷嚏。

“菲利亚特，我们要去哪儿？”当菲利亚特抱着亚伦下马的时候，他尚有些兴奋的问道：“你说过我们要玩一个游戏，说实话这还是我第一次离家这么远！”

菲利亚特轻拍下马臀，黑马溜到溪边喝起水来。

菲利亚特找来些枯木点燃，然后从背包里拿出一只煮熟的鹅腿递给亚伦，亚伦接过大口的啃起来。

“殿下，”菲利亚特若有所思的看着他道：“您不会相信我会加害您的，对吗？”

“当然不会。”亚伦头也没抬。

菲利亚特笑了，他也低下了头。停了一会儿，他忽然慢慢的道：“我从不知道我的父亲是谁，我也没有见过他。我母亲说他只是个长着张好看面孔的混蛋，他利用这张面孔欺骗了我母亲最真实的东西。而当我的母亲怀上我，肚子越来越大的时候，她受到了最亲的人的冷眼，也遭受了家人的辱骂。可她依然在等那个人的到来，可是希望却在一天天的变小，直至有天她走出家门，漫无目的的流浪、绝望、直至无力的摔倒。”

菲利亚特叹口气，又沉默一会儿道：“那时她已心如死灰的躺在桑尔夏森林的边上，可是她的心中并无任何害怕，她认为自己有着被虚假欺骗过的不洁之身，她希望林中的鸟兽能够叼啄她的躯体，以此来洗清她身上的罪恶。渐渐地她昏了过去，不知过了多久，她却感到周身混暖舒适，如沐春风。她怀疑自己来到了天国，她睁开眼睛，发现自己正躺在一间宽大富丽又温暖的房中。”

“天国？”亚伦好奇的问道。

“对的，天国。”菲利亚特点点头道：“这时有人向外报信，然后你外公走了进来，他问我母亲是否和家人失散了，还是在森林中迷了路，仰或是别的什么原因。母亲很诚实的告诉了你外公她的遭遇与想法，你外公对她说在这个世上每个人或多或少都背负着某种罪恶，而高贵的神灵并无意让谁选择死亡。这时你母亲走了进来，那时她还是个不如你大的小姑娘，‘是我在丛林边上发现了你。’她咯咯的笑着。我母亲看着她忽然大哭起来，她意识到我是无罪的，她决定把我生下，而在这期间她也得到了你外公很好的照顾。”

“我知道，我外公也是国王，不过他的国家在很远很远的地方。”亚伦闪着眼睛。

菲利亚特看他一眼，低头道，“是啊，从那天起，我母亲就跟在你母亲的身边，照顾她的饮食起居，一直到现在，她都在告诉我当初是天使救了我们，而这个天使的化身就是你的母亲。”

亚伦骄傲的抬抬头。

“我从未觉得我的母亲卑微，从我懂事的那天起，我所见到的就是她的勤劳、坚毅。我相信我的父亲一定是个没有心眼的混蛋，八岁那年，我跟随母亲来到都城，那天晚上她告诉我不论何时……”菲利亚特忽然停住了自己的话，他直起了耳朵，“猎狗的声音，一定是出事了，”他急躁的拉起亚伦道：“殿下，拿住这个包裹，里面有吃的还有一些金银，趟过这条小溪，不要走木桥，这样猎狗便不会儿再闻出你的气味，然后一直向太阳升起的地方走，路过第二个村庄，找一间没人住的最破的房子，在里面藏着，晚上便会有人到那里找你、接应你的、快！”

亚伦被菲利亚特的举动吓坏了，他木头似的站着，动也不动。

菲利亚特尽力平静的蹲下身子，露出与他年龄不符的成熟表情，道：“殿下，不要害怕，这只是一个游戏。我们平时也在宫里玩各种各样的游戏不是吗？”

亚伦点点头。

“各种游戏都有它的规则与惩罚，而这个游戏的规则是在路上不相信任何人，不要告诉任何人你的身份，可能会有人想要探索你的身份，但你只要能守口如瓶，便能最终获胜。”

“可是，菲利亚特，我……我这会儿不想玩游戏，我想回家。”

亚伦轻微的抖动着肩膀。

“殿下，游戏已经开始，便没有人能中途退出，”菲利亚特正色道：“你母亲答应过我，只要你能在这场游戏中获胜，她就能满足你一个请求。”

“真的吗？”亚伦的眼睛开始闪出高兴的光，“我要去见我外公一次，每次我给母亲说的时候母亲总说他在很远很远的地方。”

苏菲亚特的脸扭曲了一下，却说：“好的，只要你能获胜。”

亚伦背起包裹。

“记得我说的话吗？殿下？”苏菲亚特再次问道。

“踏过小溪向东走。”

“游戏规则呢？”

“不相信别人。”

“好的，殿下。”菲利亚特拉过黑马。

“你要去哪儿？菲利亚特？”亚伦突然哭起来。

菲利亚特再次蹲下身，他紧紧抓住亚伦的肩膀，重重的道：“别再哭了，殿下，要勇敢，这是只有勇敢者才能完成的游戏，也是只有一个人才能完成的游戏。你的肩膀太瘦弱了，而当这个游戏结束，你的肩膀就会厚实起来。记住，殿下，这是个游戏，但它绝对不是童话，你越想达成心中的愿望，你的危险也就会越多。”说完，菲利亚特骑上了黑马。

就如同预知危险似得，亚伦害怕的哭叫一声道：“哥哥。”。

菲利亚特微笑的持起缰绳，“记住我说的话，如果你能找到那个村庄，哥哥就会活着，而当你一个人踏过这条小溪，我们就还会再见面的。”

亚伦转过身，头也不回的向小溪走去。

菲利亚特骑着黑马向相反的地方疾驰。

清晨，在都城的大教堂中，第一丝光线照了进来。

“我不明白，”贝丽苏亚在教堂中捂脸痛哭道：“为什么让我在最悲痛的时候再接受这种苦难。”

“王后陛下，请节哀。虽说这是在神圣的教堂，虽说国王现在正安静的躺在这里，虽说我不该说这样的话，我也不该来，但是昨晚国王去世的太蹊跷了。虽说他的灵魂现在已经上了天国，上天现在给了他一个公平的归宿，但人间尚缺欠他一个严肃的证明。”

贝丽苏亚停止哭泣，她先是惊讶，接着恶狠狠地问道：“你们怀疑是我杀害了国王吗？”

“王后，虽说我的年龄已经很大了，但您相信我的判断吗？”

“我相信，没有比您更公平的主教适合这个法官的位置了。”

“您能这么说我很感激，王后。本来我已经卸下了这副担子，潜心在这教堂中接受神的教诲指引已经两年。虽说接替我的主教也是神衷心聪慧的仆人，但这件事牵连太大了，它很有可能动摇到国家的根本，神是不希望这种事情发生的。但它既然已经发生，那么神便要让这件事的始作俑者大白于天下。”

“我相信，万能的神一定会做到的。”贝丽苏亚虔诚的闭上了眼睛。

“您有什么要忏悔的吗？王后？”

“有，”王后强忍着口气中的颤抖道：“我没能让国王多子，在这么十年中，因为我的原因，我们只有亚伦一个孩子。”

主教点点头道：“这是神的赠予，王后，神赠予的多不见得好，神赠予的少也不见得坏，没有不一定要经历有的苦，而有也不见得要享受没有的福，这一切都是神的安排，我希望您能打开心结，用您的身心来好好珍惜神给您的赠予。”

“可是他昨晚失踪了，到现在都没能找到。”贝丽苏亚脱口而出。

“您的女仆也失踪了，早上我刚得到消息，卫兵们带来了您女仆的儿子菲利亚特，可是不幸的是，他已经死亡了。”

“什么？”王后惊讶的站起身晃了两下，她颤抖着声音道：“给、给我来杯酒，我……我要缓一缓。”

卫兵端来了酒，王后拿过来放在嘴边喝了一口。

“您对菲利亚特的感情很深吗？”主教看着王后问道。

“嗯，他母亲随我同一天来到这里。我对菲利亚特的感情就如同对待自己的弟弟一样。”王后坐下颤声答道。

“您能讲讲他母亲的经历吗？”

“可以，我大概是九岁的时候，父亲将她带来照顾我的饮食寝居，那时她已经怀孕，却遭到她家人的反对而出走流浪，也就是在那一年，她生下了她的孩子菲利亚特。以后她便一直照顾我。”

“无意冒犯，王后，但她当时已经怀孕，老实说那年她需要别人照顾，您父亲为什么会带她来照顾您？”

“我父亲一直以来就是个慈祥的人。”

“您对她好吗？”

“非常的好，在我的心中她就是我的亲人。”

“您的家人对她好吗？”

“从我所能见到的都非常的好。”

“那她的儿子为什么要背叛您？”

“什么背叛？”王后再次惊讶道。

“据我所知，卫兵们在很远的林间追到了苏菲亚特想把他带回，可是他做了殊死的搏斗，最后自尽而死。”

王后瞪大了眼睛。

“我们怀疑他拐带了亚伦殿下。”主教道。

“不可能。”王后强咬着牙道。

“为什么不可能？”主教看着王后。

“我们一直对他很好，他也一直对亚伦很好，他不会那么做的。”

“毒蛇咬人不是因为人对它好还是不好，而是因为它本身长着毒牙。您听过这句话的，对吗？王后？”

"我从来没有真正相信过。"

"您从来没有怀疑过吗？"

"怀疑什么？"

"怀疑您女仆的失踪。"

"没有。"

"为什么？"

"可能因为还没有来的急，请您让我先冷静一下。"

主教看着王后。

"把亚伦带来，"王后急躁的道："我现在要见他，他是这件事的证人。"

"对不起王后，我们现在还没能找到亚伦殿下。"

"什么？"王后又惊讶的站起道："您说过菲利斯特拐带了亚伦。"

"我是说我们怀疑菲利斯特拐带了亚伦，王后。但您不用着急，国家已经派出最优秀的士兵去找亚伦殿下了，我相信不久就能把他平安带来。王后，我还听国王贴身的护卫说他在您的寝宫看到了国王在喝一杯酒。"

"那他有没有说见到我们伉俪情深？"贝丽苏亚反问道。

"卫士说他在门口守卫，然后听到国王叫他，他走过去，看到国王手上端了一杯满满的酒。"

"国王叫他干什么？"

"据他说国王叫他找亚伦殿下。"

"这不能证明什么吗？"王后再次反问道。

"我说这话无意冒犯，王后，但我们生活在一个靠谎言与表演而撑起的真实的时代。"

"国王不会表演。"王后道。

"是的，国王不会表演。"主教道。

"那他到底有没有见到国王喝那杯酒。"王后问。

"没有，他只是见国王拿着那杯满满的酒在手上转悠。"

"可是您告诉我说他在我的寝宫看到了国王在喝一杯酒。"

"我们在同一句话上的理解有出入了，王后，我没记错的话，我说的是国王贴身的护卫说他在您的寝宫看到了国王在喝一杯酒。"

"可我问的是他有没有说见到我们伉俪情深？"

"是，他见到了。"

"为什么？"

"因为国王说了一句话后喝的那杯酒。"

"国王说什么？"

"王后，这是你们的私房话，我不太好在这里叙述。"

"您说过这件事情关系重大。"

"好吧，国王说最美的姑娘当配最好的酒。"

王后沉痛的坐在了椅子上。

"王后，请您描述一下国王喝酒的过程。"

"国王在我这里有时喝酒，有时不喝酒，每次喝酒我都会陪他喝一些。我的女仆倒酒，在倒酒之前她总会先喝一小杯，昨晚也是如此。"

"她先给谁倒酒？"主教问。

"不一定，一般来说我和国王谁叫的酒她就会先给谁倒，昨晚也是如此，国王先要的，她就先给国王倒的酒。然后国王问我要不要来点，我就要了。"

"一般来说人都会拿离自己最近的杯子。"主教看着王后道。

"恰恰相反，昨晚国王就拿了离我最近的杯子，因为他站起来和我说话，他端起酒杯，把右手的酒杯递给我，而那正好是离他最近的酒杯。"

"据我所知，王后，人的记忆力在牵扯到自己的问题上很容易出现偏差，我想问的是，您为什么会在这件事上记得这么的清楚？"

"和国王在一起的时候我清楚记得他任何一个动作还有手

势。”王后想也没想的答道。

“谁能证明？”主教问。

“我的女仆，可是她已经失踪了。”

主教陷入了沉思，过了一会儿，他道：“失礼了，王后，可是我接到一个不愿露面的人的消息，他说您认识昨天中午被处决的叛国者罗里斯。”

“我想我已经证明过我和国王的伉俪情深。”

主教无声地看着王后，王后也悲伤地看着主教。

“国王是在与重臣的晚餐中途喷血而死的，原因是中毒。我无法证明您有罪，王后，因为我无法证明您的动机，也没有检查出两个酒杯的异常。但我同样也无法证明您无罪，因为您女仆的失踪，您的一些话还有待考证，但是现在，您可以尽情表达您自己的哀思了。”主教站起来冲王后鞠了个躬道。

“神一定会使这件事的始作俑者大白于天下。”王后悲戚的站起身，她缓步走到国王的遗体边，“旭日如红啊，”她忽然用悲伤的不成曲调的声音低声吟唱道：“百草茂盛。岁月如水啊，奔流向东。时光啊，”她哭出声来，“你把最好的无私的赐予了我，时光啊，你把我最好的无情的剥夺。”她轻趴在国王的胸膛，“莫用悲怆为我送行，只因旭日如红，百草茂盛。莫用欢乐为我送行，只因岁月如水，奔流向东。”

第五章
变化的接应

“我讨厌女人与弱者，尔力特，你讨不讨厌？”

“我只讨厌弱者。”

“我就知道你和我不一条心，尔力特。但你这样想也很正常，因为你还没有结婚。等你结婚后你就会明白，女人和弱者没什么不同。他们最常问的就是‘你告诉我答案。’哦，天哪，我他妈要知道答案我就绝对不会心里恐慌。”

“你是不是又和我姐姐吵架了，所以这么早就把我叫出来溜达。”

“别再和我提你姐姐那个不明道理的泼妇了，现在想起她的样子我的脑仁儿就疼。”

“可你以前不是这么给我说的，以前清早你也会把我叫出来溜达，那时你倒常希望让我讲些我姐姐的事给你听，你说她的事能让你感到快乐。你变了，多斯。”

“你个混蛋，尔力特，我就知道你和我不一条心。你也是个弱者，你恰恰就是你讨厌的那种人。因为只有弱者才会害怕变动，他恨不得所有的东西都一成不变，太阳升起来了，唔——我害怕白昼，白昼不错，我害怕它消失；月亮升起来了，唔，我害怕黑夜，黑夜也好，我害怕它消失。整个世界都在变，人也在变，可是你们害怕变化的心脏和懦弱适应的身体没有变。是的，我承认我以前是被眼睛蒙住了心，我看到了孔雀的屏，我喜不自胜的把它请回家去，看久了心里才突然意识到它除了好看外毫无用处。"

"我姐姐也在变，多斯，我听她说过，并且她也希望你能越变越好。"

多斯不认识尔力特似的迷茫的看着他道："如果你不是我的半个亲戚，尔力特，我一定辱骂了你的全家。你姐姐变了什么？对，语气和态度，同样的台词，'今天吃什么？多斯？'，'告诉我你和村里的姑娘是怎么回事？多斯？''你还爱不爱我？多斯？''多斯'我现在真他妈害怕她叫我的名字，虽然我曾认为那是她口中说出的最好的言语。但我能给她什么答案？如果我不想让她像烟火一样美丽的炸一下，我就只能给她她想听到的答案——女人怕变所以善变所以态度变化万千，男人想变所以不变所以言辞始终如一。"

"嘿嘿嘿嘿，多斯，我笑的肚子都疼了，这是你新的绕口令吗？"尔力特笑的弯着腰道。

"我都快被你们气糊涂了，尔力特。但我相信这是我在气糊涂时脑中蹦出的真理。我有时真的很奇怪真理是不是也是个娘们儿，它总是在你最失望、最痛苦、最无助、最生气中施舍给你几枚枣子，你虽吃不饱，但是聊胜于无！不过你还小，尔力特，将要满十八岁，将要结婚，等你和我一样经历到我这个年纪，你就会和别人大谈我是个过来人的智者，也会大谈起这句话。"

"玛丽可不是这样的姑娘，她对我说话总是很温柔。"

"哦，你姐姐也是这样，现在除了我她对全村男人说话都很温柔。"

“玛丽说过她希望我能够开心。”

“等到她与你结婚后她就希望你像个白痴一样只逗她开心了。”

“她可不希望我像个白痴，你这么说不对，多斯，她说过我很聪明。”

“我闪亮的眼睛看到了狮子张开的血盆大口。”

“你根本不知道我在恋爱中做过什么，也不完全知道我们经历过什么，多斯，你再这么说我就要生气了！”

“上天啊，你快来救救这可怜的孩子吧，欲望已经让他的耳朵儿听不到真理的声音了。我告诉你尔力特，你所经历的我都经历过，但我经历的你尚未经历。我也知道你为什么听不进我的话，因为就如同我曾经也听不进别人的话。女人在恋爱中尚留了一手，男人在恋爱中却一心一意。以己度人，往往还是留了一手的胜，一心一意的败，保有理智的胜，充满欲望的败，坚硬的心胜，柔软的心败。我敢跟你打赌，尔力特，婚后不出两年，你就会来给我说相反的话。”

尔力特不说话，脚却狠狠地踢了一下地上的石子，“多斯，我不知道你和我姐姐吵了什么架，但我接受你的打赌，如果两年之后我赢了，我要你——你有没有在听我说话？你在看什么？多斯？”尔力特向多斯望着的地方看去，见远远的土地上坐着一个小孩儿。

“那好像不是我们村庄里的小孩儿。”多斯向前探了探头道：“走，我们过去看看。”

两人向那个方向走过去，看到一个小孩儿正坐在地上吃着手中的鹅腿。

鹅腿的样子让多斯咽了一下唾沫，他左右看了看，恶狠狠的道：“小鬼，你好像不是我们村庄的，你家人呢？”

“我在玩一个游戏，”小孩儿认真的对他道：“这个游戏只能我自己完成，所以我的家人没有跟来。”

多斯嘿嘿笑起来道：“你在玩什么游戏，也和我们一起玩玩！”

“一个勇敢者才能完成的游戏。我哥哥把我送到了那边的森林，我已经勇敢的踏过了那条小溪，我的脚都已经冻僵了，说实在的，我的脚从没这么僵过，你看我的衣服都湿了。”小孩儿把脚伸出来让多斯看。

“还真是可怜啊，小家伙儿。”多斯瞥了几眼小孩儿华丽的衣服道：“你哥哥呢？在暗中看着你完成这个游戏？他可真是个残忍的哥哥啊，眼看着弟弟的脚冻成这样也不来看看。”

“他才不是什么残忍的哥哥，”小孩儿急着辩白道：“他告诉我因为这是只有我一个人才能完成的游戏，所以他骑马向相反的地方去了，等我完成这个游戏我们就还会再见面，而且我也能见到我的外公，我妈妈答应我的。”

“什么游戏这么重要。”多斯蹲下身。

“踏过小溪，一直向太阳升起的地方走，到第二个村庄，晚上就会有人来找我的，说不定那个人就是我的外公。”小孩儿闪亮着眼睛。

“哎呀，你可真是个聪明的孩子。”多斯的眼睛转了下道：“你已经通过了考验，你外公让我们来接你的。”

“是吗？”小孩儿欢快的站起身，又急道：“可是这还不到第一个村庄啊。”

“你哥哥其实一直在暗中保护着你，他看到你的脚又湿又冷，他骑马告诉了你外公，你外公心都要疼碎了，所以就让我们提前来接你了。”多斯说。

小孩儿笑起来道：“你们快带我去见我外公，我还从没见过他呢，我很想见他。”

“好，好。”多斯点点头道：“可是我们一大早就来这空地上晃悠着找你了，早饭都还没有吃。”

小孩儿慌忙打开了自己的包裹，道：“我这里还有些鹅腿和别的吃的。”

多斯和尔力特同时看到了包裹中的金银。

多斯一把抢过小孩儿的包裹。

“你要干什么？”小孩儿惊讶的问道。

“滚你妈的蛋吧，”多斯一把把小孩儿推到在地叫道“尔力特，快跑。”

尔力特站着没动，小孩儿抓起地上的一把土，猛烈的向他冲过来大叫道：“你们这些骗子。”

尔力特一个转身，条件反射似的脚下一勾，小孩儿摔了个满嘴啃泥。

“还愣着干什么？尔力特，一会儿万一有人我们就跑不了了。”多斯停下身在不远处嚷道。

尔力特转身。

小孩儿在地上哭道：“你们这些骗子，我是王子，你们敢这样对我，我要让父王把你们都处死。”

尔力特向多斯的地方跑了过去，两人气喘吁吁的跑了一阵，方才停下打开了手中的包裹。

“除了在梦中，我长这么大还从来没见过这么多的钱，尔力特。我的心也是长这么大第一次跳的这么真实的厉害——它是在激动地跳。这下你姐姐再也不会给我吵架了，除非她想让我换个妻子，也想让你再换半个亲戚。”多斯摸着自己的心喘息道。

“多斯，可是那个小孩儿……”尔力特道。

“别给我提那个小孩儿了，尔力特，就像先别给我提你姐姐一样。”多斯扔出鹅腿与吃的然后系上包裹祈祷道：“上天啊，我感谢您对我的赠与，只因为我有颗善良的心，这些吃的我留给路过的乞丐，迷路的百兽，盘旋的飞鸟，望您能保佑我的平安。现在，尔力特，我们去村庄头的酒馆，虽然那儿的老板常给我气受，但我现在非常想喝他那里的美酒。”

两人来到村头的酒馆，这时天已经大亮，老板正在开门，一见到他们便道：“哟，多斯，这么早就来了，欢迎，欢迎。”

“你这儿人不多吗。”多斯昂首挺胸的走进酒馆，他与尔力特找个桌子然后大大咧咧的坐下。

“当然，做酒馆生意的都知道，贫穷的酒鬼只能在夜晚出现，而富裕的酒神却会在清晨来临。你也知道，这年月，鬼多神少，而冒充神鬼的也大有人在，你这么早来装神弄鬼不会是为了大讲你又一次不幸的遭遇而最后哀求我能赊给你杯酒喝吧。”

多斯轻蔑的从鼻子中“哼”了一声。

“尔力特，不是我说，别没事跟着多斯瞎晃悠。我有时真替你那不幸又温柔的姐姐而担心，她也来我酒馆喝过几次酒，最终每次都是哭着向我痛诉她丈夫的无所作为。看着她那温柔的眼睛饱含泪水，我的眼睛也好几次为了她这不幸而哭泣了。尔力特，不是我说，我认识你时你还小呢，现在你还年轻，别没事跟着多斯瞎晃悠，不会有什么出息的。”

“跟着你这混账老板晃悠就会有出息？”多斯愤怒的骂道，然后他从口袋中拿出一个金币扔到桌上。“拿去，”他骄横的道：“这是还以往欠你的酒钱，然后再给我和尔力特打来你这儿最好的酒，还有上最好的菜来，剩下的还够不够？”

老板楞了一下，他忙拿起金币细看，然后笑道：“有余，有余。不过多斯，你在哪儿找来的这东西。”

多斯看着老板道：“我记得我给你说过我在海外也有生意。”

“记得，记得，不过后来你说你合伙人的船只碰到了海盗，你的合伙人也被海盗杀害了，你投资的东西变成了海盗的财产。”

多斯看着老板继续道“我记得我还给你说过我认识了一个朋友，当时我在那边的树林里救了他的命。他说他回去后一定要厚待我。”

“记得，不过你妻子说这事儿纯属子须午有，你从没救过任何人。”

“娘们儿的话你也信？”多斯瞪大眼睛道：“你真是太没出息了，老板，不是你做了这么多年还是守着这么个破酒馆。男人就该守着自己的判断，就该相信男人的话。我告诉你老板，我投资的东西没有成为海盗的财产，我的合伙人也没被海盗杀害，他的船只昨晚登陆了，他派人给了我投资的利润。也正是恰巧，我救的那个人也在昨晚给我送信，然后他今早儿在树林里给了我一包这东西，还向我表示了最衷心的感谢。”他把包裹从尔力特手中拿过，放在了桌上，“我看过了，里面是你一辈子都没见过的金银。他还说他其实是城里有名的骑士，他要和我兄弟相称，他答应我以后有谁敢欺负我，他就会取那人性命以来报答我对他的救命之恩。”

老板的头缩了缩，忙打趣道：“看您说的，谁敢欺负您呢！主要是您说的。”

“我以前那么说就是因为我发现你不相信我，所以我才扯谎，我这人最讨厌扯谎，也最讨厌别人不相信我，所以对这种人我就会扯谎。我一直认为人应该厚道些，老实些，上天会给他福报的，虽说城里的教堂你不像我一样常去，但有句教义说什么？”他学着教父的样子道：“天国的圣者会给你福报，而地狱里尽是撒谎与不相信的可怜之徒。”

老板缩了缩身。

“怎么？你以为我又在撒谎吗？老板？”多斯瞪着眼睛。

“当然相信，不是、我相信您说的话，您没在撒谎。”

“就是我撒谎这包东西也不会撒谎，”多斯指着桌上的包裹道“用不用我把它打开让你看到，我保准它能闪瞎你的眼睛。”

“不用，不用，您还需要点什么您尽管吩咐。”老板赔笑道。

“我需要我们的酒来的快点，菜来的快点，我给你的金币够不够用？”多斯看着老板缓慢道。

“有余，有余。”老板笑道。

“剩下的我需要你马上从我眼前消失，不要打扰我们吃、咳——用饭，我现在看见你的笑脸就生气。”

老板慌忙退到远远地柜台，打了酒来道：“您先慢用，菜我已经嘱咐过了，马上就来。”

多斯没有看老板，鼻子里“嗯”了一声，老板回了柜台。

多斯快速端起酒杯猛地喝干，他舒坦的出了口气，然后惬意的在椅中放松下身子看着尔力特道：“好酒的滋味就是不一样，能让人身心舒坦。”

“可是，多斯，”尔力特小声道：“那个小孩儿躺在地上的时候他说他是王子。”

“他还说什么？”多斯问。

“他还说我们是骗子，他要告诉国王让把我们都处死。”

“哎呀——”多斯重重地伸了个懒腰，笑道：“你不说我也能想到。小孩子都是这样，我小时候被人打趴下的时候我也希望自己是个王子，我的父亲是国王，然后我让父亲把这帮人都处死，都是想象，他只不过是把想象的话说了出来，不用害怕。”

“可是万一是真的那？”尔力特小声道：“我看他说的时候可不像是在骗人。”

“嘿嘿嘿嘿。”多斯笑起来道：“哎呀，你这个白痴，好吧，我来告诉你一些经验，”他晃悠的点着头道：“你以后就会知道跟着我晃悠有什么好处了。我可不是笨人，首先王子是不可能像你我一样一个人出来的，他出来时会有一大队守卫跟着。再者，即便他一个人出来他也不可能在这么冷的天趟过小溪，我细细看过了，他整个裤子都湿了，连你我这样的人都知道冬天要找个火炉取暖，王子会不知道？会比你我还要笨？还有，哪个王子会玩这种笨蛋游戏，他要想玩游戏多的是人陪他玩，骑着木马，拿着木剑，”他学着样子摇晃着，嘴中嚷道：“冲啊，攻城啊。”

老板抬头看他一眼，多斯回瞪他一眼，老板笑了笑，点了个头，又低头忙去了。

“只有强大和金钱才能让愚蠢的人学会礼节。”多斯嘟囔一句。

“你又没见过王子玩游戏，你怎么知道他只会玩你说的这种游戏。”

“你真是和你姐姐一样都是没有见过世面的笨蛋，给你们讲话都是在浪费唇舌，你们的脑袋就是木头，还是那种实木头。”多斯骂道：“我说过经验，经验用来干什么的，用来推测，我他妈还没见过大海，但我知道大海是什么样子，你不用把大海放在我的面前我也知道它很大，很蓝。为什么？因为我善于听，善于看，善于推测。我来告诉你事实是什么样子吧，尔力特。可能你根本不知道事实是什么。”

多斯说着坐直身子道：“这个小孩儿穿的衣服很华丽，证明他是有钱人家的小孩儿，这不假，要不然他也不会带这么多的金银。他还那么小，不会说假话，这你也见到了，要不然他也不会儿被我们骗到。他的哥哥告诉他穿过小溪，到第二个村庄晚上有人找他，从他走过小溪，到那个我们遇到他的地方来看，他哥哥和他分开时因该是快要黎明，而小溪的那边还是树林，这些你能想到什么吗？”

“想到什么？”尔力特问道。

“笨啊！”多斯指着尔力特的脑袋道：“你哥哥我会在天还黑着就把你带到树林扔在那儿我自己跑掉吗？什么游戏，什么第二个村庄有人找，那都是谎言，这个小孩儿是被家人抛弃在哪儿的，他的家境也许富裕，他的穿着和携带的包裹可以证明，这也证明了他的家人还有良心。但是，那句话怎么说来着？富裕的老爷太太们更多情，他可能是个私生子，也可能是个弱智，那么大了说话还那么天真，哦，我要见到我的外公！”他学着那个小孩的样子。“呸——当然他也可能因为遗产的分配惹怒了谁，所以他的哥哥趁着夜晚把他带到那里抛弃了他。哎、神啊，一想到这可怜孩子的遭遇我的心都要碎了。”他转过身去，恶狠狠地冲老板嚷道：“再给我来杯酒，你没看到我的嘴唇都干了吗？”

老板忙蹲下身子打酒，多斯转过身来叹息一声。

“听你这么一说我们是不是该对他好点，多斯，毕竟这么多钱我们也用不完。”尔力特道。

“什么用不完，木头，就是金山也有挖空的一天。这根本不该怪我，要怪就怪他多情的父亲或者风流的母亲，还有他那狠心的哥哥，天哪，一想到他那狠心的哥哥我就恨不得掐死他，我只不过是喜欢钱，他那可是在害命啊！上天你要还有些良知，就请您让他那狠心的哥哥去地狱吧。不过他哥哥说的唯一那句话我很赞成，这是只有他自己才能够完成的游戏。”

老板端上酒来，多斯拿起喝了一口正要说话，突然进来了一大队的卫士。

“谁是这儿的老板？”领头的卫士问道。

“我是，我是。”老板慌忙走过去。

“昨天夜里到现在，你有没有见过一个十岁的小孩儿？”领头的卫士问道。

“大人，我这儿客人很多，他有没有什么特征？”老板道。

“十岁，大概这么高。”卫士随手比划一下，“棕色的眼睛头发，圆脸，白皮肤，怎么说呢，他的穿着很华丽。”

旁边的卫士悄声地提醒他道：“也有可能穿的很破烂。”

“对，也有可能穿的很破烂，我的神啊，城中的画师还没来得及画那么多肖像，就让我们这一队空着手来问，我能知道有什么特征，我也根本没见过他，而十岁的孩子长得都差不多嘛。”领队抱怨道。

“没见过。”老板摇摇头。

“我告诉你，老板，这些天一定要密切注意这样的小孩儿，如果有有用的情报你及时通知了我，那么你和我们这一队兄弟都会有赏，如果你知道什么没有说，那么你和我们这一队兄弟都会倒霉，可是我和我的兄弟们都敢保证，第一个倒霉的一定是你。”领队道。

“什么小孩这么重要？”老板讨好似的问道。

“什么小孩儿？国王的小王子失踪了！现在王后和全国都急疯了。你也知道王后就那么一个小王子。”他转过身，冲酒馆里零散的几个人嚷道："你们也都注意些，现在我所知道的是只要能提供消息找到小王子的就给五百金币。如果谁能把他安全无误的送回城去，我告诉你们，那可是座金山啊！"

多斯的脸都白了，他颤抖着手悄悄拿回了桌上的包裹放在了尔力特的怀里。

老板偷偷瞥多斯一眼，问领队道，"我奇怪了，小王子好好地怎么会失踪的？"

"城里发生了变故，具体什么变故我也不清楚，清楚我也不能告诉你，你就记住你发现有什么不对的就及时告知我，剩下的你就不要多问。"

"我倒有——"老板吸口气刚说了几个字，多斯急中生智的站起来摇晃着身子哈哈大笑道："大人，我记得您的话了，金山啊！我还以为小王子在城堡里骑木马拿木剑，冲啊，攻城啊。"他摇晃着手臂学着样子，"原来他出来了，他一定是出来玩儿了，您放心，我要见到他一定把他护送进城，金山啊！"

多斯满嘴酒气的走到领队的身边，他看着领队道："大人，我看见你们就觉得亲切，因为我的一个弟兄也是干这一行的，不过他是个骑士，他还没您高。"他摇晃着脑袋仔细瞪着领队，"不过他也和您一样，穿着护身的盔甲，他杀起人来可快了，一刀下去人就没命了。我救过他的命，他说过会报答我，谁要欺负我他就要谁的脑袋。"

老板抖了抖眉毛，领队皱皱眉头，骂道："你这混蛋什么意思，谁欺负你了。"

老板忙打圆场赔笑道："别和他一般见识，大人，他喝醉了。"

"他叫山利姆，呃——"多斯打了个醉嗝挠挠脸道："你认识他吗？"

"不认识。"领队抱着肩膀摇摇头，他身后的卫士都向前跨了一步。

"大人，您别和他一般见识，"老板忙拉住多斯的身子赔笑道

“他是我们村一个有名的酒鬼，您别看他现在这样，他清醒起来的时候可明智了。”

“真他妈晦气，”领队骂道：“一宿到现在我们都没能合眼，国家发生什么变故都是我们先忙得要死，而你们这些闲人反而在酒馆里胡扯。我告诉你混蛋，我不认识你说的什么山利姆，你别说他是个什么骑士，他妈的就是个爵士，我他妈的也不放在眼里——我今天要不是有命令在身我非打的你像头猪一样的嚎叫起来。”

多斯依然摇晃着脑袋，他小声嘀咕道：“他妈不是爵士，他却是个骑士。”

老板忙扯住他的衣角。

领队都气笑了，“滚蛋去吧，”他对多斯骂道，然后又对老板问道：“你还有什么事？”

“没、没有什么事。”老板笑道：“您说的我都记住了。”

士兵们转身走出酒馆。

“哎呦，我的天啊。”老板抹了下额头对多斯道：“刚真是吓死我了，您看您，怎么一喝点酒就变成这天也不怕地也不怕的性子。他们是士兵，要不是我护着您，您没听到吗？他们非打的您像头猪一样的嚎叫起来。”

“谁？”多斯倔强的抬起头道：“谁敢把我打成那样，你？”

“没谁，没谁，”老板道：“您快回您的桌上吃饭吧，等您清醒了我在给您说话。”

多斯摇晃着走到桌边强坐一会儿，他喝光了杯中的酒，然后拉起尔力特用醉醺醺的口气道：“走，咱们出去找找乐子，只坐在这个地方真他妈的难受。”

第六章
王子的去向

多斯摇摇摆摆的和尔力特走到酒馆门口，他低着发颤的声音对尔力特道："扶着我。"然后他抬起头高声嚷道："哎呀——这可真是美好的一天啊，嘿嘿嘿嘿。嗝——"他打个大声的嗝摇晃着脑袋唱道："傻子被傻子叫傻子傻子就会笑，婊子被婊子叫婊子婊子就会笑。你也笑我也笑他们都会笑，天空在笑大地在笑世界也在笑，苍蝇找屎，蜜蜂找花，蚊子会吸血，乌鸦在呱呱，嘿嘿嘿，哈哈哈，我们——"

"快走吧，多斯。"尔力特拉着他不满的道。

多斯被尔力特拉着走了一段，他回头看没人看到，反拉起尔力特一溜烟的向村外的地方跑去。

他们跑了不远便找了个空地停下。

"唉呀妈呀，刚可真是吓死我了，我的妈啊，我的心从没像现在跳的这么快过。尔力特，在酒馆里你说你听那男孩儿他说什么？"多斯喘着气惊慌地问道。

“他说他是王子，多斯。”尔力特也害怕的回道。“不过，”他撇了多斯一眼，“你真不该在酒馆门口唱歌，你唱歌那样子太像个傻瓜了，太丢人了。”

“滚你妈的蛋。”多斯暴跳起来急道：“你懂什么？我今天的自辱救了我们的命。你他妈的白长这么大的个子，还他妈是个小孩儿，我知道他是王子，我是问你他还说什么！”

尔力特被吓到了，他结结巴巴的道：“他……他还说、还说要让国王把我们都处死。”

“完了，完了。”多斯全身颤抖的瘫下身子，“他果然说了那句话了，我也果然听到这句话了。我的妈呀，我的心跳的太厉害了，跳吧跳吧，你马上就要跳完了，妈妈呀。”他忽然捂着脸哭起来。

“你怎么了？多斯？”尔力特拉着他道：“我从没见过你这个样子，你别吓我啊。”

“尔力特，我们活完了，我们活完了。”多斯绝望的道：“上天啊，我还没活够啊，我还想在您怀中安然的入睡，我不想在这世间的刀绳中尸骨无存啊。上天啊，您救救我吧——我不该晚上和我那温柔的妻子吵架，不该早上拉着倒霉的尔力特去村外晃悠，我也不该见财起意，您知道的，我当时只是被鹅腿的香味吸引，我开始并没有别的意思，上天啊，您显显您神圣的宽恕的光芒吧。”他喋喋不休道。

“什么我们活完了，多斯，你干嘛怕成这样。”尔力特也浑身发起抖来。

“怕成这样，怕成这样，尔力特，我们活完了，我告诉你我们活完了，”多斯哆嗦着嘟囔几句后恐惧的道：“好吧，我告诉你我干嘛怕成这样，因为也许明天早上城门上就会挂上你我的尸体，你和我的脖子就会在绳子里套着，平时你用那么粗的绳子当腰带你都觉得它太粗糙太坚硬，可是那时它却会像蛇一样紧紧的用力勒住我们细嫩的脖子。然后静静等着乌鸦来叼食你我的眼睛，鼻子还有耳朵。”

尔力特的脸白了起来。

“我听教士说过，”多斯依然没有停止跟着道：“临死前你可能还会吃一些你难以想象的苦，而那痛楚就是你在偿还人间的罪恶。这痛楚在外人看来很短，可你感觉的时间很长。对！你发过热吗？你咳嗽过吗？你生过病吗？在病中你说过胡话吗？而那痛楚将比这些病还要让你难受。那时你可能想早些放弃你的生命，只因那痛楚无人能够替代，可是偏偏这时你的脑中却会浮现出你一生的经历，它在不时地提醒你，你再也看不到这世间的太阳了，你再也听不到这世界的声音了，你的嘴唇再也品尝不到这世界的饮食，你也再感觉不到这世间发生的一切了。我怕什么，尔力特，也许不大一会儿你就将再也看不到你亲爱的玛丽，而我也再也看不到你那该死的姐姐了，我怕什么？”

“别说了多斯，”尔力特用力的摇摇头，像是要把这些话甩出去一般。

“你别说了。”停了一会儿尔力特又重复了一遍刚说的话这才颤抖着声音道：“那是要犯特别重的罪才会那样，我们并没有犯那么大的罪，我们只不过是……只不过是……他，那小孩儿……就那么……可、可国王真的会因为这样、就处死我们吗？他真的会处死我们吗？”尔力特慌忙提起手中的包裹带着哭腔道：“我们快把这还给他，也许、也许他还没走远。”

“不知道罪恶的人还真是幸福，他还不会理解罪恶的毒。”多斯看尔力特一眼，接着蹲下身子捂着脸道：“晚了，一切都晚了。你以为什么？以为这个包裹是他送给我们的？这个包裹怎么来的你我他比这世上任何一个人都清楚。可是他是谁，他是王子，王子是谁？王子的父亲是国王，国王是谁？国王是这个国家的主人，你也听到了，他的士兵都要保证把我打出猪一样的嚎叫声，而我现在敢保证他的父亲马上就会让我发出杀猪一样的嚎叫声了，妈妈呀。”

“我们向他道歉，多斯，对，道歉，求他原谅。”尔力特急道。

“混蛋，你原谅过欺骗你的人吗？”多斯又暴躁起来道：“尔力特，你怎么还不明白？我们惹毛了一个我们根本就不该惹的人。你看他是只小猫，你上前去踢了他一脚，可是他的父亲却是只公虎，他的母亲就是只母虎，他根本就是只小虎，而我们俩就如同两只将要被宰还在洋洋自得的家猪——哼哼、对不起，哼哼、请原谅。道歉？老虎根本就不知道你在哼哼些什么，他只知道你踢了他的虎仔子一脚。道歉？你以为我没想过吗？尔力特，我什么都想过了。你以为我为什么要在酒馆里坐了一会儿才走？你以为我愿意在酒馆门口唱歌？像个傻瓜一样被人笑话？妈的，我也不知道当时怎么会唱起那首歌，可是我只会唱那首歌，我也不知道是从哪个混蛋口中学会的。可我怕等我一走，酒馆那混蛋老板就会飞奔着向士兵告密，说我的包里装着大量的金银啊！你不觉得这个事情很蹊跷吗？士兵也会觉得蹊跷，王子失踪，我突然有了大量的金银，他们会拉着我盘问，你以为他们会像混蛋老板那样好糊弄？就凭我编几句话他们就相信我有这样那样的朋友，有什么这样那样的骑着马拿着剑的兄弟？妈的——我最讨厌混蛋老板这种人，他总是不相信我的话，我要真有拿剑的兄弟我一定让他第一个把剑架到这混蛋的脖子上，只因这种人最没良知，为了几个臭钱就常常在背后没有坚固的情谊。”

多斯嘴不停的继续道：“我知道他之所以没有当面告我，只是因为他还拿不准，他不能用拿不准的东西当面得罪我，可是背后就不一定了。尔力特，我们现在只有一条路，就是往外面跑，还是飞快的拿着这些钱飞快的跑，可是我们能往哪里跑呢？土地虽然大，但国王要找两个人出来还是太容易了，妈妈呀。”

多斯的话让尔力特瘫坐在地上，过了一会儿他突然哭出声道：“我不想跑，多斯，我也不想死，多斯。”

“我也不想死，尔力特，我也不想死。”多斯惊慌的自语道：“对，也许王子找不到我们，不对，我在他面前还叫过你的名字，他一定记得。对了，老板没见过这包里的东西，我们可以把它埋起来，然后再包些石头来糊弄，可是包是谁的？士兵又总会找到他。而且那枚金币又是从哪儿来的？对了、对了，士兵从桥上来，王子踏着小溪来，他们走岔路了，尔力特，快起来，你说得对，我们赶快找到他把包裹还给他求他原谅。”多斯拉起坐在地上的尔力特道：“快，快去。他说过往东走，要到第二个村庄，他还小，走不快的，我们快顺着那条路往发现他的地方跑。”

尔力特跟着多斯跑了起来。

“这是最后的机会了，尔力特，只要我们能比士兵更早一步找到他，这可是最后的机会了，我们一定要把握住。智慧之神啊，请您一定要保佑我，命运之神啊，请您一定要照顾我。这是我们最后的机会了，尔力特，记住，你见到他时一定不要叫他王子，不要表现出知道他的身份，你一定要记得、记得，这可是我们最后的机会了。”

“我很害怕，多斯，但我都听你的，我都听你的，多斯。可是我们跑了这么久怎么还没见到他，我们是不是跑错方向了？”

“不会的，不会的，他还小，脚冻僵着，走不快的，一定走不快的。这个方向一定没错，没错的尔力特，相信我没错的。”多斯颤着声像是告诉尔力特又像是告诉自己，忽然他直了眼睛道：“在那儿，在那儿，他还在那儿坐着。”

“哎呀，我最亲爱的小少爷，能再次见到你可真是太好了。”多斯快哭出声来，可是边跑边满面春风的打了个大大的招呼。

“你们这些骗子。”小王子拿起手上粗粗的树枝愤怒的向他们冲来。

“哎呀，打吧，打吧，嘿嘿嘿嘿。”多斯强忍着树枝摔打在身上的痛笑道，然后他拉过刚刚跑到的尔力特道：“您也多打他几下，您忘了？他还绊倒过您呢。”

树枝有力的摔打在尔力特身上，尔力特痛的眼泪都快留下来了，却不敢吭声。

“您可真是个诚实又有力气的好孩子，”多斯边看边笑道：“哎呀，没想到您这么快就通过了考验。”

“你们别想再骗我，”小王子边打边愤怒的叫道：“我被你们欺骗是因为我开始忘了我哥哥告诉我的话，他让我不要相信任何人的。”

多斯的脸色变了下，接着笑道，“可真是个令人敬佩的好哥哥啊。我真是没想到他提早把我们这里流传的话告诉了您，早知道这样我们就不用这么做了！哎——”他大声的叹了口气。

小王子停了手，“你说的什么意思？”他问道。

“实话告诉您吧，我最亲爱的小少爷。每天早上我和他都会儿到这里来转悠，”多斯指了指尔力特道：“因为每年都会有许多的小孩子踏过那条小溪，而我们村里流传着一句谚语，‘相信亲人，不轻易相信陌生人的小孩儿是、是——妈呀，智慧之神去睡觉了——嗯，是有福报的小孩儿。轻易相信陌生人的小孩儿，是被神抛弃的小孩儿。’妈呀，我这是在说什么啊。”他悄声嘀咕一声又道：“所以我和他——”他指指尔力特，“就会抢走这些小孩儿的包裹，让他也变成有福报的小孩儿，因为他们从此后就再也不会轻易相信陌生人了。当然，过一会儿我们就会把他的包裹给他送回来，因为我们也是有福报的人。”

“真的？”小王子看着他有些不相信的道。

“当然是真的，不信您看，包裹我们都给您带来了，就是我撒谎，这包裹也不会撒谎。快呀，尔力特，你这个笨蛋还愣着干什么？你是不是被打傻了？”多斯急嚷道：“快把包裹还给他呀。”

尔力特忙递过包裹，小王子丢下手中的树枝。

“哎呀，小王，咳——少爷，”多斯咳嗽一声说道：“我是真不知道你哥哥已经告诉了你那句话，不然，哎——不过有福报的人不希望别人知道他都做了什么，所以这件事只有我们三个人知道就行了。别人知道福报反而就没有了。”他眉开眼笑的道。

小王子拿过了自己的包裹，道：“哦，我知道了。”他点点头坐下身又道：“不过你们真不该在那时候来，那时我的脚很冷，肚子也很饿，当时我手上的鹅腿也掉在了地上，现在我饿的都走不动路了。”

“哎，追求福报的总要遭受大的磨难，”多斯假装叹息道，忽然他的脸色变了，他急着声音道：“小少爷，我背着您去找个吃饭的地方吧。”他的手急伸向了包裹。

可是包裹已经被打开，多斯抢了一下，里面的金银滚落在地上。

多斯的手抓着布的一角，三个人都愣了。

“你们这些骗子。”小王子生气的抓住树枝站了起来。

“你听我说，小少爷，”多斯结巴道：“里面吃的东西我们当时很饿，所以我们——”

“我再也不会相信你们。”小王子挥舞着树枝冲过去。

树枝如同鞭子重重的打在尔力特的右肩膀上一下，尔力特忽然跪下来哭道：“我求你原谅我们吧，王子。”

“你们知道我是王子还敢骗我，我一定要让父王把你们都处死。”小王子发疯般的叫道。

多斯忽然从后面把小王子扑倒，叫道“还愣着干什么？尔力特，快，快用你的腰带绑住他的手，快啊。”

尔力特哆哆嗦嗦的解开腰带。

“你们要干什么？”小王子在地上拼命挣扎叫嚷道：“你们这些骗子快放开我，我要让父王把你们都处死。”

多斯迅速撕下衣服上的一块布堵住他的嘴，然后脱下衣袍裹住小王子的身子把他背在背上。

“我们现在该怎么办？多斯。”尔力特急道。

“我也不知道，尔力特。”多斯带着哭腔道：“你快把地上的金银捡起包上，我们先把他带到那边那个小树林里再说。”

两人来到小树林深处，多斯放下小王子。

“尔力特，”多斯颤抖着声音断断续续地道：“我们现在只有一个办法了，杀了他，然后再把金银埋在这里。”

“你说什么？多斯？”尔力特惊讶的睁大了眼睛。

“你不想死吧？”多斯问。

尔力特摇摇头。

“士兵也许就在离我们很近的地方了。”多斯解开腰带，打开衣袍，他看到小王子惊恐的眼睛。他蹲下身子，拿着腰带的手颤巍巍的伸过去。

尔力特扭过了脸，“天啊，我的上天啊！”他痛叫一声。

多斯突然垂下手，他捂脸痛哭道：“上天啊，我求您不要把我逼到这难以抉择的境地，您救救我吧，我承认我是一个复杂的人，但我不想犯这无法挽回的罪过，您要认为我还稍微有些良知就救救我吧！”

“是谁一上午就在这林间哭泣？”小王子听到一个苍老女人的声音。

多斯与尔力特顺声望去，只见一个穿着黑袍，白发苍苍弯腰驼背的老女人拄着拐杖正向他们走来。

“你是谁？”多斯慌忙站起和尔力特同时问道。

老女人走到他们面前，她看了看地上的小王子，苍老的声音发出了时断时续的恐怖地嘿笑声，直把多斯他们笑的毛骨悚然。

接着她蹲下身把小王子口中的布拿出，凄然的道：“风总能给我带来好的消息。”

老女人说着从身上拿出一颗药丸喂小王子吃下，然后把他重新包进衣袍提在手上。

“我不想知道你们干了什么，”老女人说：“不过你们不要这个孩子就把他给我吧。活着比死了好，而且你们也不用害怕什么，他现在已经不会说话了。”

多斯与尔力特如同做梦般面面相觑，他们眼睁睁的看着那个老女人提着小王子就如同提着一包空气般慢慢走出他们的视野，而衣袍里面虽然一直有人在挣扎，可是他们再也没听见里面发出任何的声音。

第七章
王位的继承

“国王已经去世，虽然我们和人民都不愿意接受这个残酷而又不幸的消息，但是铁一样的事实无情又冰冷地摆在我们的面前。前天的此时我们还坚定不移的跟随这个王者坚定不移的步伐前行，而今天的清晨我们却只能伤痛沉默，伤痛沉默。”首相沉重的道。

圆桌旁站着的几个人都悲伤的闭上了眼睛。

“王者的身躯在我们面前倒下，我们无能为力的看着接引之神悲哀的蒙着黑色面纱捧起他的灵魂，而他的灵魂将会在无乱之地永生。”

“他的灵魂将会在无乱之地永生。”几个人异口同声道。

首相的双手向下沉痛的压了两下，几个人坐了下去。首相又道：“在这个国家不幸的时刻，国王一定希望我们能够继承他的希望，人民也一定希望国家继续保持和平昌盛。在座的几位都是国家的重臣，是时候让我们挺身而出了，我们要用行动告诉他们，悲伤对我们只不过是力量的开始，而痛苦更是我们前行的食粮。国家不能一天没有国王，只因持弓搭箭的手不能没有方向，奔驰的骏马不能被蒙上眼睛。国王去世的突然，并未留下遗嘱。但国家的继承人今天将在这里诞生，我希望大家能够畅所欲言，同心协力，将来有一天我们也到了无乱之地，国王会含笑赞许我们的决定，而不是痛苦排斥我们的到来。”

圆桌旁的几个人开始低声的交头接耳起来。

首相看了看，继续道：“全国都知道，国王把最好的年纪献给了自己的国民。他生前身不卸甲，马不离鞍，他戎马半生，开辟了全新的事业。可是因为多子之神的无端嫉妒，却只给他送来了三位王子。这三位王子虽然性格各异，但庆幸的是他们都继承了王者优秀的品质。遗憾的是小王子亚伦现在依然失踪，虽然全国都相信他定会平安归来，但此时我们仍然和王后一样悲伤欲绝。”

首相悲伤的叹了口气，道：“不过虽然小王子足够优秀，年龄却无情的限制了他的脚步，今天的王位只能在他的两个哥哥间产生。我希望大家今天能够拿出自己最中肯的意见来对待这件重大而又严肃的事情。”

“这还用选吗？首相大人，”陆军统帅站起高大的身躯，声若洪钟的道：“一直以来都是大王子继承王位，这个规矩什么时候变了呢？我怎么没有接到这样的命令。”

“你没接到这样的命令是因为你不像首相大人一样考虑了客观情况。”内政大臣看陆军统帅一眼接道：“别人不知道，我们还不知道？国王在世时也不止一次的在我们面前提到过，你难道忘了？”

“哟，我忘了什么？我怎么记不起来了？”陆军统帅讥讽道。

内政大臣回道：“前王后和国王成婚是在我们征战赛马尔平原期间，接着前王后一直跟随国王的军队前进，直到在赛飞高地生下了两位双胞胎王子，可是那时我们却正好遭到背信弃义的赛飞军队的反扑，我们的军队虽然冲出包围，但前王后却在这场战斗中不幸阵亡，替前王后接生的药婆和女仆也全都死了。所以直到现在谁也搞不清楚两位王子到底谁先生出，我们现在叫的大王子二王子也只不过是当时国王的随手指定，可是从律法上说他们任何一个都有继承王位的权利，况且两位王子长得一模一样，没有衣服的搭配我们谁也认不出。”

“你倒记得清楚国王的话，”陆军统帅道：“那你记不记得国王说过是谁手持着利剑，浑身沾满敌军的鲜血，骑着踏过敌人尸体的马把两位王子从敌军中抱出来的？你说的赛马尔平原，赛飞高地我都记得，现在我也清楚地记得前王后的模样。我不像有的人那样有福，坐在城中喝酒嫖娼却敢在描述征战这个词的前面加上我们两个字。我为人固执一些，所以我相信某些人认为的国王当时的随手一指就是上天神圣的安排。”

内政大臣站起身直直的盯着陆军统帅道：“我无意和您争吵，大人。因为我们现在谈论的是重要的事。可是恕我直言，在所有的战争中，我不相信在没有后方补给的情况下，您能饿着肚子骑马回来。”

“你说什么？你个混蛋。”陆军统帅暴跳起来，他猛烈的拍了下桌子就要冲上前去。他旁边的情报大臣忙拉住了他。

“怎么了？大人？”内政大臣却出言讥讽道：“一吃饱饭就要杀能产蛋的母鸡吗？”

“你们都给我住口。”首相低吼一声，他摇摇头叹口气道：“先解决眼前该解决的事，私底下你们再开始那无聊的斗嘴吧。”

“我反正支持大王子，”陆军统帅道：“我这么说并不是因为他和我交情深厚。我认为大王子勇猛果断，颇有国王的威严之风，由他带领，国家一定会更加强盛。”

“我也支持大王子。”情报大臣跟着道：“据我所知道的情报来看，我们国家虽然表面平和，但私底下却还隐藏着不少蠢蠢欲动的阴暗爬虫。西面的犹伦之地尚未臣服，北方之族也在不时的骚扰，还有南方的海盗，远的不说，就说我们东南方沙漠中耸立的刺客之城，我们现在就完全没有他们的情报接收，我担心他们要干些什么。”

“刺客之城几百年来就不与任何一个国家来往，你担心他们要干什么不过是杞人忧天。”财政大臣笑起来道：“大人，我来告诉你他们要干什么吧。”他把手支在脸前道：“他们只要钱，一直以来便是如此，以后也不会有什么改变。他们就如同一只蛰伏的蝎子，静静趴在他们该呆的地方，等有人给他们送去金币，他们方带着毒针去取一个人的性命。”

“我就是奇怪了，大人，您说这几百年来他们也挣了不少钱了，他们到底要干什么？”情报大臣疑问道。

“他们不与任何一个国家通商，男女又不与外城通婚，孩子到四岁就要接受城中最顶尖刺客的训练，没有钱他们吃什么。”财政大臣大笑道。

“伏在暗处，”情报大臣摇头道，“这太不安全了，为什么我们不把他的城堡给攻占了。”

财政大臣哈哈笑起来道：“大人，您这个想法是好的，国王生前也做过这样的打算，可是你要知道，刺客之城，无血无泪，耸立百年，无敌无友。虽然攻占他们的城堡就像你捅下来一个马蜂窝一样简单，但是，你去捅吗？”

“这可真是太可怕了，听您这么一说我都后背发凉，不过连我都没有的情报您怎么知道的这么清楚？”情报大臣疑问道。

“我和他们做过交易，我去过刺客之城。”

“他们刺杀一个国王的价格是多少呢？大人？”

财政大臣的脸色变了变，他强忍着气道：“据我所知，大人，他们刺杀的人所收的金币和这个人的身份有关。如果刺杀的这个人是国王，那么便是这个国家一年的黄金总和。”

“哎呀。”情报大臣摇摇头道：“真是狮子大开口啊，除了国王这可是个任谁也拿不出的价格啊。”

“怎么，您有什么想法吗？大人？”财政大臣反问道。

“没有没有。”情报大臣摇摇头道：“感谢您给我的这些情报，大人，做我们这一行的行规就是，多听些情报总比少听些情报要好些。”

“虽然大王子确实勇猛果敢，颇有国王威仪之风，”内政大臣接过他们的话道：“但我认为二王子更适合在现在登上王位。二王子性格虽然不如他的兄长那么适合战斗，但是现在我们的当务之急是安定稳固已经占有的地方，厉兵秣马的前提是能够休养生息，先要稳定发展。我今天把全国的数字都带来了，本来这些竹简只有国王能看，但现在我希望首相大人能先看一下。”内政大臣说着把几个卷着的竹简递给首相。

首相接过竹简细细的翻看了一遍，他支着头考虑一会儿，道：“我同意内政大臣的话，我估计国王在世也会做此抉择。”

“只有懦夫才会被数字吓到。”陆军统帅急嚷道：“请原谅，首相大人，我说这话并不是针对您，但是我们的军队也曾击败过成倍与我们的军队，如果我们只害怕空白的数字，我们的国土现在也不可能这么的广大。”

“只有莽汉才会认为这是空白的数字，”内政大臣反唇相讥道“这里面的任何一个数字都带着许多人的心血。我还是那句话，大人，在所有战争中，我不信您能够空着肚子骑马回来。”

“你少在那儿吓唬我了，懦夫，看家护院的狗再怎么狂吠也赶不上奔跑的狼，”陆军统帅道：“更何况你只不过是靠着一张懂得‘吹拉弹唱’的巧嘴才攀上了与我相等的地位，可是我不怕明着告诉你，我一饮而尽过的血比你脱口而出的话都多。勇者在前进的道路上披荆斩棘，只有懦夫才在桌前写写算算。好吧，我现在也不与你争论，你说，你支持谁？”陆军统帅瞪着情报大臣问道。

“我还是支持大王子。”情报大臣道。

几个人都把目光投向了财政大臣。

财政大臣坐直身子道：“我有一个想法，我觉得这个事情很简单，把国土一分为三，大王子和二王子各得一份，三王子那块先由王后管理，等他回来后再交给他。这样最好，也免去了纷争。”

“不可能。”几个人异口同声的说道。

首相先道：“你这个办法看似简单，却是本末倒置。国家不可分裂，寸土不可动摇。历史上有太多这样因自我分裂而被外族吞并的例子了。内在团结强大，外面谣言不起。一个国家就如同一个人一样，都是先自我削弱，自我瓦解，自我争斗，才给了外族可乘之机。”

财政大臣忙道：“我也只是那么的随口一说。”

“我知道您是随口一说，大人。”情报大臣笑眯眯的道：“明智的脑中定不会存有愚蠢的念头，所以我不同意。”

“我也不同意。”内政大臣摇摇头道：“这绝对是愚昧的幻想催生出的无知的想法，是个正常人都不会接受这样的建议。一个国家的领土绝对不能随便分开，只因那样会使天下大乱，继而带来水深火热，民不聊生——这是极其重要的事，所以你也绝对不能随口一说。”

“我也不同意，”陆军统帅站起道：“这里的每一寸土地都是每一个英雄与每一个将士用浴血奋战而得，我用铁剑护着它尚觉的惊心动魄、胆战心惊，而只要在我的有生之年，我就不会看着它分开。”

“那我也没有什么好办法。”财政大臣道：“我弃权我这一票。”

大厅里的空气安静了。

首相叹了口气，他想了想道：“我想我们应该请出王后来投这重要的一票，毕竟她更了解国王的想法。”

“她是更了解国王的想法，首相，”陆军统帅忙道：“可是王后现在正为小王子失踪的事担心，而且王后也不便参政。而且、并且，国王的事、事——”他停了下来。

首相道：“我想昨天王后已经洗清了自己的嫌疑，所有人都因该知道她还是那个睿智美丽的王后，并且她现在也不是参政，她只是告知我们国王的想法，替我们决定我们无法决定的事，你还有什么要问的吗？统帅？”

陆军统帅摇摇头。

首相叫过卫兵，吩咐几句，卫兵出去了。

大厅的人都在默默等候，过了一会儿，王后走了进来。

圆桌旁的几个人都起立行礼，首相把王后让到上座坐下。

“虽然这个时刻我们不该打扰您，王后，”首相道：“但我们都知道您更了解国王的想法，所以我们希望您能暂时忍着悲痛，细细的考虑，然后投上这重要的一票。”

首相说着把桌上的竹简翻开给王后看，又告诉了她几个人三种不同的意见。

王后细看了会儿，卷上竹简，她看着陆军统帅道：“我支持大王子登上王位。”

几个人都吃了一惊。

“非常感谢您，大人。”王后又向内政大臣道：“这个竹简上记录的一切非常重要，这一定花了您无数的心血。我相信国王能有您这么个好大臣他的心里一定感到非常的骄傲与荣幸。”

内政大臣忙起身，他深深鞠了个躬，道：“能够为国王效劳我也感到非常的骄傲与荣幸。不过王后，您——”

“我只是说出了国王的想法。”王后柔声打断内政大臣的话，接着道，“我知道他喜欢什么，想要什么。就在他被无耻小人算计的那一天，”王后强忍着语气中的悲痛咬牙道：“伟人被小人算计，而小丑终归是小丑。”过了一会儿她又道，“就在那天他尚告诉我他一生的志向。国土广大，他看着窗外说道，士气如虹。”

陆军统帅扬了扬头。

王后又道：“二王子的性格温和一些，虽然他的性格很让人喜欢，但却不适合做国王，至少现在不适合做国王。您的这些数字虽然记录在竹简上，但我已经铭记在心。我认为国王看到这些数字也会做出这样的决定。”

时间在一分一秒的过去，厅里的人都不说话了，忽然首相冲王后鞠了个躬道："非常感谢您中肯的建议，王后。"接着他冲几个大臣道："把国王去世的消息传出去，同时告诉大家今天中午新君登位。他将向前任历代国王一样，在城堡上方接受万民的欢呼，他就是我们的新君，大王子亚索陛下。"

几个大臣答应一声，点了个头，各怀着不同的神情出去了。

等他们都走后，首相方慢慢拉开王后的椅背，王后转身向门口走去。就在她将要走到门口的时候，她听到首相叫了她一声。王后转回身去，她看到首相布满皱纹的脸上露出了少许的悲哀之色。

"王后，我相信小王子亚伦一定会平安无事的回来的。"王后听到首相和蔼坚定地对她道。

王后点点头。

首相接着道："当您随着国王的车马来到这个国都的时候，您只有十七岁，我还记得那天城中万人空巷，只因所有人知道，这次国王不止平安归来，还迎娶了远赴盛名的桑尔夏森林之花，每个人都想一睹您的真颜，虽然您坐在车里，没有人能看得到，但我依然记得一路上他们狂热的喝彩声与祝福声。"

首相的话让王后悲哀道："我如今也感谢上天赐与的美貌与地上传送的声誉，只因它们为我带来了我一生的挚爱——我的国王。"

"一晃十年了，"首相叹口气道："今天恰好是我六十岁的生日，王后，一个六十岁又多年身居高位的老人会经历许多事情，也会有许多不愿磨灭的记忆，只因这些记忆里验证着各种各样的人。"

王后走到首相身边持起他的双手道："我知道您要说什么，首相大人，自从我来到这个国都的那天起，您就一直把我当亲生女儿那样爱护，我也一直把您这样睿智的老人当作我的义父。"接着她真诚的道："温和的人喜欢温和的人，您今天也许没想到我会支持大王子，但请相信我的判断吧，只因我更了解国王的志向，大王子一定会比二王子更适合完成国王想要完成的心愿。"

首相点头道："我相信大王子在中午以后便会从一个好人成

为一个好国王了。王后，我冒昧的叫住您其实是向您辞行的，我也不止一次的向国王提起过，当我六十岁生日这天我便要卸下肩上的担子——这个担子已经不适合我体弱多病的身躯了，我下午便会向新国王递去辞呈。”他说着慈父般看着王后微笑道，“分别还是这样最好，您还和您十七岁那年一样，愿您永远是我第一次见到您时的样子。”

“生日快乐，首相，”王后哽咽道：“您低头肩负着沉重的担子到达目的地，现在您可以骄傲的昂起头来了，只因您是个好人。”

夜已经很深了，贝丽苏亚坐在床边，她听到窗户外面传来鸽子的“咕咕”声，她打开窗户，看到一只白色的信鸽，她听到城中的欢呼声从四面八方隐隐约约的传进来。她借着月光向下望去，只见城堡一层层向下的石壁，还有路上几个行走着的看上去不大的卫士。她拿出信鸽脚上的信看了下，又写了封回信绑在鸽脚上放开鸽子，这时她听到了敲门声，她关上窗户，去打开了门。

“我欢迎您的到来，亚索陛下，”贝丽苏亚看到亚索带着金黄的王冠站在门口，她忙行礼道：“您今天中午的加冕仪式我看了，当您戴上王冠，接受万民欢呼的时候，您那仪表堂堂的样子简直和您的父亲一模一样。”

“我非常感谢您这不太符合实际的赞美。”亚索笑道：“但我真没想到一个国王要处理这么多的事物，使我这么晚才能抽出时间来对您表示感谢——我听说您在上午的选举中把最神圣的一票投给了我，可能对您来说那只是您的一个选择，但对我来说那确是我一生中最弥足珍贵的记忆。”亚索说着走了进来，“我希望我没能在这么晚打扰到您，但我急于告诉您，关于我王弟的失踪，我已经派出了全国最有用的军士，这也是我当上国王后的第一道命令。”

“谢谢您，陛下。您并没有打扰到我。一个被痛苦蚕食的女人总是会嫌弃黑夜的漫长，只因黑夜的寂静会使这种痛苦翻倍，而这种痛楚是死神的美味，却使得睡神望而却步。”

“哦，您别这么说，王后，您这悲伤地语言让我的心都要碎去了，一切都会好起来的。”

“我已经不是王后了，陛下，您一定是可怜了我的悲伤，才说出了这么可怜的言语！”

“贝丽苏亚。”

“您干什么？陛下，请放开我，您一定是喝多了酒，快放开我。”贝丽苏亚惊慌的挣扎道。

“贝丽苏亚，我爱你，当我十五岁见到你的第一天起我就一直都爱着你，你听我说贝丽苏亚，我们年龄差不多大，我一直疯狂的爱着你，我还没有立王后，我也不准备立王后，贝丽苏亚，哦，我不知道该说些什么，您原谅我，怜悯我吧。”亚索急不可耐的把贝丽苏亚压在了床上。

“陛下。”贝丽苏亚无力的叫道。

第八章
飘荡的船舶

“我从来不喜欢坐船，我的小可爱们。我的消息由风带来，而大海的浪却总会阻截风的去向。你们闭上眼睛听啊，你听，它又在呼呼的吓唬我了。”

亚伦边听边惊恐的看着周边的一切。这是一个昏暗的船舱，在他的周围摆满了三层木笼，而每一个木笼里面都关着一个和他差不多大的小孩儿。他看着说话的那个老女人在离他不远的摇椅上坐着，摇椅摇晃着发出了“吱呀，吱呀”的声音。

一只黑色的乌鸦从外面飞了进来，它停在老女人的肩上发出了“哇哇”的难听的叫声。

“你说什么？我的小宝贝儿？”老女人没有睁开眼，她苍老的声音道：“外面的风浪太大了？你的翅膀已经无法展开，而混合着水的黑夜也让你什么都看不到了？嘿嘿嘿嘿，那你就留在我的身边吧，我的小可爱，让我们一起来唱首歌，等待白天风平浪静的海面。”

“呱呱哇。”乌鸦展着翅膀叫起来。

“我的青蛙会划桨。”

“呱呱哇。”

“我的乌鸦会侦查。”

“呱呱哇。”

“我的鸭子当船长。”

“呱呱哇。”

“我的猴子不说话。”

“呱呱哇。”

几只不高的猴子举着手“叽叽叽叽”的来到老女人面前，它们排着队跳起舞来。

“迷乱的烟雾扭曲的脸，漆黑的夜色多姿的线。蓝色的药瓶七彩的粉，喷火的蟾蜍显露身。低矮的簸箕吞灰土，飞扬的笤帚扫青春。”老女人嘶哑的唱道。

亚伦睁大眼睛，他不可思议的看着船舱中的扫把和簸箕竟然跟着扭动了起来。

“火热的温暖冰凉的罐，壁虎的尾巴人间的眼。蜘蛛的丝网破又挂，狡猾的毒蛇在里面。黑色的猫咪白色的毛，银色的老鼠在打转。”

“喵——”一只白色的猫跳到老女人身上，它瞪着黑漆漆的眼睛打了个大大的哈欠，懒散的躺在了她的腿上。

老女人睁开眼睛，抱起猫亲吻了一下道：“我的小可爱，每次我高兴的时候你都这么的懒散，非要打断我的兴致。”然后她看着笼子里的孩子们，又坐在椅子上闭着眼摇晃着道：“你们一定很奇怪，其实这些你们都见过。我曾把黑夜编织成黑色的蝙蝠送进你们多彩的梦中，我也曾让淡黄色的猫头鹰在你们的黑夜里‘咕咕’的叫。我一直认为你们应当知道一些残酷的东西，可是你们的父母和你们都觉得你们年龄尚小。嘿嘿嘿嘿……”她抚摸着那只猫的头。

那只猫舒服的发出了打呼噜的声音。

“可是不论你们愿不愿意接受，残酷却一直存在。没有谁能够真正的照顾谁一辈子，这是我这儿的猫都明白的道理，它每天都在不停的磨着爪子，也在不时的观察着周围的一切。你别看它现在这么的懒散，它行动起来可是像闪电一样快。”

“喵——”猫微微仰起头表示赞同。

老女人又摸了摸猫的头。

“你们还不知该怎么分辨这世上的坏人，也尚不知怎么防护自己的身体与精神，你们生活在自己如同糖纸般多彩的梦中，而当我的黑蝙蝠惊扰了你们的梦，你们便只会寻求父母的庇护，亲人的安慰，伙伴们的关心，只因他们会告诉你，那是假的，不要害怕，然后他们便会给你们讲出那个风婆婆或雨婆婆的故事——因为他们只会讲那一个故事，也因为你们只愿意听那一个故事。可是，你们的心却从来没有真正的战胜过自己，直到你们遇到了我。嘿嘿嘿嘿……其实对我来说——”老女人举起右手道：“风婆婆或雨婆婆或许真实存在吧，”一只黑色的蝙蝠停在她的手指上，接着那只蝙蝠挥动着翅膀“扑哧扑哧”盘旋在船舱里，“可是，我也真实的存在啊！”老女人笑起来。

“可是现在一切都晚了，孩子们，你们的力量尚不足以正视它，你们的心也还不足于在它的面前保持鲜红。你们要么急躁，要么沉重，还没人教你们善用神赐予你们的大脑。所以，跟我走吧，在一个很好的地方，我将会把你们变成有用的青蛙，鸭子，猴子，簸箕，或者、是黑猫。”

女人的话让笼子中的小孩儿害怕，他们惊慌的抓住笼子摇晃，亚伦也和他们一样，张着嘴却发不出声音。

“喵——”猫弓着背竖起了身上的白毛。

“你也曾和他们一样，不是吗？黑电？”老女人摸着猫的脊背凄凄惨笑起来道：“你也曾和他们一样害怕，惊慌的抓住笼子摇晃，可是你现在已经不害怕了。你也曾是最有胆量的一个小孩儿，只因为和妈妈吵架便趁着夜色偷跑出来，那时你只有六岁大。六岁对人来说还是太小了，可是对一只黑猫来说却足以是一只老猫了。其实黑电，极少有家人真正要伤害自己的孩子的，他们可能只是方式不对，或者心情不好，他们做法可能不够明智，但大多数的家人都是真心希望自己的孩子能好的。你们连家人亲人的好坏都还分不出来，又怎么能分出陌生人来呢？嘿嘿……"

老女人用手指逗着猫的下巴，猫又安稳的躺在她的腿上。

"你现在已经快遗忘你妈妈的长相了吧，黑电。"老女人柔和的话让笼中的孩子们浑身发起抖来，他们屏住呼吸，瞪大眼睛，停了手。

"呼噜噜。"猫懒散的打起呼噜来。

老女人看着笼中的孩子道："你们中有的因为我多彩的糖果，有的因为我转变的言语，有的因为我面目的恐吓，但你们大多都最终选择了相信我。其实我很聪明，你们想要什么，害怕什么我一眼就看得出来，可是我想要什么你们就看不出来了。嘿嘿。"

"你们有的也让我费了一些力气，可能你们脑中坏人的脸是这样的。"老女人的脸忽然变成了一张凶神恶煞的男人的脸。"或者是这样的，"她的脸又变成了一张显露着奸诈的脸，"或者这样的。"她的脸又变成了一张狰狞的脸。

"可是呢，"他用这张狰狞的脸笑起来道："事实是，也许你们看到的是一张美丽好看的脸，一张憨厚老实的脸，一张慈祥有爱的脸。"她的脸又恢复了原来的样子，"你们尚不会透过一个人的心再看见这个人，你们的眼睛也尚不会从细节处发现一个人的灵魂，你们被你们无知的想象所害，直到遇见了我。"

"呼噜噜。"猫大声的打起呼噜。

"黑电，昨天在岸上风给我带来消息，两年了，你的妈妈还没有忘记你。"

"呼噜噜。"

“你将有新的伙伴了。黑电，它会和你一样听话。”

“呼噜噜。”

“它也会和你一样，看着我炼药，看着我用他们祭祀来保持我的青春。”

“不要，不要。”亚伦害怕的心中直嚷道。

“呼噜噜，喵——”

“怎么？你不让我告诉他们吗？没关系的，黑电，我的小可爱，他们和你一样已经不会说话了。”

“嘎——”外面忽然传来一声鸭子响亮的叫声。“嘎嘎嘎嘎，嘎——”接着又是几声。

猫从老女人的腿上掉下，“嘶——”它拱起背炸着毛发出了攻击的叫声。

老女人跟着咒骂道：“是蛮不讲理的海盗。我真没想到这帮混蛋在这么恶劣的天气里也敢在黑夜的大海上航行。掉头。”她急命令。

“嘎——嘎嘎嘎——”又是几声急促的鸭叫声。

老女人脱下外套，挺直了身，等她路过亚伦的牢笼边时，亚伦竟然看到了一个美丽年轻的少女。

女人蹬上了船梯，船舱里安静了起来。亚伦听到风浪的呼啸，船在不停的摆动，他多么希望这是一场噩梦，而这场梦马上就会苏醒。

“船里的人听着，不论你们是谁，马上都给我出来。你们船里的一切，包括你们的船都是我们的了。”刚过了一会儿，亚伦便听到一个男人高声的叫喊。接着“砰嘣，砰嘣”的几声脆响，显然是钩绳打到甲板上钩住了船。

“你们别这样大喊大叫的，我害怕。”亚伦听到一个女人娇滴滴的声音回道。

“哈哈，是个女人，兄弟们，哈哈哈哈，上船抢啊。”

不多时，亚伦听到甲板上“砰——”的一声，显然是有人跳上的声音。

“小美人，来呀——”亚伦听到一个男人嬉笑着奔跑的声音。

接着“蹦！”的一声巨响，就如同一个巨大的烟花在天空炸裂，然后亚伦听到男人们吵杂不安的恐慌的叫嚷声：“快回到船上去，是女巫，是女巫。”

“马上掉转你们的船，海盗，收起你们的钩绳，趁我现在还没有改变主意，保留你们薄弱的性命。“女人的声音尖锐的穿过海浪。

“在钩绳上回船者死，我以船长的身份命令你们冲上去，我们需要女巫的眼泪，那是钻石啊！船上的听着，快拿起自己的武器去后面粘上鲨鱼血，快去，再打上几条钩绳，马上攻船。”一个男人粗狂的声音大叫道。

“砰砰砰砰。”又有人跳上甲板的声音。

“嘿嘿嘿嘿。”女人的笑声让人毛骨悚然。

“快攻击她，你们这帮废物，不想死的就快攻击。她在念咒语了，千万不要让她把咒语念完。”亚伦听到船长的声音在高叫道。

甲板上顿时传来男人杂乱的脚步声和喝骂声，这声音夹杂着武器的碰撞声，女巫的咒语声，还有不时如烟花炸裂般的巨响声。

亚伦忽然听到“哗——”的一声响，就如同瀑布冲击了甲板，接着他听到船长的声音高叫道：“我用鲨鱼血泼中女巫了，她的咒语削弱了，大家快上啊，用鱼皮堵住耳朵，快拿着沾着鲨鱼血的武器爬上钩绳，谁能捉到女巫就做我的大副，再立马来我这儿领二十颗钻石。”

“冲啊——”他听到许多男人高声叫道。

甲板上的声音越来越乱，“哦，小心乌鸦！”“呱——”“滚开你这该死的猴子。”“喵——”“哎呀我的脸。”女巫的咒语声也越来越大，亚伦只感到船在剧烈的摇晃，忽然他听到女人一声凄厉的长叫声。

“我砍中她的后背了，哦——不——”亚伦听到男人凄厉的惨叫，紧跟着便是一声“蹦”的巨响。

“她已经受伤了，快围住她。不要让她跳到海里去，快啊。”船长急叫道。

“噗通”一声，整个甲板上瞬间安静了。

“你们这群没用的、只知道吃饭的饭桶与废物。”亚伦听到船长一字一句的骂道：“快去看看，船舱里还有什么？”

亚伦看到几个粗壮的男人走到船梯，他们向里看了下，然后冲外面高叫道：“只有几十个小孩儿在笼子里关着。”

“把笼子打碎，把他们都带上来。”

又下来几个人打碎了笼子，亚伦和几十个小孩儿被他们带到了甲板上。亚伦看到甲板上站着十几个提着武器的海盗正凶狠的看着他们。而刚刚他见的那一切，乌鸦、猫、猴子还有女巫都消失了。他低下头，看到整个甲板都是鲜红的颜色。

“你们是女巫的孩子？”他听到船长的声音在上方问道。他抬起头，看到一个人正踩在离他很近的一艘高高的船头上，他穿着亚伦在故事中才能听到的船长服，带着黑色的帽子，他的左眼斜带着黑色眼罩，而他的右手是一个闪亮的铁钩。在他的头顶，亚伦看到漆黑的天空，没有月亮，也没有星，只有风在呼呼的吼。

亚伦他们摇摇头。

“你们不会说话？”船长扯着嗓子问道。

亚伦他们点点头。

“把船拖到后面去，把这些孩子都带上来，你们今天表现的还算不错，虽然没有抓到女巫，但也找到了这么多的小海盗，每人都赏一个金币。”船长说完便转身离开了。

“哦——”甲板上的海盗们都欢呼起来。

大船上几个海盗拉着绳索，把小船向船尾拖去。

“嘿呦——嘿呦——”一个拉着绳索的海盗顶着风浪有力的喝唱起来。

“嘿嘿呦，嘿嘿呦——歌声一响，黄金万两；银钱滚处，趋之若鹜。”所有海盗都高声合唱起来，“海浪滔天，海浪滔天；周而复始，周而复始。凭借双手扬帆荡桨，嘿——嘿呦，劈波斩浪！依仗智慧保驾护航，嘿——嘿呦，征途漫长！波涛汹涌，海浪滔天，嘿呦嘿呦。周而复始，无休无止，嘿呦嘿呦。跃过狂风，穿过海浪，嘿呦嘿呦。船舶飘荡，星河滚烫，嘿呦——嘿呦——”

海盗们把小船绑到了大船的后面，然后带领着孩子们登上了大船的甲板，亚伦看到几十个海盗手持着火把，而船长正威风凛凛的站在甲板中间。

“你们是女巫的孩子？”船长又问了一遍。

孩子们摇了摇头。

“你们不会说话？”船长扯着嗓子又问道。

孩子们点了点头。

一个海盗在旁边嚷道：“船长，他们可能是被女巫毒哑了嗓子。”

船长语重心长的“嗯”了一声，然后他点头道：“你很聪明，大海的航行让你见多识广了，你来替我问问他们。”

“是。”那个海盗答应一声，他站到甲板中间转头问道：“问他们什么？船长？”

“问你们不会说话？”船长道。

“你们不会说话？”

“大声点，他们听不见。”船长吼道。

“你们不会说话？”

“扯着嗓子喊，他们的耳朵可能也被毒聋了。”船长道。

“船长，他们能听见，你看他们都在点头呢。”那个海盗笑道。

“我也会点头，可是我的耳朵就被毒聋了。我听不见你说话了，我只能看见你在奸笑。什么时候你把我的眼睛也毒瞎了，你就可以带着兄弟们发动叛乱了，你们会把我的手脚都捆上，然后把我扔到大海里喂鲨鱼，哦！想到这里我就会情不自禁的哭起来，呜呜……”船长捂脸哭出声来。

周边的海盗都哈哈的笑起来。

“你会当上船长，接着会开着我的船在我的大海里航行，你会趾高气昂的站在船头大喊，‘冲啊，冲过海浪啊。’可是有一天也会有一个聪明的海盗在你还没问他的时候便会回答你想知道的事，你和我一样夸他聪明，直到有一天他也会毒哑你的喉咙，毒聋你的耳朵，毒瞎你的眼睛，他发动叛乱，捆起你的手脚把你丢到大海里喂鲨鱼，然后他会再次当上船长，会开着我的船再次在我的大海里航行，哦！想到这里我就会情不自禁的笑起来，嘿嘿……“船长又咧着嘴笑起来。

“船长，他把我毒哑就行了，我说话少他们也许就不会发生叛乱了。”那个海盗道。

“对啊，他说的有道理啊！”旁边的海盗都开始交头接耳起来。

“不要这样吧，”船长吃惊道：“谁不想在无聊的生活中有一个能说会道的人相伴呢。虽然他自认为是个有趣的演员，为了哄大家开心而在可怜巴巴的费心演戏。”

“我们叛乱吧？”一个海盗凶恶的问了一声。

“对，打倒船长！”所有海盗附和道。

“我看问小孩儿的那兄弟不错，有血有肉的，我们换个船长吧。”另一个海盗大声道。

所有海盗都上前一步，“我给你个你无法辩驳的理由吧，船长，只因为你的演技太差了，所以我们并不开心。”所有海盗都拿出了武器。

“哦！海神，你为什么要这么对待我。”船长惊恐的蹲下身子，“我已经尽力了，我虽热爱孕育了我生命的大海，但此刻我并不想葬身鱼腹，只因我的身子太脏，鱼们儿是不会欢迎我的到来的，哦，海神，你啊——”

“船长，它们从北面跟上来了。”在瞭望台的海盗忽然冲甲板上喊了一声。

船长起身走到船头，他一脚踏上船帮向北方看去，“嘿嘿嘿，”他大笑道：“我应该先大笑三声。呜呜呜，然后我应该再大哭三声，这群废物们，在深夜暴风雨的大海上，你们这么多只船竟然跟丢了我。嘿嘿嘿、呜呜呜，”接着他转身对船上的海盗大叫道“我们赢了，他们的早饭是我们的了！”

“哦——”船上所有的海盗都举手欢呼起来。

船长等他们欢呼完毕，又道：“你们每人抓两个孩子，教他们做你们现在做的一切的事。”然后他又挥着手慌张叫嚷道：“小海盗们，你们快跑，快跑啊！”

孩子们四散跑起来，而所有的海盗都“嗷”的一声跑过去一人拉住了两个孩子。

最开始说话的那个海盗虽然离孩子们最近，却只抓到了亚伦，“船长，”他道，“我只抓到了一个孩子。”

船长走过去，笑眯眯的道：“还有一个是我，让我和这个孩子一起跟着你吧。”

“那挺好的。”那个海盗也笑道。

船长抓住亚伦的手，对那个海盗道：“去把和女巫作战逝去的兄弟们的名字都记上，明天上午我们要在海神面前为他们送行。”

此时天已亮了，亚伦往北面看去，见宽阔无边的大海上正行驶着黑压压一片数不清的船，而在这些船大大小小的桅杆上都挂着和这艘船一样的旗帜。

第九章
王后的选择

“我不是演员，陛下，我的脸上流露着心中的喜怒或悲伤。您祈求我的原谅，陛下，是因为您犯了错，而人间的法令又无法惩罚您的罪过，但对于上天的律法来说，您用权势夺去了本不该属于您的东西，而这神圣的律法又促使您的良心不安。”

“不是这样的，贝丽苏亚，你先别哭泣，你听我说。我之所以祈求你的原谅，是我在遵循神圣的律法行事，而人间的法令却一直在阻碍我的脚步。当我第一次见到你的时候，你是个十七岁的少女，而我是一个十五岁的少年。当我看到我的父亲牵着你的手步入教堂，只有我的心响起了悲伤地乐章。当你在万众面前和他一起接受欢呼祝福的时候，那万众的喝彩却如同万恶的尖刀在一点点的戳痛我的心脏。王子的心也和普通大众一样，有着血肉，有着情感，有着爱憎，也有着人人都盼望着的一见钟情。”

“我知道，陛下，我见过您炙热的目光，没有任何一个男子能够在心爱的女人面前隐藏住自己爱慕的表露，可是我也和任何一个普通的女人一样，无法用丑恶的心做出楚楚可怜的表情。陛下，一切都是命运，我们也应当尊重命运之神的安排。在我最好的年纪，它为我送来了您的父亲，一个英勇的国王，一个伟大的英雄，我尊重他，同时爱慕他，他也深深俘获了我的心。"

"别再说了，贝丽苏亚。"亚索粗暴的打断了贝丽苏亚的话，他停了一会儿，又尽量用平稳的口气道："请原谅我，贝丽苏亚，没有任何一个男人听心爱的女人在他面前真心夸奖另一个男人时能够保持平静、即使这个人是他的父亲。你说得对，贝丽苏亚，一切皆是命运，虽然我曾在每个夜晚咒骂命运之神，但祂现在又把你送到了我的怀抱。"亚索说着又紧紧的抱住了贝丽苏亚的身子。

"快放开我，陛下。"贝丽苏亚挣扎着，亚索却把她抱的更紧了。贝丽苏亚挣脱不开，她双手捂着脸哭泣道："您已经犯了一次错，陛下，不论您的言语是什么，但您已经犯了一次错，您难道要在这错误中万劫不复吗？陛下，您要知道，您这么做不可能被万众接受，也不可能被天上的众神原谅，在他们面前，您应该称呼我为母后。"

"哈哈，"亚索大声笑起来，接着他用力道："我知道万众不可能接受，但我不明白天上的众神为何不能原谅。你明白吗？贝丽苏亚？"

"啊——因为这是祂制定的神圣的律法。"贝丽苏亚的双手紧紧抓住了亚索的肩膀。

"这只是人间虚伪的法令，"亚索喘着粗气道："如果上天的律法真的这么神圣的话，祂就不该让命运把你送到我的身边，不该让一个少年爱上一个美丽的少女，不该让他在十年的每一个夜晚都做着相同的梦。"

"哎——你快放开我吧，陛下，我求求您了。"贝丽苏亚哀求道。

"怎么？"亚索翻转了贝丽苏亚的身子，接着道："上天的律法真的这么神圣吗？那么祂为什么不让我们有着真正的血缘关系，不让我的心跳动的缓慢些，或许祂该像主教说的那样，剥夺我罪恶的欲望，只留有我纯洁的天性，这样祂才能使我见到你时亲切的称呼你为一声母后。”

“我求你了，你别说了。”贝丽苏亚仰起头祈求道。

可是亚索依旧不依不饶的接道：“这是天赐给我的东西，除了死亡能够把它收回，没有任何人能够剥夺。在人间的法令面前它可能会隐藏，但它绝对不会消失。”

“唔——陛下，”贝丽苏亚一手捂着嘴狠狠的道：“您伤害了我，这——”可是没等她说完亚索便打断了她的话，“嘿嘿，”他咬着牙也狠狠地笑道：“我真的伤害你了吗？我的王后，我最爱的贝丽苏亚。”

两个人都不说话了。

贝丽苏亚躺在床上，她目光无力的看着屋顶，过了一会儿她道“是我平日里的行为不太检点？还是权利的赐予使您露出本来面目了？陛下。”

亚索笑起来道：“你平日里的行为是王后，但国王的离去使你回归自我了，贝丽苏亚。”

“我无法接受，”贝丽苏亚摇摇头道：“即便您说的都对，我也无法接受，您这么做还是伤害了一个人，陛下，他是您的父亲，我的丈夫，也是我们的前任国王。”

“愿上天让他的灵魂安息。”亚索愤愤地嘟囔一句接着道：“然后让上天在此见证，我只是取回了本该属于我自己的东西。”

“您这么说是什么意思？”贝丽苏亚吃惊道：“难道您心中除了难以抑制的欲望就根本没有任何感情？”

“感情？”亚索疑问似得笑起来，接着他点点头道“我有感情。但让我给你讲一段往事，贝丽苏亚，这些事都是我亲身经历，它非常的真实，真实的就像在我的眼前出现，真实的带有我的想法与内心，虽然迄今为止你是第一个从我口中听到它的人，但我从来没有忘记过。”

亚索顿了顿，接道："我的父亲是一个英勇的人，就像在中午的悼词中所说，他把全部的精力都用在了开疆扩土上，他是一个做着掠夺资源梦的人，值得尊重，但并不值得所有人的尊重。我的母亲是在赛马尔平原与他相识，是不是真心和他成婚我不知道，因为她是赛马尔城堡的公主，而我父亲征战了她的国家，流放了她的亲人，然后抓住了她。以往也有过类似的经历，但父亲往往都是把这些王公贵族的女儿如同物件般赏给了和他一起出生入死的将士们，比如陆军统帅的第一任夫人就是石城的公主。可是这次不知道是因为什么，也许是父亲觉得自己年龄大了，也许是当时的战局太好，或者太充满变数，他竟然选择了和我的母亲成婚，并且立她为王后。然后，他用短短不到两个月的时间收编了所有赛马尔城的骑兵，以赛马尔城堡为根据地继续向西推进，并迅速攻占了赛飞高地，强大的赛飞军队在抵抗了几个月的时间后却分崩瓦解，而分散中最大的一支军队也选择投降了。"

亚索又停了下，接道："母亲一直跟随着父亲的军队，也就是在接收赛飞军队投降的这天晚上，她生下了我和我的双胞胎弟弟，可是谁也没有想到，来投降的赛飞军队突然叛乱，而另外那些分崩瓦解的赛飞军队又从各处杀奔而来，当时的局势是一片混乱，国王守卫队死护着父亲冲出包围，而我的母亲却在这场战斗中阵亡了。"

亚索叹口气道："我不知道我的父亲是不是真正爱我的母亲，也不知道他是不是真正爱我和我的胞弟。因为当陆军统帅将我们抱出放在他的面前并告知我母亲去世的消息时，他只是哈哈大笑，并用手随便的指了我，然后便让陆军统帅用快马将我们送回，并向赛马尔城堡宣布了公主的儿子是下一任国王的消息，接着陆军统帅又迅速聚集了留守的所有军队，连夜向赛飞高地驶来，这场反扑打的赛飞军队措手不及，而原来被打的四散的国王军队也从各方零零散散的汇集过来加入了战斗，直到父亲再次占据了赛飞高地。赛飞军队屡攻不下，便分派重兵去攻击赛马尔城堡，可他们没想到父亲在调动赛马尔城的军队时就已经送信让离城堡最近的留守军队进驻了城堡。赛飞军队在城堡中遭到了伏击，伤亡惨重，接着父亲与城堡中的军队同时夹击，彻底击垮了强大的赛飞军队。”

“我听到的并不是这样的，亚索。”贝丽苏亚接话道：“我不知道你是听谁说的，但据我所知，国王和你的母亲非常相爱，他们很早便认识，在明白了她的心意以后，国王找了个合适的机会向你的外公提出婚约，可是你的外公并不同意，这才有了国王出兵围困赛马尔城堡的一战，直到你外公同意将女儿许配给他。并且你的外公并未被流放，他是死于重病。国王征伐赛飞高地，也是你母亲强烈要求随军前行，因为赛马尔平原与赛飞高地有着亲切关系，她坚持认为通过自己的谈判便能使对方臣服。开始一切还算顺利，有一部分赛飞军队臣服了，而有一部分并未臣服，就在你和你胞弟出生的那天，未臣服的赛飞军队前来投降，国王并未怀疑有诈，但半夜他们却发动了叛乱。当国王死里逃生，并看到陆军统帅一身是血把你和你胞弟抱到他眼前的时候，他的心中充满着愤怒，他发誓要为死去的王后报仇，这才有了对赛飞军队无情的屠杀。”

“你又是听谁说的，贝丽苏亚？”亚索问道。

“你的父亲，前一任的国王。”贝丽苏亚答道。

“这就是我要说的，贝丽苏亚，也许国王并不像你所知道的那样，你认为他是一个伟大的英雄，但我所知道的是他并非那么的光明磊落，他的心中充满着算计，他为了自己的目的可以利用周边的一切，你先不要问我是听谁说的，贝丽苏亚，我再给你讲一件我亲身经历的事。”亚索缓慢的道：“十年前国王围困桑尔夏城时，我已经十四岁，也跟着去了。”

贝丽苏亚顿时坐直了身子，亚索看她一眼道：“本来桑尔夏城的防守已经远近闻名，再加上城外不远处便是广阔的桑尔夏森林，而你父亲又提前在森林里面埋伏了大量的边防守卫队，更可以说是易守难攻。你知道这件事吧，贝丽苏亚。”

贝丽苏亚点点头。

“我们开始用了很多的办法，动用了投石机，也派步兵强攻过城堡，挖断过城堡的水道，也试图找过内应，可是桑尔夏城却众志成城，没给我们一点机会。父亲只好用了战争中最缓慢、但是也是最有效的方式，围困，可没想到这次的围困竟围困了快一年的时间，期间我们还不时受到桑尔夏森林边防守卫队的游荡攻击。父亲对外宣称我们携带的粮食可以支撑一年，然后他又从都城调来了成千上万的粮食车辆。他把粮车故意摆放在你们城墙守卫的眼下让他们看到，然后大声告诉你们的卫士，这些粮食还可以再围困城堡一年。但事实是车里只有上面的麻袋是粮食，底下麻袋里全都是沙子，那是我们准备退军使我们不足以饿死在路上的回城粮食。这么又过了七天，就在父亲准备退军的时候，你父亲竟然派了使者过来和谈。我不知道你父亲为什么会那个时候派人来，如果再过一天、就一天，他就会见到我父亲的军队全数退回去了。”

“那时候城里也已经快没有粮食了，城中的粮仓也已经吃空，水源也不充足，我听父亲说过，城里已经有人在捉老鼠吃了。他一直是一个和蔼的人，他不愿意看着他的人民一直这么坚守下去。”贝丽苏亚道。

“可就是这么个劝我父亲退兵的使者却使我父亲看到了希望。父亲一步步提出了自己退兵的条件，直到提到了你，贝丽苏亚，使者的脸变了变，‘这不可能，国王陛下。’他道，而父亲马上道，‘有什么不可能的，我儿子也满十五岁了，你觉得他配不上你们的公主吗？’父亲指了指我。”

“什么？你说什么？”亚索的话让贝丽苏亚吃惊的叫道。

“是的，贝丽苏亚，开始父亲指定的婚姻对象是你和我。”亚索看着她道。

“你，你这么说有什么证据？”贝丽苏亚浑身都在颤抖。

“没有，”亚索摇摇头道：“当时是密谈，屋里只有我的父亲、我、还有你们的使者。然后你们的使者点了点头道，‘我可以把这话带给我的国王，但是否同意还要看他的意思。’父亲也点了点头，道，‘我是真心希望和你们桑尔夏城联姻，回去告诉你们的国王，我有两个最疼爱的双胞胎王子，他们虽然性格不同，但长相一样，并且任何一个人的品德都绝对不会玷污你们桑尔夏公主的名声。还有，我希望你们国王同意这门婚事以后先不要告诉你们的公主她嫁的是哪个王子，这也是为她好，谁的女儿远嫁，女儿的心里会好受呢？如果她要问，就告诉她是国王，因为我也快到了该放弃征战，享受天伦之乐的年纪。我希望她能来挑选她的中意之人，而她挑中的那个孩子我以后便会立他为国王，以此来表示我对你们桑尔夏城的尊重。’后来的事你都知道了，贝丽苏亚，父亲撤了一半的军马，然后你被送出了城来，接着父亲退了军。”

“不可能，这绝不可能，”贝丽苏亚摇头道：“你一定是在骗我，这是你为了自己良心的安稳而在随口扯得谎，这和我所知道的根本不是一回事。”

“不论你信不信，贝丽苏亚，”亚索翻身按住了她道：“我没什么要为了良心安稳而扯谎的，因为命运之神最终让你选择了我，我就是现在的国王。”

“父亲在送我出城之前确实告诉我将要嫁给国王，他说这话时也没有表现出快乐或者悲伤。”贝丽苏亚道。

“那时你们桑尔夏城尚在围困，他只会看你是欢乐还是悲伤，不过他有没有告诉你是哪个国王？”亚索急切的问道。

“没有，亚索，”贝丽苏亚的手顶着亚索的胸膛道：“你能不能告诉我，桑尔夏后来发生了什么事？”

“后来的事我就不知道了，”亚索急迫的道：“我跟随的是第一批撤回来的军队。”

“我后来无意间得到一个消息，”贝丽苏亚悲伤道：“但我不愿意相信。”

“那个消息也许是真的，也许是假的，但那有什么关系？”亚索道：“桑尔夏城已经成为了我们的属地，而告诉你不同消息的两个人都已经离世。并且我以前就查过关于桑尔夏城围困后的记录，记录上确实记载桑尔夏城当天夜晚就发生叛乱，而国王后方留守，预防追杀的黄金铁骑进城平叛却被叛军全数杀死，叛军还血洗了桑尔夏城。国王得到消息，派出大部队围剿叛乱，方才收复桑尔夏城。可是你也知道，贝丽苏亚，记录是按照国王的意思撰写的，以我对父亲的了解，我也不排除他下令留守的黄金铁骑攻击了放下防御的桑尔夏城，他只是没想到城都破了，桑尔夏的边防守卫队还会冲回来又灭了他的黄金铁骑，跟着他派出部队又剿灭了边防守卫队，血洗了桑尔夏城，没留一个活口。贝丽苏亚，”他贪婪的道：“不要再为这个消息困扰了，这件事现在根本已经无法可查了，只要我们活着就好，和我享受这个世界赐予我们的一切吧，贝丽苏亚，如果按着礼法，本来你应当住进神圣的教堂孤独终老，可是我不会让你这样的，贝丽苏亚，我要改变这项规定，让你成为我的王后，永远的陪在我的身边。即便我现在改不了，总有一天我会改变它。”

“你怎么知道我想问什么，陛下。”贝丽苏亚扭动着身子。

“没有什么消息能够瞒得住国王，贝丽苏亚，当我今天中午戴上王冠以后，便有各色耳目一个个来到我的身边告知我已经发生的、刚才发生的、和将要发生的各种消息。”亚索骄傲的道。

“如果有这么多消息来源，那有没有人告诉你国王究竟是怎么去世的？”贝丽苏亚急问道“不会是你用了你父亲曾用过的手段吧，陛下。”

“别开玩笑了，贝丽苏亚。”亚索摇头道“我是很想登上王位，为此我结交了许多大臣，也称呼陆军统帅为义父，我知道的很多往事就是他在喝醉后告诉我的。可这件事最为奇怪，父亲生前树敌很多，但没有查到任何线索，情报大臣怀疑是有人勾结了刺客之城才这么神不知鬼不觉的夺取了我父亲的性命。”

第十章
霸主的传说

"你在写什么？小哑巴？"船长推开门，他一手持着酒瓶醉醺醺的看着亚伦问道。

亚伦慌忙把桌上的麻布收起，他扔掉手中的鹅毛，低着头，不敢看船长的眼睛。

船长摇晃着走近，他抢过亚伦手中不大的麻布细细看了一会儿，点头道"嗯，写的不错，这玩意儿排列起来倒是工整，也很干净，不过你写的是什么？我不识字。"

亚伦抬眼望了望船长，船长嘿嘿的笑道："差点忘了你不会说话，小哑巴。"他接着坐到屋里的床上四周望了一下道"嗯，还不错，你的手脚也很利索，把我的房间打扫的很是干净。你不知道，小哑巴，你别看我长得这么的威风凛凛的，但其实我的心像少女一样温柔又热爱干净。呃——"他忽然仰起头打了个长长的饱嗝，接着又道："我最忍受不了我的房间脏乱不堪，我和外面那群不知羞耻的海盗不一样。小哑巴，你不知道，我每天晚上躺在这张床上，看着屋里杂七杂八的空酒瓶，乱七八糟的鱼桶，还有地上堆积如山的鱼骨头，我的心里就特别难受，他严重的影响了我的睡眠。我常常想，哎呀，这要是有人帮我收拾一下就好了，这样我一定会做个好梦，结果好梦就来了，嘿嘿，海神把你送到了我的面前。"

船长喝完了酒瓶中最后一口酒，他把酒瓶随便扔到角落里，亚伦上前捡起了酒瓶。

"你一定会问我，小哑巴，"船长双手捂脸，声音从指缝中向外透出道："我为什么不找别的海盗帮我打扫一下房间？你不知道，小哑巴，我很孤独，而他们那些粗鲁的人怎么会明白我的孤独。他们一定会问我——"他学着船员的样子道："船长，你怎么不自己打扫一下房间呢？"接着他又突然怒火冲天的站起身来骂道："粗鲁，你们这帮粗鲁的人又怎么会明白我的孤独？我的孤独？"说完最后一句话船长如同泄了气的球瘫到床上哭道："小哑巴，你明不明白我的孤独？"

亚伦慌忙点了点头。

"嘿嘿，"船长又坐起笑道："我就喜欢结交新朋友，小哑巴，虽然你不能说会道，但你也不会胡说八道，你明白我，嗯——这样的朋友很好，很难找，我找遍了整个大海都没见到你这样的好朋友，以后我要和你兄弟相称，谁敢欺负你，我就让他去见鲨鱼。"船长吼道。

亚伦摇摇头。

"当然，你要想叫我姐姐也可以。"船长站起高大的身躯扯着嗓子粗狂的吼道。

亚伦忙摇摇头。

船长悲伤的用手压低帽子，道："我又被人拒绝了，为什么我的命运如此多舛。"接着他走到亚伦面前，用铁钩尖抬起亚伦的下巴，缓慢的道："点头，快用点头来抚慰我伤痛的内心。"

亚伦害怕的望着他，一动也不敢动。

“你很有胆量吗，小哑巴，都怕成这样了还不点头，但你不知道，我其实也是一个很有胆量的人，嘿嘿，我可曾是个屠龙的勇士呢。”船长狰狞的笑着用左手拉开了左眼的眼罩，亚伦吃了一惊。

“怎么样，小哑巴，你是不是觉得很诡异，你也一定会问，为什么我的这只眼全是黑色瞳孔，我来告诉你。”船长嘿笑着取下那只眼球放在手心举到亚伦面前，亚伦看到那只眼球整体圆润青色，却如同钻石一般闪着光。

“这是翼龙之目，”他把那只眼又放回自己的眼眶，道：“我告诉你一个传说。小哑巴，在这个传说中有一个地方叫费丽慈山脉，山脉的最高峰上有一只古老的翼龙。而当时所有海盗都知道，大海航行，千里开外；翼龙之目，预知风向；黑白虽明，不分昼夜。这对海盗们来说如同珍宝。可是几百年来却没有人能够获取。”

船长接着坐到亚伦旁边的椅子上，又道：“只因费丽慈山地终日覆盖着白雪，本来攀登高峰就异常艰难，再加上那硕大的翼龙凶猛异常，有很多海盗连攀登山峰的机会都没有，刚一登陆就成为了它的食物。可是只有我取得了翼龙之目，你知道我是怎么做的吗？”

“嘿嘿。”船长又从桌子下拿了一个酒瓶道：“别的海盗都是成百上千的登陆，而只有我是一个人，穿着雪白的衣服，带着雪白的头套登陆了，而为了不在雪上留下印记，我还用另一条白布从头到脚遮着身子。我趴着，在鹅毛大雪，银装素裹的山脉间像条白色蚕虫般慢慢蠕动。饿了，我就吃带着的干粮，渴了，我就喝地上的雪水。这么直到三天三夜后，我才开始攀登费丽慈最高的山峰。飞龙的视力很好，但唯独对自己处的高峰不那么留心。可即便如此，我也是非常的小心——虽然我带的干粮很多，我也尽力省着吃，可是将要一个月，它们便所剩无几了。而费丽慈山脉的夜晚又很冷，有几次我都差点冻死过去，我尽量用行动保持着体温。那时我就如同一片会行走、会呼吸的冰雪，和费丽慈最高峰融成了一体。”

船长傲然的抬起头，他打开了酒瓶的塞子继续道：“而当我攀上那个说大不大，说小不小的平滑的峰顶时，我都不敢相信自己还活着，我不知道是什么支撑我的，但我看到厚厚的白雪地上趴着那只传说中的上古神兽——一只浑身青白、双翅低垂的翼龙，那时它和冰雪融合，就如同一尊冰雕。我的心异常激动，但我依旧把自己罩在白布里——我趴在雪上，一动未动，我看着它身上的鳞片在雪日中闪着青光，似乎每一片鳞中都蕴含着巨大的力量，而它鼻孔中喷出的气息如同寒霜，它的眼睛闪着漆黑异常的光亮——就是这双眼据说能够看到四面八方。我想等它睡觉，就这么过了一天一夜，我看到它漆黑异常的眼睛还在不时的转动。我等不下去了，我的粮食在三天前就已吃完，我已经很虚弱了。我悄悄从身上拿出吹箭，对准了它的眼睛。我屏气凝神，吹出了那支细小的但却决定我命运的利箭。翼龙震耳欲聋的吼叫一声，它用力拍打翅膀，山峰上一层的雪都被吹下了顶峰，我紧紧抓住白布趴在地上，翼龙飞了起来，我依然未动。忽然我听到它在我头顶嘶吼一声向远方飞去，我还是趴在那里。不知过了多久，我听到砰的一声响，我偷偷向外瞄去，见一个海盗摔在了离我不远的地上，接着翼龙飞下，撕裂了那个人的身子。”

船长停了停喝了口酒接道：“那应该也是为取翼龙之目而来的海盗，我不知道那次他们上岸了多少人，但我只见到他一个。我感谢他们，因为如果不是他们在那时登陆，我可能也就不会坐在这里和你胡说八道了。接着我看见翼龙依旧趴在雪上，我不知道那支箭有没有射中它，但我估计没有，因为我看到它的那只眼仍然漆黑异常的转动。可我不能再等下去了，我只有那一支吹箭，也没有任何退路，再等下去我非死不可，我匍匐着，向它一米一米的接近，终于在离它很近的地方，我从白靴中抽出了锋利的短刀，可正在这时，一股狂风吹起了遮掩我手臂的白布，我的短刀暴露在外面发出耀眼的光。我彻底认为自己死定了，但我却看见它的眼睛依旧在漆黑的转动，它却没有任何动作。我明白了，我的那支短箭射中了它的那只眼睛。我依旧向它接近，在更近的地方我迅速用短刀捅进了它的前胸，它大吼一声直立起身，却被开膛破肚。它低头看到了我，两排利牙迅猛地向我咬来，我急忙闪躲，但还是被它咬断了持刀的右手。”

船长看了看自己右手的铁钩，笑道：“当时的疼痛撕心裂肺，我瞬间昏死过去，不知过了多久，我被一阵悲鸣声唤醒，我睁开眼睛，看到翼龙的尸体前正站立着一只幼小的翼龙。我很诧异，因为据传说所讲，翼龙雌雄同体，一生只繁衍一个后代。而一孵化出幼龙它就会把幼龙扔进充满着雪蛇的山洞。幼龙成长很慢，往往是当它的翅膀巨大到有能力飞出山洞时，苍老的翼龙也就已经自然死亡了，它们一生也只可能见一面。我不知道这只幼龙是什么时候到这个峰顶的，但看着它只有鹅那般大，应该还不会飞翔。我左手抓起短刀，忍着右手断掉与冻伤的疼痛向它一步步走去，它看着我，长鸣一声，张开翅膀飞下了山顶。”

“疼痛感与求生欲让我忘记了一切，我只记得我有一个目标。我是为这个目标而来，也是为了这个目标舍生忘死。”船长闭上眼睛道：“我取下了那只完好无损的翼龙之眼，也取下了我那只完好无损的左眼，我将龙目放进眼眶，闭上右眼，站在费丽慈山脉的最高峰向下看去，整个世界清晰了。我能看到远处海洋上漂泊的任何一艘船，上面做着任何一个动作的船员。有人告诉我这个世界是平的，小哑巴，可是我不这么认为。”船长摇摇头道：“我认为世界不是弧形的就是圆形的，不然在山脉上我不用转身就应该把整个世界都尽收眼底。当然也可能是因为我只有一只龙目的缘故，在传说上，两只龙目可以清晰的看到天上任何一颗星星上面正发生着什么事，可是我没有办法。”

船长又摇摇头道：“我不可能完好无损的取两只龙目，那只翼龙也一定看到我的船登了陆，它只是分不出那片是雪，那片是我。”船长莫名其妙的叹口气，喝了一口酒道：“你一定不相信，也一定会问我。”他咧嘴笑起来道：“如果世界是弧形的那么我们向一个地方前行会不会越走越快？如果世界是圆的，那么底下又怎么站立？我也无法给你解释，小哑巴。但我相信大海会给我们解释的，因为据我所看，我们所在的世界大海居多，陆地比着它反而要小。这是只有英雄才能破解的谜团，而我自认为我就是英雄。”

船长盯着亚伦，又道：“我不知道你刚刚在这里用鹅毛沾着你右手的血在这张麻布上写什么。”船长抖了抖手上的布道：“因为我不识字，可是我依然认为我就是英雄，我也从来没有怀疑过。我不认为英雄只在文字中就能达成。多年的经验告诉我，英只不过是智慧，雄只不过是胆略。而要成为一个英雄，你除了有这两点外还要有坚韧的毅力和百折不挠的精神，而且最终还要靠一些玄妙到不可言说也不可控制的运气。文字可能会使你见多识广，小哑巴，但如果你不能把他变成你的智慧，它也只不过是聊天时蠢笨的空白资本；胆量可能会使你披荆斩棘，但如果你不能把它变成你的力量，它也只不过是鲁莽的死亡前奏。很多人和我一样都想取得翼龙之目，但却没任何人像我一样能够披着白布，趴着、一声不吭的在雪地里前行了三天三夜。”

门忽然“砰”的一声重重的开了，一个海盗在门口大声嚷道：“报告船长，你要的一切都准备好了。”

“滚蛋。”船长坐在地上吃惊骂道：“你这个粗鲁的人，我无数次的告诉你进别人的房间要先温柔的敲门，然后再轻声的问我可以进来吗？谁教你进别人房间唯一的方法就是大力用脚踹的？你是不是要吓死我，你看我这里收拾的这么干净，怕我像海龟一样长寿是不是？”

海盗瞪着眼睛挠挠头道：“哦，我忘记了。”他说完关上门，然后轻轻地敲了下，又尽量低着声音道：“我可以进来吗？船长？”

“哦，门没锁，你进来吧。”船长道。

海盗打开门，船长正坐在椅子上温柔的看着他。他大声嚷道：“报告船长，你要的一切都准备好了。”

“混蛋，”船长强忍着怒气冲他一字一句的骂道：“你这个废物去告诉那一帮废物，我晚一会儿到，不会耽误时间。”

那个海盗哦了一声，出去了。

接着船长轻柔的对亚伦道：“麻烦你去关一下门好吗？”

亚伦去关上了门。

“我真是无法和这些粗俗的人处在一起。”船长咧开嘴大哭道“出去的时候连门都不知道关。”可接着他又笑道：“他们为什么不趁夜晚杀了我，夺走这只翼龙之目。”他取下那只龙目在手上转悠，“因为他们知道，龙目有灵性，它只会认得当时夺取它生命时离它最近的人，而离开了这个人的眼眶，它就是一块毫无生命的青石。”他爱抚的抚摸着那颗龙目，又大笑道：“我已经和它融为一体了。”

船长把龙目装上，又道：“刚刚我们聊到哪儿了？小哑巴？对、我有一个目标，我为这个目标不顾生死的前进。我杀了翼龙，把它的血肉如同鸡鸭的血肉一样装进我的行囊，我走下山去，来到我停靠的船边。我虽然失去了一只右手，一只左眼。可是我得到了翼龙之眼，它使我看的更清更远。我依靠着它，迅速壮大了自己的队伍，也合并了许多船只。现在我已经有上千艘船了。”他嬉笑起来道：“只有目光短浅的人才在陆地上沾沾自喜的封王，而我却是海洋中的霸主。”

船长一口喝完手中的酒，他把那块不大的麻布塞进空瓶，用木塞封好，然后拉起亚伦的手道：“我不知道你写的是什么，但是海盗自有海盗的方式传送，跟我到甲板上去吧，小哑巴。”

亚伦跟他走上甲板，看到一群海盗已经在那里等着了。船长走上前去，每个海盗都举起手中满满的一瓶酒，亚伦很清楚的看到每一瓶酒中都装载着一块不大的布。

“海神，”船长站上船头道，“这些在您怀抱中战死的勇士，我不知道他们的名字，但他们一生乐于美酒，追逐繁星。如今他们的名字都记在这一瓶瓶酒中，而今天他们将要踏上归途了。”

“他们生于大海，归于大海。”每一个海盗都扔了手中的酒瓶。

“愿所有风浪最终都能给他们带来一个好的归宿。”亚伦看到船长说完也扔了手中的酒瓶。

“愿所有风浪最终都能给他们带来一个好的归宿。”所有人都道。

忽然瞭望台的海盗指着天空大喊：“看，是金石城特有的蓝色云雀。”

亚伦向天空望去，却什么也没有看到。但就如同凭空出现般，他突然看到一只全身羽毛犹如蔚蓝天空般的云雀落在了甲板上，并发出了高昂的叫声。

船长抱起那只云雀，他解下雀腿上绑着的两颗天蓝的宝石。

船长喜笑颜开的道：“金石巨子又想我了吗？他可是我为数不多的阔绰的好朋友之一，这一出手就是两颗蓝宝石，他一定是想我想的发疯了。云雀，你快告诉他，我很快就会去看望他的。”他说着取下帽子上一根蓝色的羽毛绑在了云雀的腿上，云雀叫了一声飞向了天空。

船长大声命令道：“改变航向，向金石城进发。”

海盗们欢呼起来。

第十一章
兄弟的相残

“谁能想到？”亚索坐在黄金座椅上俯视着底下站立着的大臣们，又问了一句：“你们谁能想到？”

大臣们一声不吭。

“我的弟弟，我孪生的、和我长得一模一样的、从我懂事后就该亲切的叫着我哥哥的弟弟，在我登上王位的那天晚上，竟然私自叛逃了，你们谁能想到？”亚索又问道。

底下鸦雀无声。

亚索拍了拍椅子的黄金把手起身道：“今天是我正式坐在这个王位上的第一天，我本该收到亲人最亲切的祝福，也本该和所有人一起分享喜悦，可是我得到了什么？”

“陛下息怒。”情报大臣首先道：“请陛下看在我是如实禀告的份上先宽恕我的罪过。并且我说句不该说的话，不是所有人心中都存在着深厚的情谊有资格和陛下您分享您应得的荣誉的。”

“你这话是什么意思？”亚索愤怒地眼睛直盯着情报大臣道：

“他是我的王弟，我最亲的人。如果连他都背叛了我，那我还能相信谁？”

“人心难测啊，陛下。”陆军统帅道。

“很好，”亚索点点头，他又坐回椅子上问情报大臣道：“你刚刚禀报的都是实情吗？”

“事关重大，陛下。我也是确认了好几遍才敢向您禀告的。”情报大臣道：“据我得到的消息上说，昨天半夜，二王子在自己的屋中接到了一只白鸽，然后他匆忙骑上快马出城了。我觉得事情有些蹊跷，便在未经陛下您同意的情况下，私自下令让城外的探子们多加留意。直到凌晨，信鸽传来的速度越来越慢，而二王子离都城也越来越远，我才决定向陛下回报，可是当时四处都找不到陛下。后来我听说一个很像陛下的人在半夜自己步入教堂了，我估计那一定是陛下去独守前国王的英灵了——我不敢惊扰，所以才在今天禀报。”

“你做得很好，”亚索点头道：“但你怎么知道我王弟是叛逃而不是有急事要出城办呢？”

“他出行的线路是赛马尔城堡。”情报大臣回道。

众臣一阵哗然，并开始交头接耳起来。

“这件事情不可小看啊，陛下。”陆军统帅跟着道：“二王子从小就在赛马尔城堡长大，他也深受那里人民的爱戴，并且那里的骑兵骁勇善战，虽然当时在进攻赛飞高地时他们死伤大半，可是这一晃又二十五年过去了。如果二王子要在那里发生叛乱后果可是不堪设想啊。”

亚索又点头道：“可是我王弟二十一岁被父王召回都城，已经有五年没有回过赛马尔城堡了。”

“不可小看，不可小看。”陆军统帅摇着头道：“树大根深，不可小看。我听说这五年来二王子还依然和赛马尔城堡维持着书信联系。虽说那里的代理公爵是您的叔叔，二王子的往来书信也可能只是问候。但谁都知道，您叔叔一生没有子嗣。保不准他早把二王子当作自己的孩子看待了，此时如果二王子哀求他为了王位一事起兵造反，他可难说会不会答应。”

亚索的手紧紧抓了一下椅子的把手，又问情报大臣道：“给我王弟送信的那只白鸽是谁的？有没有什么线索？”

情报大臣摇头道：“没有，陛下。没人注意它从哪儿飞来，并且二王子是怀抱着它离去的。”

亚索又点点头，然后冲情报大臣道：“我命令你现在就骑上快马追上我的王弟，告诉他，让他回来接替我的国王之位。”

所有大臣都慌忙嚷道：“这可不行啊，陛下。”

“有什么不行？”亚索重重拍了下椅座把手愤怒的道：“这是个什么王位，坐在上面我只感到异常冰冷。”他站起身道：“昨天下午，为我父亲忠心服务了三十八年的首相报病辞职，昨天晚上我最亲爱的孪生弟弟离城叛逃。如果这个王位不能给我带来温暖，我坐上它有什么用？”他停了一会儿看了看众大臣又道：“我也知道，在治理国家上我不如我的王弟，我听说现如今的赛马尔城岁丰人泰，兵强马壮；在为人处事上我也不如我的王弟，我深知到今天依然有许多大臣对他交口称赞，附耳听命——这些都是他个人能力的体现。而我、只是个被无情命运选中的人，但是对于这个王座来说，我王弟才是最适合的人选。”

“您别这么说，陛下。”陆军统帅高喊道。

“陛下，”情报大臣也马上道：“前首相大人确实身体不适，而且前王在世时他就不止一次提过自己要在六十岁生日这天辞职回家、颐养天年。而关于您的王弟——”情报大臣吸口气眨眨眼睛道：“我不认为他有您说的那么好！他本当大度的祝福您的登基，而不该怀着私愤叛逃。一个人平时不论伪装的有多好，但只要他私心太重，在诱惑到来时他就很容易受到愚弄，做出错误的判断，然后影响他做出错误的行为。”

“是的，陛下。”陆军统帅也嚷道：“我为人固执些，我一直相信命运不是无情而是神圣的。它让谁当国王，那就是它精细思考后的意愿。谁如果怀疑反抗这意愿，那么必遭命运的报复！我希望陛下现在就能够下令，让我率领部队攻击赛马尔城堡，我一定会把二王子带回。并且我要告诉赛马尔城堡的所有人，二十六年前我跟随国王击败了他们，今天我依然能够击败他们。不过——”他看了看内政大臣语重心长的道：“我需要内政大臣给我提供足够多的粮草，我相信他常告诫我的话，我不会饿着肚子骑马回来。”

许多大臣都低笑起来。

内政大臣看着陆军统帅，意味深长地点了点头。

“你们都同意对赛马尔城堡发动战争？”亚索问道。

“同意。”

“当然同意。”

“让他们知道我们的厉害。”

群臣激愤的嚷道。

亚索坐回王位考虑一会儿道“太急了，现在什么都还不能确定。情报大臣。”

“在。”情报大臣有力的答应一声。

“我命令你，马上送信给赛马尔城堡，如果我王弟回去，便让他们调动一半的军马护送我王弟平安回来。”

“遵命陛下，我马上去办。”情报大臣回道：“不过陛下，是用马匹传信，还是用信鸽？马匹的话我估计来往最快也需要七天时间，而信鸽的话三四天也就够用了。”

“用马匹吧。”亚索道：“给他们一个准备的时间。”

“遵命陛下。”情报大臣道。

“陆军统帅。”亚索又道。

“在。”

“马上聚集一万弓兵，三千铁骑，七千步兵，随时待命。”

“遵命陛下。”陆军统帅用粗犷的声音大声答应。

“内政大臣，”亚索又道：“给你七天的时间筹集军需物资，粮草要够两万人，三千匹战马三个月的消耗。有没有什么问题？”

“没有问题，陛下。”内政大臣回道：“不用七天就能筹齐。”

“这次倒是快啊！”陆军统帅哈哈笑道：“如果我没记错，昨天早晨您还告诉我我们现在不适合打仗。”

“大人。”内政大臣笑眯眯的道：“我的脑中装有全国的数字，而打这么一场正义的战争，这些数字是绝对够用的。不止如此，我们路过的所有城镇也会提供给我们军粮，您放心，大人，没谁会让您饿着肚子骑马出去，您也绝对不会饿着肚子骑马回来。”

“那就这么定了。”亚索起身道：“你们都退下吧。”他刚说完这句话忽然看到情报大臣在底下给他眨眼睛，于是便又加了一句道“情报大臣先留下，我还有话要问。”

等到群臣都退出了大殿，亚索走下台阶问道：“你还有什么事要禀告？”

情报大臣低声道：“陛下，据可靠消息，二王子那只白鸽是他自己饲养的，而在昨天晚上那只白鸽是先来到前王后的窗户前，又从前王后的窗户前飞回的。二王子从白鸽上拿了一个信笺，当时就烧掉了。因为这件事牵扯到前王后，我并不敢妄加猜测，也不敢在刚刚禀报。”

“哦——我知道了，”亚索说完想了一会儿，然后意味深长的问道：“这件事确实有些奇怪，你怀疑会不会是前王后给我王弟送信让他反叛的？”

“不会。”情报大臣斩钉截铁的摇了摇头道：“决定让您当国王可是她一力推举的，她又何必在晚上又让您王弟反叛？况且以往二王子也会用白鸽给前王后传送自己写的诗歌或问候，这是您父亲也知道的事，也并未禁止。昨天的事可能是碰巧，我也只不过是如实禀告。”

亚索深吸口气叹息道：“哎——父王突然不幸去世，我三王弟又离奇失踪。前王后避开了所有仆人将自己关在房里，我真怕她会生出什么病来。本来按照礼法她今天就应当住进教堂陪护我父亲的英灵了。可是她是如此悲伤，我也真不忍心下达这条命令。不过这样也不是办法，一会儿还是让我去劝劝她吧，顺便问问昨晚的白鸽是怎么回事。”

情报大臣退下身道：“上天保佑慈悲的陛下。”

“等等，”亚索又对情报大臣道：“还是用白鸽向赛马尔城传递消息吧，我急于知道我王弟的消息。”

“遵命陛下。”情报大臣退了出去。

亚索一个人来到贝丽苏亚的寝宫，他推开门，看到贝丽苏亚正坐在床边拿着亚伦的衣服发呆。

贝丽苏亚看到他忙站起来道：“您处理完事物了吗？陛下。”

亚索一声不吭的关上门，他径直走到贝丽苏亚面前，冷冰冰地问道：“我想知道那只白鸽是怎么回事！”

“什么白鸽？”贝丽苏亚的脸色变了变。

“你昨晚与我王弟传送的白鸽！”亚索按住贝丽苏亚的肩膀愤怒的叫道：“他给你带来了什么？你又给他送去了什么？你在白天的国王选举中把票投给了我，只是因为我更适合在这个时候当国王；而你在晚上则将你的心系在白鸽上送给了我王弟，只因为他性格温和，情感丰富，他用这些俘获了你的心，你难道不知道吗？他只是个会写诗的傻瓜。虽然他和我同天出生，长得一模一样，但我们有着不同的心和灵魂，这差距就如同天堂与地狱那么远，也如同国王与贫民那么远。”

“我不知道您在说什么，陛下。”贝丽苏亚看着亚索害怕地道：“昨晚二王子是派了一只白鸽送信给我，但那封信上只是桑尔夏城风格的短诗。您知道，我的家乡是桑尔夏城，他又在桑尔夏城住过一年的时间，后来他来到都城，当时我难免会多问他一些桑尔夏城的近况，后来他也会写一些桑尔夏城风格的小诗寄给我看，这是您父亲都知道的事啊！”

“他昨天寄给你的诗在哪儿？”亚索放开手狠狠的道。

贝丽苏亚忙走到床头从一个铁盒中拿出一块绸布来。

亚索打开绸布，咬牙切齿的念道：“桑尔夏森林依旧葱郁，即便遇到暴雨，天空仍旧蔚蓝明亮。雨季不会漫长，百鸟还会在清晨歌唱，树根稳定，绿叶不在漂泊。人心强韧，命运不会蹉跎。”

亚索见到下面还写着一行小字——不要让眼睛无法接受馈赠，不要让悲伤使心门永闭。

亚索嘿笑两声，他将绸布的一角放在身旁的烛火上点燃，捏着绸布的另外一角道：“我看这不像短诗，倒像是他要给你说的情话，怎么？他就用这些俘获了你的心？他是那么的了解你，所以你后悔把国王票投给了我，然后选择给他送信让他反叛来救你？”

“什么？”贝丽苏亚极其吃惊的站起身道：“反叛？您说什么？陛下？”

“昨晚我王弟已经离开了都城，根据大臣们的汇报，他应该是回到了赛马尔城堡，估计要起兵反叛了。”亚索道。

“不可能。”贝丽苏亚急道：“我昨天只是给他回信让他以后不要再给我寄这些短诗了，因为我从今天开始便要住进教堂一心陪伴前王的英灵。”

“不可能，”亚索暴躁的叫道：“贝丽苏亚，你是我的，谁也夺不走，不论是我的父亲还是我的弟弟。”他用力把挣扎的贝丽苏亚按倒在床上道：“也许我王弟反叛只是为了夺回你，但我今天已经聚集了军队，如果他真敢反叛，我就要再次血洗赛马尔城。”

“不要陛下。”贝丽苏亚急叫道：“赛马尔城是我们的属地，并且那是你同胞的弟弟啊！而且、而且昨天我还看过内政大臣递上的奏表，我们现在根本不适合打多余的战争！”

“是吗？”亚索扭曲的脸已经变了形，但他却笑问道：“可是内政大臣今天告诉我根本不用一个星期他就能凑齐全部的军需物资。”

“心中有数的人他可以选择说还是不说啊，陛下。”贝丽苏亚急道。

“怎么？你认为我是一个彻头彻尾的昏君？所以他们才不告诉我实话？”亚索道。

“不，我不是这个意思，陛下。”贝丽苏亚慌忙道。

“没想到你到现在都还在护着我的王弟。”亚索嫉妒的恨声道“我告诉你，贝丽苏亚，我第一觉得遗憾的就是我的父亲活的时间长了些，我不知道是谁夺取了他的生命，但我暗自感谢那个人，只因我当王子的时间太长了，二十五年里我一直看着父亲那日渐苍老的身躯在享用着本不该是他那个年纪里享用的一切，包括你，贝丽苏亚。第二，我就是愤恨我的母亲生了我的孪生兄弟，这个王位本来就该是我的，根本就不该有投票。而你也是我的，贝丽苏亚，你的身心都是我的，谁也夺不走。我知道你喜欢我父亲的那些英勇事迹，他会让你觉得他是个英雄。可是我也和他一样，甚至比他还要英勇，你不是也在国王投票中承认我的勇猛果断吗？”亚索嘿嘿笑道“我现在就让你看看我有多么的勇猛果断，三天的时间，我将得到我王弟是不是叛乱的消息。”

“不要陛下，我不知道您误会了什么，”贝丽苏亚急道：“前王死后我是选择了您。但您不该进攻赛马尔城堡，至少现在不该，您应该让他们真心臣服，您应该和您王弟和解啊，陛下，这一切也许都是误会。”

“是吗？”亚索盯着贝丽苏亚，似乎要看穿她的内心。接着他用手抚摸着贝丽苏亚的脸庞冷笑着、一字一句的道：“该做什么我心里清楚，贝丽苏亚，因为我是国王。”

“陛下。”贝丽苏亚颤声道：“您应该先征服他们的人心。”

“我给他们留了余地，”亚索不急不慢缓缓地道：“如果三天后的消息是赛马尔城同意把我王弟送回，那么便一切太平，如果不是，”他又可怕的笑道：“那么，我将引用王者常说的那个词。所以，贝丽苏亚，不要害怕战争，战争从来就不是你听人说的那个样子，你只有亲身经历过你才能真正的了解，它是残酷、是丑恶、是充满无情的奸诈与算计，但它同样也带有一丝激情，这激情是强者愿意成为一个征服者的野心。而这野心促使他心跳加快、促使他急不可待的要看到被征服者全心屈服的样子与听到他们求饶的呻吟之声。因为只有心弱者才会用诗歌中的幻想作为武器去征服弱者的心，而强者只有坚硬不屈的宝剑，只有无尽的前进与征服。”

“您不要这样说，陛下，您这么的样子让人害怕。”贝丽苏亚浑身颤栗道。

“贝丽苏亚，三天后你将会得到准确的消息，而现在——”亚索右手指重重的穿过贝丽苏亚乌黑的头发，他轻笑道：“你还是好好想想该用什么办法才能留在我的身边吧。”

贝丽苏亚闭上了眼睛。

三天后的朝会上，情报大臣禀报道：“陛下，凌晨得到赛马尔城鸽子的消息，他们拒绝派出护送兵，也拒绝交回二王子。”

亚索站起身，对陆军统帅道：“集结军队，明天一早向赛马尔城堡进发，而我——将和你们一同出征！”

第十二章
金石的巨子

“你在听我说话吗？船长？”

“在听，在听，金石城的巨子，您是我为数不多的好朋友之一，您说话我一直都是很认真的在听，一点也不敢走神。您刚刚说您是一个伟人，我同意，并且我发自内心的尊敬您，仰慕您。”船长道。

金石巨子摇摇头道：“我没说我是一个伟人，船长，并且你的眼神和行为告诉我你并没有在听我刚刚说的话。你的目光一直在跟随着给你倒酒的婢女，并且这么一会儿功夫，你已经让她给你快斟了三十杯酒了。”他冲那个婢女招手道：“去坐在船长身边吧。”然后他又对所有斟酒的婢女道：“你们也坐在那些船员们的身边吧，你们是他们的了，今天晚上你们将为他们表演曼妙的舞姿。”

坐着的十几个海盗发出了欢呼的呐喊。

“哎呀，”船长也激动的叫道：“金石城的巨子，您真是我为数不多的阔绰的好朋友之一，不论你有没有说过，您一定是个伟人。”

“你身后站着的小朋友用不用什么？我可以为他安排一个和他

年纪相当或者比他年纪大些的姑娘。”金石巨子指了指船长身后的亚伦。

“您真是无边的慷慨，”船长感激的抹着泪道：“不用您为他费心了，他只是个有着可怜身世的小孩儿，又天生是个哑巴，还什么也不懂。他只是跟着另一个海盗为我打扫房间，您知道，我这个人生性喜欢干净，您也知道我手下的人各个都慵懒不堪，只有他手脚勤快还不知偷懒。这次我带他来金石城让他见见世面，看看金石城的繁华，也算我对他勤勉的回报了。您把安排给他的姑娘安排给我就行了，他就不劳您费心了。”

金石巨子点点头道：“那么你一定带他参观过我的金石城了？”

“还没来得及，”船长眨巴着眼道：“收到您的信我们就急速赶来见您了，您不知道，我在大海上有多么的想您，每次吹着海风，我就会想、金石巨子，我的好朋友现在在干什么？看到海浪我就会想、金石巨子，我的好朋友有没有保暖？就即便是打上一条鱼来，我也会想到您。”

“可是我听消息说三天前你就已经带着海盗走进了我的金石城。我本在那天就安排了一切招待你们的仪式，可在今天早上我的士兵们才在酒馆找到你们烂醉的身影。”金石巨子道。

“不幸啊，我的命运不幸啊。”船长苦着脸道：“我不像您那么有福，您手下的卫士都把您当作父亲那样尊重。而我的船员们一入城便像是从半空中掉到地上的老鼠，只要没摔死就撒丫子乱跑。您知道我有上千艘船，也将有一万名船员。我管不住啊，我怕他们给您、我最好的朋友惹事啊。我只能去他们一个个去过的地方挨个劝导他们，这才耽误了来见您的时间。”

“没有关系的。”金石巨子道：“我三天前就已经颁布法令，你们在金石城期间一切免费，我们应当为朋友做好地主之谊。”

“您真是我为数不多的阔绰的好朋友之一，您真是无边的慷慨。”船长道。

“你应该带着这个小朋友去参观一下我的金石城，看看这里的繁华与风土人情，看看这里所有的一切。如果你想带他漫无目的的闲逛，日夜不停逛完整个城最少也要十五天的时间。最后他会得出结论，这里也许比不上你们大海里富饶神奇，但也绝对是多姿多彩。对了，你一定要让他看看城中心的大理石雕像，那是参照着我的样子建造的。”金石巨子道。

“我已经带他看过了，”船长道：“那大理石雕像巧夺天工，把您年轻时的样子刻画的惟妙惟肖，他当时就在那伟岸的雕像前惊讶的张大了嘴巴——是不是？小哑巴？——您那高大雄伟的身躯，健硕无比的胸肌，层次分明的腹部，无一不让人惊叹。最主要的您肌肉紧绷的右手平和的提着一柄公平的天秤，秤盘的一面是石头，一面是金子，那时的您一定是天神，连我看到都发觉我深深地爱上了您！”

“那么这位小朋友见到我本人时会不会很失望？”金石巨子叹口气道：“他一定认为那尊雕像夸大了我年轻时的模样，他一定会想，为什么这个坐在椅子上都显得无力的老人会建立那么夸张的雕像呢？他在年轻时一定是个平淡无奇的人，所以在苍老时才用金子扯出了个弥天大谎，以此来安抚自己曾经失落的内心，是不是？小朋友？”金石巨子看着亚伦问道。

亚伦忙摇摇头。

“你的眼神瞒不过我，小朋友，你一定是这么想的。因为你看到真正的金石巨子佝偻着身子，脸上布满皱纹，别说是提起天秤，就算站起自己的身子都略显费力，你面前这个活人的形象和那尊雕像相差的何止是十万八千，可是，我也并没有撒谎。”金石巨子道。

“我出生在一个偏僻而贫穷的地方，如今想来也已经七十一年了，那时我的母亲因为我难产而死，那里的人们都认为我是个不祥之兆，只有我的父亲冒着众人的非议，忍着心中的剧痛剖开我母亲的肚子、取出了我。我的身子巨大，哭声震耳，那里的人们认定我是个怪物，只有父亲坚持认为我是个普通人才得以把我带在身边。

父亲一生都在和地面打交道，他一直在追寻地里的金矿，他要为那里的人送去金子。而我从小跟着父亲，很快便也认识了地面的一切，也很快便能分辨出土木沙石尘、金银铜铁锡。可是在父亲死后，那里却没人容我在那个地方生活，因为在他们的印象中我父亲是个不折不扣的疯子，而我、则是个有着巨大个子的不祥之人。我被他们疏远、最终被他们驱赶出那个地方，我只能背井离乡，直到有天我踏上了这片土地。”

“这可真是让人心酸的过去，”船长接话道“不过，我的朋友，那时所有的海盗都知道这块地，这个地方被称作死神的寝宫。”

“死神的寝宫吗？”金石巨子笑道：“说起来我们曾经还是同行呢，船长，你在听吗？”

“啊，我当然在听，巨子，我最好的朋友，我们是同行。”船长道。

“我记得海盗是不是有个规定，犯了重错的人便要被流放到这死神的寝宫永不接回。”金石巨子道。

“这规矩早改了，巨子，”船长笑道：“现在是谁立了大功才能被送到这天神的花园，时间吗？得按他立得功劳大小来定，但最多不能超过三天便要将他捆绑而回。哪个船长有那么多闲钱让他的船员在这儿消费三天以上，那他一定是疯了。”

“真是不干一行不知道一行的规矩，原来这规定和地名早改了。”巨子也笑道：“而我被流放到这个地方的时候，这里的地上只堆积着石头和沙土，一片荒芜——”

“巨子，要我说您其实应该感谢了。”船长又接话道：“我听说当时您和您的船长发生争执，然后您抓住他的衣领、一拳就打碎了他的胸骨，结束了他的性命。跟着您又赤手空拳打死打伤数十名海盗，要是我的船员敢这么干，我只要逮到他就把他捆上石头扔大海里去了。怎么着我也不会让他流放，这种人太危险。”

“可能是我命不该绝吧，”巨子道：“他们把捆绑的我扔在这里的浅滩，我挣扎着走上这块土地，弄断绳子，那时这里没有城，没有花园，没有一切，我看到这里的人们没有语言，没有合作，他们为捕捉石缝中更小的动物在相互凶蛮的排斥争斗，而他们只有面部情绪的留露，他们等待天空的水源，若是没有水源的话，他们便会不停的翻着地上的细沙，只是为了要翻出一条有血的蛇来。”

“我真是不知道您为什么会活着，”船长边喝酒边疑问道：“以往被流放到这里的人不是饿死，就是成为这里人的食物。”

“我也不知道为什么，”巨子答道：“可能是因为我高大异常的身躯吧，从我不再长高起，我就从没见过有人的头顶能挨的到我的肋骨。有很多人都认为我是怪物，但这里的人一见我却把我当作神明般看待。而冥冥中我也觉得这不是块非凡之地，它天生就属于我。我教这里的人搬开石头，这石头下面是无穷的土地，我教这里的人深挖细沙，而细沙下面是无尽的黄金。那时我才彻底知道父亲的经验没有错，错的是他一直在怀疑自我，而从没怀疑过他处的地方根本就没有金矿。”

“从那以后，我便和海上各种各样的海盗合作，用淘出的金子购买工具、植物、动物、还有数不清的奴隶。我们挖建了蓄水池，种上了小麦，圈养了牛羊，植入了树林，建造了花园，构建了城堡，慢慢的这里的人们穿上了华丽的衣服，再也不会因为吃喝而做头破血流的争斗。他们跟我学习语言，学习生活，学习我为他们带来的一切，他们尊我为天神巨子。而我用我的一生来创造这里的一切，我也欢迎任何海盗或流浪船员来这里定居或是交易，因为就像那尊持着天秤的雕像一样，不论你带来的是石头还是黄金，我们都会给你一个公平的价码，怎么样？船长？我最好的朋友，你们来不来定居？”巨子喝口酒问道。

“我们——”船长拖长了声音道：“就不定居了吧，定居就要听您的话，就要工作，我们还是喜欢自由自在的海上生涯，偶尔来玩玩可以。稳定这个词不太适合生性放荡的海盗。”

“哎——那倒真是可惜。”巨子道:“那我就只能把你们的尸体留在金石城了。”

巨子话音刚落,所有的婢女忽然从靴筒中抽出匕首抵在了船长与船员的咽喉上。

这一巨变让亚伦长大了嘴巴。

“你干什么?巨子,”船长吃惊的嚷嚷道:“我们不是一直谈的好好的吗?”

“船长啊,我最好的朋友。”巨子拿起酒杯缓慢道:“你应该知道,这里的女人看上去性感多情,这里的女人看上去热情奔放。可是这里的女人讨厌欺骗,她们就像我一样,欢迎一切公平的光明正大,厌恶一切奸诈的投机取巧。”

船长左手轻轻滑过喉间匕首的刀锋,血顿时流了下来,他哭丧着脸对那个婢女道:“巨子没下令你可别动手啊,我向你保证我是绝对不会乱动的。”

巨子又道:“船长,我最好的朋友,这匕首是用这里独有的精钢锻造的,我记得我告诉过你,我很早以前便认识金银铜铁锡,可我不知道又有没有告诉过你,当时我为什么打碎了我船长的胸骨。”

“没告诉,没告诉,”船长瞪着右眼急叫道:“我特别想听,这一定是个漫长而又曲折的好故事。我一定会认真听讲,并把它一字不差的记录传送出去。”

巨子手持酒杯又喝了一口,道:“是吗?船长?可这是个很短的故事,短到你的人不可能来营救你,因为此时九千三百二十四把匕首正抵在你们每个人的咽喉上,这位小朋友就不用了吧,”他看了看亚伦道:“他也没亏欠我金石城什么。我还是继续给他讲讲我的故事吧,你不会插话吧,船长。”

船长动也不动,他轻微张开嘴唇道:“不会。”

“那很好。”巨子点头道:“我讲往事最不喜欢别人插话,人老了,记忆力就不行了,有时别人一插话我就忘我讲到哪儿了,刚刚我们聊到哪儿了？船长？”

船长一声不吭。

“哦，对了，聊到我打碎了船长的胸骨。我从小便有着异于常人的身高，所有人看到我都躲得远远地。只有海盗对我还算友好，我想估计是因为他们见多识广，反倒粗鲁的无所畏惧了，是不是？船长。”

船长眨眨右眼，表示赞同。

“我当时在海盗船上一人做着四个人在一起才能做完的粗活，这样过了一年，我起早贪黑的工作着，几乎不与人说话，直到一天深夜，我一个人钓上来一只鲨鱼，你有没有见过大白鲨？小朋友？”巨子和蔼的问道。

亚伦摇摇头。

“鲨鱼翅很贵重，所以海盗船上一般都有深放进大海的诱饵与绳索。那天晚上我正在擦甲板，忽然看到绳索急促的向船下滑落，我忙走过去，抓住绳索，可是那种力量把我也差点带进大海。我步履蹒跚的被带到船头，我用脚死死抵住船帮，紧紧拽住手中的绳索。绳索瞬间直了，我看到一只身长至少有七米的白鲨浮出水面。”

“一般捕鲨鱼要四至六个人，而像这种大型鲨鱼更是要十个人以上，如果只有一个人，那么你只能放开绳索，任它在大海中挣扎游动，如果他挣开了口中的钩，那任谁也没有办法。可我那时不知哪儿来的力气，我抓着绳索，把它向我的怀中拖拽。那天夜里我和它就如同拔河，也都如同在与命运相搏——只不过它在海里，我在船上。海水翻滚处是它在里面奋力的挣扎，而我也在船上发出声若霹雳的怒吼。我清楚地听到夹杂着铁的、厚实的船帮崩裂的清脆声音，但我依然没有松手。我看见那只白鲨在海中翻滚的速度越来越慢，我咬着牙，直到我的嘴鼻喷出血来，直到绳索一点点回到船中，而随着我手上的绳索越来越轻，那只白鲨也终是不再动弹了。”巨子又喝了一口杯中的酒道。

“我把它拉上甲板，用尽最后一丝力气拿过旁边的铁叉刺进了它的身体。我趴在它身上，也因为精疲力竭昏死了过去。”巨子叹口气，“当时我以为我会死，我也希望我会死。可是当我再次醒来时，我看到了天上直直照在我脸上的太阳。我站起身，看到船长和船员都围在那只已死的大白鲨旁惊叹。我走过去，船长给了我一枚银币，而我抓住他一拳打碎了他的胸骨。”

“不公平，这不公平。”巨子摇头道：“当时捕捉鲨鱼很困难，不大的鲨鱼还需要四个人合作捕杀，而船长当时就会给他们一人一个银币。像这种大型白鲨通常需要十几个人，可船长还是只给了我一个银币。这不公平，太不公平了。”巨子又摇了摇头道：“船长的死让周围的海盗们惊慌失措，他们纷纷叫嚷着拿起了武器，而我则疯了一般向他们冲去——我那时不再是一只温顺的任人宰割的肉牛，而是一只凶蛮的杀红了眼的野牛。船上一片混乱，甲板上随处可见不再出声的尸体和尚在哀嚎的海盗，我不知道我当时打死打伤了多少人，但我知道我需要公平。直到更多的海盗赶来如同套野马般用绳索套住了我的身子，直到他们把锋利的刀叉抵在了我的面前。”

“小朋友，”巨子看着亚伦问道：“你觉得他们做的对吗？你觉得我做的对吗？如果上天不给我一个公平，那我就自己在人间寻求一个公道。我一直如此，建了城也是这样。可是直到我老了，奸诈的海盗又来欺骗我了。他们给我带来了镀着金的石头，却在我的天秤上称出了宝石的价格。”

船长慢慢举起右手轻声道：“巨子，不好意思，我打断您一下，您说的奸诈的海盗不是指我吧。”

巨子呵呵笑道：“船长，你还在啊？你再不说话我还以为你已经走了呢。”

“主要是也有一定年龄了，巨子，所以我说话很有分寸。您看您能不能让这位美人先把匕首收起来让我们好好说话。”船长道。

巨子摆了下手。

船长道：“巨子，我这人是爱胡说八道，可是我自问绝对和奸诈扯不上关系，我不知道您为什么会如此大动干戈。”

巨子看着船长问道：“你还记不记得两年前你卖给我一条人鱼？你告诉我，她的歌声会消除病魔，而如果十条人鱼在一起歌唱，那便会使人恢复青春？”

“当然记得。”

“那九条人鱼在哪儿？”

“巨子。我记得当时可并没有给您约定时间。”船长道。

“但是我付出了九条人鱼的定金，你不会直到我死都不让我见到它们吧。”巨子道。

“我这次来便是告诉您这件事的，去年我已经看到了人鱼们聚集的小岛。而据我观察它们三月份左右便会在这小岛上栖息一段时间，可是当时我们没有合适的工具，他们又人鱼众多，所以我没敢打草惊蛇。”

巨子点头道：“你还告诉我，一只人鱼唱歌的寿命至少是五十年。”

船长点点头。

巨子站起身子道：“你来和我看一下，我这只近两个月以来已经不在歌唱了。”接着他又对亚伦和船长身边的婢女道：“你们也跟着我来。”

巨子拉着亚伦的手，婢女拽着船长的胳膊，四个人穿过后面的走廊，共同来到一处宽大的金黄色的宫殿门口，两个在门口站岗的卫士忙冲巨子跪下行礼。

巨子命卫士推开沉重的金门，亚伦看到里面宽阔的房间，而房间远远地正前方立着一个架子，上面捆绑着一条奄奄一息的美人鱼。

第十三章 战争的前期

“你们几个都是见多识广的大臣，我想问问，在你们的生命中，你们觉得这个世界上有没有伟人？”在城堡的小型会议厅，亚索环顾着陆军统帅，情报大臣，内政大臣，财政大臣问道。

“当然有了。”陆军统帅差异的回道：“您怎么会这么问呢？陛下？”

情报大臣接着道：“有的，陛下，我不只觉得有，我还见过。开始是您的父亲——前王的一生可以说是光辉万丈的一生，我亲眼看着前王手提宝剑驰骋沙场，心怀梦想纵横天下。在一生中前王克服过种种旁人认为无法克服的困难，前王的脚步也一刻不停的向着自己看到的地方迈进，最终前王留给我们的，是他高大到难以企及的背影。而现在是您，陛下，我看到您正在准备超越前王的脚步，不然在今早的朝会上您也绝对不会要求和陆军统帅一起出征。”

“对啊，陛下。”陆军统帅叫道。

“对的。”内政大臣点点头。

“是这样的。”财政大臣表示赞同。

“父王的伟大我无法超越。”亚索摇头道：“并且我也不是什么伟人，或者说我曾经准备当个伟人，但我却犯了个致命的错误。”

“陛下，”陆军统帅急道“您是不是觉得不该和军队一起出征？其实比着明天出征赛马尔城堡，我觉得都城更需要您，您刚登上王位，而首相的位置又一直空着。我怕……”

“随军出征的意愿我不会更改，这是我深思熟虑后的结果。”亚索打断陆军统帅的话道：“在我出征期间，财政大臣会先代理首相一职。并且，我虽然并非第一次参战，但这却是我登上王位后的第一场战斗，如果我暗自随军的话，我也能观察士兵们的能力，而如果在紧要关头，我让他们知道我与他们同在，他们也一定会士气大振的。”

情报大臣对财政大臣点头道：“劳您费心了。”

财政大臣似乎根本没想到能接到这样的任命，他忙冲情报大臣回礼，接着又急转过头去对亚索道：“请您放心，陛下，在您出征期间我一定帮您把都城看好。”

“金钱在谁的手中都是用，金钱却变不成主人。财政大人，你老成持重，一定明白我说的意思吧。”亚索道。

“当然陛下，”财政大臣乐呵呵的答道：“钱财虽说圆滑，却精通人情世故，它只会在人的手心中打转，不愿得罪人的天性也使它不会起变成主人的野心。”

“您说的话太符合哲理了，陛下，”情报大臣笑眯眯的对亚索道：“您年纪轻轻就把许多事情考虑的这么清楚，这根本不是普通人能够做到的事，您又怎么会犯致命的错误呢？”

“愿神圣的上苍能够宽恕我的行为。”亚索深深的祷告一下，接着道：“三天前的下午，情报大臣向我报告我王弟的失踪和前王后窗前飞出的白鸽有关，是不是这样，情报大臣？”

“是这样的陛下，我当时只是如实禀报，却不敢妄加猜测。”

情报大臣答道。

“为此我特意去了一趟前王后的寝宫，去询问这件事，现在可以安心了，那天晚上我王弟只是给前王后写了一封情意绵绵的情书，而前王后回信让他以后不要再那么做了。”亚索道。

“这个畜生啊！”陆军统帅急着痛骂道：“前王刚刚不幸去世，他就做出这种丧尽天良的事来，他有何脸面面对前王的在天之灵？以前我就听说他常给前王后递送书信，我也提过让前王注意，可是前王总是一笑了之，前王还是太仁慈了。”他咬牙切齿道：“这次抓到他我一定要让他在前王的英灵前忏悔自己的罪过。”

亚索没有接陆军统帅的话，却道：“在弄清楚了这件事的原委之后，我就询问前王后什么时候能够搬进教堂，因为按照礼法，当宣布前王去世的那天晚上，前王后便要住进教堂一生守护前王的英灵。礼法不能改变，但我知道因为三王弟的失踪前王后很悲伤，所以我才选择了晚一天去提这件事。可是我话还尚未说完，前王后却站起身一把抱住了我。”

陆军统帅的脸顿时红了。几个大臣相互交换了一下眼色，都没有吭声。

“她说她很悲伤，她说她自从来到都城见到我的那天起便深深地爱上了我，而随着我父王的去世更使她深信不疑这种爱恋，所以她把国王那一票投给了我。她说我们没有血缘关系，也并非真正的亲属，她还说我们的年岁相差无几。”

“这个、这个……”陆军统帅面红耳赤喃喃的道：“在我印象中前王后一直是个通情达理、娴静温柔的人，怎么、怎么——这是不是因为前王去世，三王子失踪使她过于悲伤了？”他说着看了看旁边的几个大臣。

“我也是这么劝慰她的，”亚索道：“但出于礼节与尊重回抱了她一下，而当我正准备离开她的寝宫的时候，她却又从后面抱住了我，并且脱去了自己的衣服。”

几个大臣面面相觑。

“因为我的血气方刚，我没能抵御诱惑。几天来我一直在忏悔我的罪过，也无法面对父王的在天之灵。”亚索痛苦的说。

几个大臣一声不吭，过了一会儿，情报大臣率先说话了。

“陛下，”情报大臣道：“要我说这不是您的过失，您也无需忏悔。这也不是前王后的罪过，她依然是我们尊敬的人。这一切都是命运的错，上天的错。试问哪个年轻的女人不爱慕高大英俊的英雄？又有哪个血气方刚的男人能抵挡得住多情女子的诱惑？我觉得前王后说的很对，你们只是名义上的亲属，却并没有实至亲属的关系。”

内政大臣咳嗽一声，认真的道：“陛下，我觉得情报大臣说的很对。我也不认为这是您的过失，即便您觉得这是您的过失，我也清楚记得前首相大人说过的一句话——伟人并非不犯错，只是普通人常常成为欲望的奴隶，而伟人在当欲望主人的道路上艰难前行！前王后和您的年纪相当，她又对您心存爱慕。我相信这种爱慕是神圣而发自内心的，它超越了世间一切俗文礼节，它战胜了女人心中天生的羞怯感，促使她大胆而热情的向您表露真实，谁又能排斥这种真实而又炙热的感情呢？”

财政大臣激动的感慨道：“陛下，按理说我这种老人不该对这种事作评价。但我也年轻过、知道爱恋的滋味。我如今是在管理金钱，可是如果要我交换，我宁愿把所有钱交出来再换一次年轻时真正爱恋的感觉——那首歌词是怎么写的？哦，对了，闪光的黄金太冰冷，美人的小手总多情。陛下，当您越来越老时您才会发现，您能记住的事情越来越少，但唯有这点却使您终身不忘，每次回想起来您都觉得它尚发生在昨日，它的一切细节您都历历在目。您会悔恨年轻时的一无所知，使您没有多次这样的经历。”

陆军统帅稍微有些尴尬道：“那么……那么前王后是不能按照礼法再去教堂居住了。”

亚索点头道：“我也是这么想的，虽然这件事不是因我而起，但我终归犯了这弥天大错。是男人就要勇于承担自己的过失，不该让柔弱的女人去肩挑重担。前王后确实已经不适合去守护我父王的英灵了。我觉得我应该立她为后，以此来弥补我的罪过。”

几个大臣异口同声道：“这可万万不可啊，陛下。”

情报大臣忙道：“陛下，虽说爱恋的神圣超越了一切，但是世间仍然有礼法的规矩，还有世俗无知的目光与言论。现在您刚刚登基就急于立前王后为王后，那些目光短浅、智慧不深的人会怎么看？他们的言辞可毒辣了，我常常怀疑他们并没把时间用在增长智慧上，而用在了研究怎么辱骂贬低他人上。虽然您可以不用和他们一般见识，但是、您是国王啊！“

内政大臣考虑一下道：“陛下，您的勇气和内心使您成为了有情有义的人，有情有义的人值得别人敬佩，所以我觉得这件事情可以办，不过不能现在办。我们毕竟要顾及一些他人的言论与影响。我的意思是先把王后留在宫中，等到一两年后再宣布这件事，到那时您当国王的时间也已经长了，人们在安居乐业中也会慢慢淡忘前王后的事，那时即便再有什么说辞，也不至于让我们站在风口浪尖上。”

财政大臣接道：“这虽是个办法，但现在怎么办？礼法人人皆知。”他停顿了一下又道：“不如这样，先委屈前王后住进教堂做做样子，当然在这期间陛下也可和她相见，等到一两年后再找个什么理由把她接出来，这一切就顺理成章了。”

陆军统帅眨眨眼睛，呃了一声，没有说话。

“这不行，”亚索道：“我已经犯了弥天大错，又怎能再撒个弥天大谎？我已经愧对父王的在天之灵，已铸成的错误不能更改，但未发生的错误可以避免。我觉得就按内政大臣说的办吧。对外我们可以宣称因为三王子的失踪所以王后过度悲伤——这也是事实，她也确实需要有人陪伴，所以现在也还不适合住进教堂。”

“我同意。”内政大臣道。

“这是个可行的办法。”情报大臣道。

“爱情真是使人羡慕。”财政大臣咂咂嘴点头道：“英雄为它站岗守卫，美人为它费尽心机。”

陆军统帅又呃了一声，“可以。”他说。

“那这件事就先这么办吧，”亚索道：“时间也不早了，所有的准备都没有问题，今晚就让我们养足精神，明天出征，然后打一个漂亮的大胜仗。”

陆军统帅叫嚷道：“放心吧陛下，虽然我今年已经五十五岁，两年来我们也没有征战过，但每天夜晚我都会听到我鞘中的宝剑发出噌噌的响声，我知道它和我一样，并没有遗忘那段峥嵘岁月，也并未忘那赛马尔城兵马的哀嚎。”

“祝陛下能够得胜归来。”剩下的大臣都道。

亚索首先离开会议室，他径直来到贝丽苏亚的寝宫，他轻轻推开门，看到贝丽苏亚已经就寝，他点起了蜡烛。

贝丽苏亚被烛火的光线晃醒，她看到亚索忙坐起身道：“陛下，您怎么来了？”

亚索笑着坐在了床边道：“怎么？我的王后，你不欢迎我吗？”

“没有。”贝丽苏亚摇摇头，“我在等着陛下您的到来。”

亚索高兴的道：“我有个好消息要告诉你，贝丽苏亚，在刚刚的会议上我力排众议，所有重要的大臣都已经同意你不用住进教堂了。”

“是吗？”贝丽苏亚并未高兴或悲伤地道：“我感谢陛下为我做的一切。”

亚索接着激动道：“我告诉他们我爱你，贝丽苏亚，我疯狂的爱着你。他们虽然认为这不合礼法，但被我坚决的态度打动，最终让了步，可是只能一到两年后宣布这件事。这期间还是要先委屈你了。”

“陛下，”贝丽苏亚却问道：“他们对进攻赛马尔城堡怎么看？”

亚索的脸色变了下，但他依然笑道：“什么怎么看？这是铁一般的事实，情报大臣已经对赛马尔城送去了宣战书，内政大臣已经筹齐了物资，财政大臣代理了首相，陆军统帅也在会议上义愤填膺，这次誓要踏平赛马尔城堡。”

“陛下。”贝丽苏亚急道：“我真怀念前首相在的时候，他如果在一定会规劝您先不要做这样的决定。人的言语态度您能看见听见，但人的心理和想法您只能猜测赌博。我常听前王说明智的国王谈论事情，身边总会有不同争吵的声音，而、而别的国王谈论事情，身边总是一团和气，因为人很聪明，而身居高位的人更是见多识广，他们跟什么样的主人便会成为什么样的人。可是言语却能成为杀人的利器，态度也能变成抵挡的盾牌，陛下，我——”

亚索打断贝丽苏亚的话粗暴的道：“我记得后一句话是谎言往往又输给了谎言，态度的盾牌又会被态度的利剑击穿。贝丽苏亚，我父亲告诉你的他都告诉了我，他没有告诉你的他也告诉了我。你没说出的那个词叫做昏庸，那么，你来告诉我，你和大臣谁在说谎？”

“陛下，你、你怎么能……”贝丽苏亚凄楚的道。

“好吧，我来告诉你，贝丽苏亚，你在撒谎，因为你觉得我昏庸，所以你刚刚所说的一切都是谎言。”亚索道。

“我——”

亚索挥手打断贝丽苏亚要说的话，道：“我告诉你为什么，因为你在提到前首相的时候，你的语气暴露出急切；你在提到我父亲的时候你的眼中留露着温情；而当我告诉你，你能留在我身边的时候，你的表情透露丝冰冷。女人难以隐瞒自己的心，但却喜欢疑心生暗鬼，所以她们很容易被自己的想象所控，你怀疑一切大臣们的态度，只因为你对我父亲还抱有感情，你提到已经离职的前首相，是因为你急切希望有人能够规劝我的行为，而这一切的一切都是因为你看到我将要对你心爱的人不利。”

贝丽苏亚的目光直盯着亚索的脸——这目光中含着委屈、愤怒、但更多的却是一丝深深的悔恨。

“亚索，”紧跟那目光而来的是贝丽苏亚缓慢地、却似乎每个字中都留露着真心、也蕴含着二十三柄合在一起能够戳痛人内心的利刃的声音："也许我当初真该把票投给你的王弟，让他来当这个国王。"

"然后呢？"贝丽苏亚的嗓音传入亚索的耳中反倒使他笑起来道："成为他的新王后吗？这不可能，贝丽苏亚，"亚索摇头道："如果真是那样的话，在宣布国王的当天夜里我就会拉着你私奔出城，你如果不同意，我便会杀死你，因为我不允许你再次落入任何一个人的手中。接着我会找到军队，虽然我不像我王弟一样在赛马尔城堡能够一呼百应，但不论用什么办法，我也要夺取属于我的王位，可是如今上天却借你的手把这一切都还给了我。你不用悔恨，贝丽苏亚，并且你也要感谢命运，因为你当时那重要的一票救了你的性命，使你还能享受现在的生活。"

亚索停顿下又温柔的道："贝丽苏亚，你为什么要守着以往的回忆念念不忘呢？你为什么就不能面对现实呢？放弃以往情感的包袱，你也许又是一个新生。我对你是炙热的、独一无二的爱，我自然希望你对我也是如此。在我出征的这段日子里，我会给你加派新的女仆，她们会照看你的一切。我希望你也能想想我说的话，在我得胜归来之日，你能够彻底忘记以往，真正的和我血脉一体，荣辱与共。"

贝丽苏亚面无表情的摇头道："陛下，我并不爱您的王弟，但我之所以对他抱有温情，是因为我不想同禽兽一样冷酷无情。"

亚索不怒反而哈哈大笑起来道："我常认为人之所以有烦恼就是人把自己看的太高贵了些，其实人和动物有什么两样？同样的血肉，同样的欲望，同样的生老病死，同样的喜怒哀乐。也许在上天的眼里，人和动物的区别不大，就像在我们眼里，猫和狗的区别不大一样。我们把它们统称为动物，上天又把我们和它们一起并称为动物。男人、女人，雄性、雌性，不论何种地位，是穷是富，同样的吃喝拉撒睡、行动坐卧走——这世间只不过是神创造的一间动物场。你别和我说什么区别在于道德、在于伦理、在于情感、在于思想，如果你对动物了解的够深，你会发现这些动物们也有，人只不过比着它们更规范更强烈更聪明罢了，可是差距大吗？说这些的人能不吃不喝，能没有任何欲望的活下去？也许说这些你不愿意听，但贝丽苏亚，一切发生必有原因，一切存在即是合理，所不同的是这个原因和道理你认不认同，它对你或别人有没有伤害或者潜在的伤害罢了——贝丽苏亚，不论你承不承认，但让我看来，你爱我的父亲，是因为在你的心目中他是个英雄，你爱我的王弟，是因为在你的眼里他是个英俊多情的少年，可是你永远也不会对一个肮脏丑陋的乞丐发生类似的情感，就像我永远也不会对一个蠢笨粗傻的村姑发生和你一样的情感一样。你念念不忘的留恋过去，只是因为你把自己的付出看的太过神圣，你也把自己看的太过高贵，但对你没想付出过的人，你已经在像禽兽一样冰冷无情。”

“人都有自己的喜好，陛下，人也要有——”

“人要有什么我比你清楚，贝丽苏亚。”亚索打断贝丽苏亚的话道：“人都想成为别人的主人或者想先跟随个强大的主人。但就像你刚刚所说，人很聪明，可也正是因为这种聪明，所以人的喜好能够更改，人的习惯可以培养。人心和肉体一样脆弱，所以人心和肉体一样善变，就如同我进攻赛马尔城堡一样，不论是先使人的肉体屈服还是先使人的内心屈服，最后的结果都是一样。没有对错，没有善恶，殊途同归，王权永恒，只有时间，只有强弱。”

第十四章 公平的誓言

亚伦跟随着金石巨子、船长还有婢女走进金门，而卫兵则从外面关上了大门。

“美人，”船长咧开嘴对身旁的婢女尽量娇媚一笑道：“您看看您能不能把尖刀先从我的后背上拿开，我保证我是不会乱跑的。即便我乱跑，您看那么厚的大门已经关上了，我也一定跑不出您的手掌心，您看我说的对不对？您认为我说的不对也没关系，但主要是您这样我很害怕，万一您和我有什么仇恨，或者您突然想到什么不顺心的事而失了手，你们的巨子一定会埋怨您的。”

婢女没有说话。

“美丽的女人往往话多，”船长哭丧着脸道：“但她要能安安静静的陪伴在你身边本来是一件让人心情愉悦的事，可是现在我只想哭。”船长哽咽道：“我是真不想一辈子和哑巴打交道。小哑巴，”他叫亚伦道：“你也许该和这位姐姐说说话，或者看在我对你那么好的份上打手势替我求求情，要不然你也用尖刀抵住巨子的后背，这样才不会显得你没用，也会显得我们四个人很公平。”

巨子拉着亚伦向前走去，船长和婢女跟随在后。

船长的头四处乱扭，他边看边道：“不是我说你，巨子，你这个大殿也太奢侈了些，它像我见过的大教堂一样空阔，所不同的是这里面的一切都这么的富丽堂皇。我真不明白，你为什么要用黄金打造这么多的排椅？按我生活所知的经验，黄金的椅子还不如东篱岛软木做成的椅子坐着结实舒服——是不是没人给你带货？巧了——”他仰起头道：“我前一个月正好路过东篱岛，买了几十把软木椅子，你只要一坐，巨子，我敢保证你一定会让我把这里的椅子都拉走，让我把软木椅子都留下，不过可事先说好啊，巨子，我至少要留一把软椅自己坐，你给我多少金子我是都不会卖的。”

船长说完又低头看了看地上道：“这地上铺的应该是幽暗南山的白狐狸皮吧，怪不得踩上去这么软和，不过，哎——”他叹口气道：“造孽啊，这是哪个没有良心的海盗干的？这么大的白狐狸他是怎么逮到的？我听说幽暗南山中奇珍异兽虽多，但山顶终日乌云笼罩，山林中又光线不明，地上布满瘴气，人一进去就——”

“这张白狐狸皮是你卖给我的，船长。”巨子打断船长的话，边走边道：“当时你告诉我这张白狐狸皮得来不易，寓意又好，我本来不信。但你说它是你的船路过幽暗南山时，你看到一只在海边喝水的巨大白狐狸被一只白鲨咬住，它们相互死死挣扎，而你则趁它们都筋疲力尽时打死了鲨鱼，射死了白狐狸。然后你把这只白狐狸皮留下想当你的地毯，竟然看到它的皮下面写着天赐巨子四个大字，所以你才忙赶来送给我。而为了犒劳你的出力，我出了一箱黄金的价格。”

“是吗？”船长诧异的道：“这张白狐狸皮太大了，我的屋子肯定是铺不下的。我总不能把它铺到甲板上去，风吹日晒的，我怎么不记得这件事，还有那一箱黄金。”

“你要不记得可以翻开这张皮毛看看皮下那四个字，我一直觉得遗憾，上天的笔迹太差了，不但写的歪歪扭扭的，还写错了一个字。要是写的好看点，这绝对不止一箱黄金的价格，而且我现在也会把它反过来铺，以彰显上天对我的厚爱。”巨子道。

“遗憾，可真是遗憾。”船长吧嗒吧嗒嘴道：“上天可能和我一样不识字，怪不得很多人不相信它呢。巨子，”他又看了看别处道：“你这里摆放的几尊大理石雕像都是谁啊？”

“还是先看看你卖给我的人鱼吧。”巨子停下脚步。

亚伦不由得惊讶的睁大了眼睛，他近距离、清晰地看到这只被捆绑在十字架子上的美人鱼。

和旁边雕刻的栩栩如生但却死气沉沉的大理石雕像相比，这人鱼是个有生命的活物，它有着和女人一样的上身，白而略微发黄的皮肤，它漆黑的头发长而直的披在消瘦的肩上、这肩膀又衬托出它明显的锁骨。它的头颅此刻低垂，两鬓的头发耷拉下来恰巧遮掩着她的前胸。而在那张美轮美奂的脸庞上，她的鼻子小巧又精致，长长的睫毛也如梦般在微微抖动，可是它却面色惨白，双眼紧闭，嘴唇苍白干枯的如同被冰雪冻裂的大地，如果不是它纤细有形的腰身下拖着一条巨大的、没有鱼鳍的鱼尾，如果不是它的胸部随着呼吸在轻微的起伏，没有人相信它是一条人鱼，也没有人相信它还活着。

“它怎么了？”船长皱皱眉头道。

“它已经快一年没喝水了。”巨子道。

“怎么回事？”船长埋怨道：“巨子，我记得我交代过你，人鱼每七天就要喂一次水，虽然它们的寿命很长，但你这样虐待它别说歌唱了，它能活到现在就是一个奇迹。”

“没人虐待它，”巨子道：“一年以前它还歌唱，我听着它的歌声身上的病痛确实也减轻了许多。但从某一天开始，它突然就不在开口也再不喝水了——你知道人鱼不会说话，也听不懂人们说话，我和它根本无法交流，我用尽了任何办法，它还是不开口。我怀疑它是不是病了，也没再管它，直到上个月我的腿痛的厉害，我让两个人撬开它的嘴灌进水去，结果它竟然用水喷瞎了那两个人的眼睛。”

船长呆了下，他想了想先用左手掀起眼罩，然后便到旁边的水缸里拿起木桶打满水，接着他走到人鱼的面前用铁钩抬起人鱼的下巴，人鱼虚弱的睁开了眼睛。

船长闭上右眼，单单睁开那只翼龙之眼直视着人鱼，人鱼的目光显出无边的恐惧。

“喝水。”船长道。接着他左手提起木桶，放到人鱼的嘴边。

亚伦看不到，但翼龙之目就如同会放射出强烈的白光一般，人鱼的目光在躲闪。

亚伦看到人鱼浑身都在颤抖，似乎它从未见过如此可怕之物。接着亚伦听到它仰天发出一声难听的、就犹如棉麻撕裂般的痛苦的声音。亚伦不知道自己哪儿来的勇气，他忽然上前抱住了船长的腿不停的摇头。

船长依旧没有停手，一旁的巨子拉开了亚伦，船长的那只翼龙之目死死地罩着人鱼的眼睛，“喝水。”他又道。

人鱼垂下头，口中“噗”的吐出了一口鲜血，接着昏了过去。

船长放下水桶，罩上自己的翼龙之目，他转过头对巨子道：“这只人鱼估计是生病了。”

“那该怎么办呢？船长？”金石巨子道：“你当初卖给我这条人鱼的时候可没告诉我它会生病的事啊——你看你是把所有的钱都退给我，还是你们都留在我的金石城工作还债？”

“巨子，”船长道：“海盗从不退货。人鱼的歌声可以治疗疾病，这条人鱼就可以证明，我再给您换一条来。不止如此，下次到来时我将把另外那九条人鱼一并给您带来，而您只要听它们合唱的歌声，就能恢复青春。”

“你这个提议很合我的心意，船长，毕竟我最想要的是恢复青春，”巨子道：“但谁知你今天走后什么时候还会回来呢？我不太能相信你的话，这条生病的人鱼同样也可以证明。”

船长打了个长长的哈欠，道：“巨子，咱们两个既然心知肚明，也就别在这儿胡说八道了。时间宝贵，我们快点达成个协议吧。”

“好的，船长。”巨子点头道：“你把这一条生病的人鱼带走，一个月后我要见到十条活蹦乱跳的人鱼出现在我的金石国。”

船长道：“我需要九千三百二十四柄钢叉、长枪，还有大量的钢丝渔网。然后时间上要更改到三个月之后。”

“我给你准备一万柄钢叉、长枪、三千张大型的钢丝渔网。但你要留下四千三百二十四名海盗。我会让我的五千士兵陪同你们一起上船。时间上可以更改，但从明天开始计算，不能超过三个月。”巨子道。

船长叹口气道：“你的这些人会驾船吗？”

“会一些。”巨子点头道：“我教过他们，但是他们更会打仗，这五千人是我这里最精良的战士。”

船长想了想道：“我同意，巨子，但有一点我要事先说明，因为据传说所讲，人鱼的歌声只可能让一个人恢复一次青春，所以我需要你的一个誓言——如果我带来了十条人鱼，而你恢复了青春，那么我就要你带着金石城所有的财产和军队成为我的大副，我船上大副的位置一直空着呢！”接着他又盯着巨子道：“巨子，我相信你在成为海盗前一定也在大海面前立过自己神圣的誓言。”

“海神一日照顾。”巨子说着卷起自己右手的衣袖，在他的手臂上刻着一张威严的人脸的疤痕。

“海盗终身不忘。”船长说着也卷起自己右手的衣袖，在他的手臂上也有着一张威严的人脸的疤痕。

“生进大海之门。”巨子接着道。

“死入大海之魂。”船长道。

巨子看着船长，船长也看着巨子。

船长道：“谋杀船长者流放，发动叛乱者死。巨子，当你恢复青春时你就已经赎清了罪过，我希望你能和我一起再回到大海上去。”

巨子脸上的皱纹深深动了两下，他道："大海？我一日也没有忘记过，它也无数次在我的梦中出现，如果当时我碰到了一个好船长，那么，如今也许我还是一个好海盗吧！"巨子苦笑一声又道："每天清晨，我从自己的床上醒来，我多么希望我依然站在甲板上看着海天一色的蔚蓝。前方有什么？没有人知道，而当海鸥从远处飞过，你也根本分不清它是从天上来、还是从海里来。你抬起头，没有屋顶，只是白色的云，它轻微的飘动，就如同你昨晚扑朔迷离的梦。"巨子叹口气，又道："说这些已经没有用了，谋杀船长者流放。我虽建了城，但苍老与病痛清赎了我的罪过。船长，如果再活一次，我愿意跟你再去大海上冒一次险。"

"冒一次险？"船长嘻嘻笑道："巨子，你这话说的实在太好了，冒一次险、冒一次险。是啊！大海也不是所有时候都是那么的安静祥和，也有着无数个白昼和夜晚，雷电轰鸣、暴雨倾盆，狂风席卷着海浪就如同天上坠落的银河，船的甲板在摇晃，船上的人们在叫嚷。可是巨子，我相信我会是一个好船长，我相信第二天我们依然能够站在甲板上看着远处海天一色的蔚蓝。"

"我要和你一起在我的雕像前发个誓。"巨子边走边道："我一生都在寻求公平，如果我在你的船上再次吊起了白鲨，我要得到十四枚银币。"

"大副价格加倍。"船长也边走边道。

亚伦没有动，他看着那只奄奄一息的美人鱼。

船长转身冲亚伦道："小哑巴，走。"

巨子也转过身道："让他看一会儿吧，他没有见过。"接着他又冲亚伦道："小朋友，你看归看，但不要喂它喝水，它不会说话，也听不懂别人说话，但它会用水喷瞎人的眼睛。"

巨子说完便和船长还有婢女一起走出了金门，卫兵关上了门，大厅里一片寂静。

人鱼却在此时抬起了头，它看着在它面前的亚伦虚弱的道："你能给我喝点水吗？”

亚伦连忙点头，他走到人鱼面前，费力的提起船长放在地上的木桶。

亚伦颤巍巍的高举木桶，却怎么也放不到人鱼的嘴边。

亚伦放下木桶四处张望，但没见到一个可以垫脚的东西。

亚伦用双手捧起水桶中的水，他抬起脸，把捧起的水放到了人鱼的嘴边。

人鱼喝下了亚伦手中的水，跟着冲亚伦笑了一下，亚伦赶忙又用双手捧起一把水送到人鱼的嘴边，就这么几次三番，直到水桶里的水只剩下半桶的时候，亚伦这才提起水桶，他用尽力气把木桶抬高，让人鱼的头能够伸进木桶中，他的胳膊因为负重而剧烈抖动着，可是瞬间木桶就变得轻了。

亚伦放下木桶，看到木桶底部已经空了。亚伦忙提着木桶走到和自己差不多高的水缸旁，他将木桶倾斜着放入水缸中，直到估计水装的差不多了，他才面红耳赤的用力，可是他根本无力将木桶从水缸中拽出，他着急却双手一滑，木桶飘进了水缸。

亚伦急着想捞起水桶。

“不用了，”亚伦听那只人鱼道：“这一桶水就够我喝的了。”接着亚伦又听到人鱼道：“你过来。”

亚伦走到人鱼的面前。

“我常听人类说受到别人的帮助要当面表示感谢，我不知道你的名字，但我听到他们叫你小哑巴。”那只人鱼看着亚伦道：“谢谢你，小哑巴。”

亚伦笑了起来。

人鱼也笑起来，“你喜欢听歌吗？”它问。

亚伦摇摇头，他走上去，抱了抱人鱼的鱼尾。

就在此时，几个卫士抬着一个不大的铁笼走了进来，他们一声不吭的将人鱼从架子上解开，然后将人鱼放进铁笼中，亚伦跟着他们一起走了出去。

几个人来到用餐时的前厅，亚伦看到船长和金石巨子已经在那里等候了。

船长看了看铁笼中的人鱼对巨子道："时间紧迫，巨子，这只不会唱歌的人鱼对我们这次围捕人鱼之岛也许有用，我就先将它带到船上了。"

"我五千人的军队已经在岸边等着你了，船长。"金石巨子道："还有你所要的一切东西。这是我们第一次合作，我希望你们能安全归来，也希望你不要忘了我们刚刚在雕像前发的公平的誓言。"

"放心吧！巨子。"船长嘻嘻笑道："我一生的愿望就是解密大海，为此我也一直在准备聚集足够的力量来面对未知，只可惜到现在我也没有足够的财力、物力与有用的大副。虽说如此，但现在我的千艘战船也足以称霸大海，海上航行你尽管放心，这次就算带不来人鱼我也会安全归来的。"他说着突然又落下泪来道："可是没有人鱼估计你也不会欢迎我的。"

"船长，从明天开始计算，三个月后的最后一天我将派仪仗队在岸边隆重欢迎，也从那天开始我们金石城将日夜等候你的归来。"金石巨子道。

亚伦随着船长来到岸边，他看到金石城的军队已经齐刷刷的在那里站着了。船长让海盗将那只人鱼抬进他乘坐的大船船舱，然后他和金石巨子告了别，接着，船长率领着一万人，驾驶着上千艘战船浩浩荡荡的离开了金石城。

几天之后，这些大小不一的船行驶到了一处被乌云笼盖的山岛处。船长让一部分海盗乘坐小船进入一处巨大的山洞内，然后他们从里面开出一艘巨船来。

亚伦看到那艘船时，不由得惊呆了。

"这是我所有的积蓄。"船长在亚伦旁边道："这么多年来我寻遍了各处的能工巧匠替我制作了这艘巨船。你别看它是铁做的，小哑巴。可即便碰到再大的风浪它也不会沉没。这是我准备解密大海时所作的准备。”船长骄傲的说道：“不过我还没给它取名字，你说叫它什么好呢？小哑巴？”

船长左手摸着下巴想了想又道：“虽说不起名字的船在大海上航行不吉利，但给船起名字也要听取大副的意见，还是算了。”接着他转身对船上的人道：“这艘船上的所有人都到那艘大船上去。”

船上的海盗们都手舞足蹈地欢呼起来。

“人鱼岛的围捕！”船长也跟着欢呼雀跃的大声叫嚷道：“从现在开始了！”

第十五章
赛马尔之战

陆军统帅骑着黑马，他反穿过前行的军队来到亚索面前道："陛下，再往前行军十里就是赛马尔城堡了，我们到那里时是不是还是按照原计划进行？"

亚索勒住座下高大的白马道："还是按照原计划进行，我们行军将近一个月了，将士疲惫，到城下不远时我们先利用谈判的时间安营扎寨，等到将士们都休息的差不多了在直接攻城。"

"遵命，陛下。"陆军统帅调转马头在亚索身后道："虽然赛马尔城堡背靠大江，但却是三面平原一马平川，虽说他们城中的骑兵骁勇，可如果被围困住的话也将会是一座孤城。当年前王就是先围住了赛马尔城堡，又射下了他所有求救的乌鸦，然后——"

"围困？"亚索笑道："别再说了，统帅，时代不同了，我这次带来了这么多优良的攻城器械，这么多优秀的士兵，我将要在一个月内拿下赛马尔城堡。你现在就去传令，让前阵骑兵原地待命，我让后阵弓兵将一路上砍伐的树枝交给中阵步兵，我们改换阵型，让步兵变为前军，等行进到城堡不远处的时候马上安营扎寨。”

“遵命，陛下。”陆军统帅拍了下自己座下的马臀道：“我这就去办。”

“等等，”亚索叫住将要离开的陆军统帅道：“谈判的书信三天前就已经送过去了吗？”

“我确定三天前就用白鸽送过去了。”陆军统帅勒住马答道。

“那很好，”亚索笑道：“我估计赛马尔城直到现在都尚未做战争的准备，因为那封信写的很和气，也并没有提我亲自出征的事。我是怕吓唬到我那懦弱的王弟，那很好，你去传令吧。”

陆军统帅答应一声，策马向前军方向跑去。

陆军统帅赶到骑兵阵前勒住马，他抬手高喊道：“原地待命！”

杂乱的军队中每隔五十米陆续向后方大声传话，整个军队缓慢停下直至安静。陆军统帅正要传令，他面前的一个骑兵却突然指着远处惊奇的叫嚷道：“那是什么？统帅大人？”

陆军统帅侧转过身，看见远远的地方升起了滚滚的黄色尘土，他瞪大双眼，侧耳倾听，紧跟着便咒骂一句道：“他妈的！是赛马尔城堡冲锋的骑兵。”

陆军统帅回身对他面前所有的骑兵嚷道：“二十六年前、当时所有的国家都知道，只因赛马尔骑兵骁勇善战，所以赛马尔城堡不可战胜。是我们——”他抽出腰间的宝剑大喊道：“用事实告诉了所有人，赛马尔骑兵虽然骁勇，但我们比他们更加强大！二十六年前、我经历过比这更大的战斗，听闻过比这更大的冲锋时的呼喊，可是我们却没有失败，我们任何一个骑兵都足以与这世上任何一个骁勇的骑兵相媲美。”接着他策马在军前奔跑道：“如今二十六年过去了，也许，我当日率领的骑兵有的依然存在于这支队伍之中；也许，我当日率领的骑兵有的已经成为了你们的父亲、亲人、朋友、或者是偶像，但今天之后，你们也将骄傲的在他们面前抬起头颅，只因今天过后，你们将和他们一样伟大。”他勒住马，戴上头盔，“骑士们，左手撑起你们的盾牌，右手撑起长矛，小心赛马尔骑兵的弓箭与马匹的冲撞。就让我们用马上而来的事实告诉他们，究竟谁才是真正的不可战胜——这结果即便再过一个二十六年，只要我们尚在，它也依然不会改变——”

陆军统帅调转马头，他挥起手中的剑，高叫声冲锋，便与身后的骑兵一起如同脱离了弓弦的利箭般向那漫天的黄色尘土处奔去。

与此同时，二王子正站在赛马尔城堡的城墙上，他静静地看着远处的方向，赛马尔代理公爵从后面走过来对他道：“你在看什么？亚赛？”

“看一场战争，叔叔。”亚赛并没有回头答道。

公爵和亚赛并排站在一起，他温和的道：“你看不到的，亚赛，至少从这城墙上你看不到，我们的五千骑兵此刻应该在十里之外。”

“我能看得到战争，叔叔，我能看得到，您说他们会赢吗？”亚赛问道。

公爵点点头。“会的。你不用担心，亚赛。在平原上冲锋赛马尔骑兵还从没有过失败的记录。再加上领军的正副将领又是你最好的朋友马尔卡和马里斯，他们家族世世代代都是训练骑兵的官员，而他们自己也是骑手中的典范。虽然他们的父亲在二十五年前因为赛飞之战阵亡，但他们家族传统却并未因此衰落，况且他们又和你从小一起长大，这次也定会拼命维护你的安危。说起来——”他笑了笑道：“你和他们俩还有着亲戚关系呢！”

亚赛摇摇头道：“我并不是在担心我的安危，叔叔。”他叹了口气，又重复了一句道：“我并不是在担心我的安危。叔叔，您知道对方领军的将领是陆军统帅提蒙，他作战英勇，也曾救过我和我哥哥的性命。虽然他这次是因我而来，但三天前他用白鸽传来的书信上却只字未提说要取我性命的事，并且我相信他也绝不会那么做的，他只是要我跟他回去向我哥哥解释一下为何擅自跑回赛马尔城堡。是的，我当时离开的也确实突然了。但为什么？叔叔，我不明白，为什么三天前的会议上您根本不听我讲的话就执意要发动这场战争！”

“呵呵。”公爵笑着用左手轻轻拍了拍亚赛的背部道：“这么说你还怪我了？孩子？你说你看得到战争，”他摇头道：“我觉得你看不到，不过这也正常，你在这里长大，这里的民风和这里的骑兵一样，平时温情，只有在战争时方显露出它的彪悍，可是不论何时它们都如同在平原上冲锋一样喜欢直来直去，你们是这样，所以便认为别人也是这样，可是，”他顿下道：“我却是从都城而来，虽说我在这里代理了二十五年的公爵，但我的根源却没有变。好吧，我知道这几天来你一直想问我为什么要做这个战争的决策，而不是换另外一种方式，比如说谈判、比如说把你送回都城去解释，那好，我就先问问你，在你哥哥亚索登上王位的那天夜里，你又为什么要擅自离开都城？”

“因为我收到前王后的回信，上面写着，快跑，你哥哥要杀你。”亚赛道。

“我只见过贝丽苏亚几次，”公爵道：“对她这个人不太了解，你在都城住了有四年的时间，你现在回想一下，贝丽苏亚有没有可能骗你？”

“不会。”亚赛干净利落的摇头。

“那么在你的眼中贝丽苏亚又是个什么样的人？”

亚赛想了一下道：“温柔恬静，对人真诚友善，也很有爱心。”

公爵点头道：“要相信自己的判断，其实战争从你接到贝丽苏亚回信的那天夜里就已经开始了。”

“可是我不明白，”亚赛急道：“我哥哥为什么要杀我呢？在都城我们一直处的好好的。”

“因为你会威胁到他的王位。”公爵一字一句地道：“当然你可能并没有这样的想法，但我还是那句话，你这样想不代表别人也会这样想。你觉得你和你的哥哥感情很深吗？”

亚赛点点头。

公爵看着亚赛笑了，他又问：“那么，你觉得提蒙救过你的性命所以便不会取你的性命，对吗？”

亚赛又点点头。

公爵跟着问道：“那你知不知道你父亲为什么只有我一个兄弟？”

“我、我在都城的时候略有耳闻。”亚赛略微有些结巴的回道。

“没关系，”公爵用鼓励的目光看着亚赛道：“说出来。”

“因为我父亲杀了其他的兄弟。”亚赛道。

公爵沉默了一会儿，道：“我承认，我的哥哥是个战争上的天才，这点我到死都会承认。他在十七岁时发动政变，事前没有任何征兆。当他把鲜红的宝剑插进当时二十五岁的大王子胸膛的时候，我永远也忘不了我们共同的哥哥因为惊讶而圆睁的双目，他那垂死的眼神明显在问怎么可能，是啊、怎么可能，昨天晚上还在亲切的叫着他哥哥、发誓要一辈子跟随他的弟弟今日怎么就突然间像换了个人。”

公爵的目光转向远方道：“战争！当你父亲接着率领着军队、率领着当时还不是陆军统帅的提蒙、率领着我直逼宫殿站在我们父王面前的时候，我记得父亲只说了一句话，‘利益巨大却冰冷如石，贫困顽固却冷暖似水。’然后那个鲁莽的提蒙、现在被称为英勇的陆军统帅用长剑刺穿了我父亲的心脏。是的！我也是我哥哥的帮凶，直到今日我都觉得我的双手依然沾着亲人的血，那鲜红的颜色是那么的醒目，根本不可能用世间的水清洗干净！可是那时我只有十六岁，年轻气盛，我亲眼看着哥哥将所有辱骂过我的兄弟们处死，我亲耳听到他们对我的哀求。我站在他们面前，而他们跪着，如果我知道这种哀求声会跟随我一辈子，如果我知道这场景会时不时在我今后的梦中出现，那么当时的我也不会感觉自己就犹如天神般高大了吧！”

公爵轻摇下头可却又坚定的道：“人生没有回头路，很好。你只能一直往前走，不停的为自己的行为负责，也很好。我们的兄弟很多，后来只剩下了我和我的哥哥。我和我哥哥的子嗣很少，这么多年来也只有你们三个。不知道为什么，也许因为都在忙于征战，毕竟现在我们国土的面积是我哥哥登上王位时的十倍，也许因为杀戮太重，亚赛，你知道你的母亲吗？”

“我听说过，她是一个很好的人。”亚赛道。

“她还是个美丽的人。”公爵看着亚赛道：“你和她长得很像，每次看到你我都会想起她。二十六年前当我冲进赛马尔王宫的时候，我发现了城中的密道。我手持宝剑穿过密道，看见密道尽头的一艘小船上坐着几个女人，她们见到我就惊恐的大叫着，然后便手忙脚乱的解着捆绑着小船的绳索。我快步跑过去，举起剑，那时绳索依然没有解开。我命令她们下船，这时我听到一个动听的声音，‘我是赛马尔城堡的公主。’她说，‘我求求你，放我们走吧。’我顺声望去，看见了一张白皙的面孔，她那双楚楚可怜的眼睛正望着我。不知道为什么，我的脑中突然蹦出了一个前所未有的声音，‘这就是我梦中的人。’我对她说，‘我可以放她们走，但你不能走。’她的眼神有些悲哀，但她还是从船上站起跳上了岸。我挥剑砍断了绳索，船缓缓顺江漂去，而我则放下了剑，脱去了身上的甲胄，就在王宫密道的尽头，就在船上女人们的哭喊声中，我要了你的母亲。”

“什么？”亚赛吃惊的张大嘴巴道：“这、叔叔，这——”

“这是你父亲也知道的事，孩子。”公爵道：“当第二天我带着她到我哥哥面前的时候，我告诉了我的哥哥，并且希望他能以国王的身份恩准我与赛马尔公主成婚。我本以为这是件简单到顺其自然的小事，但当时我第一次见到我的哥哥是那么的为难。他看着我们很久，直到我查觉到了什么，他才说了句沉重的话，‘不行，’他摇摇头，‘我要与赛马尔公主成婚。’第一次，第一次我有杀掉哥哥的念头，我疯狂地问他为什么。他说以往我一直在外打仗，具体的情况我并不知道，现在也无需再提，可是，赛马尔城堡虽然陷落，但城中的骑兵大部分都冲杀了出去。我们下一个目标就是赛飞高地，我们需要的不只是城堡，还有城中的骑兵。我答应你，王弟，他对我说，

‘当拿下赛飞高地，赛马尔城堡永远是你的。’我知道，我知道赛马尔城堡永远是我的，但我必须要拱手让出我梦中的人，十六岁之前，我做过许多奇奇怪怪的梦，有些奇幻，有些诡异，有些高大，有些卑微。但在十六岁之后，我只做过两个梦，一个是我以往的兄弟们跪在我面前哀求的哭声，一个、便是赛马尔城堡密道的尽头。”

公爵任一滴眼泪顺着老去的脸颊滑落，他又点头道：“那也很好，毕竟还有梦可做，那也很好。孩子，现在你知道我为什么要做出战争的决策了，因为亚索和你也许都是我的亲生孩子，我绝不允许你们其中任何一个人有损伤。并且，如果我没有猜错的话，我哥哥一定会让亚伦成为他王位的继承人，而不是你们两个其中的任何一个。而关于提蒙，”公爵轻蔑的笑了下道：“他当时救你们，只不过因为你们是王的孩子，而现在他要杀你，也只不过因为你是王的敌人。他虽然鲁莽，但我不排除他身边有弯弯曲曲的人的存在，所以在我看来，这次他也只不过是利用了白鸽再次重演了你父亲曾经用过的招数，借助谈判，安营扎寨，围堵骑兵，困死城堡。可是他忘了，我虽然代理了二十六年的赛马尔公爵，但我的根源没有变，我本质上也是个弯弯曲曲的人。我就趁他远来疲惫，立足未稳，用我们彪悍的骑兵给他一个迎头痛击。孩子，你站在这里是看不到战争的，跟我回去吧，日落时分，我们的骑兵将会给我们带来好的消息。”

太阳将落，残阳似血，赛马尔城堡吹响了长长的号角，城门大开，骑兵归城。马尔卡与马里斯大步流星的走进宫殿，公爵正在主位上坐着，而亚赛坐在他的旁边。马尔卡首先开口道：“赛马尔骑兵大获全胜，对方军队后退了三里。”

公爵点头道：“很好。”

马里斯跟着哈哈大笑道：“对方陆军统帅在混战中阵亡。”

公爵点头道：“很好。”

亚赛无比惊讶的站起身，他问道：“你怎么知道那是陆军统帅？”

马里斯道：“他身上已中数十箭，却依然带着十几个骑兵死战不退，我当时正好冲过那里，一枪结束了他的性命，而对方骑兵在大叫他的官衔，并且许多骑兵下马要夺回他的尸身，我将他的头颅当作战利品绑在了我的战马上。”

“我，我要去看一下。”亚赛边说边走下了台阶。

公爵在座位上平静的道：“二王子，这是一场战争，在战争中谁死都是有可能的。我希望你不要像个女人一样夹杂自己太多的感情。”

“他救过我的性命，公爵大人。”亚赛转身冲公爵行了个军礼道：“这不是感情，这是一个人对另一个人恩情亏欠的遗憾。”

公爵点头道：“很好，你去吧！确认后回来告诉我，如果那个头颅真的是提蒙的，那么用不了多久，都城、就要撤军了！”

第十六章
人间的异类

“人一定是从动物变过来的。”船长醉醺醺的推开门走进自己的房间道：“他妈的，你说是不是，小哑巴。”他说着躺在了自己那张舒适的床上，接着又起身问了一句道：“你说是不是，小哑巴。”

房间里的亚伦摇了摇头，跟着便低下头准备要离开房间。

“你别走，”船长叫道：“和我说说话，我问你，你是不知道还是认为不是？”

亚伦又摇摇头。

“你不知道！”船长高声叫嚷道：“你不知道！因为你见得少而我见得多。让我来给你讲讲动物世界，你就会知道人与动物的区别。嘿嘿，我曾经进攻过许多城市，也曾和很多人有过生意上的往来，我曾听过许多信仰与理论，也曾见过有些人在自讨苦吃的还债。有人告诉我，世界是神造的、我们也是，神给了我们生命、肉体、给了我们疼痛和快乐，也给了我们力量还有衰老，神给了我们一切，所以我们要尊重祂。但我觉得我是我爸我妈造的——虽然那些人告诉我我爸妈也是神造的，甚至包括我的第一任祖宗，虽然我从来没有见过他们，但如果他们要对我很好，我便理应尊重他们。也有人对我说，他就是神的化身，但我觉得他比我还要癫狂，因为我从没见过任何一个动物会说人的话，会真正理解人心复杂的意思，所以我估计神也从没见过任何一个人会说神的话，会真正理解祂复杂的意思。还有人说神控制了我们的思想，我们做的任何一个决定最终都是命中注定，这有可能吧，”船长点点头道：“可是我们却面对过太多次未知与黑暗，我们的思想也太多次在迷茫中左右摇摆，以至夜不能寐了——对了，我不该说这个，我应该给你讲的是动物世界，请原谅，小哑巴，我这人一喝罪恶的酒就常常语无伦次起来。”船长脱了帽，他优雅的对亚伦鞠了个躬，却因为头垂得太低，从床上摔到了地板上。

亚伦忙过去扶船长起来，船长边起身边道：“我见过宽阔的草原，在那里夏天的草是幽幽的绿，秋天的草是灿灿的黄。在这草原上生活着羚羊、斑马和饿狼，今天我不给你讲恶狼，今天我就给你讲讲草原的王。在这辽阔的草原上有一家狮子，公狮雄壮威武，就像我一样威风凛凛。母狮、母狮嘛，我却看不出它好不好看，温不温柔，多不多情，即便我装有飞龙之眼，但毕竟我也是人的目光，可我估计它一定好看，一定温柔，一定多情。它们共同养育了四个小狮子，我看那四个小狮子倒是挺可爱的。公狮在草原上猎食，母狮照顾小狮。你知道，小哑巴，狮子在草原上可是少有敌手，这是天生的，它们生下来就注定要撕咬吃肉，即便没有父母教它，它们也注定不可能奔跑吃草。公狮要保持强壮的体魄，抓过一切在草原上可以抓到的动物。但觅食有时也不是那么的一帆风顺，饥饿难耐时它也攻击过长颈鹿——不知道你有没有见过长颈鹿，那玩意儿脖子长，腿长，看得远，奔跑快，腿脚有力，它在吃树叶时优雅缓慢，可遭遇进攻时也绝非善类。我见过它在几只狮子的围攻下逃脱，也见过一只本是追咬它的狮子很意外很倒霉的滑倒在地，而逃跑的它突然转回身来抬起前蹄不停的对地上的狮子一阵踩踏。好嘛，因为滑到，狮子就这样送了性命。没有四只狮子，基本不可能捕杀一只长颈鹿，但长颈鹿也不傻啊？所以狮群，鹿群，猴群象群等等全都出来，群和群间相互照应、天赋异禀，群与群外相互排斥，互攻互守，各显其能。”

船长重重咳嗽一声，他冲地上吐了一口痰，看着亚伦嘿嘿笑道“怎么样，小哑巴，我讲的动物世界精彩吧。”亚伦没有点头也没有摇头，他拿起旁边桌上的一块布，擦拭了地面。

“那家公狮有次运气实在不坏。”船长打了个哈欠接着道：“我看它是走了大运，有一只落单的长颈鹿不知怎么就在吃树叶的时候没注意到身后的它。等长颈鹿发现它时慌忙踢起后蹄，那只公狮敏捷的躲过了这可怕的一击，接着便弹身而起，公狮的前爪抓住了长颈鹿的臀部，张口便咬到了它的重要部位。长颈鹿痛的低下身，惯性让它以为这样便可以减轻疼痛，可是疼痛感欺骗了它，等它趴在地上的时候，它将成为狮子口中的美餐。这只公狮很勇敢，因为狮子在草原上也不是无敌的，有许多动物它也是碰都不愿碰的，只是那种动物大多天生吃草，所以才不和狮子一般见识。为什么？没用啊，输赢还是两败俱伤，对那些动物有什么好处？把狮子打灭绝？把它们赶出草原？我看只有发疯的动物才这么想，因为哪儿有那么大的力量。你就拿大象来说吧，它性格温顺，很少主动攻击，但谁要是惹怒了它们，只要在草原上是用脚走路的动物便都要退让三分，雄狮要是和成年象打起来，不是伤筋动骨，就是落荒而逃，可即便如此，我依然见过几只狮子在分食一只活着的落单的幼象，同样的，我也见过一群饿狼围住一只狮子撕咬。尽力保护好自己就行了，哪有那么多的——对了，我刚刚说到哪了？对对对，我是在讲那家的公狮。”

船长顶了顶帽子，开口唱道：“来！公狮，你有金黄的长毛，你有尖长的利爪，你捕捉过雄鹿，你有母狮与幼狮，来！公狮，你有棕黄的长毛，你有长尖的利牙，你没捕过雄鹿，你没母狮与幼狮。来！公狮，你金黄的眼睛威慑它。来！公狮，你棕黄的眼睛不害怕。来呀，来啊，同样怒吼震天响，不同胜负夕阳下。棕色咬住金色喉，长尖利牙不松口。金色流出红色血，尖长利爪抽一抽。天哪——”船长突然站起身来叫道：“这首歌唱的，我太有天赋了，我天赋异禀了，结果呢，然后呢——”他拍拍额头，似乎冥思苦想了一会儿才道：“结果它尽数咬死了你的幼狮，母狮也将成为新母亲。”

“妈的。”船长颓然的坐下身道：“我是不是能把最后两句唱的更好些？怎么好好地就唱不好了，我一定要想好，明天找个海盗和我排练一下。”他说完便躺在床上不说话了，刚过了一会儿，亚伦便听到船长发出了粗壮的呼噜声，亚伦动了一步脚，船长却又道：“你别走，小哑巴，你在那边椅子上坐下，我还要给你讲讲海里的动物世界，这可是我擅长的。”

船长突然而来的声音让亚伦吓了一跳，他忙坐到椅子上。

“海里我不懂，小哑巴，”船长动也不动地道：“你别看我装有飞龙之目，但我看不到水下，水挡住了我的视线。可是我信奉海神，是海盗都信奉海神，这是一种信仰，因为信仰是连混蛋都能改造的好东西，你就比如说金石巨子吧，他就是个混蛋，从我来看不论什么原因，只要杀死船长的都是混蛋。它还差点杀了两个船长，在金石城你也看到了，我最希望我能死在大海上，可他却差一点让我死在陆地上，死在他那富裕的金石国，他在海盗中起了一个很坏的头。”

船长顿了下又道：“他不是一生都在追求公平吗？他钓起了白鲨，打死了船长，建立了国家，享受了荣华，这还不够公平吗？为什么到他生老病死时他又突然想要恢复青春了？又不想和所有人一样公平了？所以在离开金石城时我将四千三百二十四名高个子海盗都留在了那里，因为以往只是听闻，但从那天开始后我看见高个子就恨不得打死他，还有那里的女人，我发誓，”船长发出呜呜的哭声：“我要再让女人用刀抵住我的喉咙我就、我就死在陆地上，我没脸去见海神。你一定会夸我是个真正的男人吧，小哑巴！”

虽然船长看不到，但亚伦还是重重的点头。

“好在金石巨子这个混蛋还有信仰，这信仰是未知的大海给他的，你知道我为什么要让他当我的大副吗？”船长嘻嘻笑道：“那家伙天生神力，所以他打扫船和房间一定会是一把好手，大副只是称呼，到时我一定会告诉他，他的主要工作就是擦洗甲板。这样我就能省下六个人的工钱了。但我不能这么说，我要说这是他曾让女人把刀抵在我喉咙上的惩罚，惩罚四年，四年后再说。你觉得我这样说可以吧？小哑巴。”

亚伦又重重点点头。

船长梦呓一般接着道：“上天给了他好力气，但却没给他好脑子。他竟然真的相信那张雪白狐狸皮是上天送给他的。嘿嘿，可真是太可笑了，不过要是我找的那个混蛋海盗能够多认识几个字，字要能写的好看点，我就能卖出更高的价格了，这可真是让人心酸！下次再有这种好差事你就替我办吧，小哑巴，我看你写的字挺好看的，像画的一样。你见过幽暗南山，到时我们再去一趟，你不知道，小哑巴，那里的奇珍异兽特别多，什么白狐狸在海边喝水被白鲨咬住那都是我编的故事，因为据我所知那家伙儿就是幽暗南山的王，它比我还要狡猾，怎么可能让白鲨咬住！我就奇怪了，别的地方的动物都是靠力量当的王，只有幽暗南山这只白狐狸却是靠狡诈当的王，你看那张白狐狸皮是雪白的，可是在暗无天日的幽暗南山上，这只狐狸全身漆黑的却如同章鱼的墨汁，它的眼牙全是黑色的，当时它就在一块巨石旁蹲着，它自己也像块巨石，它就如同地狱中的恶犬静静地等着我走过去送死。如果不是飞龙之目使我看到了它的轮廓，第一次见到它时，我就被它吞下肚了。我看到了它，停了步，它也意识到我看到了它，可它竟没有丝毫的差异，反而不急不慢的转身走了。但从那以后我就对这家伙儿留了心，我放过诱饵，挖过陷阱，可它从来没有上过当，反而有几次我差点掉到它设计的圈套中，以至于后来我在幽暗南山看见兔子站立在我的面前我都不敢抓。那是我第一次在拥有飞龙之目后感到自己没有余力，但它同样也激怒了我要当个好猎人的怒气。我和那只狐狸相争了一年有余，期间我的船就停靠在离幽暗南山不远的大海上，我的船围着山转，同时我在用飞龙之目盯着它，可让我惊异的是，我看到幽暗南山中有许多比它强壮、比它高大、比它奇怪的动物见到它要么是绕道便走，要么就是俯首等死——这可恶的黑狐狸，我边看边想、边想边心凉。它从不喝水，它只喝血，它也偶尔捕捉猎物，但它捕猎的技巧和圈套的设计比我高明多了，我亲眼看着许多动物连自己最终是怎么成为它口中食物的都不知道。我本想放弃了，却突然冒出一个特别大胆的念头，你问我这个念头有没有成功？嘿嘿，如果没有成功的话我现在也不会躺在床上给你胡说八道了，我当时……哦，对了、对了，我刚准备给你讲什么来着？对，是海里的动物世界，这个话题扯得太远了，等我带你到幽暗南山时再讲吧，到那时你一定会说我是一个传奇，嘿嘿……”

船长这次笑出的声音很大，可他却依然一动不动道：“我不知道大海里鱼类的存活是谁定的，但我觉得和陆地上的动物一样。陆地上的人们有句话叫优胜略汰、适者生存，大海上海盗有句话叫做大鱼吃小鱼，小鱼吃小虾。大海里我所知道的鱼类很多，但知道的越多我越觉得大海深不可测。我曾见过巨大的母鲸带领着自己的幼鲸向远方的海域迁移，也曾见过一只母鲸在途中遭到好几只雄性鲸鱼的追逐。母鲸为了逃脱这些海里的流氓游得很快，幼鲸也奋力跟随，途中好几次幼鲸都精疲力竭了，母鲸只好用背部托着它。可刚逃脱了那些雄鲸的追逐，虚弱的幼鲸又被几只鲨鱼盯上，鲨鱼们虎视眈眈，这时母鲸早已不知道到哪儿去了。生命不易啊，小哑巴，嘿嘿，能活着长大的生命都不容易啊！就在鲨鱼们赶上幼鲸，而那只幼鲸命悬一线的时候、奇迹出现了，母鲸带回了一只巨大的雄鲸，这只雄鲸估计是海里的绅士或是骑士或是高级流氓吧，它冲击了鲨鱼。嘿嘿，你知道鲸鱼并不会战斗，但它有着庞大的身躯，它的进攻招数让我看来只不过是在求偶季节时和别的雄鲸的撞击，但这已经足够了。想象一下，小哑巴，你如果要让年轻时的金石巨子用力撞一下估计你也就闭眼了！最终是力量决胜负，不论是群体力量还是个体力量，力量决定胜负啊。最终雄鲸击退了鲨鱼，救出了幼鲸，它高高的跃出水面——那是在一个阳光明媚的下午，母鲸中途找到了守护者，幼鲸经历了生死，雄鲸跃出海面在向上天致敬。而我、则坐在船的甲板上享受着阳光，悠闲地喝着酒，远远地看着这一幕。”

船长转身侧躺着又道：“小哑巴，你是不是想问我它们最后是不是幸福的生活在一起了？我怎么知道，嘿嘿，可能吧，这种事情太多了，有些就幸福了，有些就倒霉了。谁知道呢？我又不是海神，我无法安排它们的命运。我才拥有飞龙之眼时倒是常看，后来也就把这只眼睛封起来不看了。没什么看的，就比如说此时吧，有些鱼正要跃水而起，有些雄鹰将要振翅高飞，有些人正在哪里看一本什么书，有些人正在哪里想一件什么事，有些人心情愉悦的在唱歌跳舞，有些人苦苦挣扎着在疲劳生存，有些继续以往的生活，还有些则刚刚打完一场战争——而他们不知道，在这世界海面上的一角，此时正飘荡着一艘大船，船上的我们正在这里说着这乱七八糟的言语，有什么可看的，太普通了——我以往一直有个疑问，当时那只飞龙为什么不在海盗的船还没靠岸时就发动攻击？后来我知道了，见的多了，太普通了，也太普遍了，也就疲倦了。”

“可是疲倦不好。”船长动了下头道“这是飞龙交给我的智慧，疲倦不好，疲倦会使所有的生命慢慢枯萎，以至出现遗漏。我是个有着自由灵魂的人，所以我要不停的给自己定下自由的目标，飞龙、黑狐、解密世界的真相。人鱼……”船长抬了一下手道：“那是我几十年前听到的一个传闻，据说那时一个老船长很偶然的捕捉到一条人鱼，当时海上所有的海盗都轰动了。因为不知从何时起，海面上便流传着几句话——‘海神不老，人鱼至宝。枭其尾鳍，听闻曲调。病魔退让，时去其三。整数共歌，青春归还。’可是还从没有人见过。

小哑巴，你要知道，在大海上流下的传说很多，但能见到的却很少。我从那时起便开始留心打听，据说那个人鱼在老船长身边唱了一年的歌后便被重金卖到了瓦斯瓦特城，然后老船长撒谎说只要有钱就能买得到，等他一拿到瓦斯瓦特城厚厚的定金后便溜之大吉。当时我也都是听闻，心中也存有疑惑，为此我后来还专门去了一趟瓦斯瓦特城，我听那里的人说那只人鱼没过十年就死了。并且后来传闻的版本也很多，在整数这个问题上也有着分歧，有人说是十只，有人说是五十只，还有人说是一百只。天哪！一百只，你知道我抓到这只有多难吗？人鱼这种异类不会说人话，可是它进攻的歌声却会让人沉睡，这是我亲眼见过的，而且根本唤不醒。我本来也想和那个老船长一样，骗一次金石巨子就跑，直到一年前的三月，我无意中看到了人鱼聚集的海岛，我知道，只要有办法，别说是一百只，就是一千只我也捉的到。”

船长越说越激动，可是说完最后一句话他却沉重的打起鼾声来。亚伦等了好大一会儿，这才从椅子上站起。他走到门口，又转回船长的床前，他费力的把船长的腿抬到床上，船长嗯了一声，亚伦顺手拿了船长腰间挂着的钥匙。

亚伦走出房间，他一路狂奔来到船的底舱。亚伦用钥匙打开美人鱼的铁笼，他背起那条美人鱼踉踉跄跄的由梯子来到船的甲板上。

周边传来了海的呼啸声。

“你在干什么？”远处擦洗甲板的海盗忽然抬头看到了他们。

“跟我一起走吧，小哑巴。”美人鱼急冲亚伦嚷道。

海盗们呼喊着冲了过来。

亚伦推了美人鱼一把，人鱼沉入了大海。

第十七章
战争的延续

在前线临时搭建的帐篷中，亚索正焦躁的渡着步子，在他面前的几个将领都不敢抬头看他的满脸怒容。

时间仿佛凝固，过了许久，亚索方坐到主位的椅子上，他强压怒气道："说说情况吧！"

几个将领面面相觑。

"我让你们说说情况！"亚索的嗓音突然提高了。

"我们遭到赛马尔骑兵的突击，"一个将领回道："当时我们行军的阵型尚没有变换，如果我们骑兵后撤便会踩踏到我们后方的步兵。所以——"

"所以陆军统帅当时便率领着你们前方三千骑兵与赛马尔骑兵对冲，结果我们的骑兵几乎伤亡殆尽，"亚索接过那个将领的话怒骂道："我们整个军队后退了三里，这只是我们到这里的第一场战争。我真不知道你们这些骑兵平日里究竟是怎么训练的，你们和赛马尔骑兵一样骑的是马，可你们却是不中用的牲口，你们手里拿的长矛还不如搭建营地的树枝。"

"陛下，"那个将领急道："赛马尔骑兵来的突然又气势冲冲，他们的马匹上也都罩着铁甲。再加上他们的骑射，我们还没冲到面前就已经折损了许多兵马。可即便如此，我们冲上的骑兵们却依然奋勇作战，至少拖延了时间。"

"拖延了时间。"亚索嘴角上扬，跟着发出轻蔑地冷笑道："那这么说我还要感谢你们了？感谢你们让我有时间将弓兵调到前面，然后边退边用弓箭阻止了他们的前进，如果不是这样我们就要全军覆没是不是？我感谢你们，只不过我有个疑问，为什么你们都叫骑兵，为什么你们都穿着铁甲，为什么对方的骑兵能够冲锋，而你们却只能够拖延时间。"

将领们低下头，都不说话了。

"在战场上失败是没有理由的，除非你们穿的是布，手里拿的是木，像小孩子玩游戏一样。可是你们穿的什么？铁！手里拿的是什么？也是铁！你们外在都拿着相同的东西，可是你们内在的心却没有他们坚硬，所以你们手中的技术也没有他们扎实。他们有进攻的骑射，你们难道就没有防守的盾牌？你们知道光你们身上的盔甲我就要花多少金币吗？"亚索愤恨的骂道。

亚索停顿下又道："如今可好，我花了那么多的金币却培育出了一帮废物，你们说你们拖延了时间，那又是多久的时间？我刚把弓兵调到前面就看到了你们溃败的面孔，你们这些逃跑归来的骑兵又差点冲散我们弓兵的阵型。我不知道陆军统帅以往有没有告诉过你们，冲锋没有回头路，就如同射出的箭不能折回一样，要不就像英雄一样牺牲，要不就像懦夫一样失踪。可是你们倒好，竟然厚着脸皮回来。再说到弓箭，你们知道我又折损了多少弓箭吗？它们都是金币、来之不易，它们本该钉在赛马尔城堡守城人的胸膛上，本该钉在逃跑的赛马尔城士兵的后背上，可是如今它竟只能成为我们后退的耻辱的屏障。"

亚索怒气未休道："这是我第一次看到你们的溃败，我不会感谢你们，但我会原谅你们。但不要让我看到第二次，记住，你们也是……"

这时忽然有人进来禀报道："陛下，赛马尔城堡派来了使者，送回了陆军统帅的首级。"

亚索长吸口气冷哼一声道："怎么？还要来耀武扬威吗？他们不知道这场战争失败的根源都是因为陆军统帅领军不利所造成的过失吗？陆军统帅依仗着自己战争经验丰富，又是我的义父，所以他从不把我的告诫放在心上——我屡屡对他说要他在行军阵前的十里外派几个侦查骑兵，可他就是不听，总告诉我说赛马尔城堡根本就不会做战争的准备。本来就算他活着回来我也要不顾情谊治他的罪，可是骄傲与大意却先去谋害了他的生命。"亚索狠狠地咬了咬牙，他握紧拳头道："不该的却是，他使我心中赖以生存的骑兵遭受到了这么大的重创。"跟着他才对报信的那人道："你去告诉赛马尔的来使，陆军统帅曾救过你们城中二王子的性命，他的首级你们赛马尔城堡就看着办吧。但他的义子可是当今的国王，国王不是个忘恩负义之徒，也誓要为陆军统帅讨回公道。"

"遵命陛下。"那人走了出去。

"等等，"亚索突然叫住那人道："回来。"

那人忙转回身问道："陛下您还有什么吩咐？"

亚索低头想了想，然后道："赛马尔的那个来使是怎么说的？他说他要见谁？国王？还是？"

"他说要见我们这里的最高统帅，并没说要见国王陛下。"

亚索马上又问道："还没有人告诉他国王在这里吧。"

"没有，陛下。"那人摇头道："遵照国王陛下您的嘱咐，您跟随军队行军是最高的军事机密，现在所知道的人并不多，我也并没有说。"

"保持这个秘密。"亚索对那人命令道，然后他又对最开始说话的那个将领道:“你叫什么名字?”

“贝格,陛下。”那个将领回答。

“贝格,你现在就是我们军队里最高的统帅了。”亚索道,跟着他又对报信人道:“去把赛马尔城的来使带进来,让他参见我们的贝格统帅,让我们听听他说什么。”

“遵命,陛下。”那人退了出去。

“贝格,”亚索冲贝格招了招手道:“过来坐在这里。”

贝格惶恐的道:“我不敢,陛下。”

亚索看着贝格温和的问道:“你对敌人是一个勇敢的男人吗?”

“是的,陛下。”贝格坚定地答道。

亚索看着贝格又平静的问道:“你对朋友是一个友爱的男人吗?”

“是的,陛下。”贝格坚定地答道。

亚索慈爱的看着贝格问道:“你对我忠诚吗?”

“忠诚!”贝格加重了语气。

“那么你便有资格坐在这里,”亚索说道:“可是这却是一个考验,贝格,你要牢记我下面说出的话——没人喜欢战争,是因为人们心中充满善念,快乐和平的安逸生活远远胜过剑拔弩张的疲劳生存。我想,这次赛马尔城堡和我们有些误会,我们这次来这里也并非全为了战争,四天前我也曾让陆军统帅给他们送去过象征和平的白鸽——你能把这些意思准确无误的传达给将要进来的、赛马尔城的来使吗?”

“能的,陛下。”贝格道。

“因为我们陆军统帅的战死,我们很有可能撤军,但我们需要十个人一起进入赛马尔城堡进行平和的谈判,最好是能够劝说二王子跟我们一起回到都城——你能把这些意思准确无误的传达给将要进来的赛马尔来使吗?”

贝格想了想道:“能的,陛下。”

亚索起身道:“过来坐在这里,贝格,我将在后面等你的消息。

你现在就是我们军队里最高的统帅，你要知道，这些传达并不是我的意思，而是你的意思。”

过了一会儿，那个传信的人将赛马尔城堡的来使带到帐篷中，然后那人对来使引荐道：“这便是我们军队现如今最高的统帅，贝格大人。”

赛马尔来使冲坐在桌前的贝格鞠了个躬，然后他将手中的木盒放在贝格面前的桌上道：“盒子里装着的是陆军统帅提蒙的首级，我们公爵让我把他送还，并且托我带话给你们，没人愿意战争，希望你们能迅速撤军。”

贝格口气有些僵硬的接道：“没人喜欢战争，是因为人们充满善念，快乐的生活胜过疲劳的生存。我想赛马尔城堡和我们有误会，四天前我也……我也给你们送去过和平的白鸽。”

来使看着贝格道：“据我所知，那只白鸽是提蒙送来的，现在他的头颅就在这桌子上。”

“我们可以退军，但我们需要去赛马尔城堡谈判，最好能劝二王子跟我们一起回到都城。”贝格道。

“不可能。”来使摇头。

贝格急道：“那我们绝不退军。”

“好吧，”来使道：“但我只能转达您的意思，是否同意谈判还要我们公爵决定，你们需要多少人进入我们赛马尔城堡谈判？”

“十个。”贝格道。

“还需要什么吗？”来使问。

贝格摇头道：“不需要。”

“贝格大人。”来使又鞠了个躬道“我会把您的意思如数转达，如果没有别的嘱咐我这就回去了，是否同意谈判的消息将由鸽子带来，可是在鸽子尚没有来到你们军前的时候，我希望你们不要轻举妄动。不然的话，鸽子永不会来，并且下次我送来的盒子中不知又会装上你们军中谁的头颅！”

来使的话让周边的将领们愤怒的拔剑而起，而来使只是看着贝格，对周围的一切似乎毫无查觉。

贝格咬牙切齿的站起身，但还是道："我同意。"

赛马尔来使行礼后转身走出帐篷，他骑马回到赛马尔城堡叫开城门，然后马不停蹄的奔回宫殿，他在殿外下马，让卫士通传一声。不大一会儿，卫士便来告诉他，让他火速到大殿的小型会议室。

信使走进会议室，看到公爵和几个大臣正在里面等他。信使行礼完毕，道："都城同意退军，但在退军之前他们需要十个人进入我们赛马尔城堡谈判。"

公爵哦了一声，他靠在椅背上想了一会儿，问道："还有没有别的什么要求？"

"没有。"信使道。

"谈什么？"公爵又问。

"劝二王子跟他们回到都城。"信使答道。

桌子两边的人鸦雀无声，都看着主位上的公爵。

公爵又哦了一声，道："回复他们，要打便打，要撤便撤，没有谈判。"

亚赛急站起身道："我们不能这样，叔——公爵大人，我们为什么就不能谈判？我是擅自跑回了城堡，但我并没想到因为这件事就会发起一场战争——这是谁都不愿意看到的结果，而现在有一个更好的解决方式为什么就不能给我们双方一个机会？"

"我不喜欢谈判。"公爵不动声色的道"因为你可能不会知道，在他们美丽的言辞下究竟包藏着怎样的祸心。现在我们赛马尔城堡正是铁木一块，没必要放进可能食木的蛀虫。"

"铁木一块？"亚赛动情的道："那么您有没有为铁木想过？这些天我走在宫殿外的街道上，有很多人的脸上都挂着忧色、那是战争的阴云、那是二十六年前的梦魇。虽然他们见到我时还会热情的和我打招呼，但那却并不是我想看到的神情。我父亲的到来曾为他们带来了战争、我的归来呢？我为什么也要为他们带来战争？他们只是平凡和善的人，为什么就不能和平快乐的生活，为什么就因为要保护我一个人而在心中多出忧愁？”

公爵安静的听完亚赛的话，他先是对信使道：“用白鸽传信，没有谈判。”然后他又对亚赛道：“我一会儿再告诉你为什么。”

桌边的马里斯对亚赛笑道：“其实也没那么多人忧愁了，二王子殿下，我所率领的部队反而都很有着复仇的热情。”

“你住口！”亚赛冲马里斯怒吼一声，信使也停住了脚步。

“告诉我为什么，叔叔。”亚赛直视着公爵的眼睛道：“不然的话，我将自己一个人走回都城。”

整个空气凝固了，会议室里一片安静。

过了一会儿，公爵开口问信使道：“对方的新任统帅叫什么名字？”

“贝格。公爵大人。”信使答。

“他是个什么样的人，如实回答你这次的所见所闻。”公爵问道。

“说不清楚。”信使摇摇头道：“看上去并不是很有心计，在表现上也有些懦弱，似乎是被我们昨天的冲锋吓破了胆，可是似乎也有着几分血性。”

“那么，你判断他们要求谈判的目的是什么？”公爵问。

“对国王有个交代——这是我的判断。”信使道：“他们的目的自然是二王子殿下，但他们的军队一上来便吃了败仗，陆军统帅也在昨日阵亡。他们如果不谈判便撤军，回城后自然无法交代。”

“我有几点疑惑。”公爵把手支在脸前，似乎自言自语道：“一般出征军队里都会有正副统帅，提蒙喜欢冲锋陷阵自然是他几十年前的老路子，可是这么多年过去了难道他还是没有丝毫改变？还有、副统帅怎么会是这么一个人？不很有心计、懦弱、稍有几分血性，难道？不对，他们可是有两万人的军队，绝对是抱有战争打算的。”

公爵想了一会儿，对信使道，“回复都城的军队，我们接受谈判，但谈判期间对方军队不能前进，他们在进入赛马尔城堡的人数上不能超过十人，不能携带兵器。回复的书信要词汇优美，语言有力，但这三点一定不能忽略。”他又转头对马里斯道：“等他们的人一入城就派人把他们看好了，不要让他们乱跑，注意他们的一举一动。”

信使与马里斯都回道：“遵命，公爵大人。”

公爵平静的对亚赛道：“我现在告诉你为什么，因为你太容易感情用事，而感情用事的人又太容易被感情利用，以至于把自己处在险地。人心向善，这很好，可是人性是向下的，向上的可测，而向下的难以猜测。你在这里长大，身份又是王子，所以，你没经历过生活的苦难、战争的残酷、更没见过人性的多变——这也怪我，因为，这本该是你上的重要一课。”

公爵叹口气又道：“我知道我现在说什么你也听不进去。我只能告诉你，如果你在这次谈判中因为受到对方言辞的蛊惑而偷跑出去跟他们回了都城，那么，我誓必起兵！即便战死沙场，即便死在都城，我也誓必起兵！”

公爵起身对信使道：“放白鸽，接受谈判。散会。”

第十八章
大海的歌声

月明星稀，风平浪静。

亚伦被绑在这艘大船的桅杆上已经三天，他费力的微抬起头，睁开自己沉重的眼皮。他虚弱的看着海的远处，而那艘大船依旧率领着千艘战船在海面上航行。

船长此刻就站在亚伦的身边，他带着些悲悯道："小哑巴、我经历过许多事，也见过许多人，有些人在我的生命中只出现过一次，即便我装有翼龙之眼，即便我偶尔会想起他，可是我也没能再见过他；有些人陪伴了我一段时间，但某天他就跟着某个梦想登上了大陆，而我却依然在海里游荡，我们相互告别，就各奔东西了；有些人去世的很突然，昨晚上我们还在一起喝酒吹牛，大谈道理，可是黎明，我都不知道他究竟有没有在我的生命中出现过、我们又是否给相互间带来过欢乐，他就像清晨的白露一样，匆匆消失的让我连声再见都来不及说。"

船长摇摇头，亚伦无力的垂下头。

“小哑巴，”船长又道：“我不知道该是和你说再见，还是该和你道别。一直以来你都在听我说话，我也很喜欢和你说话。可是海盗自有海盗的规则秩序，你放跑了人鱼，极有可能导致我们这次的出征无功而返，所以我只能加速船的航行、希望我们能尽快的赶到人鱼之岛。我不明白你为什么要放跑它，也许你有你的想法。但背叛船长在所有海盗面前无疑是死罪，你这大胆的决定只会使你成为鲨鱼的食物。可是——”

船长叹气接道：“我无法赦免你的死罪，因为所有的海盗和金石城的军队都在盯着我。但我能给你惩罚，将你的生死交给海神决定，绑在桅杆上，风吹日晒，不吃不喝，虽然你很虚弱，但我希望你能熬得过七天的时间。到那时，你是愿意继续跟随我、听我讲幽暗南山黑狐狸的故事，还是愿意和我告别，都随你吧！”

这时瞭望台上的海盗突然冲下面高声喊道：“船长，前方的海面上好像有些问题！”

船长走到船头，借着月光，他看到远处平滑如镜的海面上，一只美人鱼正侧坐在一只海豚的背上向他的船缓慢的游来。

船长皱了皱眉，冲瞭望台上的海盗喊道：“停船！”

瞭望台上的海盗打出了停船的蓝色烟火。

海面上千艘战船都停了下来。

不多时，那只海豚也停在了离大船不远的正前方处。

美人鱼用自己没有鱼鳍的鱼尾艰难的站起，它立在海豚的背上。

没有风，没有声音。

“大海——”它忽然用人类的语言发出了野兽般有力的嘶吼，“是我们的！”接着它高高跃起，然后无声地落入了海中。

“我没听错吧！”船长有些吃惊的嘟囔道：“真是活见了鬼了，人鱼说话了？”

周围一片寂静，船长正想下令，忽然听到海的远方传来了若有若离、空灵而柔和的合唱声。

船长忙冲瞭望台上嚷道："快打灰色烟火，这是人鱼的歌声，让所有人用手指堵上耳朵，不要松手！"可接着他又道："等等，先别打。不对啊，这不是进攻的歌声，这是能让人益寿延年的曲调啊，怎么回事？人鱼是准备投降了吗？"

船长的话音刚落，一只硕大的箭鱼突然蹿出水面、它将一名小船上的海盗连胸穿过，那个海盗连哼都没来得及哼一声就和箭鱼一起落入海中。

歌声依旧在继续。

船长连忙掀开自己左眼的眼罩，他看到远处有数不清的人鱼正坐在海豚的背上歌唱，而更让他恐怖的是，左方更远的海面上成百上千的飞鱼正向他们船的方向飞速而来，而途中这个队伍还在不断扩大，直到看上去如同漫山遍野的蝗虫。

"让所有的船都挂紧渔网，打金色烟火。"船长用沉重的嗓音冲瞭望台上嚷道："接着打白色烟花，撤退。"

金色烟火在空中炸裂，不多时所有的船上都罩上了钢丝渔网。

跟着白色烟花在空中炸裂，可是海面上所有的船竟然都一动不动。

"怎么回事？"船长站在自己那艘大船的边沿上，他冲下面的小船喊道："所有的船都撤退！"

"船长，不知道怎么回事，船划不动啊！"小船上的海盗急道。

船长瞪大眼睛，千艘战船竟然都像深陷沙漠般停在了海面。

船长忽然叫道："鲫鱼，一定是鲫鱼——我们的船被大量的鲫鱼用吸盘吸住了船底。"说着他又冲下面的小船嚷道："你们所有人都用力划桨，鲫鱼是海里最懒的鱼，游泳能力很弱，用力划桨，不要让它们把我们困在原地。"

小船上的海盗们都在尽力的划桨，可是小船依然动也不动。

"找两个人下弯钩枪，清理船底，快！"船长急叫。

船上的两名海盗快速拿出弯钩枪，他们用力把弯钩枪由船的两边戳到海下，可那两柄弯钩枪进入水中不到三尺就犹如碰到石头一般。

“快拿长手网捞一下，看看海里是什么？”船长道。

一个海盗忙放下弯钩枪，他拿起长手网顺水捞了一下，网中有只缩手缩脚的海龟。

“你们两个先把船两边的海龟捞干净，快啊！”船长吼道。

另一名海盗也放下弯钩枪，他拿过长手网刚伸出手去，一只鲨鱼忽然冲出水面咬住了他的胳膊，那个海盗惨叫一声就被鲨鱼带入了大海，小船周围的海水瞬间便红了起来。

船长和海盗都被这一幕惊呆了，过了一会儿，船长一字一句的骂道：“他妈的，我应该带金石巨子来的，他会钓鲨鱼！”

人鱼的歌声依旧在继续，却渐渐由柔和变成了高昂，也渐渐从若有若离变成了每个人都能清晰的听到。

亚伦也听到了歌声，不知为什么，这入耳的声音就犹如美味的食物与甜美的甘露。就如同在梦中一般，他的腹部在一丝丝的增加着温热感，而三天来他被海风冻裂的皮肤也在奇迹般的慢慢恢复着，他的头缓缓抬起，感到干渴的嘴唇也在慢慢变得湿润。他睁开本已疲倦无比的眼睛，有了些精神。

亚伦看着前方海的方向，也看到了船长和船上的一众海盗，他们都站在甲板上，有一些海盗还在忙碌的扯着船上的钢丝巨网，他们连同桅杆一起把整个船都罩了起来。

远处的歌声断掉了，却传来一声连绵不绝的海螺声，就如同是迎面袭来的海浪，随后长短不一，连绵不绝的海螺声跟着响起，不知什么声音也同时开始演奏，就如同人间复杂的乐器，可是这里面却夹杂着人鱼转变为诡异的歌声，这些声音一起而来，让人的情绪变得复杂，喜静悲怒只让亚伦感到自己的一颗心砰砰直跳，他心中的血液也如同暴突的泉水般奋勇而出，迅速流向了他的四肢。亚伦看到面前一个苍老的海盗弯曲的背部竟慢慢挺直，接着便看到他仰头发出一声呐喊，“啊！我的心要炸裂了！”他手舞足蹈的转过身来，亚伦吃惊地睁大眼睛，他看到一张从未见过的脸，白皙无比的面孔上有双炯炯有神的眼睛，而他原本苍白稀疏的胡子和头发也恢复成了浓密漆黑的颜色。

“船长，”那个海盗张开鲜红无比的嘴唇疯狂的大叫道：“下令进攻吧，下令进攻吧。我们是海盗，我们什么也不怕！”

与此同时亚伦只觉得心砰的一声巨响，就如同巨大的烟花炸裂，又像是一朵奇异的花在骄傲的盛放，竟然说不出的舒服，瞬间他觉得整个身体都平静了，这感觉让他觉得捆绑他身子的绳子也没有那么紧了。船长转头看到了亚伦，亚伦也看到了船长，两人同时都吃了一惊。船长明显比原来要年轻许多，更加显得威风凛凛。

“不能再听了，”船长喃喃道：“返老还童术，不能再听了，再这么退下去我们非要变成孩童。”他冲瞭望台上的海盗大叫道：“快打灰色烟火！”

瞭望台上没有回复。

船长急着要登上瞭望台，一名海盗扯住他。

“放手。”船长一脚把他踹翻在地。

几名海盗一起围了上来。

“我劝你们最好用手指堵上耳朵。”船长用不容置疑的口气道：“不要太贪婪了，如果我猜测的没有错，这歌声会使人恢复青春，可是青春过后便是孩童，你们看看小哑巴便知道，他快变成婴儿了。”

船长边说边登上瞭望台，台上的海盗正如痴如醉的看着海的远方。

船长拿起烟火点燃，灰色的火花在天上炸裂。

船长从瞭望台向下看去，几艘船竟然不顾命令向人鱼的方向出动。

“他妈的，”船长大骂道：“出动的船鲫鱼不管，撤退的它竟拼死相抗。”接着他看到那些船遭到了箭鱼和鲨鱼的冲撞。

船长闭上眼睛，他左手捂起右眼，单单睁开那只翼龙之目。龙目迅速发出了光亮，瞬间将周围的大海照的如同白昼，接着船长张嘴发出了一声凌厉的长鸣。

人鱼的歌声停住了，船长拿起烟火，灰色的火花再次在天空显现。

就如同银瓶炸裂，一只人鱼激昂的高音突然穿透黑夜再次袭来。紧跟着，如同大大小小的珍珠从天上跌落大海，而海面在飞龙之目的照耀下则如同一块晶莹剔透的白蓝玉石，上面回响起这一众人鱼清脆的歌声。

船长再次发出凌厉的长鸣，但让他恐惧的是，左面那数不尽的飞鱼加速了。

“绑紧渔网。”船长嘟囔一句，紧接着冲下面急躁的高喊道：“让别的船绑紧渔网！”

海盗们动都没动，一个个正用手指堵着耳朵。

“我的海神啊！”船长道。

飞鱼遮天蔽月般由左面冲击了千艘战船，很多船左边的渔网上迅速挂满了黑压压的鱼身。这次冲击的时间很长，许多飞鱼已经血肉模糊，可是它们依然无穷无尽的前仆后继。人鱼的曲调变得沉重，船的阵型开始混乱，很多小船已经被撞坏正在下沉，而大些的船身在摇晃。

人鱼的歌声终止，飞鱼也停止冲击，时间就如同突然静止一般，海面又奇迹般的恢复了平静。

船长瞪大眼睛，看到除他的巨大铁船外，所有的船都在向左边侧翻。“我是该打什么颜色的烟火告诉他们马上解开渔网呢？左边太沉了！”在海盗们绝望而慌乱的叫嚷声中他自言自语道。

船长眼睁睁的看着无数的海龟们由海的右侧顶翻了除他的船之外的最后一艘战船。他走下瞭望台，拉下一个海盗的胳膊无力的对他道：“所有人都去划桨，只要我们尚在船上，它们就没有办法。”

可他突然间张口结舌的转过身子，“海神啊，”他叹息道：“我很少见这么大的水柱。”

人鱼的合唱再次响起，而这次的曲调却透露出无尽的悲伤。

“咱们的船能动吗？”船长问。

“能动，但动不快。”那个海盗答。

船长慢慢罩上了自己的翼龙之目，他打个放下的手势笑道：“你们都把手指放下来听吧，这是大海的歌声。”

在船的不远处一只领头的巨鲸跃水而起，它有力的在天空划了道美丽的弧线，然后重重砸入海中，水花四溅，接着这水花的后面喷起了十几道巨大的水柱。

“我们是海盗。”船长道。

“我们是海盗。”船上的所有人跟随道。

“我们一生乐于美酒，追逐繁星。”

“我们一生乐于美酒，追逐繁星。”

“我们生于大海，归于大海。”

“我们生于大海，归于大海。”

“如今我们要踏上归途了，愿所有风浪最终都能给我们带来一个好的归宿。”船长道。

“愿所有风浪最终都能给我们带来一个好的归宿。”船上的所有人跟随道。

巨鲸同时由侧面撞击了这只大型铁船，船翻了，亚伦和桅杆一起落入了海中，他睁开眼，看到了面前数不清的，奇奇怪怪的小鱼和大型的海龟。他看到几只章鱼在游动，还有一些鱼犹如天上的闪电身上发着光亮。他感到窒息的难受，张口，却喝了一口海水，接着他见到一只白色鲨鱼冲他游来，他闭上了眼睛。

第十九章
谈判的结果

“公爵大人，我很荣幸能够来到这里和您谈判。”在赛马尔城堡的大型会议室里，贝格正站在长桌旁慷慨激昂的说道。

“我叫贝格。这次谈判经过了国王陛下的同意，昨天我已经收到了从都城派来的白鸽。在陛下回复的书信中，他表达了对失去陆军统帅的心痛，同时陛下也让我带他向您问好，希望您能够长命百岁，这次谈判由我们五个人全权代理，所以这次谈判的结果合法有效。”

“贝格。”公爵坐在主位的椅子上点点头道：“你的话说的不是很清楚，但你想表达的意思使人能大概明白。如果不介意，你把国王回复的书信给我，我想你一定带在身上。”

贝格楞了一下，他由身上掏出一块绸布，毕恭毕敬的递给了公爵。

公爵打开书信。

“公爵大人，”贝格在旁边道：“我想我们之间有些误会，国王陛下在信中说的也很清楚，他从来没有过要进攻赛马尔城堡的打算。只是二王弟突然离开都城让陛下很是不解，因为第二天国王陛下正准备对他封公封爵，赏赐封地。国王陛下在信中也把我们训斥一顿，说公爵大人您毕竟是国家的叔叔，陛下在都城一刻都没有忘记您，希望您——"

"贝格。"公爵看着书信道："虽然我老了，记忆力不好了，但我记得我从小认字，一刻也没有忘记过。"

贝格不说话了。

公爵将书信看了几遍才对贝格道："这封书信我就留下了，作为我们谈判的见证，可以吧！"

"呃——"贝格停顿一下道："当然，当然可以。"

公爵收下书信，道："国王在信中说谈判你们派五个人就可以了，但是你们却来了十个人，怎么？你们是已经起了反叛国王的心思了吗？"

"不是这样的，公爵大人。"贝格急忙道："因为七天前我们陆军统帅的阵亡，我们不知道赛马尔城堡是否还处于警备状态，所以我们各自带了一名随从进城。"

"保护你们吗？"公爵道。

"呃——是相互间有个照应。"

"我一直认为人们创造了语言的同时也发明了谎言，但近期有人告诉我，"公爵道："谎一直都在，只是人们创造语言的同时也发现了它。我希望我们这次的谈判能够顺利进行，贝格。"

"公爵大人，我们希望亚赛王弟能够跟我们一起回到都城。"贝格看了眼亚赛道。

"不可能。"公爵摇摇头。

贝格急起来道："公爵大人，国王希望他的王弟能够回到都城，名正言顺的封公封爵，赏赐封地，这块地很可能就是赛马尔城堡。您这样一直阻止，我们回去该怎么交代？"

"那是你们的事。"公爵简短的道。

“谈判双方总需要坦诚相待吧。”贝格道“那请宽恕我的不恭，公爵大人，请恕我直言，您这样阻拦是不是因为您是赛马尔城的公爵，您害怕失去赛马尔城，所以您一直拒绝国王陛下将要对他王弟的好意？”

“那是我的事。”公爵简短的回答。

谈判的气氛凝固了，没人说话。过了一会儿，贝格道：“公爵大人，您这样做会遭到全国人的非议还有国王陛下的猜疑的。”

“贝格，那是他们的事。”公爵道。

贝格颓然地坐下，接着他沉重又气愤的嚷道：“这是什么谈判，这根本就不是谈判。”

“国王的书信中说你们带了两万军队，这是战争的数字。你们不用给我解释，如果想谈，谈点别的吧。”公爵道。

“我们上午带着诚意而来，可是你们赛马尔城堡根本就没有诚意。那没别的什么可谈，我们绝不会撤军！”贝格道。

桌对面的马里斯爽朗的大笑，他接过贝格的话道：“那很好啊，我们骑兵又可以在你们的军队中冲杀了。”

马尔卡看着贝格冷冷的道：“希望你说话之前好好考虑，贝格大人，如果你有记忆，你该永不遗忘七天前的那场战争。”

亚赛看了看公爵想说话，他身旁的一个老人按住他的胳膊，打了个停止的眼色。

贝格看看与他坐在一排，共同前来参加谈判的将领，四个人脸上阴晴不定。

贝格有些颤抖着站起来道：“那没什么可谈的，骑兵损伤，统帅阵亡，我们就这样毫无所得的回去，底下的士兵可以活命，而我们将领必被砍头。我不会忘记你们赛马尔铁骑的彪悍，但我们将别无选择的战斗到最后的一兵一卒。”

马里斯也站起来看着贝格笑道：“贝格大人，你们的军队离我们城堡十三里左右。今天我就在这个桌前和你打个赌，开战后如果你的军队能再向前推进一里，我就把我的项上人头送到你前线的桌前。”

“别说大话，马里斯，”马尔卡冷峻的道：“加上我的项上人头。”

“战争中风云变幻，”贝格昂起脖子却不是很有力的道“二十六年前你们也没有想过城会被攻破，可是你们的人民却遭到了战争的苦难。”

亚赛的眼睛动了动，他身旁的老人咳嗽一声道：“贝格大人，历史有时相似，但悲剧绝不会在赛马尔城堡重演。二十六年前我正值壮年，但今天我再也回不去了。”

会议室里的气氛开始紧张起来，赛马尔城中的四个人都在盯着贝格和他的人看着，都城来的将领们有的低着头，有的愤怒的回看着，而贝格看着公爵。

“毫无所得，别无选择！”公爵道：“开出我们能谈判的条件吧！”

贝格道：“我们这次军队出来路途遥远，我们统帅——”

公爵挥手打断他的话道：“你们的不易我们知道，我们直接谈条件！”

“我们需要两万金币。”贝格道。

“我没听错吧？”马里斯惊讶的道：“贝格大人，你要给我们送来两万金币？”

马尔卡冷笑一声道：“贝格大人，请尊重一下你的身份，你这次来是求和！”

“一万金币，你们撤军。”公爵道：“这是我们能接受的条件，不然你们就带着你们各自的随从回去排兵布阵，我们战场上见。”

“公爵大人，我们这次可是很有诚意的来谈判。”贝格忙道。

“我们也是很有诚意的在接受谈判。”公爵道。

贝格看看身边的将领，将领们相互看了看都在微微点头，贝格咬牙道：“可以，这样我们回去也有个交代。不过我想单独和亚赛王弟说几句话。"

公爵沉默一会儿，道："亚赛，配备武器，带贝格到旁边的小会议室去，门口派卫兵把守。"

亚赛站起，他接过卫兵递来的宝剑系在腰上。

"把它拿在手里，你记得长剑怎么使用吧！"公爵道。

"记得。"亚赛点头。

"去吧，"公爵道，"谎言千变万化，谎言自有用处。记得你手中所持的宝剑，不要忘记它该如何使用！"

几个卫士跟随亚赛，贝格随后与他们一起离开大会议室，两人进入旁边的小会议室，卫士守在门口，门关上了。

"我先带国王陛下向您问好。"贝格说着行了个大礼。

亚赛扶起了他。

"我想公爵大人对我们这次来有误会。"贝格道："国王陛下在都城一直挂念着您。我们这次来的两万人也根本不是进攻，而是国王陛下认为您一定会跟我们回到都城而派来保护您回城的人马。可是七天前我们突然遭受你们骑兵的冲击。"

"贝格大人，我知道你们带有大型的攻城器械。"亚赛道："你不用再说了，我知道你想说什么，但我不会和你们一起回都城。"

"请给我一个解释的机会。"贝格认真而坚定的道："带攻城器械是陆军统帅的意思，他也是好意。您知道您的叔叔是赛马尔公爵，而全天下都知道国王登基后一定将赛马尔城堡名正言顺的封赏给您。陆军统帅害怕公爵拒绝您跟我们一起回到都城参加封赏——也许是他多心了，但他就是那个样子，国王的命令他一定执行到底。您也知道他救过陛下和您的性命，在他的心里您和陛下一直就是他最想要保护的亲人。"

亚赛的嘴唇动了下，但他还是摇摇头说"贝格大人，我有原因，我不可能跟你们回都城。"

贝格就像没听到似的接着道："一月前国王派信鸽送信，让赛马尔城堡用军队护送您回去，赛马尔不肯，国王就让陆军统帅带军来接您回去。陆军统帅害怕公爵造反危害您的安危，十天前他还专门又派了只白鸽要求和公爵谈判，可是七天前我们却遭到了你们城骑兵突然地冲击，统帅大人也在那场战争中身亡，我听说他当时身中十几箭却依然没有回退，他身边退回的将士说，说……”贝格咬牙强忍悲痛道：“他最后喊的是冲锋，保护亚赛王弟的安危。”

亚赛没有说话。

“也许陆军统帅大人最后那一刻也误会了，也许公爵也误会了，现在估计连国王陛下也误会了。所以我们不得不要金币，也好给国王一个交代，并且我们能亲眼看到您安然无恙国王也才会放心。我们回去一定如实禀报给陛下，赛马尔城堡没有反叛的意思，您在这里过得也很好。估计以后国王会把封赏的命令派鸽子传来——等过完这些时日吧，国王陛下现在很悲痛，他今晚一定会在都城的教堂默默地祈祷。”

“我知道，因为陆军统帅的死。今晚我也会在赛马尔城的教堂中为他祈祷。七天了，今晚将是他的魂灵离开身体的时候。我同样希望他的身体安息，他的灵魂自由。”亚赛道。

贝格长叹口气道：“愿他的灵魂自由。明早我和将领们便离开赛马尔城堡了，祝您以后的日子都在风和日丽中度过。”他行了个大礼。

夜已经很深了，几个在赛马尔城墙上守城的士兵正在无聊的打着哈欠，却突然看到亚赛走了过来，他们忙低下头行礼道：“二王子殿下。”几人抬头却见到亚赛径直走近城墙的边沿。

那几个士兵们怕亚赛离城墙边太近而发生意外，忙出声提醒道：“二王子殿下小心。”可是却见到亚赛只是面带悲伤的向城外瞭望。过了一会儿，他们听亚赛叹了口气道：“我现在已经不是王子殿下了，战争结束了，今天的谈判很成功，国王已经要把赛马尔城堡封赏给我了，明天都城也要退军了，我刚刚才在教堂为陆军统帅做完祈祷，可是这会儿我却胸闷的厉害，你们有没有人愿意陪我出城走走？不知为什么，这城上的狂风也吹不散我心中的忧愁。”

“当然乐意！”几个士兵瞬间有了精神，他们留下一人看守，然后欢呼雀跃的下城骑上了马。

负责开门的士兵打开城门，他有些犹豫的叮嘱亚赛道：“二王子殿下，现在还是在警备期，您可不要出去的太远。”可刚说完，他便感到亚赛的手温柔的拍在了自己的肩膀上。“战争结束了，放心。”他听亚赛道：“都城的军队永不会来。我们只是出城散散心，不会走太远，等我们回来。”跟着他见亚赛放下缰绳，然后和那几个守城士兵一起骑着马向城外奔去。

不知过了多久，城上留守的那个士兵忽然瞪大了眼睛，他迅速敲起警报的钟声，急冲城下大喊道：“有敌情，快关上城门。”

“二王子殿下还在外面！”城下负责城门的士兵急叫道：“不能关城门——你们几个快去寻找二王子。”城下的几个人忙慌乱的拉过马匹，却恐惧的听到了不远处犹如雷声般杂乱的马蹄声。

“二王子殿下在城的前面，就他一个人，没有马，你们快去救他。”城上的那个士兵边敲警报的钟声边冲下面大叫道。

城下的几个士兵迅速骑马奔出，他们看到不远处亚赛正拖着一只脚费力的向城的方向走来，他们急忙赶到，却看到亚赛摔倒在地上。

一个士兵忙跳下马，“二王子，我们快回城！”他说。

亚赛听到警报的钟声，他从赛马尔城的教堂中走出，一脸的茫然。可只过了一会儿，他便听到了城中的哀嚎声，拼杀声，里面似乎还有着火焰的呼呼声，他不知道发生了什么。不知过了多久，一个人由身后拉住了他，他扭头看去，是马尔卡。

“快跟我走。”马尔卡道：“不知谁打开了城门，几万都城军队杀了进来，我们骑兵都还来不及上马。城中混乱了，赛马尔城堡已经保不住了，公爵正在城中的那条密道等你。”

亚赛跟着马尔卡来到城中那条密道的尽头，他看到公爵正全副武装的站在船边。船上坐着的是马里斯和自己的老师迪里奥。

“快走，孩子。”公爵将亚赛和马尔卡让上船，然后他挥剑砍断了捆绑着船的绳索。

“叔叔，你要干什么！”亚赛吃惊的站起身。

“不要优柔寡断！”公爵道。

迪里奥拉住了亚赛的胳膊。

公爵道：“赛马尔城堡是我的，我也永远属于赛马尔城堡。我年轻时像个战士一样攻下了它，此刻我也该像个战士一样守护它。”他说着举举手中的剑对亚赛笑道：“去吧，孩子，不要优柔寡断。”

船上所有人都站了起来，迪里奥冲公爵鞠了个躬，“再见，我的老朋友。”他说。

公爵眼看着船顺江而行，他抬头用只能自己听到的声音轻声道“从今天起，我属于你。吾爱！我的感情并不廉价，此后我也不会轻易为谁而哭泣。”他听到身后传来杂乱的脚步声，“很好。”他举起剑转过身去，“亚索。”他放下了手中的剑。

“你应该叫我国王陛下，叔叔。”亚索带着士兵走了过来。

“我的父亲很想你。”亚索说着一剑刺穿了公爵的腹部。

“父亲！”亚赛在不远处的船上痛哭叫道。

“你果然认他做父亲了，我的王弟。”亚索看着船的方向轻蔑而愤怒的低声道：“你还敢说你没有反叛的心思！”

亚索狠狠抽出剑，血喷了出来，公爵倒了下去。

第二十章
明亮的诅咒

“这是哪儿？你是谁？”亚伦站在一个漆黑的地方，四周什么也没有，但他感到面前有一个生命在动。

“我是死神。”那个生命说。

“我死了吗？”

“很多生命在问，但我只有一个答案，死神永生！”

忽然一丝光亮照了进来。

“是谁？闯入了我黑暗的永恒？”

沉重而悲哀的海螺声从那丝光亮中挤了进来，“放他回来，放他回来——”海螺如同哭泣的大海。

“不可能！”那个生命道。

亚伦睁开眼睛，看到被自己救过的那只美人鱼正在他身旁看着他。

亚伦想冲它笑却笑不出来，他们相视对望，美人鱼泪水不停的扑簌下落，它用力的吹奏着嘴边的海螺，渐渐地亚伦听到海螺发出的“呜呜”声，慢慢的，他坐起身，看到自己周围围满了正在吹奏着海螺的人鱼。

“这是哪儿？”亚伦问道。

“小哑巴。”美人鱼放下海螺痛哭道：“我以为你死了。”

“我也以为我死了，我见到了死神。”亚伦说，忽然他惊讶的道“我能说话了！”

“除了死亡，人鱼能够治疗一切病痛。”美人鱼道“你没有死，你也没有见到死神，现在你正坐在人鱼的小岛上。”

周围的人鱼有雄有雌，有老有少，它们一起放下海螺，发出“嘶——嘶——”的难听的叫声。

“它们在欢呼。”美人鱼道“这种声音你们人类可能不太喜欢，但——”它擦了一下脸上的眼泪，抱歉的笑道：“它们还不会说你们人类的语言。”

亚伦站起礼貌的冲周围鞠躬，然后他真诚的对面前的美人鱼笑道：“谢谢你们救了我。”

“谢谢那天你放跑了我，”美人鱼道：“我也不知道你有没有被船长处死。昨晚一开战我就一直在你们那艘大船下面。因为我想，如果你没死就一定还在那艘大船上。当时你的容貌已经变得更小了，但我还是一眼就认出了你。”美人鱼笑起来。

“船长呢？”亚伦问道：“他死了吗？”

“不知道。”美人鱼摇头道：“当时海中一片混乱，我急着解捆绑在你身上的绳子，没有注意他的下落。”

“他是一个好人。”亚伦说。

“他追求了本不该属于自己的东西，他是一个可悲的人。”美人鱼道：“费丽慈山脉，雪山上的青龙，自从有人鱼那天开始，它便一直守护着这个岛屿。我们每年的这个时候都要到这个小岛上来，那时青龙如果看到有船只向这个方向航行便会发出警报的低鸣声，可是从四年前开始我们便再没听过青龙的声音。我们一直以为是因为安全所以青龙才没有低鸣，直到我被船长用青龙之眼抓获。”

美人鱼停顿下道：“当我见到船长的青龙之目时，我心中真是说不出的恐惧。青龙在临死前的那一刻会看向夺取它生命的人，然后它的眼睛会清楚的记下这个人的样貌，从此后这双眼睛只会被这个人所用，可是，”美人鱼摇摇头接道：“我不知道你们人类怎么称呼青龙之目的，但在我们的记录中那却是一个明亮的诅咒。拥有青龙之目的人会慢慢变得雌雄同体，时而疯癫、时而深沉、时而优雅、时而暴躁，但他终将无所畏惧，直至变为可怕的恶魔。用你们人类的计时时间是多则三年，少则一年，青龙之目便会和人融为一体，然后轻微炸裂，跟着这个人的头颅便会炸开。三百五十四年前，当时一个人不知用了什么方法拥有了两只青龙之目，他带人冲入了这个小岛，在龙目白光的照耀下我们人鱼动也不能动，被他们疯狂的捕捉。可是突然间，他打死了另一个人，接着他龙目的光聚集在一起变成了两道可怕的光束，有些人被照到便全身起火，有些人则被冰冻，最后剩的几个人恐惧的跑出了海岛，他却依然发疯般的挥舞着手中的武器，直到最后他仰头发出一声嘶吼，两束光线交叉着直冲云霄，接着他的头颅就炸开了。”

亚伦张口结舌。

“这不是我在给你编故事，小哑巴。”美人鱼认真的道：“你们人类有传说，可是我们有记录。我们的记录都在海龟壳上，几千年抄录更换一次，非常的真实，没有一丝虚假。”它说完转身对后边的人鱼“嘶嘶——”叫了几声，然后它回头对亚伦道：“我让它们把记录的海龟壳都拿来给你看看，也没有多少，我们也一直都有保管，你还有什么要问我的？”

亚伦笑道：“我听我父亲讲过你们人鱼的故事，也听船长说过你们不会说人类的语言。可是在船上你却给我讲了快一个月的话，那时我就想问你了，但那时我却不会说话。”

美人鱼不好意思的道：“我是在金石城那里学的，不知学的好不好。门口把守的士兵也在相互间学说话，而我们的耳朵特别敏锐。”

人鱼拿来几块大型的海龟壳放在地上，美人鱼指着其中一块对亚伦道：“这上面就记录了三百五十四年前的那件事，因为还没有到抄录时间，所以这块海龟壳是最新的。”

亚伦向上看去，只见上面画满了奇奇怪怪的符号，有些像字，有些像画，他一个也不认识。

美人鱼又道：“这是我们人鱼的文字。”它说着又指了指另一块海龟壳道：“这个更早一些，已经不知是谁写的了，上面详细记录了青龙对人鱼的守护，还有龙目对凶手的诅咒。最后这段话用你们的语言翻译一下是人类心，动物力，歌鱼喉，龙之目，各守奇能，各不相妒，各安其份，各敬各助。“

美人鱼又对亚伦道：“我们也不知道怎么回事。很早以前我们见人都唱欢快的曲调，那是人鱼间相互爱慕，相互尊重才会唱出的曲调，可是人听到这歌声就会沉睡，我们用什么方法也唤不醒。后来我们只能一见人就离得远远地。而你们认为能使你们益寿延年的曲调却恰恰是我们求救与进攻的呼喊，很是奇怪。就如同海豚，你们看着它在微笑，可是我们看着它在痛苦，还有鳄鱼，你们看着它在流泪，而我们看着它在大笑。”

有两块海龟壳引起了亚伦的注意，他好奇的看去。只见那两块龟壳非常巨大，却古老陈旧，黑的发亮，其中一个上面还沾满了海藻。

“这是最早的一块海龟壳。”美人鱼看亚伦好奇，道：“是什么时候记录的我们人鱼也说不清，它早到了该抄录的时间了，可是上面的意思像是咒语，我们一点儿也不懂，现在也没有人鱼愿意再继续抄录下去。”接着它用手擦去那壳上的海藻念道：“我们是地球上最后一批文明了，我们发明了枪炮，发明了卫星，发明了大规模的杀伤性武器。我们发现了虫洞，黑洞，时空扭曲，我们想向别的星球移民，可是终未成功。不是我们不够聪明，是地球的物质资源有限，我们只能在地球和周边的星球上发现可用的东西。地球拥挤，瘟疫频繁，大战爆发，山河皆碎，空气混浊不堪，河水已不能饮用。我们沉碑与海，向天祈祷，如有轮回，必将珍惜。树高万——”美人鱼趴近看了看道：“后面记录的文字已经看不清了，没有人鱼能够懂这是什么。地球是什么？还有枪炮卫星，虫洞黑洞，你听说过吗？小哑巴？”

亚伦摇头，却突然道：“我听船长说我们住的地方似乎不是圆的就是凸的，圆的话是不是像个球？”

美人鱼想了想，道：“不可能，怎么会是圆的？那一定是船长在疯癫的时候说的胡话，如果是圆的底下没有海吗？有海的话它在哪儿？地底？还是天上？”美人鱼又指着另一块巨大的龟壳道：“这上面记录的事也没有人鱼明白，什么时候记录的也是没有人鱼能够说清。”

美人鱼跟着念道"“幽暗笼罩，大海冰封，白雪不化，难死难生。已忘时日，不知黑明，忽如一刻，光照水清。狂歌之际中寒，天空见到深渊。土地崩裂，无从希望，恐怖降临，半残半伤。巨鲸破冰，大象长鸣，猿猴为王，身骑豹狼。龙起长空，拼杀西东，指挥设伏，战歌随后。尸如山堆，血似流海，恶魔封冻，极在南北。”

美人鱼叹气道：“不论念多少遍也不明白，这有点像我们的战歌——也只是有几句像而已。我们人鱼对上面记录的意思也是众说纷纭，有的认为这是古老的歌词，上面蕴含着某种神秘的力量，只是现在没有传唱了。有的认为这是记录了一场战争，只是用了陈旧的字句叙述。”

美人鱼又对亚伦笑道：“我是比较倾向于后一种说法。我想应该是在不知道什么时候的时候，这里发生了可怕的事。可能是一种东西被恶魔所控，而为了生存陆地上和大海里的所有生物都参战了，然后猿猴当上了王，猿猴除了拼杀还负责指挥，猿猴应该很聪明吧？我们在海中几乎没有见过它们。”

“那时还没有你们人类呢，至少在这记录上没有提。”美人鱼又道：“并且我觉得战歌两个字一定说的是我们人鱼，因为我们的歌声可以治疗伤病，缓解痛苦，所以我们在后面。而那时应该还生活着大量的青龙，可能不知因为要对付什么，所以它们被安排在前面，结果死伤惨重，到后来逐渐越来越少，最后也只剩下了一只。不过如今青龙也灭绝了。”它叹口气道：“可是后来没想到恶魔从前后两个地方来，我们也遭到了残杀，所以我们现在也非常的稀少。”

亚伦像是想起什么似得陷入了沉思。

美人鱼抱歉的笑道：“这都是我在海里游玩时无聊的瞎想，事实是现实中这个记录到底指什么已经没有谁知道了，也许它就是一种神秘的歌，而只要能找到记录中的海洋之戟，再唱出符合的声曲来就能召唤出——”

“青龙应该没有死完。”亚伦突然打断它的话道：“我记起来了，我听船长说过，他最后见到一只幼龙飞下了山顶。”

“是吗？”美人鱼吃惊的露出欣喜地表情。它转头冲周围的人鱼“嘶嘶”的叫，接着周围的人鱼也欣喜地发出了同样的声音。

“青龙是我们的守护神，”美人鱼又高兴地对亚伦道：“三百五十四年前，我们就以为青龙灭绝了，可是不到十年的时间我们又听到了它的低鸣声。今天听你说到这个消息真是太好了，四年了，费丽慈山脉周围的海水很冷，我们根本无法靠岸，青龙也向来不离开最高的山峰，不然的话我们早就去看了。”

“可是——”亚伦又道：“我也不知道这是不是船长在骗我，他说那只青龙很小，本来不该让他看到的，而且最后它还飞下了山崖，船长也不知道它有没有摔死。”

“这该不会是船长在疯癫的时候无聊的幻想吧？”美人鱼急道：“他当时怎么给你说的？”

亚伦一边回忆着船长的话，一边结结巴巴的叙述着。而他每说一句，美人鱼便向周围的人鱼翻译着，等他说完，人鱼们你看我我看你，都不吱声了。

“我想到费丽慈山脉去一趟。”美人鱼忽然道，但它刚说完又道：“不行啊，海水冷的问题还好解决，我们趁黑夜到哪儿借一艘小船就可以了，可是我们的鱼尾又怎么能蹬上山顶呢？”

“我去吧。”亚伦道，“我可以登上山顶。”

“不行。”美人鱼道：“在记录中青龙从没有攻击过我们人鱼。但船长说的很清楚，人类只要一登陆它便会发起袭击。并且你的年纪还小，也不一定能够登上山顶。再说我们和青龙的语言应该也不相通，真是出了什么事情我也保护不了你。没关系的，我再想办法。”

“对了，你的鱼尾怎么样了？”亚伦问道：“好了吗？”

“如果按照你们的言语回答，我应该说好了，可是，”美人鱼不好意思的笑道“它好不了了，什么歌声也不能使它再次长出鱼鳍来，就如同你们人类不会走路，我现在也不会游泳了。但你不用伤心，小哑巴，你们人类有马，我们人鱼有海豚，趴在它的背上我依然能够去到很远的地方。”

“我代船长他们向你道歉。”亚伦认真却含着悲伤道：“希望带你的海豚如同我曾坐过的那匹黑马一样听话。”

“还好吧。”美人鱼调皮的眨眨眼睛道：“很早以前我就认识这只海豚，那时它倒是不听话得很。这次回来它似乎长大了，也安静了许多。海里的鲨鱼脾气很暴躁，一言不合就呲牙咧嘴的吓唬你，而鲸鱼又很沉闷，你只有给它唱许多好听的歌它才肯施舍似得对你笑一下，只有海豚跟我们最是友爱，也常常伴我们一起玩耍。有很多时候我们歌唱，它们就会跳舞，它们是海中的舞者，你要见见带我的那只海豚吗？”美人鱼说着拿起了海螺。

“我想见见它！”亚伦急迫而老实的道。

美人鱼笑道：“不过它很调皮的，我估计它见你会友善的一笑，然后喷你一身的海水。”说完她吹响了手中的海螺。

天空忽然传来奇怪的风声，亚伦和一众人鱼抬头看去，美人鱼也停止了吹奏。

一只不明生物正从天上旋转着向下俯冲，亚伦瞪大眼睛，他从没见过这种生物——它很像只浑身长满羽毛的巨型怪鸟，但却有着蝙蝠一样光秃的黑色翅膀。它的身子如大型鳄鱼般宽厚，脖颈却像蟒蛇一样盘旋细长，它身后的尾巴短如兔子，身下的爪子却犹如猛禽，而它那闪亮的利喙在阳光下更像是把磨利的尖刀。

“那是什么？”美人鱼莫名惊慌的把亚伦抱在怀中。

一声清晰可闻的长鸣就如同利刃般划过了天空，人鱼们不由得捂起了耳朵。

那只生物停止俯冲，在半空中稳当的挥舞着自己的巨型翅膀。

亚伦顺声望去，远处的天际边飞来了一只青色的翼龙。

第二十一章
有趣的比方

“迪里奥师傅，这已经是第十天了。”马里斯担心地说：“您怎么不去劝劝二王子殿下，也不和他说一句话？从船上开始他便痛哭流涕，虽然现在他的泪水已经干了，但他的脸上依然阴云笼罩，况且这些天他吃喝甚少，我怕再这么下去他的身体会撑不住的。”

迪里奥叹口气道：“我无法和他说话，也不会和他说话。”

“为什么？”马里斯诧异道：“难道您还在怪他执意接受谈判的事？老实说开始的时候我也是怨他的，但一下船我心中的怨便烟消云散了。我了解他的为人，他也是好意，希望战争能尽快结束，可谁知遭受了对方的欺骗。而在我们走了这么十天的时间后，我对他除了没有怨，反而有些担心与可怜了，他也是战争的受害者，和我们一样，丢弃了城，损失了家，同样的也失去了最亲的人。”

“这不是办法，迪里奥师傅。”马尔卡也在旁边道：“不论什么事情一旦过度便离愚蠢不远了。悲伤应该适度，生活也该继续。二王子从小跟着您学习，您对他也有感情，公爵大人虽然没有明说，但我们都知道他最后是把二王子托付给您照顾了，您应该想想办法！”

“想想办法？”迪里奥皱着眉头道“我能有什么办法？这样吧，马里斯，我问问你，五天前你才开始正常吃喝，为什么？”

“因为我要养好身体报仇雪恨。”马里斯道。

“三天前你走路才开始带着精神，马尔卡，为什么？”迪里奥又道。

“因为我要好好活下去，活着才有好的希望。”马尔卡道。

“我没有办法，”迪里奥摇头道：“我没给你们说什么，而在你们悲伤的时间里我也无法给你们说什么。有些事情只可能自己想通，也只能自己看破。没有谁是绝对的智者，任谁都会在一些事情上彷徨，外人只是引导，而走出来却只能靠自己的力量。二王子现在走不出来，是因为他有些问题想不通，该告诉他的很久以前我就告诉他了，现在他需要时间，而我们只能等待，只能等待他对自己的决定。”

“不会吧？”马里斯惊讶的道：“报仇，这还有什么想不通的吗？”

“等待？”马尔卡疑问了一句低头想了想。

“每个人的性格不同。”迪里奥道：“虽然人后天的心理复杂多变，但先天的秉性不会改变。马里斯，一直以来你都很有勇气，别人敢做的你都敢做，别人不敢做的你也敢做，所以你很容易决定报仇雪恨。而马尔卡的性格就相对冷静，他从不祈求别人的施舍，同样也不惧怕别人的仇恨，所以他最终决定有希望的活下去。而二王子的性格就比较柔软，柔软好吗？也有好处，他可能能当一个慈善的王，但他绝对不会在任何斗争中占得上风，记得公爵最后说的话吗？不要优柔寡断，可是现在，在他自己心里的战争中他也难于战胜自己。此刻他根本没有目标，也不知接下来要做些什么，所以他只能悲伤，而这种悲伤还无人能够化解。”

“那该怎么办？我们要等到什么时候？”马里斯急道：“要我说定个目标报仇雪恨就得了，都城欺骗了我们，残杀了我们的亲人，这还有什么好想的？”

马尔卡也道：“报仇也不是没有办法，雪恨也有可能，赛马尔的骑兵估计也有部分冲杀了出去，如果我们想办法联络到他们，便能再次组建军队。”

迪里奥看着他俩道：“二王子就在后面走着，你们去劝劝他吧，不过如果我的估计没有错，你们将被他的话气个半死。”

“我去。”马里斯忙道。

马尔卡想了想道：“你先去吧，我等会儿再去。”

“好的。”马里斯急忙跑到后面和亚赛并肩走着。

“二王子殿下，你还在为公爵的死而伤心吗？”马里斯边走边问道。

亚赛点点头。

“我们应当为他报仇，王子殿下，不能在悲伤下去了。”马里斯有力的道。

亚赛又点点头。

“我和我哥哥的看法一样，我们只要想办法联络到赛马尔跑出的骑兵，我们便能再次聚集军队。”马里斯又道。

亚赛还是点点头，然后他问道：“马里斯，你说人说谎话会不会被原谅？”

马里斯犹豫一下道“这个，当然要看他说谎话的目的是什么了。如果是为了害人，那自然不可被原谅，但如果是为了帮助别人，倒也无可厚非。”

“如果只是为了达到他的目的呢？”亚赛又问。

“那要看他的目的是对谁好了，还有他的目的最终带来了什么。”

“我对公爵说了谎，他曾经很详细的问我贝格和我单独谈的是什么。为了怕他阻拦，我掩盖了我晚上要去教堂祈祷的事实。这已经不是我第一次对公爵说谎了，为了我的目的，我也曾好多次欺骗过他，可是这次却很有可能带走了他的生命，马里斯，你说人说谎话会不会被原谅？”

“这不是你的错，王子殿下。这是都城的错，是都城欺骗了公爵，和你没有关系。”马里斯斩钉截铁道：“你不能拿别人的错误惩罚自己。”

亚赛道：“都城为了战争的胜利而撒谎，对我们来说自然是不可原谅，但对他们来说却情有可原。我选择了相信，从善良的角度来说无可非议，但从最终的结果来看我却寝食难安。”

“所以我们更要复仇，王子殿下——”马里斯刚说了一句亚赛便打断他的话接道：“复仇？为谁复仇？公爵？还是人民？公爵已经去世，人民谁愿意战争？为我们复仇？为我错误的选择复仇？士兵流血，你们和我也一起流血？我哥哥靠着死伤了几千士兵攻占了城堡，撵走了我。我再靠着死伤几千士兵撵走我的哥哥？士兵也好，平民也好，你也好，我也好，谁不是有血有肉有感情的人？谁没有自己的亲人与喜好？也许你会认为我想的太多，反不如你的快意恩仇，马里斯，但如果我告诉你在这次的复仇中你最亲的亲人将死于非命，你将伤残，你将孤独的依靠着拐杖、或者再也看不到这个世界，或者再也听不到这个世界，那你还愿意复仇吗？也许你认为你不会那么不幸，是的，我也听说过许多英雄的故事与传说。在传说里他们永远不会死，他们会受伤，但他们永远都会有好运气，或是在命悬一线的时候谁出现救了他们的命，或是在他们最孤独无助的时候哪个温柔美丽的女人突然出现在他们的生命之中，而他最后也过上了他想要的幸福美满的生活。可是，这是现实吗？我记得当我听说陆军统帅提蒙阵亡，你把他的头颅拴在你的马匹上的时候，公爵对我说这是场战争，谁死都是有可能的。那么，只要我们参加了战争，就为什么不能是我，不能是你？不能是马尔卡？不能是我的老师迪里奥？为什么就不能是我们？而一定要是他们？你和我都喜欢看英雄的故事，你比我更愿意当英雄，因为从小你便武艺高强，所以你什么也不怕，但是，马里斯，如果你突然被二十个手持武器，全副武装的士兵围住，你真实的想象一下，你会是什么结果？”

“什么结果？”马里斯道：“等被围住了再说，死伤的可能性很大，但我不怕。”

“如果我被围住，而你又救不了我呢？”亚赛问。

马里斯说不出话，过了一会儿他道：“那要看你怕不怕。”

“我怕。”亚赛道：“我一定会怕，但我更怕因为我的决定而使你身陷险地，壮烈牺牲，那样的话我不但会怕的瑟瑟发抖，还会一生在绝望的懊悔中度过。”

两人沉默的走了一会儿，马里斯追上马尔卡与迪里奥。

又走了一会儿，马里斯突然道：“我不会更改我的决定。”然后他将刚刚的话原原本本的叙述给马尔卡和迪里奥听。

“我不用去了。”马尔卡道：“我估计战争结束了。我们要和王子一起归隐山林了。这也是个不错的选择。到老的时候我们还可以给他开玩笑说我们跟了这么一个人，他有着王的心胸，同时也像个懦夫般软弱无能。”

迪里奥道：“是战争必有杀戮，是杀戮必有奸诈。杀戮并不常见，但战争却无处不在。同性、异性、家与家、国与国，往往一见面战争就已经开始了，思想、态度、言语、行为——竞争的心思千变万化，防守的恐慌接踵而来，真假的措辞就在嘴边，爱恨的情绪隐与脸面。如果你不想归隐山林，你只能慢慢习惯，也只能渐渐变强。这是公爵与我的错误，我们没想过国王会突然死亡，没想过亚索会带兵攻打。在平和中公爵和我都以为亚赛会幸福的度过晚年，所以溺爱的教他爱人的防护，没想到他在青年便成了流浪的逃犯，可我们还没给他钢铁的锤炼。”

“我们真要归隐山林了？”马里斯不甘心的问了一句。

迪里奥道：“我们再等等，他的性格柔软，柔软和软弱是两回事，柔软的东西虽然没有力量，但却不缺乏生命的韧性。而只要生命存在，便会有无限种可能。”

马尔卡道：“他主要还是无法从公爵的死中走出来，他一直认为是自己的决定谋害了公爵。”

“打个不恰当的比方。”迪里奥道：“一个女子被人诱奸或者强暴，这不是她的错误。这是施暴者或欺骗者的错误，可是这个女子却在想，是不是因为我的穿着所以引起了他的欲望？是不是因为我的言行让他误会了我的放荡？是不是因为我过于相信或者因为我没有拼死抵抗我才得到了这样的噩运？这是只有弱者才会有的念头，不论他读了多少书，见过多少东西，走过多少的路。先谈下相信，如果不牵扯任何物质与肉欲，只是单纯的爱与被爱，那么，如果她被诱奸，只能说她的智慧不够，或者说她看人不准，你可以说她是个蠢笨的女人，尚不够成熟，但她的决定没有错误，错的是欺骗她的那个人，然后你要看她是勇敢干脆的走了出来，还是心不甘情不愿的继续沉沦下去。因为人都会犯错，人也都会成熟。如果双方牵扯的是有杂质的东西，那么谁都没有错，就如同双方在做一笔生意，可能她赔的惨了些，但没什么同情的，因为做生意就有风险，也总是有赚有赔。再谈下强暴，上天赐给我一件漂亮的衣服，我穿着走在街上，一人手持尖刀让我脱下，不然就要我的性命。我自然脱下，如果有人对我说我应该不顾性命留着那件衣服，那么这个人我会远离他，没有生命，再漂亮的衣服对我来说也毫无意义。持刀的人自然要受到法律的制裁，而为了保护生命，我也必要舍弃那件衣服。这时如果有人指责我不该穿着那件衣服出门，那么我便会告诉他，如果他真有勇气，他就应该把这矛尖上的利刃对准那个持刀的人，而不是我。”

接着迪里奥叹气道：“现在二王子就处在这心理的陷阱与迷宫之中，在他的周围一片黑暗，而唯有他自己才能够创造光明。”

马里斯哈哈笑出声道：“这个比方好，您是说二王子先被别人诱奸，然后又遭受了强暴。可是他在自责中却遗忘了开始撒谎和持刀的人。”

“公爵没有怪他，我知道。”迪里奥道：“我们都知道。”

马尔卡跟着道：“即便真有人指责我，我也不会动摇。这世上有些乌合之众，就连做梦都在想着怎么用言语去摧毁别人。可对于自强者来说，他们那就如同白日做梦——让我去把这些比方告诉二王子，可能能鞭策出他男人的魂魄来。”

迪里奥摇头道：“算了吧，是心制造了比方，可比方创造不了心，真实就是真实，虚假就是虚假。即便你现在能鞭策出他男人的魂魄，那也只不过是昙花一现。他心中现在除了淤泥根本就没有浑厚的土壤。这还算是好的，有些人知道这些道理比方反倒取巧，明明是一笔生意，明明是自找没趣，他也要装作纯洁无辜的样子，说的话也让人真假难辨。有人埋头在宽恕的明下重生，有人利用宽恕在它的光下讨巧。还是顺其自然吧，最后的结果如何也是我们的命运。”

“我的选择也是我的命运。”马里斯道。

“我也是。”马尔卡道。

“我的选择是跨海到瓦斯瓦特城，赛马尔城大量的金钱在那里储存。”迪里奥道：“组建军队需要金币，现在也是该用到这些钱的时候了。我们有两条路能到海上，一条较近，也很平坦，但要路过赛飞高地，鹰堡，石城，还有死亡沼泽。另一条偏远，也相对崎岖，我选的是这一条。”

“是因为我们的身份吗？”马里斯大笑道。

“绕过前面的铁城，穿过叹息森林，路过死堡和沙漠中的刺客之城。您选的是这条路吗？迪里奥师傅？”马尔卡道。

迪里奥点头，“是的，但是铁城我们是不能绕过去的，因为我们还要在那里买些路上需要的东西，所以我们必需入城。我希望你们都在铁城收敛一点，毕竟那里还是都城的地盘，而作为回报我会带你们看那里独有的斗兽场，你们应该听说过，那里的斗兽场充满着无尽的激情。”

“我们会的。”两人欣喜地道。过了会儿马里斯又问：“二王子殿下呢？不用告诉他我们的打算吗？”

“不用。”迪里奥道：“给他时间，我们现在改变不了他，诚如他改变不了我们。你们也暂忘他王子的身份吧。他现在就像是一具行尸走肉，又像是一个提线木偶。告诉他什么也没用，你们只要记住别让他跟着我们跑丢了就行！”

第二十二章
冰山的青龙

人鱼岛似乎从未遭受过战争的噩运，绿草长青，繁花似锦。

美人鱼仰望着犹如海面一样平静的天空道："费丽慈山脉，冰山上的青龙。"而亚伦瞪大眼睛，清楚地听到了几声长啸。

"是青龙的警报。"美人鱼慌忙放开亚伦推他道："快下水。"

四周的人鱼发出"嘶嘶"声，瞬间海边传来"噗通噗通"的落水声。

亚伦向海边跑了几步，他转头看见几只慌乱的人鱼拉住美人鱼的手。

美人鱼艰难的摆动着鱼尾，亚伦忙跑过去将美人鱼背在背上。

"快下水，小哑巴。"美人鱼急道："不要管我。"

青龙飞到那只生物面前，它们盘旋对视，青龙首先发动了攻击。

亚伦和美人鱼跳到海中，亚伦仰头看着，他是第一次见到青龙——那只青龙就像船长叙述的一样，只是并不很大，对比起来，那个生物通体发黑的身子比青龙整整大一倍还多——亚伦并不知道那只生物叫什么，但它的爪子在阳光下闪闪发光，它的蛇颈虽然柔软异常，但袭击时却疯狂凶狠，亚伦不由得替那只青龙担心。

青龙在半空中躲避着攻击，它的爪牙也如闪电般的向那个生物的脖颈攻去，半空中不时传来翅膀与翅膀碰撞时发出的拍打声，在那蔚蓝的天空下，这一黑一青争斗的就如同惊涛骇浪般异常激烈，它们忽高忽低，忽近忽远，一会儿相互缠绕的难舍难分，一会儿又相互分离的如同天各一方。不多时亚伦看到那个生物撑开巨大的翅膀，它的头高高昂起，"噗——"的一声，它口中吐出一股透明的液体，青龙旋转着身子急闪而过，那股液体落在地上"嗞嗞"冒烟，顿时那片地上的青草枯黄了。

青龙跟着嘶吼，天空中就如同多了个太阳，红光照的亚伦眼睛生疼。接着那红光聚起从龙目中射出直罩在那个生物的身上。那个生物发出如同人般的怒吼，它奋力挥动翅膀冲出光线。可就在这一瞬间，青龙已经飞到了它的背上。

结实的龙爪划开了那个生物如同鳄鱼般坚硬的背，那个生物仰头痛叫，却被青龙咬住了脖颈，瞬间那个生物的尾巴裂开了，长矛一样的利刃就如电光火石般从它短圆的尾巴中伸出，青龙急躲，却还是被那个尾巴插进了左边的翅膀。

那根尾巴如同带着倒刺的软鞭，雪龙被拖拽着和那个生物一起重重摔在海边上。

短短的战斗让人鱼与亚伦看的目瞪口呆，他们忙跃出水面，看到那个生物已死，而它身后的青龙也被摔的奄奄一息。接着奇怪的一幕发生了，那个生物的身子逐渐变白，后来竟然凭空消失的无影无踪。

人鱼们马上围住青龙。亚伦站在圈外，他听到人鱼的合唱。渐渐地，他看到那只青龙从圈中站起仰天发出了胜利者般的长鸣。

"嘶嘶嘶嘶。"人鱼们也欢呼起来。

青龙摇晃了几下脑袋却突然看到了亚伦，它黑亮的眼睛先露出一丝惊讶，接着便透出了仇恨的凶光，它低着头向亚伦走来，亚伦也仰着头向它走去。

美人鱼立刻发现了什么，它慌忙冲着青龙“嘶嘶——”的表达，可是青龙没有停步。

“小哑巴快跑。”美人鱼急道。

“我认识你，”亚伦说：“你是人鱼的守护神，你住在费丽慈山脉，你是冰山上的青龙。”

青龙停下了脚步。

“我听船长说起过你，那时你还很小，他杀害了你的父母，而你飞下了山崖。我能和你交朋友吗？”亚伦天真的说：“我很想看看你，摸摸你的脑袋。”

青龙俯下身。

亚伦根本摸不到龙头，但他却用手摸着青龙的下颚认真的说：“你的样子很凶恶，可是你的头却很暖和。”

美人鱼长舒一口气道：“吓死我了，看来青龙能够听懂人类的语言。”接着它来到亚伦身边哀叹道：“我知道三百多年前那个人用什么方法取得青龙之目了，他不是什么英雄。”然后它又对青龙道：“这个人叫小哑巴，他救过我的性命。”

岛上的人鱼们围在青龙身边，青龙的鼻息温顺的发出了轻微的“呼呼”声。接着它对亚伦点头示意，然后便在地上伸开了翅膀。

“你是要我骑在你身上吗？”亚伦问。

青龙点点头。

亚伦骑上了青龙，然后青龙又对美人鱼点头示意。

“你是让我也坐到你身上去吗？”美人鱼问道。

青龙点点头。

“求之不得。”美人鱼开心一笑，也坐在了青龙的身上。

青龙站起，然后飞翔起来。

“这是我第一次在天上看下面，”亚伦在青龙背上兴奋地欢呼道："下面好小啊。"

美人鱼的手不止一次向身边掠过的云朵抓去，它道："天空和大海一样，青龙，你的背好大，就像是一朵巨大的云。你要带我们到哪里？"

青龙温顺的发出如同鸽子般"咕咕"的声音。

"费丽慈山脉。"美人鱼看到了前方的雪山。

青龙飞到费丽慈山最高的山峰，它在上方盘旋一会儿，接着便飞到半山腰，亚伦看到那里的雪地上有一个黑乎乎的巨大深坑。

青龙缓缓向那黑坑内下降，随着它越降越深，里面的光线也越来越暗，到后来什么也看不见了。

不知过了多久，青龙收起了翅膀。亚伦和美人鱼听到周围传来奇怪的"嘶嘶嗦嗦"声。

青龙一声低吼，眼中光芒瞬间把周围照的一片火红。亚伦看到他们正处在一个巨大空阔的山洞底部，而让他恐惧的是，地面上、洞窟的边缘处盘踞着无数条通体透明的蛇，这些蛇大大小小，数不胜数，它们吐着各自的蛇信，蛇头与眼睛直勾勾的瞪着青龙的方向。

亚伦害怕的拽着美人鱼的手，美人鱼也紧张的抱着亚伦。青龙向正前方一个三岔洞口处飞去，而它所到之处蛇都在逃命似的让路。

亚伦正暗自奇怪地洞中怎么也会有这样的三岔口，却见青龙毫不犹豫的向中间的洞口飞进。

洞内是条笔直的隧道，在龙目的照耀下，亚伦看到弧形泛红的隧道上方挂满了形态各异的钟乳石，这些钟乳石就如同自己想象中天上的星，此时正发出五颜六色神奇的光。青龙飞的时间不长，亚伦却感到空气逐渐稀薄，他正要开口说话，青龙停在了地上。

亚伦向前望去，他看到了一个凹陷的石壁，这石壁上有着一幅色彩斑斓的画，而这画的下方蜷缩着一条巨大无比，通体黑白交叉的蟒蛇。亚伦害怕的向那巨蟒看去，发现它的头已经不见了。

"这是什么？"美人鱼却吃惊地叫道："这幅画的顶端刻的是我

们人鱼的文字——心弱者迷，心弃者亡，心私者不救。什么意思？”

亚伦忙冲那副画看去，只见上面画着两个和蔼的老人在相互含笑对望——这两个老人侧站着身，长得就如同一个模子刻出的一般，不同的是一个老人穿着黑色的长袍，在他的身后重叠着淡白的烟雾，鲜红的水浪，发黄的尘土。而另一个老人则穿着白色的长袍，在他的身后什么也没有，只有白白的墙壁。

整幅画色彩浓厚，两个老人的形象更是栩栩如生，就如同活着一般——亚伦从没见过这样的画，他的眼睛像是被这画吸入，他看到画下自己认识的文字，“约定。”他念道。

跟着亚伦向左边看去，只见左边同样凹陷的石壁上画着一座全身布满了岩浆的巨型火山。这火山顶冒着灰黑色蘑菇云，火山周围没有任何生物，只因地上的熔岩如同大海掩盖了一切。天上的太阳在这红黄衬托下如同死者的眼睛般显得惨白。亚伦越看身上越热，他想看看这幅画的文字，可是什么也没有。

“小哑巴，你快看看这个。”美人鱼急拉亚伦的衣服，亚伦急转头去看右边凹陷的墙壁。

这墙壁上也画着一幅画，最先引起亚伦注意的是这画的中间有只不大的猿猴，它正骑在只豹子身上向天空张望。猿猴的额头上贴着片闪着绿光的叶子，它的眼神奇特，深邃却透着丝绝望，坚定又混合着悲凉，但那眼睛却画的炯炯有神，给人整体的感觉是说不出的安稳与希望，而它身下的豹子也正扬头对着天空做嘶吼状。

“这不像是动物的眼睛。”亚伦毫不迟疑的说。接着亚伦又向那猿猴看着的上方望去，只见那里画着闪亮的星还有圆形的月，在月的周围，他看到了数十只通体红色的翼龙正在激战，而每只翼龙的周边都围着至少三只他在人鱼岛时见到的那只不明的生物。

那些翼龙有的已经遍体鳞伤，鲜红的血在向下滴落，可是它们依然做出猛扑的姿势；有些翼龙的眼中正发出火红的光线，这光亮罩着围着它的生物；有些翼龙咬住了那种生物蛇一样的脖颈，可是它们的背部却被喷上了毒液。有些翼龙翻着身子下沉，而它们的龙爪已经变成漆黑的颜色。

亚伦又看向猿猴的前方，那里是庞大的象群，有的大象正在挥舞着鼻子，有的大象高昂着头似乎在悲鸣，有的则抬起前脚，身子高高立起。而在它们脚下围着黑乎乎一片犹如鬼魅似的东西，在这些东西的周围亚伦还看到了愤怒的犀牛，狂暴的狮子，数不清的群狼和红眼的野牛，还有许多亚伦根本想象不出，或大或小的动物，它们有的站立，有的伤残，有的冲击，有的死亡。

亚伦又向那只猿猴身后看去，只见远远地海面上冰封着数十只巨型鲸鱼的尸骸，他这才发现原来后面这场战斗是在冰封的海面上进行的。那些鲸鱼有的躺着，有的立出半个身子如同巨大的冰柱，而在鲸鱼的周围是清一色的人鱼，在人鱼的前方亚伦看到了无数骑着狮虎狼豹的猿猴挥舞着手里的石木器，而在半空中，正飞翔着大量的翼龙。

“在它们的前面是什么？”亚伦问道。美人鱼没有说话，因为没人知道那是什么，它们看上去像人，但也像野兽，他们无穷尽的连成一片直到石壁的尽头。

美人鱼道：“这幅画真是惊心动魄，在它下面的好像是字。可是——”它迟疑道：“这三幅画不像出自我们人鱼或者你们人类之手。但奇怪的是为什么会有我们人鱼与你们人类的文字呢？”

“我也不明白。”亚伦说：“这会不会是青龙画的？”

青龙在喉咙里“咕咕”两声，摇摇头。

美人鱼道：“我的猜测应该没有错，这幅画和我们记录的那首战歌相同。这画上的翼龙和青龙是如此相像，青龙一定是在那场战争中伤亡殆尽。”接着它抚摸着青龙的身子道：“我知道你为什么带我们到这里来了，那条巨蟒死的时间不长，你还没吃完便飞出了山洞，然后便看到那只生物要袭击我们人鱼岛，我们人鱼向你道谢！”

青龙没有回答，却背着亚伦和美人鱼飞出山洞，它先是在蓝天上盘旋一会儿，然后落在了最高的山顶。

青龙趴在地上，亚伦和美人鱼从龙背上下来，青龙再次冲天而起嘶吼几声。美人鱼仰头看着它道："你看它多快乐，小哑巴，就如同我第一次在海里畅游，它也一定是第一天离开山洞。"

"它的身世很可怜的。"亚伦认真的说道："它从小就没有了父母，我离开过父母，我知道那是什么滋味。"

"对了，小哑巴。我还从没问过你的名字，你究竟叫什么？就叫小哑巴？还是这是船长他们给你起的名字，你本来就是一个小海盗？"美人鱼好奇的问道。

"我叫亚伦，虽然我哥哥告诫过我不要告诉别人我的名字和身份，但我想你不是别人，我叫亚伦，是一个王子。"亚伦说。

"我叫罗威，是一条人鱼。"美人鱼道。

"罗威？"亚伦笑道："这倒像一个男人的名字，罗威，罗威，"他念了两遍伸出手去道："罗威你好。"

"你们人类的握手礼吗？"罗威也笑起来，接着两只手紧紧地握在了一起，而天空的青龙在旋转，它一会儿长啸，一会儿盘旋。罗威看着它道："它是一个孤胆英雄。"

亚伦道："我小时候也愿意当一个英雄，可是我的父亲告诉我，当英雄是很悲哀的，如果没有战争，他倒愿意让我当一个幸福的普通人。"

"你的父亲没有骗你。"罗威说。

"他不会骗我的。"亚伦认真的说："他是国王，他说如果有选择，他自己也愿意当一个谎话连篇的普通的好人。"

罗威捂着嘴止不住的笑道："你的父亲很有意思。"

青龙飞了下来，它张开翅膀抱了抱亚伦与罗威，然后闭上眼睛迅速向身边的一块巨石上撞去，这就如同石破天惊般出乎了亚伦与罗威的预料，他俩只呆了一下，罗威就立刻向青龙的头部看去然后颤声问道："它、它怎么了？"而亚伦则嚎啕大哭道："你快歌唱啊！"

“我没有办法，亚伦，我没有办法，我的歌声……我们的歌声，可是、可是——它死了。”

亚伦坐在地上撕心裂肺的哭起来。

“它一定是想告诉我们什么，它最后是闭上眼睛的，没有诅咒。它一定看见了什么，亚伦，快、快用它的眼睛。”罗威哭泣道：“我们人鱼无法使用青龙之眼，但我却能为你歌唱。”

在罗威的歌声中亚伦忍着心中的巨痛装上了青龙之眼，他站在费丽慈山脉的最高峰向下望去道：“船长说的没错，我们住的地方是弧形的。可是南北的大海正在逐渐的向前冰封。”

第二十三章 流水的花园

“迪里奥师傅，您给我化的这个容貌我非常不满意。”马尔卡道：“铁城中所有人都会因为我的这张笑脸而发笑。”

“和别人笑脸相见不好吗？”迪里奥问道。

“笑脸相见自然好，但您给我画的这个笑脸太假，是个正常人一看都知道这不是发自内心的笑容。”马尔卡不满的道：“本来我的面部表情应该表现我的心情，可是现在它却隐藏在您给我化的这个妆容下，我不舒服，也不习惯。”

“我们现在是非常时期，你又何必非要让别人看到你的内心？”迪里奥道：“我本以为马里斯会对我这门易容的手艺不满，他天生喜欢笑，又不像你一样喜欢保持沉默，而我给他画了张忧伤的脸，可他从没说过一句对我不满的话，现在也依然蹦跳着先去铁城侦察了；我给亚赛画了个冷酷的表情，他也没说什么——倒是你，马尔卡，自从我给你画了这个妆容后你不满的话语每隔几分钟必要在我的耳中嗡嗡作响——快乐的人什么表情都无所谓，沉闷的人什么表情都会说三道四。但说实话，马尔卡，自从你懂事起我就没见过你脸上的喜怒哀乐，什么时候你都像一尊大理石雕像一样严肃，你再不笑笑我都怀疑你的心也像大理石一样坚硬了。”

“迪里奥师傅，我并没有排斥您给我画的这个笑脸，我说的是这个笑脸您画的太假。您一直说易容术是您所有手艺中最精湛的一门。我也满心欢喜的相信，直到您表现了这门手艺，我才开始怀疑这是不是您当年行走江湖时、为了混吃骗喝而匆匆学成的技艺。”

“谁说的。”迪里奥先是瞪起了眼睛，可跟着又温和的笑道：“好吧，我也不与你争辩，因为事实会告诉你一切。我敢保证你现在这个样子走进铁城，就是你的兄弟马里斯也认不出来，你同样也认不出他来，更别说都城送去的画像了。只要我们能够安全的走出铁城，你为什么就不能牺牲下你那冷酷的表情呢？”

马尔卡不说话了。

“对了，就是这样，马尔卡，这又不是让你领军打仗，我们是在逃亡，逃亡期间除了生命什么都可以牺牲的。”

迪里奥刚说完话，就看到马里斯从林间远处小跑而来，等马里斯走进，迪里奥问道：“怎么样？铁城有没有收到都城的信息？”

“有。”马里斯忙点头道：“可是还没有我们的画像，城中只张贴着一张告示——上面写着追捕叛国逃亡者四人，还有这四人大概的身材样貌，性格特征。”

“都怎么写的？”迪里奥问道。

马里斯回道：“叛国者亚赛忧郁，叛国者迪里奥老迈，叛国者马尔卡冷峻，叛国者马里斯常笑。”

马尔卡先是看了身旁的亚赛道：“冷峻。”接着他又看看马里斯道：“忧郁。”最后他看着迪里奥道：“老迈。迪里奥师傅，再加上您给我画的这张笑脸，齐了。”

“技艺不常用便会生疏，”迪里奥道：“我应该割去我白色的山羊胡子，再用黑树的果酱染黑我的头发，这样我便会看上去年轻一些。可是现在去哪儿找黑树果酱？”

“我倒有个办法，迪里奥师傅，”马尔卡道：“您可以将头发胡子还有眉毛一起刮去，如有士兵盘问您，您就说是石城的生意人，大家都知道头上不留一毛是石城男人的风俗，虽然很多人对这个风俗嗤之以鼻过，您似乎也发表过类似的言论，但现在它却很可能能救我们的性命。”

“也只能如此了。”迪里奥盘腿坐在地上道：“来吧，马尔卡。我知道你从小就对我智慧的山羊胡子和蓬松的头发心怀嫉妒，现在你得偿所愿的机会到来了。”

“我会很轻的，迪里奥师傅。”马尔卡拿起匕首走过去道：“主要您说过，逃亡期间除了生命什么都可以牺牲的。”

迪里奥花白的头发一缕缕落在地上，马里斯在旁边哈哈笑个没完道：“我记得小时，有次我哥哥一回家就向我发誓，说他总有一天要刮去您的胡子，我问他为什么，他说他问您怎么才能同您一样长出山羊胡和弯曲的头发，您捻着胡子说这是智慧的象征，不是每个男人都能长出来的，您的那句话伤了他的心。”

“你哥哥不容易，”迪里奥道：“他从小便一人肩负着家族的荣誉，并且还要看管你这个无法无天的弟弟，我那么说只是为了激励他成长，希望他能够增长知识与智——”

“别说话，迪里奥师傅，闭上眼睛，现在该刮眉毛了。”马尔卡道。

“唔——”迪里奥慌忙闭上了眼。

等到迪里奥站起，连亚赛都忍不住笑出声来。接着迪里奥却对马尔卡道：“你也坐下吧，你现在不适合这个笑脸了，你也要从石城来，这样我的谎话才更能增加可信度。还有你们，亚赛易成个女人好一点，可以在脸上遮上黑纱，马里斯嘛，易凶恶一点，等到下午，我和马尔卡，你和亚赛，我们分成两组先后进入铁城，然后我们在城中间的流水花园集合。”

“迪里奥师傅，您曾教导我们要仁慈。”马尔卡道。

“是呀！”迪里奥高昂起脖子道：“在你给马里斯说早晚要刮去我胡子的那天，你怎么不想想我的教导？”

“我那时还小，也只是随口说说，我其实一直很尊重您的智慧，也一直把您当成我的父亲般看待，我弟弟可以——”

“你对我的心意我了解，我下手会很轻的，马尔卡，别说话，闭上眼睛，我先替你刮眉毛。”迪里奥道。

“唔——”马尔卡赶忙闭上了眼睛。

等到马尔卡站起，谁都忍住没敢再笑。

“到你了，锦上添花与落井下石并存的马里斯，你适合易个凶恶的脸。”迪里奥道。

“无所谓。本来我也不喜欢这张忧伤的表情，换张脸也不坏。”马里斯嬉皮笑脸的坐下道：“总比什么也没有强。”

“迪里奥老师。”亚赛面有难色的说了一句。

“不说话的人不用着急。”迪里奥道：“在我的包裹中有一块黑纱，现在它是你的了。”

下午，迪里奥与马尔卡两人先进了铁城，门口把守的几个士兵正坐在一张长凳上懒散的聊着天，他们只是瞥了迪里奥与马尔卡一眼，便让他们进去了。

“看见没有，马尔卡。”迪里奥边走边小声道：“我的易容术足以欺骗所有人的眼睛。我们先去多买些吃的用的，然后去流水花园等亚赛他们。”

两人买了大量的吃喝用品，又买了两匹马，然后来到城中央的流水花园。

花园里人来人往，声音吵杂，马尔卡和迪里奥在花园中间的泉水处转了一圈，马尔卡担心的低问道：“迪里奥师傅，怎么马里斯和二王子还没有来？会不会是出什么事了？”

“如果出事，也只能是在城门口，那么城上的钟声早已响起，以马里斯的武艺，他带着亚赛逃命应该不成问题。你不用担心，马尔卡，你只要管好我的安危就行了，我不大能跑的很快。”迪里奥说着，目光却被花园外边一个树下蹲着的老者吸引，他看了一会儿，便走过去道：“苏亚斯，你在看什么？”

那个老者抬头看了看迪里奥道：“我不认识你。”

“我也不认识你，苏亚斯。但我知道你，铁城大名鼎鼎的智者。我听过你的传闻。你的衣袍永远是破旧不堪，你的头发永远是肮脏杂乱，你虽已老年，外形却总像乞丐般瘦骨嶙峋，可是你看东西的态度永远那么的专注，我听过你的传闻。”迪里奥道。

“感谢你从传闻中认出了我。”苏亚斯低下头道：“但我不认识你。”

迪里奥也蹲下，他看到苏亚斯正在看地上的一窝蚂蚁。

迪里奥静静的看了一会儿问道：“你认为它们所做的一切是因为有什么驱使，是吗？”

“我不知道。”苏亚斯摇头道：“这个蚁窝我观察了很长时间。最早它们是由黄白黑三只不同颜色的蚁后共同创建的，可是现在这里却只有一种颜色的蚂蚁，那两只蚁后生育的蚂蚁在哪儿？如果那两只蚁后是因为这环境死亡了，那么为什么同样的地方却只有一只蚁后存活了下来？如果那两只蚁后是被这只蚁后生育的蚂蚁所杀，那么它们开始为什么要联合，后来又为了什么要相残？它们是怎么传递的信息？如果说它们没有思想，很愚钝，它们开始为什么要选择合力创建这个帝国？如果说它们很聪明，它们为什么又不向周边的土地发展？它们很小，我只能观察它们，却不能真正了解它们，也许它们也像我们一样复杂。”

迪里奥沉默一会儿道：“你无法真正了解它们，就如同它们不能真正理解你。你低头观察它们，也许正如它们在仰头研究着你。”

苏亚斯道：“我吹口气，它们便以为是风，我的头伸的长了些，它们便以为我能遮挡太阳，我走路重了，它们也许便经历了地震，而我走急了些，踩到了它们，它们便很可能以为那是命运。可是，我还是我，我还是这个瘦骨嶙峋的样子，我还是无法真正了解它们。”

一只蚂蚁攀爬到了苏亚斯的脚上，迪里奥将手指放上，那只蚂蚁爬到了他的手上。接着迪里奥将手指放在地上，蚂蚁又回到了地上。

“你说它会怎么想？”迪里奥问。

苏亚斯笑起来道：“不知道，也许恐慌，也许骄傲，也许自认为发现了什么，也许什么都没有想。”

迪里奥也笑道：“生命是场悲伤的旅行，所以我们必要寻求欢乐。不像飞蛾扑火般愚蠢，不像傻瓜一样自持着聪明。”

“我不会从你那儿得到什么，”苏亚斯道：“你也不会从我这里拿走什么，只因我们都忠于了自我。愚笨者在糊涂的寻求着真相，而智慧者却在聪明的过着生活。”

两个老人相互大笑，像两个孩子一样。

“还没问起你的名字。”苏亚斯道。

迪里奥想了下道：“我叫费峥，是石城来的商人。”

“认识你很好。”苏亚斯道：“我对城外的事不太留心，希望下次再见到你时我们不会行色匆匆，我看到你的伙伴在向你招手了，那边过来的两人应该是你的朋友。”

迪里奥向后面看去，见到马尔卡正在向他招手，而马里斯和亚赛正在向他们这个方向走来。

迪里奥起身道：“再见，朋友。”

“朋友，再见。”苏亚斯说完又低下头在看那一窝蚂蚁。

迪里奥走过去，他低声问亚赛和马里斯道：“你们俩个怎么这么长时间？”

马里斯用那张凶神恶煞般的脸笑起来道：“还不是您把亚赛打扮成这个样子，守门的士兵吵嚷着非要看他面纱下的真容，如果不是我的脸先吓到他们，我又给他们一人一枚银币，现在我们也过不来呢。”

“不光这样。”亚赛道：“马里斯知道铁城伯爵的女儿要嫁给全国有名的骑士，他非要拉我到伯爵府邸去，我好不容易才阻止了他。”

“这个传闻都有三年了。”迪里奥道：“三年前我听说铁城伯爵刚满十八岁的女儿身染怪疾，一病不起。伯爵找遍了全国的名医也不见效，后来士兵们找来了一个女巫，那个女巫给他的女儿吃了一种药后施法，他的女儿便像死亡一样沉睡了。接着那个女巫便在冰室用大量的冰块做成了床，然后将他女儿放了进去，女巫告诉伯爵，将来会有一个全国有名的骑士来亲吻他的女儿，他的女儿也将荣誉的成为这名骑士的新娘。我还听说他的女儿美貌非常，来亲吻她的骑士也很多，怎么，这都三年了。她还没有醒吗？”

“没有醒。”马里斯忙道：“我也是无意间听门口的士兵聊天时说的，我还听说伯爵将亲吻她女儿的那些骑士都砍了头。以往在赛马尔城我总是很忙，没时间过来，但我觉得这份爱情是为我准备的。迪里奥师傅，您知道，我就是全国有名的骑士，您也知道，我早已到了成婚的年龄。”

“我还知道你胆大包天。”迪里奥道：“我们现在什么身份？我的老天啊，这个时候你竟然想起你没有成婚来了，把亚赛交给你真是我犯过的最大的错误。”

“我对您的易容术非常有信心。”马里斯跟着迪里奥的话道：“我相信别说伯爵没见过我，就算是我妈妈现在还依然在世，她和我走个对面，她也认不出我来。”

迪里奥瞪着眼睛道：“如果不是我这把老骨头打不过你，我定会让你尝尝我的厉害，以后再有这种分散的机会，你和我一组，马尔卡和亚赛一组。”

马里斯和马尔卡相互看了一眼，马里斯撇了撇嘴，马尔卡一副无所谓的表情。

迪里奥又道："我和马尔卡把该买的东西都买的差不多了——现在已经傍晚，我们去铁城的斗兽场看看，然后等到晚上出城。虽然今天马里斯表现不佳，但终究没有给我惹出什么大祸，所以答应你们的我必然办到。"

第二十四章 激情的兽场

迪里奥四人来到铁城的斗兽场，入口处有几个醉醺醺的士兵正边往里进边吆喝。迪里奥将马匹带到旁边的马坊处拴好，和亚赛他们一起挤到了门口。

“麻烦你，四个人。”迪里奥拿出一枚银币递给了守卫，又分别指了指身边的三个人。守卫挥了挥手，他们进入了斗兽场。

迪里奥几人进门后便上了旁边的台梯，亚赛从第二层向下看去，只见斗兽场是个大圆形的空土地，此时里面正奔跑着一头强壮而暴怒的雄狮。那只狮子就如同一个被囚禁的重犯，它正一边奔跑一边不知所措的看着四周用巨型石头围成的墙壁。

“快找个座位坐下。”迪里奥道：“我可不想站着看完这场斗兽。”

迪里奥说完便走到顶层一个石凳上坐下，他旁边坐下了亚赛，亚赛旁边是马里斯，马里斯旁坐下了马尔卡。

亚赛向四周看去，只见那一层层如同台阶一样的石凳上已经快要座无虚席，许多各种服饰的男女老少或坐或站，他们吵杂的脸上都带着兴奋地神情。

亚赛看到斗兽场内一个巨型石壁上镶着个黑乎乎的铁栅栏门。他指着那个门低问道：“迪里奥老师，那是什么？”

“那是狮子，黑熊，或者老虎豹子出入的铁门。但一会儿那里将走出一个人来。”迪里奥回道。

“幸好在开始之前赶上了，真是太好了。”迪里奥的话刚说完，一个胖胖的中年男人便快活的吆喝一声挨着马尔卡坐下，接着他看了看马尔卡道：“兄弟，你是从铁城来的吧。”

“是的，我是铁城的生意人。”马尔卡看他一眼答道。

那个男人又站起身看看下面，他手舞足蹈的道：“今天肯定是斗狮子了，太好了，太好了。昨天斗得是黑熊，不太过瘾，那挨个上来的三人太弱了，他们一出场就被厚实的熊掌把脑袋打的稀烂。前天斗的是银背大猩猩，有一个人跑了半天，最后还是被猩猩撕碎了身子。当时激昂欢呼与女人害怕的叫嚷声都能传到天上，兄弟，你有没有看前天那一场？”他问马尔卡道。

马尔卡刚要答话，一个戴着衣袍帽的青年走了过来，他对那个中年男人道：“麻烦问一下，你旁边有人坐吗？”

“没有没有。”中年男人连连摇手道：“你挨着我坐吧，你也喜欢看斗兽？”

那个青年点头坐下。

“嘿嘿，斗兽很好，能够点燃无聊生活中的激情。”中年男人又问马尔卡道：“兄弟，前天那一场斗兽太棒了，你有没有看？”

“没有，”马尔卡摇头回答道：“我们是今天才到的铁城。”

中年男人往左边瞅瞅道“那边坐着的那个是和你一起来的吧？你们是做什么生意的？”

“我们是石城的铁匠，来这里买些好铁。”马尔卡回道。

“我也是个生意人。”中年男人笑道：“可却是个奔波的生意人。我也是才来铁城没多久，本来我想在费斯城定居，但想了想还是来到了铁城，不为别的，就光这里的斗兽场就让我迈不动脚步，再说我年纪也不小了，也该求个安稳了，你们炼铁和打造东西的技术怎么样？要是能超过这儿的铁匠我可以和你们合作啊。从你们哪儿进些东西在这里卖，我奔波了许多年手里还存了一些钱，哦——太好了，开始了，第一个人从那个门里出来了。”

马尔卡向斗兽场中看去，只见那个铁栅栏门打开了，一个光着上身，手中拿着条短粗木棒的精壮男人走了出来。全场一片欢呼，人们疯了似的站起来呐喊道：“打死它，打死那头狮子。”“狮子，去啊，去咬死那个人。”

狮子看到那个男人一声怒吼就如同天上的惊雷。狮子冲那男人奔去，男人木棒直指狮子，狮子上前一个猛扑，男人忙向旁边闪躲，手中的木棒也重重的打在了狮子的头上。狮子吃痛，左爪却迅猛无比的在男人的前胸一扫而过，顿时男人胸前的血喷了出来，男人慌忙退了一步。

“这家伙运气不坏。”那个中年男人对马尔卡道：“这一下要是扫到腹部上，他肠子非流出来不可。”

血的气味让狮子更加残暴，它接着又扑一下，男人脚步踉跄的躲，却没躲过狮子的右爪，被狮子按倒在地。

“完了。”那个中年男人道。

狮子的双爪迅速按住那个男人的手臂，血盆大口张开便咬住了他的半个头颅，男人凄惨的叫了一声，场中有的女人已经在捂眼惊呼，有的男人则在大声喊叫。

“完了。”那个中年男人摇摇头道：“太快了，这只狮子太强壮。没有任何悬念，除了流血，下面也没什么可看的了。”

男人旁边依然带着衣袍帽的青年问他道：“怎么了？不是还有两个人将要出场吗？”

“是还有两个人。”中年男人回他道，“每次都是三个人挨个出场，可是在出场前的石屋里他们就已经先分出了强弱。最强的人可以先挑选木棒或者石块，而这个男人应该是三个人中最强壮的了，下面出场的应该是一个比一个弱。”

场中的狮子咬碎了那个男人的身子。亚赛扭着头对迪里奥道：“老师，我看不下去了。这、这也太残酷了，他们为什么会选择斗兽？这不是自寻死路吗？”

“他们可能是奴隶，也可能为了丰厚的赏金。他们也许没有别的选择，生活的压力或者自由的希望促使他们不得不放手一搏。”迪里奥道。

“这种斗兽应该禁止。”亚赛沉默一下道。

“只有国王才有这样的权力。”迪里奥道：“除了税收，你看见场中兴奋莫名的人群了吗？这是条漫长的路，但只有国王才有制定开场与结束的权力。”

场中的狮子在仰头吼叫，场上的人们也在呐喊。

铁栅栏门再次打开，又一个男人从中走出，狮子看到了他，他也盯着狮子。狮子向那个男人一步步走来，男人用力扔出怀中的一块石块击中狮子，并且大吼起来。

狮子停了下步，又向前走来。

男人又扔出一块石头，却后退几步背靠墙壁。

那个胖胖的中年男人嘿笑出声道：“这个人也不知是聪明还是愚蠢，他是想吓唬狮子，可是这样同样会激怒狮子啊，我看你石块扔完了你怎么办！”

狮子奔跑起来，那个男人也围着墙奔跑起来，他怀中的石块散落一地，他根本没有时间扭头冲狮子扔石块，只是逃命似得奔跑。

“你是我见过跑的最快的。”中年男人在台上笑道：“要是碰到大猩猩还好吧，可是你背后却是狮子啊！我看你能坚持多久时间，我敢打赌，我的这句话都不会讲完，你就必被赶上。”

果然，中年男子话音未落，狮子便一个猛扑把那个男人按倒，那男人趴在地上大叫出声。

“漂亮！”中年男人和场中的人一起振臂高呼，“我就说嘛，你连这一会儿也坚持不了，你个愚蠢的人，流血吧。”他坐了下来。

他旁边的青年道：“您知道的可真多啊！”

“当然。”中年男人得意的看着那个青年道：“可以说是见多识广 。”

“那么罗里斯有没有告诫您远走高飞。”那个青年道。

中年男人惊愕的张大了嘴，却说不出话来。

“刚刚在你的座位上有枚毒针，它会刺激你的神经，让你全身麻木，你现在应该已经说不出话了。老板，我本想给你讲一段我和我尊重的人的往事，可是时间紧迫，只因再过一会儿，你便会喷血而死，而场中的人都会以为你是太过兴奋，以至于心脏爆裂了。我只能说跟踪您太不易了，”那个青年用只有老板听到的声音说着。接着他偷偷用手把老板的头转到了前方道：“看吧，老板，这是你今生最后一次看斗兽了，你可以想想你和罗里斯说话的那天夜里，你也可以什么也不想。”

那个青年说完便起身走下了台梯，走出了斗兽场。

场中的铁栅栏门再次打开，这次从中走出一个个子不高，其貌不扬，矮壮结实的男人。

“这是最后一个人了。”迪里奥道：“等他一死，整个斗兽就结束了。”

亚赛不忍看道：“他出来连个武器都没有，他就不该出来。”

场上再次欢呼起来，这种欢呼惊动了狮子。狮子扭头看到那个人，然后毫不迟疑的向那个人奔去。

“这个人应该等狮子吃饱。”马尔卡看着场下道：“那样狮子的攻击会弱一些。”

狮子向那人扑去，那人后跳一步，双手却迅速抓住了狮子头上的皮毛。跟着他“啊——”的大叫一声，竟然将狮子的头按在了地上。

场上所有人都呆住了，马尔卡站起了身，他看到那只狮子竟抬不起头来。

狮子的两条前爪不停的在地上扒拉，它的后腿也向后用力蹬着，地上的黄土被蹬起。场上逐渐安静，人们听到了狮子的低吼，狮子一寸寸前进着，而那个人却一寸寸后退着，他直退到墙边，用右脚抵住了墙。

狮子与那个人在僵持，时间一分一秒的过去。那人强咬着牙，他手臂上的青筋都凸显起来，而狮子的头根本抬不起来。

“你能不能做到？”马尔卡边看边问身旁的马里斯。

马里斯惊讶的摇头道“你要给我一柄长剑我还有获胜的可能，赤手空拳我只可能死在狮口。”

马里斯的话音刚落，场下奇迹的一幕便出现了，只见那人微蹲下身，接着他“啊——”的大喝一声竟然将狮身侧翻摔到在地上。

马尔卡身旁那个中年男人口中的血流了出来，可是没人注意到他。

狮子虽被摔倒，却也脱离了那个男人的手，它刚想翻身而起，那男人的右脚就重重地踢在了它的头上。

狮子顿时站起，却摇晃两下后趴在地上，而那人的拳头尽数落在狮头，直到狮子口鼻冒血，再也不动，那人方才气喘吁吁的坐在了土地上。

有很长一段时间整个斗兽场上鸦雀无声，但突然间所有人都站起爆发了激烈的掌声和欢呼声，这声音响彻天空，而马尔卡旁那个中年男人却口喷鲜血歪倒在了地上。

迪里奥起身对身边的亚赛道：“有人心脏受不住倒地了，我们先走，一会儿我回来问问这个斗兽人的情况，不论他需要什么，但我们需要他。”

四个人穿过疯狂吵杂的人群来到斗兽场外，迪里奥方对几人道“你们先到马坊处牵马，我去打听一下那个斗兽人的情况。”

“师傅，您要小心。”马里斯有些担心道。

“没关系，打听消息是件安全的事。”迪里奥从口袋中拿出一枚银币笑道：“只要有这个，没人会问你从哪儿来。”

迪里奥转身回到斗兽场，亚赛三人来到马坊。马坊处的小厮牵出他们的马来，然后兴奋地对他们道“怎么样？今天的斗兽精彩吧！可惜我没能去看，但我已经听说了，我就知道他一定会成功的。”

马尔卡道：“可真是太精彩了！真是让人拍案叫绝，我是真没想到最后那个人会打死狮子——他一定是天神下凡，估计没有世人知道他是谁，他从哪儿来！”

“他从铁城来，”小厮撇撇嘴道：“什么天神，铁城卑贱的人都认识他，我也认识他，他也是一个卑贱的人。”

“你真是胡说八道，”马尔卡说着摆了摆手道：“你怎么可能会认识他。”

小厮瞪大眼睛，竹筒倒豆子似得道：“他是个卑贱的铁匠的儿子，他的母亲当年因为和别人私通而被乱石打死，他的父亲成日里喝酒赌钱又欠了一屁股债，他家的铁匠铺早已是他一个人在打铁。他今年刚二十一岁，除了打铁他什么也不会，他只不过是力气很大。他虽然比我大几岁，但我从小就和他认识。他这次参加斗兽也只是为了还清他父亲欠下的赌债，昨晚我们还在一起说话呢，我告诉他，他一定会取得胜利的。”

马尔卡牵着马边走边道：“我不信，他一定不会是你说的这种人。”

“你如果不相信我，”小厮气冲冲的对马尔卡的背部嚷道：“你可以去城南处贫民的聚集地问，那里最破的一个铁匠铺就是他家的，那时你就知道我有没有说谎。”

马尔卡一行人牵着马来到斗兽场外，人们陆续的从里面出来。过了许久，迪里奥也出来了，他得意的对马尔卡三人道：“我知道他的消息了。”

马尔卡道："是不是城南处贫民聚集地，一个最破的铁匠铺。师傅，您打听消息花了多少钱？"

迪里奥睁大眼道："一个银币。"

"冤枉钱。"马尔卡道。

"我还知道很多消息。"迪里奥忙道。

"酒鬼的父亲，被乱石打死的母亲，一个卑贱出身，二十一岁的大力打铁匠。"马里斯笑道。

迪里奥一言不发，过会儿他冒出一句道："生活对贫穷男人与无助的女人总是格外的残酷。"

几个人都看着迪里奥笑起来。

"你们总是挑战我的智慧。"迪里奥又道："虽然说勇气可嘉，但终究是以下犯上，所以我要给你们惩罚——你们先到城外我们来时的那个树林处等我，如果明早太阳升起我还没有过去，你们便继续向瓦斯瓦特城行进，到那里找到铁门金行把这个交给行主。"迪里奥从怀中拿出一块金黄丝绸递给马尔卡道："告诉他是迪里奥让你们来的。"

马里斯刚想说话，迪里奥又道："这个铁匠值得我单独去一趟，我已经决定了。"

马尔卡接过那块金黄丝绸道："迪里奥师傅，您告知我的我必然办到，可我想知道的是，您准备用什么方式说服那个陌生又贫穷的铁匠和我们一起走呢？"

"看情况，"迪里奥道："如果我认为他值得信任，那么我便会实话实说，如果我觉得他不可信任，那么我便会留下一些钱什么也不说。但我不能保证我的判断没有问题，不过有时候，我也喜欢赌上一把。"

"迪里奥老师。"亚赛担心的往前探了一步，迪里奥却微笑的看着他道："公爵没有怪你，就如同此刻我的决定。行为是思想的最终体现，决定权在于自我，所以我们不可能去怪任何一个人。公爵与我都希望你能当个慈善的王者，亚赛，当然，你的决定权也在于你！可是，我们要回家，我们的骑士也要回家，我们的家不在山林，不在他乡，我们的家有名字，它叫赛马尔城堡。我们不是复仇，我们只是回到生养我们的地方。我不记得它战乱那晚的样子，但我永远记得它里面的酒馆与酒馆中热情的和我打招呼的任何一个人，虽然我现在年纪大了，但我永远记得我的出生地，那是一个贫困的地方，对的，我也是从卑贱中来的，我小时候最喜欢做的事便是给别人捣乱，直到一天我经历了一场恐惧，哎呀——”迪里奥又摇摇头道：“怎么说起这个了，像是要交代后事一样。亚赛，出城后你便可以掀起你面上的黑纱了，如果在林中等我等的无聊，那么你便看看赛马尔城堡的方向，你虽不在那里出生，但你的母亲却在那里成长，你的人民也在那里盼望。”

“迪里奥老师，我会的。”亚赛略带丝哽咽道：“如果可以，我现在就愿意掀起我面上的黑纱，如果可以，我现在就愿意为回家出上一份力量。”

迪里奥点点头。

“如果出了什么事，迪里奥师傅。”马里斯道：“我一定让那个铁匠无比悔恨他的决定。我不是狮子，但我会比狮子更让他恐怖。”

迪里奥笑道：“我是真心喜欢你这个样子，马里斯。答应我，等你们把大事都解决了，你一定要抽空把这件小事做了。现在该说的都说了，你们先到林间等待日出，我也要去办我该办的事了。”

黑夜无比漫长，猫头鹰在“咕咕”的叫。亚赛三人在林间默默地等待着，半夜时分，他们忽然听到了远处疾驰的马蹄声。

“有危险。”马尔卡抽出剑来和马里斯亚赛一起躲在树后，“迪里奥师傅不会选择在半夜出城。”他说。

马蹄声先是到他们附近的路上，转而入了树林，马尔卡向外偷望，见到迪里奥与一个人共乘在马上。

“迪里奥师傅。”他们三人走出树后。

迪里奥与那人一起下了马，迪里奥对他们道："给你们介绍一位新朋友，铁城的铁匠，二十一岁的奎力特。"

"你们好。"奎力特微低着头，他带着些没有见过世面的内向和他们打招呼道。

"我是真想和你比比力气。"马里斯热情的伸出手去道："但你可不要把我的手握的太疼。"

奎力特敦厚的笑，然后冲马里斯伸出了自己的大手。

第二十五章
都城的风笛

“我有时真觉得这一切就像是一场梦，陛下！”

在都城的小型会议室内，情报大臣正欢快的对亚索道：“可是它又是那么的真实——这个梦虽然是从严冬开始，但我还没来得及在寒冷中恐惧，春风便瞬间融化了冰雪，温暖的光也照耀了我的全身。一定是上天把您送到了我们的身边，也一定是慈悲的命运让您接手了国王的旗帜。”

“我今天刚刚回城，还有许多重要事情要办。”亚索道：“在回来的路上我听说西边的犹伦之地起兵了，你现在该告诉我的是些有用的情报，而不是一见我的面便先大唱赞歌。”

情报大臣笑道：“陛下，您不在城中的这三个月间确实发生了许多事，但唯独这件事情最小，也是最不值得一提的。因为从以往历史来看，我们国家每一次更换国王他们都要起一次兵，我们与他们为邻为友，但他们却总如一只喂不熟的狗，不论你给它什么，有机会它就总想对你咬上一口，可是每次他们也没成功过。”情报大臣又笑眯眯的道："而且陛下，我不是大唱赞歌，我只是说出了实话，心里话，您这次在这么短的时间里拿下了赛马尔城堡，王名震天下，我相信犹伦之地听到您得胜归来的消息马上就会偃旗息鼓，收兵回城了。"

亚索紧绷的脸色缓和了些，他道："即便如此我们也不能不多加留意，战争可不是儿戏。"

"是的，陛下，我也是这么想的。"情报大臣道："所以我早已加派探子去了西边我们的城镇，而据我现在所知道的消息，他们起兵快一个月了，如今却连一座城镇也没有攻下来呢。您知道，他们的蛮兵虽然看似高大，身骑大象，但他们自己脑中却奇缺智慧，很是愚蠢。可即便如此，我还是建议让内政大臣筹集粮草运往前线，以备不时之需。"

"嗯！可以。"亚索道："一会儿我找内政大臣谈谈，你还有什么事情要禀报？"

情报大臣眨眼道："有三件事比较奇怪，陛下。"

"什么事？"亚索问。

"我上个月得到一个消息。"情报大臣道："在南面的一个渔夫声称自己在黑夜的大海上见到了一条骑着海豚的美人鱼！"

"什么？"亚索饶有兴致的疑问道："美人鱼？"

"是的，陛下。"情报大臣点头道："据他说他那天是在上午出的海，下午却突然遭遇了暴风雨，而等到晚上风雨停时，他已经不知自己在大海的哪边。就在他准备在船舱休息一夜的时候，他忽然听到了一段奇怪的歌声。当时四周除了海水什么也没有，船中又只有他一人，他大起胆子拿着鱼叉走上甲板，而借着天上圆月皎洁的光芒，他看到离他船的不远处，一只美人鱼正坐在一只海豚的背上在冲他的船唱歌！"

"是吗？"亚索皱眉笑道："怎么像是我小时候听到的故事，那只人鱼唱什么？"

“他没有听清，他说他只是感到害怕。”情报大臣摇头道：“他说他吆喝了几句，那只人鱼却依然没有停止歌声，并且开始向他的船缓缓游来，他忙扔出了手中的鱼叉，那只人鱼便和海豚一起沉入了大海，再也没有出现过。”

亚索沉思着没有说话。

“我也怀疑这件事情的真实性。”情报大臣又道：“所以我还特意派人去暗暗调查了这个渔夫的出身与人品——他是一个贫困的鳏夫，年纪也不小了，但他周边的人对他的评价都是，他是一个老实人。”

亚索想了一会儿道：“我不太能相信这件事情的真实性，人鱼的事我也听父王讲起过，父王说是在瓦斯瓦特城中有一条人鱼，但据我父王所说他也是听他的父王讲起的，这件事在全国都有流传，但谁都知道瓦斯瓦特城是个神秘的国度，我还没听任何人说去过那个国度，也没听任何人说知道它在大海的哪里。对了，你不是在海盗中安插的有我们的耳目？你可以送信给他们，让他们注意一下，有没有海盗知道瓦斯瓦特城的下落，有没有海盗知道人鱼的消息。”

“这是第二件奇怪的事。”情报大臣跟着道：“去年我才向离我们海上最近的，也是最大的海盗处陆续安插进了几名耳目用以打探消息，想知道他们会不会有对我们国家不利的举动。可中途却只收回来一个人的情报，他只说他们的船长是个疯子。我本想再等一段时间，等他们都在海盗处安稳好了再传送情报，可几天前我下面的人告诉我，我们所有的耳目却突然间联系不上了，而那帮海盗也像凭空消失了一样，再也没有在我们的海边出现过。”

“真是奇怪，难道发生了什么事？还是海盗转变了航向？”亚索疑问道。

“可是不论怎么样，对陛下来说这都是两件天大的好事。”情报大臣道：“陛下刚登基，便有渔民看到了美人鱼，在传说中男性人鱼的歌声可是能够治病的，而吃了美人鱼的肉更是能够让人长生不老、永保青春。无风不起浪，这是所有人都知道的事实。我想这一定是上天对陛下与我们人民的恩宠，上天一定是愿意让陛下一直当我们的国王，所以才在这个时候让美人鱼现身。”

亚索并没有接情报大臣这句话，却显出欣喜的神情低问道：“可是海盗那边又是怎么回事？”

“我也不知道，”情报大臣道：“但他们消失了最好，这样便不会有人再在我们海边骚扰了。”

亚索道：“把这两个消息传出去，并且传令下去。谁能抓到活着的男性人鱼，赏赐金币两万，银币两万。谁能带来美人鱼，不论死活，都赐侯爵，赏城封地，子孙世袭——我倒要看看这世上究竟有没有这种稀罕物。”

“遵命陛下。”情报大臣道：“可还有一个不大好，也有些奇怪的消息。”

“什么消息？”

“这个消息是关于您的三王弟亚伦的。”情报大臣道。

亚索立刻坐直身子，他简短的道：“说。”

“十几天前我们的人接到外面士兵的消息，有个农民在城外不远的树林中挖出了一具不大的尸骸，尸骸已经无法辨认身份，而在尸骸的不远处还埋有大量的金银。“

“你怀疑那具尸骸是我亚伦王弟吗？”亚索低声急迫的问道。

“我不敢那样想，”情报大臣道：“但那包金银中却有个这东西。”

情报大臣说着从口袋中拿出一个黄金吊坠递给亚索，亚索接过，看到那个黄金吊坠上刻画的是一个女子的头像，而下面则刻着贝丽苏亚几个字。

亚索盯着那个黄金吊坠好大一会儿，他方才低头叹了口气，将黄金吊坠装进自己的衣袋。

“这件事还没有处理。”情报大臣道：“我也不敢私自处理。我只是下令让所有人封锁消息，就连士兵，探子、还有发现的那个农民都不例外，然后我让人将金银与那具尸骸又都原封不动的埋在那里，十几天来我日夜派人在那个树林处偷偷看守，现在我等候国王陛下圣意的裁决。”

“你做得很好。”亚索缓慢的点头道“我现在命令你加派人手，日夜守望，如果发现有人去挖那些金银，不问缘由，不论是谁，无需审判，直处死刑。”

“遵命陛下。”情报大臣道。

“还有，”亚索接着道：“不要对任何人说起这件事，如果有人向你打听我王弟亚伦的消息，你就告诉他，全国正在不惜余力的寻找，并且，如有必要你也可以告诉他，有人好像在哪儿见过我王弟亚伦出现过，人们总是愿意相信自己愿意相信的东西，对吧？情报大臣！”

“当然。”情报大臣行礼道：“那具尸骸本就无法辨认，也无人能确定那就一定会是亚伦王弟，我相信他一定不会死。”

“他不会死。”亚索用只能自己听见的声音道：“因为他从没存在过。”

会议室中沉默一会儿，亚索才问道：“你还有什么事要禀报吗？”

“没有陛下。”情报大臣回道。

“你先出去吧，”亚索摆手道：“把内政大臣叫进来。”

情报大臣走出会议室，他来到前殿，见到内政大臣正一个人在那儿站着。

“陛下在叫您呢。”情报大臣笑眯眯的道：“大人。”

“在叫我？”内政大臣道：“如果你不在后面加上大人两个字，这多像是在叫一条狗。”

“哎呀，大人。您怎么能这么说呢？”情报大臣惊讶道：“我们是这个国家的栋梁，国王就如同屋顶，要有我们撑着，才不会掉下来砸到在下面避雨的人群。”

“你这个比喻太好了。”内政大臣道：“可是我还是觉得我像是一只什么也不知道，只知道跟着主人瞎跑的狗，你也是，不——”他摇摇头道：“你是什么都知道，还愿意跟着跑的狗。不对，我们是栋梁，可是我们的材质有问题，正因为不是直直的木头，所以容易跟着屋顶晃动。我敢打赌，你一定没有如实禀报犹伦之地已经连占我们西方两座城镇的事实。”

情报大臣又一次惊讶道：“什么时候占的？我怎么还没有接到消息？”

“昨天晚上。”内政大臣道，“你这个情报大臣可真是失职，我的消息都比你早一个夜晚，你这个位置应该由我来干。”

情报大臣低眉笑道：“大人，您一定不会自降身价看上我这个职位的。陆军统帅阵亡，国王陛下明日一定会按国礼为他安葬，我觉得您可以身兼两职，正好现在也急需文武全才的奇人异士来为国家分忧解愁。”

内政大臣冷笑道：“不和揣着明白装糊涂的人讲道理——这以往的话说的真是太好了，因为你永远也讲不过他们，你看到他们的行为就是他们的道理。”

“我哪有揣着明白装糊涂呢！”情报大臣无辜的道：“我讲的都是实话，心里话，我是真的还没有得到丢失两座城镇的消息。大人，您给我说话好像带着气，但是大人，我还是像以往那样尊重您。可能您觉得我当时不该全力主张国王陛下对赛马尔城堡发动征战，可那是陛下应该做也愿意做的事情，而我又是个小人物，自知人微言轻，况且，那时连您也没有阻拦啊，如果我没有记错，您当时还对陆军统帅说没谁会让他饿着肚子回来。这不能丢了两座城镇您就怪在我的头上啊，您知道这也是我不愿意看到的事。”

“我之所以带着气和你说话，”内政大臣道：“是因为我想寻找战友，可你却想让我更加生气，所以我的气也消失了。”

“我们本就是战友，大人。”情报大臣道：“您消了气可真是太好了，生气对身体不好，去吧，国王在叫您呢，大人。”

“感谢您的传信，大人。”内政大臣点了下头，然后向小会议室走去，他推开门，见到亚索正坐在桌后看着他。

内政大臣走过去行礼，亚索将桌上的一卷金黄绸布递给他道：“你看看这个，这是我们这次进攻赛马尔城堡全部所得。”

内政大臣打开绸布，里面密密麻麻的记录了黄金，白银，马匹，粮食等等详细的数量。

“你拿回去算吧。”亚索道：“回来告诉我，这次出征我们是赚了还是赔了。”

内政大臣没有接话，眼睛却死盯着那些数字看，过了一会儿他摇头道：“不对啊，陛下，这不该是我们的全部所得。”

“哦？”亚索提起兴趣，他问道：“你的意思是说我们应该得的比这些更多？”

内政大臣点头道：“初步估计，我们这次的出征消耗，比我们这次战争所得多了一万七千金币左右，这里面还没有加上死伤士兵家属抚恤金，因为死伤士兵统计的数字我还没有见到。而且我们出征的马匹折损数量我也没有见到，但即便是全部马匹都死亡了，我们所得马匹数量也多了一千匹，所得粮食数量也高于我们出征所用的粮食数量，在这两点上我们是赚了。可是，一个城也不该只有这么少的马匹和粮食啊？特别是赛马尔城。”

亚索咬牙切齿道：“城中有不少骑兵冲杀了出去，没有冲杀出去的骑兵很多都在杀自己的马，还有些粮仓被那里的平民烧毁。我真不知道他们是怎么想的！”

“不止如此，陛下。”内政大臣道“黄金与白银的数量都不对，根本不可能这么少。我刚刚已经将所得的马匹和粮食换算成了黄金。可是加在一起还不如我们这次出征的费用。”

“我也觉得奇怪，”亚索道：“要不就是赛马尔城根本不像传说中的那样富裕，要不就是他们将黄金提前隐藏在了什么地方。我这次回来在那里留守了一万人，贝格先代理了那里的城主，你觉得我是不是该对他传令？如果没人汇报黄金隐藏地的下落，我们就对那个地方屠城？”

“不可，陛下。”内政大臣忙道：“黄金隐藏地这只是我们的猜测，如果赛马尔城根本没有那么多的黄金，我们至少还得到了那里许多平民。并且我们西方的两座城镇刚被犹伦之地攻陷，如果赛马尔城发生动乱再保不住——”

“你说什么？”亚索吃惊道：“犹伦之地攻陷了我们两座城镇？什么时候的事？”

“昨晚我得到的消息。”内政大臣道。

亚索沉默一下道：“我知道了，你先出去吧。”

“遵命陛下。”内政大臣走出了会议室。

亚索在会议室呆坐会儿后起身，他走到贝丽苏亚寝宫外的长廊，听到一段悠扬悲伤的风笛声。

亚索慢步走到贝丽索亚的寝宫外，他直听到这段风笛声结束方才轻轻推开门，他看到贝丽苏亚正穿着平常的衣服，手中拿着桑尔夏特有的长长的风笛独坐在窗户边。

“陛下。”贝丽苏亚看到亚索忙起身行礼道：“您怎么没让人通报一声？”

亚索微笑道：“你好久没有吹奏曲子了，是你的曲子召唤到了我。”

贝丽苏亚放下手中的风笛道：“这是我们桑尔夏城每年春夏交接季都要在林中吹奏的曲子。以往这个时候很多平民与士兵都会聚集在森林深处同奏这首《风神吾心》，曲子中的间断是我们所有人向风神的祈祷与呐喊，陛下，您要听它的词吗？”

亚索点头。

“爱我所爱，恨我所恨。”贝丽苏亚轻声道：“这瞬息万变的风啊，倾听我永恒如一的心啊。我的心如这沙沙作响的树叶，我的心如这涓涓而过的溪流，我的心如翩然而起的飞鸟，我的心如风抚而过的百木。我的心终有天将如尘如土，我的心终有天将如雾如露，我的心终有天将无知无识，我的心终有天将百年作古。爱我的人啊，终是泪眼如注，恨我的人啊，终将不肯回目——陛下，您怎么落泪了？”贝丽苏亚惊讶道。

“贝丽苏亚。”亚索道：“如果有一天你不在了，我一定会泪眼如注。”

“您不当这样。”贝丽苏亚道：“陛下，您今日早上回城，我在这里都听到了城中万民的欢呼与祝贺，您应当高兴，陛下。当前些天我听说您身冒奇险，不顾生死的时候，我的心都在跟着您的安危颤抖着，是我的曲子无意中打扰了您的心。亚索，答应我。”贝丽苏亚的目光含着柔情关心，又带有一丝不舍，就如同母亲在对待自己心爱而顽皮的孩子，“不要再去冒这样历经生死的险，不要再让贝丽苏亚这么苦苦不安的等待！”

222

第二十六章 叹息的森林

"这真是个巨大的森林。"迪里奥边走边道:"以往春夏交接时我们赛马尔城总是一派热闹的景象。可是这里却是这么的宁静,穿梭在这里我就像是到了另外一个世界。啧——"他咂着嘴,享受似的道:"树叶遮挡着光线,满目的郁郁葱葱,周围除了鸟叫声什么杂声也没有,我可真是喜欢——"

"迪里奥师傅别动,"马里斯忽然惊恐的大叫道:"在您的脚边有一条毒蛇。"

"哎呀——"迪里奥迅速向后跳起,却听到马里斯几人的哈哈大笑。

迪里奥脚刚落地便身子一歪,他痛苦不堪地蹲在地上咧着嘴道:"马里斯,你是不是觉得欺骗一个老者是一件很有意思的事情?刚刚被你一吓,我扭伤了右脚。"

几人忙停下脚步,马里斯瞪直了眼睛。

"我走不成路了。"迪里奥脸色阴沉下来。

“那、那该怎么办？”马里斯结巴的道：“要不然让奎力特背着您吧。”

“我来。”奎力特蹲在迪里奥身边，就要把他背在背上。

“算了吧，”迪里奥摆手道：“奎力特是有力气，但这件事又不是他挑起的，干嘛非要让老实人吃亏？哎——我们连着走了四天，可林中的路却是越来越难行了，马匹又被我们留在了森林之外，我的右脚现在是越来越疼，它可能一个月都不能接触地面了。该怎么办？又不能因为我一个人的原因大家都停步不前。算了，马里斯，你们不用管我了，你们接着走吧，就让我这个老者死在这个美丽的地方吧。”

马里斯蹲下身把迪里奥背在背上，他埋怨道：“迪里奥师傅，我刚刚说让您别动。”

“不是你的言语，”迪里奥道：“我根本没听清你说什么，是你的态度先让我恐惧了——小心你脚下的树根和藤条，可别摔倒了。不过话说回来，马里斯，你的背部可真是厚实啊！”他拍了拍马里斯的背，就像拍拍马屁股一样道：“这可比坐在马背上舒服多了！”

“迪里奥师傅，”马尔卡用怀疑的口气道：“我怎么觉得您是装的？”

迪里奥无辜的皱眉道：“马尔卡，厚道一些吧。你总不会非要脱下我的鞋袜，看看我发肿的脚踝才肯相信我的话吧。马尔卡，我问你，人为什么要追寻智慧？智慧又能为我们带来什么？它除了能帮助我们避开陷阱，保证我们生存，能帮我们获取猎物以外难道就没有别的用处了？”他摇头道：“不是这样的，这就如同知道和得道、聪明和智慧一样——做个比方，比如说一个爱喝酒的人听说过、也亲眼见证过、或亲身经历过酗酒对身体的危害——这时只是他知道的开始；但如果从那天起他便远离了酒，也彻底改变了自己已经习惯了的生活方式，这就是他得道的开始。所以说，知道很可能只是瞬间的事情，但得道却需要时间与自我改变的打磨。为什么要得到？只因为我看到了酗酒有害健康这个因，所以我不想得身体最终被害这个果，而为了要躲避这个恶果最终在我的身上形成，所以我要发生改变——虽然由一个不好的习惯改为一个良好的习惯，开始必然是痛苦的，但这便是人们常说的自我拯救的过程。再拿这个比喻中的酒为例——假设说一个人从生到死都滴酒未沾，并且他也从未劝他人喝过酒，那么他知不知道酗酒对身体有害这个道理都无所谓，只因他一生就活在道理中——只是这种人犹如凤毛麟角般罕见，在世间因为引诱、因为怀疑、因为跃跃欲试、因为心存侥幸，因为懒惰等等因素，很容易促使大多数人生来聪明简单，但在生活中得到智慧很难；用自己的耳朵听说一些道理很简单，但用自己的大脑去得到一些道理很难，猜忌别人的用心很简单，但自己心存厚道一点很难一样。”

林中忽然传来一声叹息。

几个人都停下脚步。

“什么声音？”马尔卡侧耳听道。

“就如同巨人在叹气，又如同巨兽在喘息。”亚赛道。

奎力特不明所以，却无惧的从后腰抽出自己的战斧。

这声音持续的时间很长，直到周边的树枝都在跟着摆动。迪里奥听了一会儿笑道：“奎力特，把你手中的战斧收起来吧。这是风穿过这里的林木时不得不发出的声音，你们看看周围的鸟儿，并没有惊乱——大自然真是巧夺天工，这是风的声音。”

奎力特收起武器，几个人继续前行，马里斯忽然很有兴致的问道：“对了，迪里奥师傅，在铁城时您不是说您小时候经历了一场恐惧？是一场什么样的恐惧？”

“其实是一件小事，”迪里奥道：“这事儿还要从我的出生地讲起。马里斯，我说出来你们可能想象不到，但奎力特一听便深有体会，因为好的生活大体相似，而贫穷的生活也相差无几。从我记事起我就不知道我的父亲在哪里，我只记得我的母亲，她是一个洗衣女工。我和母亲住的是茅草和几块木板搭成的家，那木板你连做棺木都不会用——只因它太薄，可我的周围也都是这样的家。奎力特住的地方叫贫民的聚集地，而我住的地方呢？它倒有个好听的名字，叫做辟火巷。辟火巷的夏天是臭气熏天，一到冬天又冷的吓人。而更糟糕的是，那里的房屋一碰上下雨便漏雨，一遇见刮风便钻风。你们小时候可能有马狗为友，而我小时却只有老鼠蟑螂为伴。我的母亲一年四季都在为别人洗衣。而冬天富裕的太太们如果想喝鱼汤，我母亲也会卷起衣袍的下摆站在结着薄冰的河水中摸鱼，我亲眼看着她的身子冻得发抖，一双手也冷得通红的拿回一些钱来。母亲直到被病痛击倒时也没过过一天的好日子，你们可能以为我的母亲是个伟大的人，也总有人将贫穷的生活描述的过于美好。但从我的经历所看，描述这些的不是没有经历过贫穷的富人，便是一厢情愿的穷人。你们知道那天奎力特是怎么跟我出来的吗？奎力特，我能说吗？”

“可以的，迪里奥师傅。”奎力特想也没想道。

“奎力特是个老实人，贫困并未改变它的本质——和他在屋外说了几句话后我便做出了这个判断。于是我找个合适的时机，真实的告诉了他一切，我们的身份，还有我们准备做的事情，我们需要他，也希望他能和我们一起走，他有天生的好力气，而他这种力气不该一辈子浪费在打铁铺内。奎力特同意了，可是他的父亲不同意。当我和奎力特站在他父亲面前的时候，他父亲正喝的酩酊大醉。‘我有一个好儿子。’他说，‘我所有的朋友都告诉我我有一个好儿子，你这种力气不该一辈子浪费在打铁铺内，奎力特。’他醉醺醺的拍了拍奎力特的肩膀，‘你今天赢得钱已经让我还完了赌债，我们将有新的开始，我们再也不会过这种贫贱无趣的生活，我们将和所有有身份有地位的达官贵人一样，好儿子，你一定是继承了我优秀的基因才让你在今天打死了狮子。你就是斗兽场上的王者，所以明天的斗兽会更有看头，而赌博的赌徒也会因为你的出现再次情绪高涨，明天的赌桌上会堆满大量的金银——好儿子，看在父亲不容易把你拉扯大的份上去把它们都赢回来。’而当奎力特告诉他父亲不会再参加斗兽而要和我一起远行时，他父亲才问道我是谁。”

迪里奥咳嗽一下道：“我说我是个商人。他父亲乜斜着眼睛问我能给他多少钱让他同意他的儿子跟我走，我问他要多少钱。他摇头晃脑的想了一会儿，然后冲我说出了一个你们都不敢相信的数字。我如实告诉他我没有那么多钱，他又问我能出多少钱？这时奎力特告诉他父亲是自愿跟我走的，所以我不用出什么钱。他父亲便气急败坏的冲他叫嚷道，‘闭嘴，我把你生出来养大，给你吃穿，怎么？你现在长大了就想什么也不回报便离我而去吗？这世上就是一条狗也知道要报恩。’‘我已经报过恩了，’奎力特道，‘所以我今天才会不顾性命的参加斗兽，拿来的钱让您还完了赌债。’奎力特的话让他父亲恼羞成怒，他把手中的酒囊摔在地上，重重的打了奎力特一个耳光。”

迪里奥叹口气，又道：“我对他父亲说你是生养了奎力特，但他不是狗，他是一个人。他虽然是你的好儿子，但你也不能忽略他是一个人的事实。‘我有自己的想法，父亲。’奎力特接着对他父亲道，‘虽然您从来没有问过我，我也从来没有告诉过您，但我有我的想法。可能在您的眼里我是个不太说话，只知道闷头打铁的人，那是因为您从来没真正的和我说过话，在我的记忆中您也一直都是醉醺醺的从来没有清醒过的样子。可是，我有我的想法，我是自愿跟着这位老者走，父亲，一直以来我没有反抗过您的话，但这次我要自己决定我的道路。’”

“‘巫师，巫师。’他父亲突然瞪着发红的眼睛恐惧的冲我叫道。”迪里奥道：“‘我听我朋友们说过，这世上存在着一种巫师，你不能和他说话，他会操控人的心神，你一定是对奎力特使用了可怕的巫术，你把他的心变成了对你有用的铁石。我现在要去告发你，让你在全城人的面前，让你在炙热的火焰里显露出你的真身。’他父亲边大声的叫嚷边要出去。奎力特从后面抱住他父亲的身子，情急下，我则从后面打晕了他的父亲。奎力特，我希望你不要怪我，因为我的身份，我也很着急，所以当时我只能那么做。”迪里奥扭头对奎力特道。

“我没有怪你，迪里奥师傅。”奎力特道：“您只是打晕了我的父亲，我见他晕倒过很多次，而第二天醒来时他都觉得自己是在做梦。”

“我和奎力特把他父亲搬上床，”迪里奥接着道：“然后我们趁着夜晚跑出了铁城。我为什么要给你们讲这件事呢？因为我的母亲和他的父亲差不了多少，贫瘠磨灭了他们的热情，使他们的脾气暴躁，内心冷漠自私，不止对别人，有时对自己的孩子也是如此。他们有时也愿意求人，但总是受到别人的欺骗、拒绝、愚弄和嘲笑，而这些又循环到他们身上，更是滋养了他们内心的恨意。其实自己不强大，又怎么能和比你强的人交往呢？就像我和奎力特的父亲，我们话都说不到一起，想法与认知都不同，无法沟通，又怎会合作？我们根本不可能成为朋友。他说我是巫师，他又怎么不想想那天奎力特的决定和他以往的行为有没有什么关系？他嘴里口口声声的朋友，又是一帮什么人呢？所以，聪明人都知道，人生在世，重要的不是你认识谁，而是你是谁，你是英明的王，你身边自有明智的首相，你是好赌的赌徒，你身边自然会有豪赌的赌友，你喜欢喝酒，你身旁自有烂醉的酒鬼。物以类聚，人以群分，你怀着什么样的心进入了什么样的圈子，那里自然充满着和你怀着同样心思的人。道理显然易见，反之同样亦然，所以，淡泊的心不可能主动踏入名利场，安静的心不可能主动踏入是非场，平和的心不可能主动踏入争斗场，善良的心也不可能主动踏入杀戮场。”

林中再次传来一声又长又重的叹息声，迪里奥五人没有停步。

“可是我的母亲却不明白这些道理。”迪里奥继续道：“但这也不能怪她，生存的重负压在她的身上，她又怎么能抽出时间来分辨道理的真伪？她每日劳作一天，晚上又常为明天的食物在哪儿而发愁。她整日愁眉苦脸，有些闲钱也自然愿意借酒消愁。这样的环境影响了我，所以我的童年并不太好，无人愿意听我说话，也无人愿意问我的想法，母亲对我又是非打即骂，我心中的情绪无人引导，以至于暴虐的种子发了芽。”

“暴虐？”马里斯有些不信的笑道：“迪里奥师傅，您是说暴虐？”

“是的，暴虐。”迪里奥点头道：“可是没有谁天生暴虐，只因为人生而孤独。在我母亲去世那天，我感到什么？是悲伤？还是高兴？不，什么也没有，一切只如同梦醒时的迷惑，如果你硬要我说情感，那便是冷漠。母亲是在清晨去世，而那天正是我十一岁的生日，我亲眼看到病痛折磨了她一夜，那晚她躺在床上，迷迷糊糊，辗转反侧，她的身子热的如同烧红的碳般吓人，可是屋里没有医生，没有外人，只有我们两个，我不知该做什么，只是害怕，怕的发抖，母亲的身子也在发抖抽搐。辟火巷里常见死人，但第一次我觉得那天的夜是那么的漫长，那么的恐怖。母亲在迷糊中不停地叫着一个陌生的名字，我怀疑那是我的父亲。而当早上太阳的光线照在她脸上的时候，她停止了呼吸。”

“没人在乎她的死去，就如同没人在乎我还活着。整个辟火巷冰冷的如同我母亲的尸体，也如同我冷冰冰的感情。我在屋里坐了很久，我拿起火石——辟火巷第一次被烈火吞噬，风卷着火焰，发出噼噼啪啪的声音。所有的人都在往外跑，人们惊慌的看着，直到整个辟火巷烧成黑灰。大火烧了一天，许多人晚上都在自己的家前痛哭哀嚎，虽然那本不过是几块木板，几堆茅草，但乞丐也有自己认为价值千金的外物。没人疑问火是从哪儿来的，但看着他们我却感到快意，似乎他们的哭嚷是为了我，是为了我死去的母亲。而那天晚上，我离开了辟火巷。”

马里斯小心的迈过脚下粗壮的藤条，迪里奥接着道：“我开始在赛马尔城乞食，和所有小乞丐一样，我遭受过白眼，遇到过呵斥，饥一顿饱一顿，风里来雨里去。我也认识了几个小乞丐朋友，我们也在一起偷窃。直到有一天一个提着蛇皮袋子的乞丐问我们愿不愿意加入他们的帮会，能让我们每一顿都吃饱饭。我那几个朋友愿意，可我不愿意，孤僻冷漠的性格使我不相信他的话。我那几个乞丐朋友抛弃我跟他去了，我仍然是一个人。直到有一天我遇到了其中的一个，他已经残废了。我惊讶的问他怎么回事，他让我快走，快离开那儿，有人在看着他。我问他是怎么残废的，他苦笑一声道，'我现在每顿能吃饱饭是身体换来的，他们说这样我才能要到更多的钱。迪里奥，我一辈子就是这样了，你快走吧。帮会是越来越凶残，我听说他们以后准备强抓城中的小乞丐，再也不会问你愿不愿意了。'他的样子让我害怕，当天我便离开了赛马尔城。"

"我一路向西，漫无目的的走。当时还有许多国家，有的和平，有的战乱，有的富裕，有的贫穷。"迪里奥继续道："可一直以来我却有一个毛病，我从小就讨厌地里的一种虫子，它有着圆滚发软的身子，浑身长满着密密麻麻的白色长毛，背部却是色彩斑斓。我第一次见到它便忍不住心中的厌恶，恨不得拿石头砸死它，事实上我也确实那么干了，在路上我依然如此，有时我会长时间的翻找地面，只为把它们翻出来然后再一个一个砸死。每当看到它们扁扁的趴在地上不再动弹，我便会解恨而满足的笑。直到有天我砸一只虫子砸的狠了，它体内的肉酱爆出来喷进了我的左眼，当时我的左眼一痛便睁不开了。我一下子恐惧起来，因为有人告诉过我，这种虫子是有毒的。我害怕我的左眼失明，便马上打开我携带的捡来的破旧酒囊——那里面是我装的河水。我用水不停的冲洗我的眼睛，我的心跳得厉害。当那水用完的时候，我闭着眼微微睁开，光亮依然印进我的眼中。我坐在地上，看着地上那几只依旧在尽力蠕动着身子的虫子，有几个问题冒进了我的脑中，'我为什么要砸死它们？''我为什么要厌恶它们？''它们天生如此，又没有伤害过我，我为什么要这样做？’那是我平生第一次因为我的行为而问为什么，我虽没有答案，但也没有再去砸那几只虫子，我站起身，开始了疑问自我，也从那刻起，许多问题如同发芽般伴随了我的一生。”

林中这次传来的叹息声大的吓人。

迪里奥继续道：“问题如同饥饿感般接踵而来，我也不再漫无目的的走。我从来不问食物是从哪里来，也从来不管答案是从哪里来。我开始观察别人，也开始分析自己，我在许多城市乞讨，我倾听许多人交谈，我开始试图学习文字，也开始学习对自己有用的技艺，开始时并不顺利，许多东西也让我更加迷惑。这样过了好几年，我差不多十九岁的时候，有一次公爵的军队进攻一个城镇——”

林中的叹息声停止，不知何处而来的四支弓箭“嗖嗖嗖嗖”从迪里奥几人的脸边飞过，然后重重钉在树上。

迪里奥几人大惊失色，马里斯慌忙靠到旁边的大树上，马尔卡，亚赛和奎力特马上抽出各自的武器将马里斯和迪里奥围在了中间。

“我是真不喜欢讲往事。”迪里奥苦道：“往事往往就是掩埋前路的黑沙，而对于我这种年纪的人来说，一讲往事，似乎便离死亡不远了。”

林中异常的寂静，就连鸟叫声都没有。

第二十七章 奇异的梦境

“贝丽苏亚，贝丽苏亚，你睡着了吗？”一个老者拍了拍趴在他膝盖上的小女孩儿的背部和蔼的道：“你快回你的房间里睡吧，这里，太冷了。”

“没有，我没有睡着，父王。”小女孩儿抬起脸好奇地问道：“故事讲完了吗？”

“讲完了，王子与公主一过上幸福的生活故事就讲完了。”老者看着小女孩儿温和的笑起来。

“是你让他们过上幸福的生活的，是吗？父王？我知道，一定是你，你是桑尔夏城的国王。”小女孩儿道。

“不，是他们自己过上幸福的生活的。孩子，我只是你的父亲，我不是国王。”老者爱怜的抚摸着小女孩儿的脸，“他们吃了那么多的苦，走了那么多的弯路，相互分离了那么久，是他们自己过上幸福的生活的。贝丽苏亚，你困了吗？”

“没有，父王，我不困。我不想回房间里睡觉，我想和你多呆一会儿。”小女孩儿道。

“今天是你懂事的日子，孩子，本来我想趁你睡着再把这个礼物放在你的床边。”老者从身边拿出一个木盒递到小女孩儿的面前。

“这是什么？父亲？”小女孩儿接过木盒好奇的问道。

“这是我找灵巧工匠做的魔盒，我也没有见过，”老者的声音发抖，他透着一丝激动道：“打开它，打开它，它会说话。”

小女孩儿打开木盒，木盒里传来了一阵“叮咚，叮咚”悦耳的声音，小女孩儿静静地听了一会儿道：“真好听，父王，这个盒子叫什么？”

“它没有名字，工匠也没有告诉我他的名字，你喜欢它吗？”老者问道。

“喜欢。”

“那你为它取一个名字吧！”

小女孩儿高兴地想了又想道：“我要叫它叮咚魔盒，可以吗？父王，我要叫它叮咚魔盒。”

“当然可以，它是你的，孩子，它是你的，当然可以。”老者也高兴的道。

两人一起听着盒子里叮咚，叮咚的声音。

“这个音乐会一直响下去吗？”小女孩儿问道。

“只要你把它盖上，这个音乐便会停止了。贝丽苏亚，只要你把它盖上。”老者道。

小女孩儿并没有盖上那个木盒，过了一会儿，木盒中出现了两个跳舞的小木人。这两个小木人一男一女，雕刻的异常精致，他们的舞步伴随着音乐声显得机械又轻盈。贝丽苏亚很有兴致的看着，两个木人在盒子上跳了一段舞，男木人鞠了个躬，音乐停止了。

“贝丽苏亚，你为什么要做这个选择呢？”老者悲伤地看着小女孩儿道。

“神灵创造了男人和女人，”那个男木人忽然开口道：“我是男人，她是女人，我们都是人。”

“魔鬼创造了男人和女人。”那个女木人接着开口道：“我是女人，他是男人，我们都是人。”

“同样的血肉。”男木人道。

“同样的心。”女木人道。

“同样的欲望。”男木人道。

“同样的感情。”女木人道。

“如果你伤害了我的血肉。”男木人道。

“如果你伤害了我的心。”女木人道。

“如果你利用了我的欲望。”男木人道。

“如果你欺骗了我的感情。”女木人道。

“叮咚，叮咚。”木盒悦耳的叮咚声再次响起。

“那就让我们一起为你跳个舞吧。”两个木人同时道，接着他们开始在木盒中旋转跳舞。

“贝丽苏亚。”那个老者再次悲伤地道：“你为什么要做这个选择呢。”

“父亲，我想见您。”小女孩儿哭泣道：“您告诉我的美该怎么得到？是善良？还是力量？”

“贝丽苏亚。”老者哭泣道：“我在这里过得很好，我不能告诉你——但死亡只是生命的一部分，没人愿意死去——贝丽苏亚，关上盒子，你为什么要做这样的选择呢？”

两个木人舞跳的越来越快，他们旋转的速度已经让小女孩儿看不清楚，她有些害怕的拿起木盖，两个木人和叮咚声却都停止了。

“一切已经开始。”男木人机械的道。

“怎么可能结束。”女木人机械的道。

“你见到了我的样貌。”男木人机械的道。

“你看到了我的真实。”女木人机械的道。

“从来没有白给的血肉。”男木人机械的道。

“从来没有白流的眼泪。”女木人机械的道。

“用力捍卫我的欲望。”男木人机械的道。

“用心维护我的情感。”女木人机械的道。

“你可知昨夜有人已经死去？”男木人机械的问。

“你可知昨夜有人已经复活？”女木人机械的问。

“咯咯咯咯。”两个木人相互诡异的笑了起来。

男木人轻松的迈起舞步。“不是神灵创造了男女，我遗忘了母亲的模样。”

女木人轻松的迈起舞步。“不是魔鬼创造了男女，我忘记了父亲的样子。”

两个木人缓慢的跳起舞，叮咚声再次响起。

“我们创造了我们，我们创造了人。”男木人边舞边抱住女木人的腰。

“我们创造了人，谁在创造命运。”女木人边舞边搂住男木人的腰。

“可怕，可怕。”男木人道：“命运伤害了我的血肉，命运从哪儿来？我给你金钱地位。你喜欢吗？这是我乐于给你的。命运从哪儿来？我给你纯洁来验证纯真的爱。你喜欢吗？这是我的全部。”

“命运沉睡在夜晚。”女木人道：“不怕，不怕。命运沉睡在夜晚——我已在昨夜踏过了百合花，我偷走了魔术师深红色斗篷，没有光亮就没谁看见。我已找到了愚人，并趁黑赶走了他身旁那条狂吠的小狗，命运此后只能在他那根支撑着包裹的杖中安睡。春夏秋冬，春夏秋冬，红色调和红色，黑色容纳黑色，我将它放进体内慢慢孕育，我将创造命运。”

“可怕，可怕。”男木人继续道：“黑夜利用了我的欲望，黑夜从哪儿来？我给你我爱的所有，你喜欢吗？这是我乐于给你的。黑夜从哪儿来？我给你真心来表达真诚的爱。你喜欢吗？这是我的全部。”

“黑夜屈服与命运。”女木人继续道：“别怕，别怕。黑夜屈服与命运——我已趁乱拆开了那副牌，我拿走了红色小丑的披风。能主宰命运的人便能号令黑夜。我已在赌局中刺伤了红桃皇后，我趁乱带走了她的双眼。一年四季，一年四季，我见到了黑桃王子的眼泪。咸味调和咸味，苦涩容纳苦涩，我将它放进体内慢慢孕育，我将击垮黑夜。”

“啊——这可真是支多姿多彩的舞！”男木人欢快的边跳边道。

“啊——这可真是支漫长无尽的舞！”女木人欢快的边跳边道。

小女孩儿颤抖着手盖上了盒子的木盖，老者流出了眼泪。

“怎么？你看到了我们，怎能关住我们。我们在黑暗的盒中跳舞，你只是看不见我们的本人。”男木人在盒中嚷道。

“怎么？你让我们开始，我们让你结束。我们在黑暗的盒中造人，你只是见不到本人的我们。”女木人在盒中嚷道。

“我撕裂你的衣裙，露出你的本真，这将是一场欢愉的残酷——如同暴风雨袭击大地，雨滴啪啪作响，狂风酣畅淋漓。”男木人道。

“我脱去你的衣袍，显出你的本心，这会是一场残暴的欢愉——如同黑森林遭遇雷击，树叶瑟瑟发抖，烈火随心所欲。”女木人道。

“打开它吧，贝丽苏亚，打开它吧。”老者颤抖着声音道：“你为什么要做这样的选择呢？盯着它，它最后还有可能是希望。”

小女孩儿伸过手去，却听到了一声熟悉的声音，“是亚伦。”她忙站起身四处望去，却什么也没有看到。

“亚伦，亚伦，你在哪里？”小女孩儿大声叫着，却听到那个老者用另一种熟悉的声音叫她的名字道：“贝丽苏亚，贝丽苏亚。”

贝丽苏亚睁开眼睛，看到亚索正担心的看着她的脸。她直坐起身，浑身都是冷汗，她稍微缓解一下情绪道：“我做了个可怕的梦。”

“你梦到亚伦了吗？”亚索抚摸着她的脸关切道：“你刚刚在睡梦中大叫他的名字——你不用担心，我昨天回来的下午，情报大臣已经向我禀报说他的耳目在坦斯尔城的市集见到了一个特别像亚伦的男孩儿，只是当时市集上人很多，他的耳目慌忙跑过去时那个男孩儿已经不见了。我已命令情报大臣速派大量人手去了坦斯尔城，相信不久便会有好消息传来的。”

贝丽苏亚真挚的道：“谢谢你，亚索，真的感谢你。”

“不用谢我，”亚索的目光有些躲闪道：“亚伦，他——他毕竟是我的王弟。”

两人沉默片刻，亚索吻了下贝丽苏亚的嘴唇，然后轻柔的把她按倒在床上道：“再休息一会儿吧，贝丽苏亚，天已经快亮了。你不用太焦虑，相信我，国王要找一个人出来还是容易的。”

贝丽苏亚躺在床上，过了一会儿她摇摇头道“我睡不着，亚索。我一闭上眼睛，梦中的情景便如同真实一样在我的眼前出现，我梦见了我的父亲，还梦见了两个可怕的小木人。”

“小木人？”亚索疑问道：“什么小木人？”

贝丽苏亚将梦中的情景原原本本的向亚索叙述了一遍，接着她惶恐的道：“我不知道为什么会做这样的梦，亚索，还有为什么会有那两个小木人，那个女木人看不清楚，但那个男木人——那个男木人的样子很像你的父亲——前任国王。也许他的灵魂看到了我们，他在质疑我的选择，他在不齿我的决定。”

“这只是个荒诞无稽的梦。”亚索想也没想道：“贝丽苏亚，你不用害怕，我也做过类似的梦，在梦中也有过奇形怪状的东西说过奇奇怪怪的话，我也问过自称能够解释梦境的人，有人对我说那是幻境，有人告诉我说那是预言，但最后的结果，那终究不过是个荒诞无稽的梦，它从未在我的现实中出现过。你说的灵魂，你说它的质疑，你说它在不齿，如果灵魂真的存在，真的看的那么清楚，那么，就让它站出来，现在就站到我面前来亲口告诉我这一切。它该像个神灵般光明正大，而不是像个年老乏力的无赖，除了敢在深夜的屋外吓唬你以外，什么也干不出来。”

“别说了，亚索，”贝丽苏亚颤抖着身子怕道：“现在天还没亮，只有烛火微弱的光，我是真怕有什么东西会真的站在我们面前。前王死的突然又蹊跷，直到现在也没有找到原因与凶手。但就向主教说的那样——人间还欠缺他一个严肃的证明，而我的余生又本该在教堂中度过，一生守卫他的英灵，可是我，我……不论如何，这是我的罪过——啊，别、亚索，先不要打断我的话，我求你了，让我说完——自从我来到都城的十年以来，前王对我一直很好，不论你乐不乐意，但我对他抱有感情。亚索，前王死的太突然了，我的女仆也失踪的太突然了，我的孩子到现在也下落不明。而我现在却……却——我也在不齿我的决定。亚索，我希望能尽快查出杀害前王的凶手——这也算是我为前王办的最后一件事，因为只有这样，我才能良心安稳的留在你的身边，也只有这样，我才能无畏地在这世间生活下去。”

亚索想了想道：“我答应你，贝丽苏亚。情报大臣一直在调查这几件事，而在今天的朝会上，我会让他尽快把这几件事追查清楚。”

“亚索，”贝丽苏亚请求道：“如果找到了我的女仆，能不能让我单独问问她？主教虽然怀疑她的儿子菲利亚特拐带了亚伦，可是现在也没有任何实证，我还愿意把她当作我的亲人，我相信她的失踪一定有什么难言之隐，这里面一定有秘密，我希望我是第一个知道真相的人。但如果前王的去世真的和她有关，那么我会亲眼看着她在前王的英灵前伏法忏悔。”

“我答应你，贝丽苏亚。”亚索痛快的答应道。

贝丽苏亚翻身将亚索压在身下，她温柔的吻住亚索的嘴唇道：“原谅我，亚索，我是个有着过去经历的女人，以往的欢笑与泪水，以往的甜蜜与痛苦，以往的一切我不可能瞬间将它抹去，你本该有更好的女人在你身旁陪伴。亚索，我感谢你对我宽容的爱，但如果有一天你不再爱我，那么就让我重回教堂做我本该做的事，如果你还爱着我，那么——我只能真实的给你我的所有。”

“贝丽苏亚，我爱你。”亚索动情道：“可能很多人以为我爱当国王，但自从十五岁第一次看到你的第一眼，我便确定你才是我最爱的王冠。我爱你的真实，你的善良，我同样爱着你的美。也许——也许正因为我是个虚伪的人吧，所以，我才会被你这些深深地吸引。此时我仰望着你，没有身份，没有地位，就如同我仰望天上平静而闪光的湖泊。贝丽苏亚，我向你发誓，我活着的一天，你便是我的王后。如果有天我也不幸死去，那么你不用按照礼法去教堂陪伴我，过好你的生活，只要、你不会忘记我。”

早上的朝会，亚索来得迟了些，他坐在金色的王位上，看到下面的朝臣都在窃窃私语。

“有什么事要禀报吗？”亚索问道。

底下安静起来，都看着情报大臣。

情报大臣走出队伍行礼道：“陛下，刚刚得到一个不好的消息，赛飞伯爵发动了反叛，他们趁夜攻占了赛马尔城堡。贝格统帅连着放出了三只黑色信鸦，最后一只信鸦上的消息是，城堡的大门已被撞开，而留守的一万人基本已经伤亡殆尽了。”

“我们的赛马尔城堡失守了吗？”亚索面无表情的问。

“我们的赛马尔城堡。”情报大臣道：“失守了！”

第二十八章 林中的生死

马里斯将迪里奥的背部靠在树上，马尔卡和亚赛则快速抽出盾牌尽量遮挡着他们和奎力特的身子，马里斯半蹲下身，几人虎视眈眈的看着刚刚弓箭飞来的方向，迪里奥急道："马里斯，快把我放下来。"

马里斯却把迪里奥背的更紧了，他转头看到奎力特手中的战斧在晃动，便低声笑道："奎力特，这是你第一次用斧子吧？"

"不是。"奎力特摇头道："我以前用它劈过木柴。"

马里斯道："记得我在路上告诉过你的战斗技巧，这样你就会发现敌人和木柴没什么两样。"

"我的脚并没扭伤，马里斯，"迪里奥忙道"快拿出你的武器，也许是都城的探子发现了我们，一会儿难免有场恶战。"

马里斯这才放下迪里奥，他抽出腰下双剑道："这可轻松了，迪里奥师傅，背您了这么一会儿我浑身的血已经热了，希望他们有超过二十人全副武装的前来，不然的话，我保证他们是白费力气。"

“马里斯，你这是又一次回答我上次的提问吗？”亚赛在前面小声嘟囔道：“我们一起长大，我可真不知道你是这么的小气。”

“他这是说给我听的，二王子。”马尔卡接话道“自从他告诉我，他回答给你的答案后，我就对他嗤之以鼻，在路上我不止一次告诉他，我至少也能打倒二十一个，不为什么，就因为我是他的哥哥。”

马里斯晃晃手臂摆了个防守的姿势道：“我哥哥说起大话来也是异常冷静，像是真的一样。”

“是真是假，你一会儿便能看到。”马尔卡道：“你是比我有力气，可我比你有回答的勇气，马里斯。正因为此，它能让我比你多击败一个人！”

马里斯撇嘴道：“不切实际的回答，就如同不知自我的勇气，虽然你是我的哥哥，但你也和迪里奥师傅一样不少骗我。”

“二十一个，”马尔卡道：“我会用实际数字来告诉你勇气和大话的区别。”

“好啊，哥哥。”马里斯笑起来道：“我还会和以往战争中一样注视着你，并且我总会比你多打倒一个。”

迪里奥此时却出声道：“你们先把武器收起来，站到盾牌的后面别动，让我出去。”

“你要干什么？迪里奥师傅？”几人同时惊讶的叫道。

“我估计这是一个警告，”迪里奥冷静的道：“林中有人，但不见得是我们的敌人。如果他们要让我们死，刚刚那几箭我们就有人已经倒地了——他们的四支箭都顺着我们脸庞飞过，可见他们的箭法非常精准。如果他们要活捉我们，现在也该出现了。我估计是有人不愿意让我们再前进，但并没想要我们的性命。”

“您不能出去冒险，迪里奥师傅，也许您说得对，但我们后退还有性命——可是您——”

“我们不能后退，马尔卡。我们必要穿过叹息森林。林外的大路一定有都城军队的设点检查，让我出去，我喜欢和非敌非友的家伙们儿谈谈，如果我被利箭射死了，你们再选择战斗或者后退，老实说，除了说话，在战斗中我也帮不了你们什么。”迪里奥说着便分开盾牌走了出去。

“迪里奥师傅。”马尔卡和亚赛拿着盾牌要冲上来。

“站着别动。”迪里奥叫道：“保持队型。”接着他边一步步的向前迈步一边微笑道：“我只是一个老家伙儿，我比你们活的都长久，我比你们活的都长久，所以我不亏欠这个世界什么，这个世界也不亏欠我什么。我只是一个老家伙儿。”

马尔卡几人紧张的向前注视着，迪里奥停下了脚步。

“我以敬畏神灵的心敬畏林中的精灵。”迪里奥道：“我感谢你们慈悲的利箭没有取走我们的性命。”迪里奥说完又向前迈了一步，马尔卡几人屏住了呼吸。

“我们并无恶意。”迪里奥对着前方的森林道：“我们之所以站在这里是因为我们过往残酷的经历，如果我们的到来打扰到了你们的平静，我真诚地表达歉意。”他说着深深鞠躬，又道：“可是以往的经历使我们难以选择后退，我们更不能停步不前。如果你们不能理解与接受，那么，当我迈出这一步的时候，你们的利箭便可以取走我的性命，这样后面那几个人便会原路退出森林，他们还年轻，也还有许多事可做。”

“迪里奥师傅。”亚赛几人又要冲过来。

“站着别动，”迪里奥叫道：“保持阵型。”

几人不动了。

远处地上的树叶发出异常的声音，几人向那方向看去——一只漂亮的梅花鹿正瞪着眼看向他们，又转身跑掉了。

“林深见鹿。”迪里奥深吸口气向前迈了一步。

弓弦有力的声音传进了马尔卡几人的耳中，他们忙向迪里奥看去，只见迪里奥还站着，而那只鹿却瞬间倒地了。

“一个赌上自己性命的老家伙儿，用这种步步为营的方式逼得我们无法选择。”陌生的声音从远方树后响起，接着四个男人从树后站出，他们身着奇怪的服饰，耳朵都稍微有些尖尖的，手中都拿着大型的弓箭。

领头者是个看不出年龄的人，说他是领头者是因为他的穿着和别人不太一样。他穿着件棕色，裸露着四肢的非绸非布的衣服。他的腰间系着根宽大的腰带，这腰带就如同树皮布满褶皱，中间却镶着颗绿叶状的宝石。说看不出他的年龄，是因为他裸露在外的手臂健壮有力，青筋暴突，他的面孔白皙，眼睛也如年轻人一样有神，可是他鼻翼两边的法令纹却深深凹陷，额头也有着年老的人才该有的皱纹。他看着迪里奥问道：“你叫什么名字？”

“迪里奥，就像他们称呼我的一样，我叫迪里奥。”迪里奥双手交叉放在胸前，向他行了个大礼。

“我们世代在这个森林中隐居，从不过问外面的时日，外面也不曾知道我们这里的光阴。一直以来我们都在此狩猎为生，已不知经过多少年。”那人说着背上了弓，接着道：“我们曾利用风声吓唬过进入林中的恶人，也没有露面的帮助过误入林中的迷路者。我们曾听过有人向天空叫嚷过恶灵，也曾听有人低头感谢过林中的精灵，但我们却称自己为费希莫族。我也是个老家伙了，我叫法亚尔。我腰间的这颗绿石叫森林之光，它代表了我族长的身份。”

“法亚尔族长，感谢您的坦诚与慈悲。”迪里奥道：“我们从赛马尔城堡来，那边手持双剑的叫马里斯，他曾是城堡骑兵的副将领，他前面身着黑衣的男人叫马尔卡，是他的亲哥哥，曾是城堡骑兵将领，与他一同持盾的叫亚赛，是当今国王的亲弟弟，而他后面手持战斧的是奎力特，我们从铁城带他出来。我是亚赛的老师，在赛马尔城堡并无官职，我们几人逃亡而来，希望你们费希莫族同意我们穿过叹息森林，让我们到海上的瓦斯瓦特城去。”

法亚尔听完后快步走到那只鹿旁，他蹲下身，拔出鹿身上的利箭，他身旁的几人过来将鹿抬起。接着他转身对迪里奥道：“跟我们走吧，迪里奥，今日已晚，明天一早我派人带你们穿过森林，按照你们前行的方向，你们很快便会见到我们的族人，并且按照你们前行的方向，我们也知道一条并不崎岖的道路。但你们要对于见到过我们族的事保证守口如瓶。”

迪里奥再次鞠躬道：“感谢费希莫族，感谢您，法亚尔族长。”他转身对亚赛几人道：“亚赛，马尔卡，收起你们的盾牌，然后和我一起在孕育森林的大地之母面前虔诚立誓——我们一生将对在叹息森林中的所见所闻守口如瓶！”

亚赛、马尔卡收起盾牌，马里斯与奎力特收起武器，几人来到迪里奥身旁同他一起闭眼起誓。

法亚尔等带领着迪里奥几人在林间穿行，他们穿过无数盘根错节的树根，走过几条奇形怪状的溪流，路上法亚尔和迪里奥越聊越投机，两人即便有些观点并不相同，但却很有些相见恨晚之意。慢慢的林中有越来越多的男女出现，他们的穿着都很奇特，有的穿着各种林叶编织而成的衣服，有的则穿着非绸非布的裸露着四肢的衣袍，他们见到法亚尔都热情有礼的打招呼，但对于迪里奥几人却面露惊讶，迪里奥冲他们微笑点头，奎力特的脸却一直红通通的，低头看着脚下的路。

几人直到一处耸立着许多木屋的深林处，这些木屋参差不齐，高矮不一，它们的墙外有的爬满蔷薇，有的被绿藤遮掩，而这些木屋顶上无一例外的生长着各种奇异的花朵，还铺满着葱绿的不知名的绿叶。

法亚尔带迪里奥几人到一处不太起眼的小木屋前停步道：“这就是我住的地方。”然后他对随行的另几个费希莫人道：“你们把鹿抬走给族里的老者分了吧。”几个费希莫人答应一声刚走，“父亲。”一个娇嫩少女的声音从木屋中传来，然后一个少女站在了门口。

马尔卡，马里斯和亚赛三人同时瞪直了眼睛，那个少女大概十七八岁，她穿着一身洁白如雪的纱裙，纱裙的腰部上也点缀着一片绿叶形的装饰。她的身材高挑，肤色也如同纱裙一样洁白，而她那张精雕细琢的脸上挂着吟吟笑意对法亚尔道："您回来了，今天您可比平日回来得晚些。"

法亚尔对她道："希丽亚，我带了外面的客人来，这位老者是迪里奥。"

迪里奥冲她点头微笑道："你好。"

"这几位是——"法亚尔转身刚说了一句，马尔卡便慌忙上前来笑道："族长，请准许我向您的女儿自我介绍一下我的名字，我叫马尔卡。希丽亚——这真是一个美丽好听的名字，认识你很高兴。"他优雅的行了个骑士礼。

希丽亚冲马尔卡微笑点头。而迪里奥就像第一天认识马尔卡似得瞪大眼睛盯着他。法亚尔则哈哈笑道："好的，你们年轻人都自我介绍，也就不用我这老者多费口舌了。"

马里斯跟着上前，他一开口便有些结巴道:"你好，希丽亚。我、我叫马里斯，呃——是来自赛马尔城，是那里的——呃——是那里骑兵的副将领——马尔卡是我的哥哥。"

希丽亚看着马里斯笑起来。马尔卡忙道："对的，我是他的亲哥哥，是赛马尔城骑兵的将领，我弟弟喜欢骑马，武艺高强，他也喜欢铁城伯爵的女儿，在来时的路上他发誓要吻醒她。"

"吻醒她？怎么？她睡着了吗？"希丽亚疑问道。

"这是一个很漫长的故事，"马尔卡对希丽亚笑道："如果你有时间，我可以讲给你听。"

"如果要讲，也要由我来讲，哥哥。"马里斯气鼓鼓的道："你知道，我根本没见过铁城伯爵的女儿。"

"没见过？"希丽亚再次疑问道："那你为什么要发誓吻醒她？"

"她、我、我——怎么说呢。这是一个漫长的故事。"马里斯不停的挠着后脑勺。

希丽亚冲马里斯微笑着点了头，接着亚赛走上前来，他本是看着希丽亚的面孔，可是当希丽亚回看他时，他的目光闪躲几下便随着头颅一起低了下来，“你好，我的名字叫亚赛。”亚赛说完这句话才抬起头，脸却红起来。

“你好，我的名字叫希丽亚，”希丽亚冲亚赛友好的笑，她美丽的眼睛顿时变成了两弯明月，“认识你很高兴。”

希丽亚落落大方的态度缓解了亚赛紧张的情绪，亚赛也回笑道：“很高兴认识你。”

两人相互对望，谁都没有再说一句话，气氛有些尴尬。马尔卡在旁边善意的提醒道：“二王子，奎力特也着急等着自我介绍呢。”

奎力特突然听到自己的名字，他带着几分迷茫的看着马尔卡道“我并没有急。”

希丽亚却带着几分迷惑的看着马尔卡问道：“二王子？他不是叫做亚赛吗？你怎么叫他二王子？”

“他的父亲是曾经的国王，他的兄长是当今的国王。他是我们赛马尔城的诗人，弦琴演奏的也非常好。他平日里是个温柔浪漫的人，可能因为你的关系，所以他的话才在此刻显得这么的少。”马尔卡叹息一声道：“也许是因为你的美丽让他想起了他一直以来藏在心头上的爱人。”

希丽亚的眼神略微显过一丝失望。迪里奥却笑道：“马尔卡，你今天的话倒是显得比平日里多得多呢。”

“他只是说出了事实，迪里奥老师。”亚赛再次低下头去，跟着又抬头微笑的重复了一遍：“希丽亚，认识你很高兴。”

奎力特接着上前简短的道：“你好，我叫奎力特。”

“你好，奎力特，我叫希丽亚。认识你很高兴。”希丽亚微笑着冲奎力特点头。

奎力特不说话了。

希丽亚转头问马尔卡道：“奎力特有喜欢的人或者心上人吗？”

“这个——”马尔卡想了想道：“我还没有问过他，他也没有告诉过我，这个问题还是让他自己回答吧。”

“有。”奎力特重重点头道。

“这么说只有你没有了？”希亚丽对马尔卡道。

马尔卡正想回答，几个费希莫人走过来对法亚尔道：“族长，孩子们正在等着您呢！”

法亚尔笑道：“过完今天，他们就不再是孩子了。”然后他对迪里奥道：“愿意参观我们费希莫族人的成年仪式吗？真心的邀请！”

“当然愿意。”迪里奥有礼的回道。

“你们愿意一起去吗？”法亚尔又问马尔卡几人道。

“父亲，我愿意去。”希丽亚首先道。

“我们当然愿意！”马尔卡也有礼的回道。

第二十九章
都城的密谈

夜晚，在都城的小型会议室内，内政大臣正忧心忡忡的对亚索道："东西方绝不能同时开战，陛下。如果东西方同时开战，我们国库的储存瞬间便会空虚，我们将没有余力面对任何一次多余的变动，所以我的建议是和谈。"

情报大臣跟着道："大人，我同意您东西方不能同时开战的建议，但我和您有一点不同的却是，犹伦之地可以和谈，赛马尔城堡却不行，只因它离我们都城太近，瓦万特他们如果进攻都城，我们准备的时间太有限，所以，我的建议是以攻为守，先集中兵力再次进攻赛马尔城。"

财政大臣马上道："陛下，要是您问该怎么挣钱我还能给您个合适的建议。我不太懂战争，所以我现在只能说说我的想法——陛下您刚刚登基不久，犹伦之地起兵，赛飞伯爵造反，如果此时陛下您不给他们这些人一点颜色瞧瞧，我怕别的属地的人们也会竞相效仿，那样事态就更加控制不住啊！"

内政大臣反问财政大臣道："颜色瞧瞧？什么颜色？一切大型战争的颜色归根到底都是金黄色，你觉得我们此时的颜色够吗？赛飞已经得到了赛马尔城堡，他们定会严密防守，而犹伦之地刚占据了我们两座城池，不用说士气也一定正盛。反观我们却刚刚损失一万五千左右的兵力，兵力和内需此时也都正处在薄弱的时候，此时我们打任何一场战争都是危险的。"

亚索急问道："我们国库现在还有多少黄金？"

财政大臣报出了一个数字。

亚索无奈的咬牙道："钱对于谁都是不够花的。"接着他皱着眉头问内政大臣道："你认为该怎么和谈？"

内政大臣忙回话道："我初步是这么想的，陛下。我们绝不能对犹伦之地示弱，但我们也不能太计较城池的得失，谈判的结果是——只要他们不再向前推进就是我们的胜利。而赛飞伯爵那边，我们不如先让他名正言顺的代理赛马尔城堡，并且加封他的爵位，以此来打消他的顾虑，为我们争取时间——而只要有一年时间的准备，我们再打这两场战争便可以做到游刃有余。"

"我打断一下您的话，大人。"情报大臣道："我觉得您的提议虽好，但却是一厢情愿，以我对赛飞伯爵瓦万特的了解，第一，他不会给你一年准备的时间；第二，这个时候再对他加封爵位，无疑是火上浇油，这样不止不会打消他的顾虑，反而会喂大他的野心。"

"如果是别人，我自然是不会提这样的建议。"内政大臣道："可是对于瓦万特，我觉得这个方法还是可行的。"

"我知道您是怎么想的，大人。"情报大臣道："您可能还记的当时前王对他的许诺，我现在也没忘这件事——二十六年前，前王率领赛马尔城中最后的骑兵反扑赛飞军队，赛飞军处于下风时便分派重兵企图攻占赛马尔城堡。而前王提前调动了离赛马尔城堡最近的军队，赛飞军进入城堡后遭到了这支军队的伏击，这支军队就是由瓦万特率领的。当时前王调兵时许诺他的是把赛马尔城和赛飞高地一并封赏给他，可后来却只封赏给他了赛飞高地，而且只封给他了一个伯爵，他一直对这件事情耿耿于怀。”

“耿耿于怀是理所当然。”内政大臣道：“但我们完全可以利用这件事去做些文章。瓦万特和已故的陆军统帅提蒙是前王手下的两员大将，虽然瓦万特当年是从别的敌城投降而来，但从我的目光来看，他的作战能力绝不下于提蒙，只是他为人过于耿直，说话也常常有口无心，这样无意间便会得罪人。前王本来就对他心存芥蒂，又一再受到小人挑拨，所以一直堤防着他，也并未给他大的实权，可他却一直跟着前王开疆扩土，忠心耿耿。我觉得这件事可以这么办，陛下就顺势给他一个恩典，派人加封他的爵位，并且告诉他，我们攻下赛马尔城堡本来就准备封赏给他，因为这本就是前王对他的许诺，我们以德报怨，他自然也会对陛下感恩戴德，我们让他打消顾虑，同时也能打消他的野心。”

“忠心耿耿？”情报大臣道：“如果真是这样，前王调兵时便不会对他做出许诺，前王的目光是不会错的，心存芥蒂也并非全因为他的有口无心。而关于瓦万特这个人，我来讲一个故事并且提出一个问题吧——一艘船从东海岸出发到西海岸那里运珍珠，去的时候是海路艰难，途中狂风大作，而因为数不清的暗礁、海浪，这艘船是破了又补，补了又破，但它却仍然不停的前行，因为它觉得只要它到达了西海岸，它便能装满珍珠。可是当它到达西海岸，却发现那里什么也没有，它只能这么空着回来，而回来的时候依旧海路艰难，途中也依然狂风大作，而因为数不清的暗礁，海浪，这艘船仍是破了又补，补了又破，等它抵达东海岸的时候，它身上所有的船板都已经被换过了，人们见到它依然叫他船，但我想问的是——它还是原来那艘船吗？”

会议室里的人都不说话，过了一会儿，内政大臣道：“你可以说它是原来那艘船，只因它还带有原来那艘船的名号；你也可以说它是一艘新的船，因为它已经没有原来那艘船的任何本质。”

“你可以说他是原来的瓦万特，你也可以说他是一个新的瓦万特。”情报大臣道：“二十六年过去了，瓦万特对我们来说只是一个名字了。在要去西海岸运珍珠时的瓦万特在拆补自己的时候可能还是怀着希望，怀着野心，怀着梦想中给予他的快乐，但当他没有见到珍珠、或者，结果是只有半船的珍珠——而这根本不是他心中原来所想的价位。那么在回东海岸的路上，他便很可能是怀着怨气，怀着愤怒，怀着被人欺骗和愚弄的恨意——而这些远远要比拆补自己更加可怕——以德报怨？感恩戴德？如果我们不准备迁都的话，我们可不敢冒这样的风险！”

财政大臣接话道：“我是管理财政的，情报大臣刚刚提到价位，对于这两个字我有发言权，因为从我所有理财上的经验来看，做生意与做人是不可拆分的。让我来讲一个实例，一个富翁很喜欢另一个人家中藏着的一件古董，而另一个人并不想卖，富翁便不断给他加价，直到出的这个价格那个人没有理由不去接受，然后他拿着那件古董到了富翁家，富翁很高兴，可出钱时却只拿出答应他时的一半价格，那人拿起那件古董想走，却发现周围围满了富翁的家人与打手，富翁问他是愿意放下古董拿着这些钱走，还是愿意留下古董的同时也留下自己的性命。这个人做了第三种选择，他砸碎了那件古董——这件事让所有人看都不是最明智的选择，但对他来说这却是最解气的决定。”

“他是将选择权留给了富翁。”内政大臣道：“你是毫无所得的放我走，还是毫无所得的打死我。你把我逼到了死胡同，我也将你逼到了死胡同。”

“瓦万特终于还是砸碎了那件古董。”财政大臣道：“他进攻了赛马尔城堡，他把选择权留给了我们。”

“如果我是那个富翁，”情报大臣开口道“我便不会放那人走，古董已经砸碎，脸面已经撕破，仇恨的种子也已经在他的心中开枝散叶，他若有机会必然会深深的报复。”

“如果我是那个富翁，”内政大臣道：“我不但会放那人走，还会将答应他的另外那一半钱一起给他，并且我会夸赞他的勇敢——因为这件事的起因在于我，我本是因为古董和他撕破的脸，但现在古董已经砸碎，可仇恨不能继续，报复也不能到来，他不是个明智的人，我不能不是。如果我再不放他走，那么，他的家人，亲人，或者敬佩他的人会干什么？冷箭难以避免，不知那里的罗网也会在我不知道的时候张开，而最后谁都会遗忘当初那个已经碎去的古董，这是个没有头的结局。以赛马尔城堡现在的情况，它就如同这件被砸碎的古董，他掌握在我们的手里和掌握在赛飞的手里并没有什么区别——我们不该因为这个已经没有什么价值的地方而再次的引火上身。”

亚索点了点头。

“陛下。”内政大臣接着对亚索道：“我们可以用另外一种眼光看待这件事。我打一个比方——一个地方盛产粮食，所有人都今天割一点，明天割一些。而最后我们却占领了这个地方，并且割去了那里最后的粮食。我们离开了，别的人又来占领了那个地方，但是粮食只有明年才能长出来，那么在这期间，谁占不是占呢？我们为什么不等到粮食快要长出来的时候再去占呢？”

情报大臣道：“大人，虽然您的比方很好，可你在准备的同时，别人也没有闲着，而且现在根本就不是粮食的问题，而是安全的问题。”

“对于瓦万特，我觉得我们还是可以实行这样的方案。”内政大臣回道。

“那么，就让我来做一个假设，”情报大臣道：“如果瓦万特表面同意我们的和谈，但当他力量聚集够了却突然出兵，我们该怎么办？从赛马尔城堡进攻我们都城，如果中途城镇抵抗不够有力，或者跟着叛乱，那么不用一个月我们便会面对兵临城下的局面——这也是为什么第一次我极力赞成陛下攻占赛马尔城堡的原因，我们不能给亚赛王弟说服公爵出兵的时间。只因赛马尔城堡骑兵快速，到都城路线又短，它只要出兵，我们便很可能会被打的措手不及。现在对于瓦万特也是如此，您是在赌他感恩的一面，大人，但我不敢赌他任何一面，因为任何一面都有可能发生，我只能找出对我们最有利的一面，先发制人，那怕我们先把瓦万特困在赛马尔城堡不出来，然后再利用这个时间做准备。”

“你知道，任何的决定都不是单一的，都会有一整套配合它的方案。”内政大臣道：“所以，如果陛下同意采用我的方案，那么我们接下来就会讨论侦查骑兵问题，情报耳目问题。我并不是在赌瓦万特感恩的一面，是我们的金币和兵力现在都不太够，所以我只能接受最现实的一面。我也来提出一个设想吧，如果瓦万特根本就没有反叛的意思，他只是趁机夺回了他认为本该就要封赏给他的地方，而我们却冒然出兵，都不会到赛马尔城下，就逼出了他反叛的野心！”

情报大臣道：“大人，您敢保证用您的方式他便不会有反叛的意思？”

内政大臣道：“大人，您敢保证他一定就会有反叛的意思？”

“它还会是原来那艘船吗？”情报大臣又问道。

“他为什么就不能还是原来的瓦万特呢？”内政大臣反问道。

几个人陷入了僵局。

“陛下，您看这样行不行？”财政大臣突然开口道：“在生意场上有句话叫做闷声发大财。所以我们对这件事可以先不发表任何声音，暗中却挑拨铁城伯爵与瓦万特发起战争，当人的目光转移的时候，他往往会忘记潜在的危险与真正的敌人，这样我们便可以趁乱浑水摸鱼，坐收渔翁之利。”

“把战火引到第三方？”情报大臣沉吟下道：“我觉得这个方案可以讨论。”

“方案虽好，但实施起来却成功率不高。”内政大臣道：“如果想利用一个人，那必须先了解这个人。铁城伯爵这个人并不复杂，大家都知道他是自守门户，不愿多事的人，在我们第一次进攻赛马尔城堡的时候，我们就希望铁城伯爵出兵夹击，但他以兵力不足为由拒绝了，同时却送了一些银钱过来。铁城伯爵给钱可以，让他打仗不行——这种人坐在家里还怕哪天天上的雷炸到自己的头上，你又怎么劝他出去点燃地上烟火的引线呢？”

财政大臣道：“如果是赛飞先去进攻铁城，同时我们又许给铁城伯爵更大的利益呢？赛马尔城堡离铁城最近，这次瓦万特的突然兵变铁城伯爵估计比我们还要紧张，因为人总是害怕损失自己已得的东西，这就像你让一只狗叼走一根骨头很简单，但你让它吐出这根骨头很难一样。陛下，我是这么想的，我们先不动声色的在他们中间挑起一些事端，然后再派人转告铁城伯爵，我们暗中得到消息，瓦万特准备进攻他的城镇，而我们早已对瓦万特不满，只是碍于前王的许诺所以我们才一直没有出兵。但我们会帮助铁城伯爵，期间我们会低价贩卖给他粮食、马匹、武器——这样我们还能大赚一笔，而他如果攻下赛马尔城的话，我们就把赛马尔城封赏给他。同时我们也放出消息，让瓦万特知道铁城准备要进攻它，这样瓦万特首先便会无暇他顾，而最后两边若真的打了起来，等到他们两败俱伤的时候，我们再派部队去收个底儿，您看这样行不行？”

几个人陷入了沉思，过了一会儿，内政大臣先开口道：“这个方案可以试试，但我还是不抱太大的希望。可是有一点我要提醒，制造事端的时间不能太长，这样我们才好另做打算。”

财政大臣高兴的对亚索道：“陛下，我也只是刚想到便提出了这样一个建议，最后当然还要您来决定用不用，因为关于打仗我真的是不太在行的。”

情报大臣也表态道：“陛下如果用这个方案的话，我唯一觉得遗憾的是，我们开始这么闷不做声是有损陛下天威的。”

亚索并未看在座的任何一个大臣的面容道：“我记得父王曾给我讲过一个寓言——一个贫穷的人在大山里捡到了一件贵重的皮袍

子，当他穿着这件皮袍回到自己村庄的时候，所有穷人都在恭维他，夸奖他，羡慕他。他也自鸣得意起来，慢慢的冬天过去，天气热了，他虽然穿着那件皮袍浑身难受，但他却不愿脱下，因为见到他的人们依然在恭维他，夸奖他，羡慕他，直到他热死在夏天烈日的底下。情报大臣，在做事上人们自然愿意虚实两顾，但如果只能选择一样，那么明智的人一定会选实，因为实有生路，虚无力量，所以天威什么的，我们就不用再提了吧！”

“您真是圣明的陛下。”财政大臣赞叹道。

情报大臣感恩道：“能够追随陛下我真是感到荣幸。虽说天神的儿子也必是天神，但我相信亚赛王弟一定不会有陛下这样的智慧与胸襟。他也许确实有着超越常人的一面，但若真和陛下您比起来，他所有的优点顿时便变成了让人一目了然的缺点。”

亚索面露喜色。

内政大臣道：“请陛下下令。”

亚索道：“我们先不要放出任何消息，不要表态。情报大臣，派人密切注视瓦万特的行动，这期间有任何风吹草动都要及时报告。那怕是你看到了什么，知道了什么，或者听说了什么，只要和瓦万特有关，不要疑虑，那怕草木皆兵，即便披星戴月，也要第一时间报告给我。还有，想尽一切办法在最短的时间内制造铁城伯爵与赛飞之间的矛盾。我许你这件事上的任何特权，不论你告知他们什么，答应他们什么，哪怕你告知他们谁战胜了便封谁为国王，不用回报，一切皆准，我唯一的要求是，这一切必须秘密进行。”

“陛下放心，我有分寸，并且绝对到不了那一步。”情报大臣回道。

“内政大臣。”亚索又道：“找个能言善辩的人去犹伦之地，谈判的底线是阻止他们继续前行。然后我给你一个月的时间研究已有税法与兵员补充的可延伸性，我们不见得会用，但是有备无患。”

“遵命陛下。”内政大臣道。

“财政大臣。”亚索道：“找出短时间内能够迅速充盈国库的方式，特别时期允许你提出特别的方法，与内政大臣一样，我们不见得会用，但是有备无患。”

“遵命陛下。”财政大臣道。

“你们去准备吧。”亚索道：“情报大臣先留下，我有话对你说。”

等财政大臣和内政大臣退出会议室，亚索开口问道：“关于我父王的事，你调查的怎么样了？”

情报大臣道：“我还没来得及回报，陛下。这件事有了重大突破，探子们在今天傍晚抓到了王后的女仆，原来她并没有逃离的很远，她一直隐藏在离都城不远的村庄中。”

“审！”亚索简单有力的道：“除了王后，她是最大的嫌疑人，这件事一定要让它水落石出。”接着他想了想，又压低声音道：“秘密的审！”

“遵命，陛下。”情报大臣回答道。

第三十章
族人的文化

法亚尔一行人在林中穿行。一路上马尔卡向希丽亚讲述着自己在外面的所见所闻，两人有问有答，有说有笑，马里斯在两人后独自生着闷气，而亚赛和奎力特并肩而行。

几人来到一处宽阔的绿草地处，草地周围被各种林木环绕，有许多费希莫族的少男少女们正在那里等待，他们或坐或站，正七嘴八舌的说着话，而他们一看到法亚尔从林中走出便激动的叫嚷道："族长，您可来了。""族长，我们正等着您呢！""族长，您不该耽误我们仪式的时间，去年的您早早就来了，您对今年的我们可不上心！"

法亚尔哈哈大笑着走上前去道："仪式还没开始，今年的你们就先学会找我的不足了，早知如此，我就应该再晚一些来。"他说着和蔼的摸了摸面前一个男孩儿的头顶道："今天过后你便是我们费希莫族的成人了，告诉我，明天你可以做什么？"

"狩猎，我将和所有成年的族人一样，被允许狩猎！"男孩儿兴奋地回道。

“狩猎中可不能虐待动物。”法亚尔温和的道：“大地为我们提供了饮食，但我们不能起虐待它们的心思，你的箭法够精准吗？”

“我父亲说我的箭法很精准。”男孩儿答道。

法亚尔向远远地林后看去，一个男人微笑着冲他点点头。

“今天我相信你的父亲，明天我才能相信你吗？”法亚尔冲男孩儿笑道，男孩儿也咧开嘴笑起来。

“今天过后，你们便是我们费希莫族的成人了。”法亚尔对所有少男少女们道：“你们将会在林中自由的狩猎，你们将会自由的恋爱，你们将会度过自由而快乐的一生。你们不会感叹时光的短暂，你们不会嫌弃生命的漫长，你们会如鹿一样跳过无聊至极的深渊，你们会如风一样自由奔跑，你们也会如阳光一样温暖灿烂。直到有一天，当你们发现黑夜如期而至，直到有一天，当你们见到月光如约而来，直到有一天，当你们抬头，看到天上群星灿烂，去数一数，去数数你珍贵的回忆，去告诉它——什么是丁香花，去告诉它——什么是玫瑰花，去告诉它，什么是森林，自然也不要忘了告诉它，什么——是大地。”法亚尔站在这些少男少女面前。

林中传来了笛声，悠扬而婉转。

“费希莫族的成人仪式开始了。”希丽亚对身旁的马尔卡道。

“当我暮暮老矣。”法亚尔有力的道。

“当我暮暮老矣。”费希莫族的少男少女们异口同声道。

笛声中响起了短短的鼓点声，轻柔而沉重。

“当死亡如期。”法亚尔又道。

希丽亚和费希莫族人同声跟道。

法亚尔道：“当大地母亲轻声歌唱，当时间缓缓流淌。当金黄的光穿过绿色的叶，当苍老的林木把我紧抱在胸膛。当演奏生命的手戛然而止，当长久的回忆变作我精短的诗集。”

费希莫族人低声吟唱起来。

法亚尔道：“我曾如鹰一样飞翔。”

“我曾如鹰一样飞翔，”费希莫族人高声唱起，“在摇篮中我见到了远方，那稚嫩的翅膀，是我在家的地方自由的流浪。我曾如鹿一般奔跑，在大地上我走过许多地方，那蹒跚无形的脚印，是我出生时紧随的方向。嘿，嘿呦嘿呦哦——我将生命谱写成乐章，谁能看的到时光？我将自由编撰成诗歌，谁又会见到死亡？”

“永不遗忘。”法亚尔庄严而低声道：“生老病死。”

“永不遗忘。”费希莫族人高声道：“自由、快乐、爱与希望！”

“永不遗忘。”法亚尔道：“不被森林所伤。”

“永不遗忘。”费希莫族人道：“不伤害他人。”

“永不遗忘。”法亚尔道：“今天你们步入了费希莫族成人的行列。”

“用心守护自己的仪式。”费希莫族的少男少女们同声道：“永不遗忘。”

笛声与鼓点声渐渐消失了，法亚尔微笑道：“我要称你们为朋友了。朋友们，从今天开始你们将写出自己生命中的经历与故事，但希望你们不要伤害自己，不要伤害别人，不要伤害森林，记得这里是我们的家。”

“我们不会的，族长。”少男少女们道。

林中的鼓声再次响起，法亚尔道：“快乐的鼓点预示着仪式结束，也提醒着庆祝的开始，天色将晚，森林永存。会唱歌的便唱歌吧，能跳舞的便跳舞吧，如果你喜欢谁，便大声的告诉他或她，如果你不喜欢他或她，便委婉的拒绝吧——你们的青春应当绽放，因为，你们的青春到来了！”

少男少女们欢呼起来，他们冲法亚尔深深地鞠躬，法亚尔也感激的冲他们回了同样的礼。费希莫族人纷纷上前祝贺自己的孩子，草地上顿时热闹起来。

迪里奥在林边低声道：“只有死亡在不时提醒人间的欢乐，也只有欢乐才真正不惧怕死亡，他们费希莫族没有遗忘。”

法亚尔走回迪里奥的身旁刚要说话，几个少年便走过来问他道："族长，我们能向你的女儿希丽亚求婚吗？我们喜欢她很久了。"

法亚尔哈哈大笑道："希丽亚就在这里，只有她能给你们答案，你们不用问我，除非你们向我求婚。"

希丽亚微笑着冲他们摇摇头。

"希丽亚。"一个少年却唱起歌来，"你是否和我一样见过月亮？你是否和我一样见它神秘发光，你是否和我一样抬头看它照耀林间的路，你是否和我一样低头喜爱它柔和的光芒。希丽亚，你就是藏在云中皎洁的月亮，希丽亚，你正是我心头苦苦追寻着的发光的宝藏。希丽亚，你的心儿是否也和我一样？"

"月亮很神秘，它高高挂在天上。"希丽亚回唱道："希丽亚很简单，她就在你身旁。明月在每个人头上，却没人知道它为何发光。希丽亚在每个人身旁，却没人知道她和谁一样。"

"我遇见了你，同时预见了悲伤，"另一个少年开口唱道："我在你的身旁，同时害怕希望。爱意使我低声，爱意让我吟唱，爱意使我坚定，爱意让我彷徨。是爱给了勇气千山万水，也是爱给了勇气翅膀。爱情啊，你听得到我飞翔的嗓音，我却听不到你是如何歌唱；爱情啊，我本想让你成为我喜欢的主人，而你却只称呼我为亲爱的朋友。"

"山间的清泉之所以甘甜，"希丽亚回唱道："是因为它能自由流淌，爱如果有卑贱之分，必然如枷锁在身。所以、做朋友有什么不好？它总比主仆更加平等！多少人追求了一生，也只不过是在寻求公平。这世上有三种东西看上去很美，美好的东西反而不能强求利用，它们是亲情、友情和爱情。如果我有幸得了一样，我必欣喜歌唱，如果我有幸得了一样，我必忘记悲伤。"

"我为我的爱情准备了许久。"第三个少年轻声唱道："我还没有开口，你先冲我摇了头。我为我们的一生想了许久，我为我们的孩子想了许久，我为我们的快乐想了许久，我为我们的家想了许久。我想了许久，还没有开口，你先冲我摇了头。这摇头是否如同点头？你是不是也想了许久？”

希丽亚笑着轻唱道：“谁不为自己的爱情准备许久？世间哪有简单的点头摇头？追求和放弃进退两难，拒绝和接受又怎会一蹴而就？我感谢你因我想了许久，我感谢你知道，我的摇头也想了许久。”

第四个少年道：“我不能在成人仪式刚结束便遭受拒绝，希丽亚，我能邀请你跳个舞吗？”

“当然可以。”希丽亚道，接着她对马尔卡几人道：“你们要一起去吗？庆祝仪式，欢迎任何人参加。”

“乐意之极，”马尔卡道：“我很久没有跳舞了，我希望我的技艺没有生疏。”

“我也去。”马里斯道：“虽然我没学过跳舞，但我愿意去看看我哥哥怎么跳舞。”

几人走向了绿草地，费希莫族人已经在那里歌舞了，一些人看到他们到来便手拉着手把他们围在中间，希丽亚和那个少年在圈中翩翩起舞，另几个少年跟着林中欢快的乐曲唱着歌，马尔卡拍着手掌，有些僵硬的扭动着身子，马里斯则偷笑的看着马尔卡。

法亚尔看着远处的希丽亚摇头道：“真不知道她是怎么想的，从去年她的成人仪式以来她就拒绝了许多人。”

“你们费希莫族是林间的精灵。”迪里奥对法亚尔道：“只有精灵才有这种文化的传承与生活方式。”

法亚尔笑道：“这世上哪有精灵？如果有，那也只不过是人。我们费希莫族最初的建立也只不过是为了逃避外世的战乱，那已经不知道是什么时候的事了。据说那时的人们贪得无厌，他们的躯体被火红发热的欲望之锁紧紧缠绕，这使得他们性格暴躁，行为粗暴，世间杀戮与谎言同行，孩童得不到保护，女人得不到自由。男人和男人之间无情的拼斗厮杀，每个人都千方百计地要侮辱他人，很多人像动物一样生活，最终也像动物一样死去。而当时我们不到一百人的祖先退守森林，创建了费希莫族，后来我们一直将族人保持在四千人左右，不知时光，也不再问外面的世事。”

“现在外面依然和那时差不多。”迪里奥笑道：“兄弟很少坦诚相见，客人有时还仇视款待他的朋友。父亲不了解儿子，儿子欺瞒父亲，强权霸道的人盘算着怎么夺取别人的金钱和城市，阴险恶毒的人把正直善良公平踩在脚下呻吟，道貌岸然的骗子扶摇直上，几乎被抬上空中楼阁。丧心病狂的人侮辱善良高尚的人，虚假的智慧口出狂言，用诽谤和诋毁制造事端，但让我看来，这是一批非常不幸的人。我听说以往主管羞耻和神圣畏惧的女神还常常来往人间，可是后来她们住不下去了，悲哀的用白色衣衫裹住自己漂亮的身躯，离开人间，回到了寂寞的神的世界。”

法亚尔道：“我们族人身处森林，脚踏土地的过着自己的生活。可能让你们看着很奇怪，但我们穿衣不分美丑，全凭个人喜好，恋爱也非常自由，并不强求婚姻。我们强壮的照顾着族中的老弱，但我们并不要求谁和自己一样，也从不要求自己活的要像谁一样。”

迪里奥道：“森林源源不断的提供了你们的生活所需，这也要归功于你们族人数的控制。一群饥饿的人围着一个食物，争斗的事情自然而然的便产生了，一群饱食的人围着一个食物，谦让的事情自然而然的便发生了。人们标立了美，丑便知道披上外衣，人们崇尚了善，恶便开始学会伪装。善恶美丑是一件很有意思的事，恶久了，便仰望善，善久了，又窥视着恶——创造包含着破坏，破坏又不懂创造，它们同来自于某种激情——雍容华贵又贪婪不堪，可是它们偏偏遗忘了自然，遗忘了大地，遗忘了常。”

“大地是养育我们的母亲，我们踏着它，却很少感谢它，天空一无所有，我们望着它，却时常敬畏它——这是我们费希莫族祖先留下的书籍中的一句，而关于人数的控制，也来源于他们书中留下的智慧。”

“我一直想问，利用树木的排列使风穿过时发出叹息声，这究竟是鬼斧神工还是你们费希莫族的智慧？”

“是我们做的。”法亚尔笑道：“当时我们不到一百人的祖先留下了许多书籍文化，其中包括诗歌、数学、哲学、力学等等。我也有个问题想问你，你知不知道我腰间这颗森林之光的来历？”

迪里奥摇摇头。

法亚尔有些失望道：“这颗宝石的来历是个谜。书中只记录它是我们的守护石，因为它的照耀带我们来到了这里，但后来没人见它发过光。书中的原话是——森林之光见到回家的路，而光芒之源却在外面的路上。”

天色渐渐黑了起来，石中的篝火点燃，草地上的人们依然载歌载舞。亚赛远远离着人群独自在林中坐着，希丽亚拿着一支不大的弦琴过来冲他打了个招呼。

“你好，希丽亚。”亚赛低下了头。

“你为什么不敢看我？”希丽亚问道。

“不敢看你，一看便心痛不已。”亚赛道。

希丽亚坐在亚赛的身边，她把手中不大的弦琴递给亚赛道：“我们费希莫族也有弦琴，为我唱首歌吧！”

亚赛拨弄了几下琴弦，轻声唱道：“我曾劝你不要悲伤，我曾告诉你雨季并不漫长。我曾在劝慰你的时候明智，直到我和你一样失去了最亲的人，我睁大眼睛已看不到你，我才懂得你的感情——”

轻柔地琴声此时不断流淌，而时光又恰巧从这里经过。

希丽亚看着亚赛。

“我是多么希望你依然活着，只因我依然有许多话要对你说！可是谁告诉我不该苦痛？是谁告诉我不能让泪水加深眼眶？是谁在对别人说话时不能掺杂他人的心伤？是谁不允许自己心中的悲伤绽放？我不再能粗暴的打断你的话，我——”

亚赛忽然用手阻止了琴音，向漆黑的林中看去。

“你在看什么？亚赛？”希丽亚也向那个方向看去，却空荡荡的什么也没有看到。

“我也不知道，”亚赛道：“我总觉得有人正在看着我。他们不知身在何处，却正看着我的一举一动，听着我的喜怒哀乐。这种感觉不知何时而来，但瞬间会让我感觉我虽然有血有肉，却似乎只是某一卷书中的虚假人物，他们看到了我的一切，也知道我的将来。”

“我听马尔卡讲了你的事，亚赛，如果这是一卷书，我相信你会有一个好的结尾，你也定会成为一个好国王。”希丽亚道：“你让我看到了父亲怀念母亲时候的影子。我有两个姐姐，她们都出嫁了，我的母亲在前年病逝，虽然我们费希莫族并不惧怕死亡，但只有我看到了父亲独自一人时的悲伤，我不愿那么早接受爱情的馈赠，也只不过是愿意多陪父亲几年。”

“我们明天一早就要走了，希丽亚，也许我们再也不会见面，但我相信你们费希莫族的每个人一定都会有个好的未来。”亚赛说完，认真的将手中的弦琴还给希丽亚。

“送给你吧，亚赛。”希丽亚道：“记得你曾到过叹息的森林，记得林中自由快乐的费希莫族人。”

亚赛低头拨弄了几下琴弦，又双手将琴举到希丽亚面前道：“送给你，希丽亚。记得有个外人用它唱了一首未完的歌，忘记它曲调的忧伤，也许——能有人用更好的拨子在你的身旁弹唱！”

第三十一章
女仆的供词

亚索接过情报大臣递来的几个羊皮卷轴，他不动声色的问道："没人知道吧？"

情报大臣恭敬的回道："没有，陛下。女仆的审讯是我亲自办理的，现在除了我还没有任何人知道这个秘密。"

"审讯顺利吗？"亚索又问。

情报大臣回道："开始的几天她什么也不愿意说，但是，再坚硬的嘴也抵不过正义的刑法，她很吃了一些苦头，直到今天下午她再也熬不住了，她讲出了所有实情。"

"可信吗？"亚索打开羊皮卷轴。

"陛下一看便知道了，如实记录，没有任何篡改，我个人认为非常可信！"情报大臣道。

亚索开始看上面的审讯记录。

'你叫什么名字？'

'我没有名字。'

‘前王去世的那天晚上，你去了哪里？’

‘我逃离了都城。’

‘为什么要逃？’

‘我谋杀了前王。’

‘用什么方法？’

‘毒液，我提前将毒液抹在了前王的酒杯底。’

‘毒液是什么？它从哪儿来？’

‘毒液是从桑尔夏森林雨蛙的身上提取的。

十年前一小瓶毒液跟随贝丽苏亚来到了都城。’

‘你的意思是有人让你这么干的？’

‘是。’

‘你的意思是王后谋杀了前王？’

‘是。’

‘王后为什么要谋杀前王？’

‘她恨他。’

‘为什么？’

‘因为他处死了罗里斯。’

‘还有没有别的原因？’

‘贝丽苏亚根本不喜欢前王，她本与罗里斯相爱，前王拆散了他们。她一直对前王心存愤恨，直到罗里斯被前王处死的那天下午，贝丽苏亚找到我并交给了我那瓶毒液，她让我把毒液涂抹在前王的酒杯底上。’

‘你就照办了吗？’

‘我一直对她忠心耿耿，也一直对她言听计从。’

‘你见过人中这种毒液后的样子吗？’

‘我只是听说过，这种毒液无色无味，遇水即化，根本查不出来。但人若食到一点，便会慢慢刺激神经，不多时人便会全身麻木，说不出话，然后喷血而死。’

‘你听谁说的？’

‘贝丽苏亚。’

‘那瓶毒液用完了吗？’

‘当时只用了一点，剩下的我已经将它销毁了。’

‘从哪儿还能找到这种毒液？’

‘这世上只有两小瓶这种毒液，一瓶在贝丽苏亚手中，一瓶在罗里斯手中。’

‘别的地方没有了吗？’

‘这种毒液非常难得，只有桑尔夏森林有雨蛙。它们的数量十分稀少，又只在雨天的夜晚出现。桑尔夏森林里有一种没有眼睛的毒蛇，它们要在夜晚猎食，而碰到雨夜，它们便会狂暴的四处喷洒自己的毒汁。雨蛙的身子比一般青蛙要小，一只雨蛙跟随一条蛇，它跳跃着身子跟着蛇头吐出的毒汁转动着，它们要淋得不是雨，反而是这种毒汁，而当它们淡红色的蛙身变成漆黑色时，它们的蛙舌便会准确无误的黏住蛇吐出的蛇信上，而当蛙身再次变成淡红色时，那条蛇便会被这种毒液毒的不能动弹，这时雨蛙便开始蚕食蛇头，毒液要在蛙身变成漆黑色时提取。’

‘说说前王的死，你是怎么做的？’

‘贝丽苏亚找到我，告诉我让我把这种毒液涂在前王的杯子底上，晚上她会叫前王到她的寝宫说话，她说她会骗前王喝酒，她要毒死前王。’

‘王后寝宫的两个金杯一模一样，你怎么就能确定前王一定会拿那个有毒的杯子？’

‘贝丽苏亚告诉我，据她观察前王每次都习惯拿离他自己最近的金杯。’

‘然后呢？’

‘然后贝丽苏亚给了我一些金银，让我逃出了都城。’

‘谈谈你的儿子菲利亚特。’

‘我不知道，贝丽苏亚只告诉我她对我的儿子另有安排。’

‘你的儿子已经死了，在前王过世的那天他就死了。’

‘什么？’

‘缓解一下情绪，我希望你不要再晕倒过去了，你这样的行为只会浪费我们的时间，我们的审讯将继续开始。我告诉你，当晚我们的士兵在城外的树林中追到了菲利亚特，他做了殊死的搏斗，最后自尽而死——我如实的告诉你这一切是希望你也能诚实的回答我的问题，你不知道菲利亚特做了什么吗？’

‘我——我不知道。’

‘那好，我告诉你，他拐带了小王子亚伦，你知道这件事吗？’

‘我——不知道。’

‘你一定很爱你的儿子菲利亚特对吗？我见过那个少年，活着的时候很英俊，他本该有美好的一生，不该英年早逝，你一定很痛恨那个害死他的人，对吗？不论这个人是谁，你都会痛恨他，即便这个人是你，对吗？’

‘是……是贝丽苏亚干的。’

‘你的儿子为什么要带着小王子出城？’

‘我不知道，我不知道。’

‘前王拿了离自己最近的酒杯，所以被毒死了，是这样吗？’

‘对——对——’

‘前王喝了哪只手中的酒，左手、还是右手？’

‘我不记得了。’

‘你一定记得，你做过的大事你一定记得，哪只手中的酒？’

‘他只拿了一杯酒。’

‘不要以为没人看见便没人知道，当晚我们已经请出了在教堂归隐的大主教，你也知道他学问渊博，他用神奇的方法使金杯上的指纹再现，证实两个金杯上都有前王的指纹，既然你不愿意说，那么我告诉你，从金杯上的唇印来看，前王喝的是左手的酒。’

‘是左手。’

‘从前王与王后坐的位置，还有金杯一直以来在托盘中摆放的情况，左手那个酒杯是离王后最近的杯子。’

‘我不知道，我不知道。’

‘我建议你说下去，大主教说过，他看见了你儿子在地狱之火中痛苦的呼喊，你要知道，谁害死了你的儿子菲利亚特，你的儿子也正在诅咒这个人，而只有找到真正害死他的罪魁祸首，他的灵魂才能够彻底得到解脱。’

‘我本来要毒死的人是王后……我并没想毒死国王。’

‘平复一下你的情绪，为你儿子灵魂的解脱，诚实的说下去。’

‘我恨这个王后。’

‘你为什么恨王后？据我所知，王后救过你的性命，在桑尔夏城期间王后的家人对你也一直很好，你为什么恩将仇报？’

‘自从来到都城，她就已不再是原来的贝丽苏亚，她变了。’

‘就因为此吗？’

‘谁都可以变，但她不能变！但她不能变！在桑尔夏城看到她的第一眼我就确定天使不会变，但她变了，她像人一样变了——是的，她是救过我的性命，在桑尔夏城管辖的村庄里，我未婚先孕，我遭受了最亲的人的冷眼与辱骂，我昏倒在森林里，我等待着鸟兽来啄食我的身躯，是她发现了我，那时她还小，只有九岁大，但她有颗救人的善良的心，她看着我咯咯的笑道：“是我在丛林边上发现了你。”——她看着我咯咯的笑着，“是我在丛林边上发现了你。”如果不是她发现我，我那时已经死了！那天罗里斯带她到林边教她箭术，就如同我的儿子菲利亚特教她的儿子剑术一样，可是她发现了我，她叫来了罗里斯，罗里斯将我背回了城堡。我睁开眼睛，我在一个房间里，她的父亲对我说，“在这个世上每个人或多或少都背负着某种罪恶，而高贵的神灵并无意让谁选择死亡。”这时她走过来，她看着我咯咯的笑道：“是我在丛林边上发现了你。”我看到她，听到她“咯咯”的笑声，我痛哭起来，我的儿子是无罪的。我活了下来——我活了下来。我一直在她的身边照顾她的一切，我感谢罗里斯，他是个很好的青年，他将我背到城堡，我向他道谢，我们认识，那是很好的日子，那时他是个很好的青年。慢慢的贝丽苏亚长大，我看着她长大，那是很好的日子，她美丽善良，出类拔萃，我在她身边看着天使长大，天使长大就是这样的，不是吗？她怎么会变？她是不会变的。她到将拥有爱情的年纪了，罗里斯爱她，爱的发狂，爱得痴迷，罗里斯找到了我，向我吐露了心事，我建议他求婚，他是很好的青年。他求了婚，他被长大的天使拒绝了。可是他是很好的青年，他不离不弃，不卑不亢，默默地为自己的爱情做着一切准备。他们是天生的一对，没有谁能将他们拆开，我对自己说，如果当初喜欢我的男子能够向罗里斯一样，也没有谁能将我们拆开，我对自己说。接着，来了战争，罗里斯戴上了头盔，他找到了我，他给了我那瓶毒液，“我不知道在这场战争中我会不会死，”他说，“我申请去了最危险的地方，如果我死了，城破了，将这瓶毒液交给贝丽苏亚。”他告诉了我这瓶毒液的来历，也告诉了我用量少地话人会怎么样。“但是如果整个把这瓶毒液喝下，人瞬间便会死去，不会有痛苦。如果城破了，让贝丽苏亚多个选择吧。”他说。我想把这瓶毒液留给他，因为他去了最危险的地方，他更需要这个。“我还有一瓶。”他笑道：“可我肯定不会用，我只可能战死。但只要我不死，城便不会被攻破。”他笑着走了，战争持续了一年，贝丽苏亚嫁给了国王，后来她告诉我，罗里斯发动了反叛，她告诉了我一切，我不相信，罗里斯不会干这样的事，我告诉了贝丽苏亚，但她不相信我。我很愤怒，我告诉她即便这件事真是罗里斯干的，我也能理解他，你也该理解他——为什么不能呢？他只不过是为了你出生入死，也只不过是为了爱情心存愤怒，他也许是做了错误的决定，但他也是为了你。可是十年了，直到罗里斯被抓捕的那天晚上，我从我儿子处得到消息，我去找王后，我问她愿不愿去地牢见见罗里斯，她愿去，我很高兴，她还记得桑尔夏城堡的感情，那是她认识的一个人，她会救他，她会哀求国王救他的性命——因为她有颗善良的心，她会如同当时救我一样救他。可是她回来了，她只让我第二天去看看罗里斯的行刑。我不相信，但我还抱有希望，直到我看到罗里斯死亡，那个曾经背我进了桑尔夏城的好青年。我的心怀疑了，我向她如实禀报了罗里斯的死，她无动于衷。那一刻我确定她变了，她在都城变了，她已经不再是我认识的贝丽苏亚，我让我的儿子带走了她的儿子，她的儿子是无罪的，是不能变的，我要将他留在自己的身边。我打开了罗里斯给我的那瓶毒液，她应该去陪他，却阴差阳错的毒死了国王。我在村庄中听说她又要成为王后了，哈哈，这真是太好了，这个荡……”’

‘好了，你不用再说下去了，你害死了国王，害死了你的亲人，你还想再害死别人，你这个疯子，小丑，你的供词终使无罪的人得到了无罪的证明。’

“这是个心里有病的女人，”亚索皱着眉头叹口气道：“很可能是她喜欢罗里斯，不过伟人竟能死在疯子的手里，也真让人难以置信。”

“陛下，还是大主教说的对，毒蛇咬人不是因为人对它好还是不好，而是因为它本身长着毒牙。”

亚索卷起羊皮卷道：“给他一个痛快的死法吧，她毕竟服侍了王后那么多年。”

“您真是仁慈的陛下，王后也一定会感激您的仁慈。”

亚索把羊皮卷递给情报大臣道：“把它放好，这件事情你处理的很好，很小心。”

“陛下，这是我应该做的，只因法律的墓志铭是——我们不能让任何一个无辜的人遭受冤屈，想这样做的人还是太幼稚了。”情报大臣说完鞠躬退了出去。

亚索来到贝丽苏亚的寝宫，他看到贝丽苏亚正坐在窗边看着外面的天空。

贝丽苏亚一见亚索便慌忙行礼，亚索道：“情报大臣在不远的村庄外找到了你的女仆。”

“我、我要见她。”贝丽苏亚急走过来道。

“很遗憾，在运她来都城的路上，她在囚车中自尽了。”亚索带着抱歉道。

贝丽苏亚惊讶的睁大眼睛。

“在抢救过程中她已说不出话，押送的士兵慌忙让她写了几个字，她只写是她杀害了国王，她让儿子带走了你的孩子，便死去了。对不起，贝丽苏亚，这件事我没有办好——”

“你做的很好，”贝丽苏亚强咬牙又对亚索说了句：“你做的很好！”便身子一歪昏死过去。

第三十二章
死堡的城门

迪里奥一行人骑着马，他们在曲曲弯弯的道路上走着，每个人都手持缰绳沉默不语，路上除了扬起的尘土，只听到马蹄“哒哒”的声音。

迪里奥先是咳嗽一声，然后轻微吸口气道：“我是真没想到费希莫族在林间养的也有马匹，他们的马匹比我们外面的马匹好，是吧？马尔卡，马里斯，你看咱们在铁城买的马匹几乎走不成林间的路，可是他们的马匹在林间奔跑时也是如履平地，根本不惧怕树根啊，藤条啊。而且有一点我觉得挺有趣的，法亚尔说只要我们到沙漠边把马放开就行了，它们自己认得回林间的路，它们是怎么认得的？我觉得是感情让它们认得的，马尔卡，马里斯，你们对马匹最有研究，你们说说我说的对不对？”

马里斯道：“对。”

马尔卡“嗯”了一声，算作回答。

马里斯接着便道：“迪里奥师傅，您来评评理，我根本没见过铁城伯爵的女儿，为什么我哥哥一见到希丽亚就说我喜欢铁城伯爵的女儿？如果要换成别人这么说我还可以理解，他可能是误会了我，但你是怎么误会我的？我的亲哥哥？”马里斯直看着马尔卡。

马尔卡不急不躁的回道：“我不知道是不是误会了你，但我当时只是说出了事实。”

马里斯道：“还有很多事实你怎么不说？你直到最后也没有告诉希丽亚这件事完整的事实。”

“她没有问，她要问，我一定完整的说。”马尔卡道。

“你——”马里斯气愤的拽住手中缰绳，马停了下来。

“好了。”迪里奥打断他们的话道：“我就不该说话，这离开叹息森林都快十天了，路上你们俩不是吵架就是沉默，你们的表现都快让我忘了你们是相亲相爱的俩兄弟。”

“主要是他错了，迪里奥师傅。”马里斯道。

“我没错。”马尔卡道。

“好了，好了。”迪里奥无奈道：“别在争论了，我看这件事不解开是不行了，马里斯，放开你手中的缰绳，你俩离我近一点，先不要相互埋怨，都听我说。哎，真没想到在逃亡的路上我还要为你们当这么一个法官——首先，马里斯，不论你乐不乐意，马尔卡没有做错。”

“迪里奥师傅，”马里斯急道。

“如果非要让我评理的话就先听我把话说完。”迪里奥平和的道：“我们在铁城的时候你是不是拉着亚赛要到伯爵处？你是不是说过你就是全国有名的骑士，你要去吻醒他的女儿？”

“是，但是——”

“说过就是说过，没有但是，虽然马尔卡没有说出完整的事实，但他说的确实是事实。”迪里奥道。

马里斯急辩道：“既然要说，那就说出完整的，只言片语的事实往往离真正的事实很遥远。”

“那你为什么不说呢？”迪里奥反问道。

“我——”马里斯张口结舌的说不出话来。

“这件事马尔卡没有做错。”迪里奥跟着道：“有些人的爱情来得慢条斯理，有些人的爱情来得措不及防。我看得出来，你们两个同时对希丽亚一见钟情。可是面对着这突如其来的爱意，马尔卡处变不惊，镇定自若，你呢？手足无措，迷失自我。你要知道，爱神是个很纯粹很真实的孩童神，祂没有心机，也不懂得谦让，爱就是爱，不爱就是不爱，竞争就是竞争，失败就是失败。如果面对你喜欢的人和事物，你都不敢放胆一搏，你都不敢真实的表达自己的喜怒哀乐，你又怎么能够埋怨别人呢？你还记不记得在林中那个少年歌中的一句？‘是爱给了勇气千山万水，也是爱给了勇气翅膀。’马尔卡并没有诽谤你，也没有用什么卑鄙无耻的手段，他只是为自己的爱情用了一些可以理解的小技巧，而当时希丽亚就在那里，你为什么就不向她讲清楚？为什么你就不敢为自己的爱情也做些什么呢？”

马里斯气呼呼的看着前面的路。

迪里奥接着道：“爱情只有一个，你确定你爱的人也只有一个。你不敢真实勇敢的表达，怎么把希望寄托在对手的谦让上？除非你并不那么喜欢对方，不然谦让这个词用在爱情中并不合适，那只不过是害怕失败的懦弱和不自信的表现罢了。当然，我并不是说你们两个非要争的头破血流，要像动物一样为了求偶而打的你死我活，不能不择手段，这是对自我为人的尊重，也是对对方的尊重，虽然——”

“驾！”马里斯吆喝一声，他胯下的马快速的向前奔去。

“马里斯。”亚赛忙追过去。

迪里奥无奈的在后面叫道：“陪着他，让他安静一会儿，哎——带你们几个行路真不让我这个老者省心。”

马尔卡在旁边道：“迪里奥师傅。等我们重回赛马尔城堡，我想再次到叹息森林，我想对希丽亚求婚。”

迪里奥笑道：“那一定是件浪漫的事，马尔卡，不过你的竞争对手很多，其中还有你的弟弟，就要看你们谁能杀出重围了。”

“天空中没有翅膀的痕迹，而我已飞过——我记得书中的句子。”马尔卡道，“不过如果我成功的话，可能我便不会再回到赛马尔城堡了。”

“那时我同样会恭喜你，”迪里奥道：“不过到时你回不回来要看希丽亚的意思——我问了她的父亲法亚尔，他们费希莫族并没什么繁文礼节的规定，也许希丽亚愿意跟你同回赛马尔城堡也说不定。”

几人在路上边说边走，慢慢到了傍晚，他们方才看到两匹马在草地上悠闲地啃食着青草，而马里斯和亚赛正坐在路边，夕阳的余晖照在他俩的身上。

迪里奥下马，他走过去笑道：“怎么？马里斯，你还在生我这个法官的气呢？”

“嗯！”马里斯气冲冲地刚嗯一声，跟着就笑起来道：“不过您说的很有道理。”然后他对马尔卡道：“我会亲自告诉希丽亚铁城伯爵女儿的事，我也会实话实说，我哥哥是个有心计还不爱说话的人，远没有我性格开朗，心胸宽阔，我要劝她远离你。”

“欢迎之至。”马尔卡在马上无所谓的耸耸肩膀。

迪里奥道：“好了，你们兄弟俩这也算是一笑泯恩仇了。我们快赶路吧，趁着天色未晚，我们找个好的住处。”

马里斯和亚赛拉过各自的马骑上。马里斯道：“不用找什么住处，前面便是死堡，我们到死堡住一夜明天在行路。”

迪里奥道：“还是别去死堡留宿比较好，你没发现吗？马里斯，我们从叹息森林出来，这几天来路上连个村庄都没有，死堡是个很神秘的地方，二十年前我听说国王曾带兵进攻这里，那时这里还是另一个国王统治，城市的名字也不叫死堡，但中间似乎发生了什么事，国王并没有得到这个地方就退了兵，而死堡已经成为一座空城了，接着国王便明令禁止任何人踏入死堡周围。这件事我也问过公爵，公爵也不知道具体的情况，他也只是听说国王似乎达成了某种协议。”

“您这么说我还真是好奇，迪里奥师傅。”马里斯有些兴奋道“这一路走来我们经历过许多事情，但我觉得听说最不可信，我们要进入叹息森林之前，周围村庄的许多人不是还告诉我们森林里住着恶魔吗？可是呢？里面住着的却是费希莫族人。退一步讲，即便传言是真的，死堡也是座空城，我们去留宿一晚，害怕什么？”

几人快马来到死堡门口，城堡烧得发黑的大门敞开着，可是那几匹马都在门口焦躁的打转，并不愿进去。

马尔卡抚慰着自己坐下的马道：“不对，这马的反应不对啊！”

马里斯下了马，他将马的缰绳钉在地上道：“我闻到了，是城里的气味让马不适应。”接着他拿过马身上驮的包裹道：“趁天还没有完全黑，我先进去看看。”

“等等。”迪里奥说着，几人都下马将马绳钉在地上。

马尔卡道：“我们一起进去看看，最好拿着武器，不要大意。”

几人走进了死堡的大门。

死堡内异常寂静，连绵不绝又破烂不堪的房屋里空无一物，随处可见的断壁残垣，还有不少被火烧得发黑的大理石立柱乱糟糟的平躺在地上。几个人边看边向前走，他们直到来到一座很大的神庙前，看到门口几尊乳白色的雕像已经被破坏的残缺不全。

“这个神庙里原来不知道敬畏的是什么神灵。”迪里奥感叹道：“人们之所以建造雕像只是为了提醒自己不要忘了心中的和平、慈悲、善良、爱还有美，可是这门口的雕像已经被人破坏的面目全非了。”

迪里奥话音刚落，却听到了一阵“呜呜”的哭声，几人惊讶的顺声望去，看到一个不大的人不知何时正蹲在一尊破损的雕像下，她的头发很长，身上的穿着也很破烂，她正背对着几人在面前的石像前哭泣。

“似乎是个小女孩儿。”迪里奥道。

“是个小女孩儿。”亚赛忙跑过去。

“先别过去，亚赛，”迪里奥出声示警道：“有些奇怪。”可是亚赛已经蹲到那个女孩儿面前温和的问道：“小姑娘，你是不是迷路了？”

“噗嗤”一声响，迪里奥瞪大了双眼——一只血红的手穿过了亚赛的左背，接着几人听到了那东西让人毛骨悚然的、鬼魅般的长短不一的嘿笑声。

马里斯以迅雷不及掩耳之势抽出腰间双剑冲了过去，可是那东西更快，它就如同一只灵巧的猴子般几个退步便离开马里斯十步开外。

马里斯蹲下抱住地上亚赛的身子，迪里奥几人慌忙围上，马里斯摇了摇头，接着他无比愤怒的站起，手持双剑冲那东西一步一步走去。

神庙内传来各种莫名吵杂的声音。

“马里斯，”迪里奥颤抖着声音叫道：“马里斯！”

奎力特一个健步上前拉住马里斯的左臂。

“快跑！”迪里奥用尽全力叫道。

与此同时，神庙中冲出了许多似人非人的怪物，它们浑身赤裸，身上的肤色惨白无光，皮肤更是褶皱搭着褶皱，上面光秃秃的没有一根毛发，它们连声怪叫，声音如同嘶哑的野兽。

迪里奥几人转身向城门方向急跑，庙中的怪物却无穷尽的涌出庙门追赶着他们。

几人脚步不停，在月光下却远远看见死堡的大门紧闭着。马里斯迅速将背上的包裹解下递给马尔卡道：“里面有钩绳，快去。”

“你要做什么？马里斯？”马尔卡喉咙一紧，声音都哽咽了。

“替我带话给希丽亚，我爱她。”马里斯用手中的剑尖在地上划了一条横线道：“快走，我能坚持一会儿。”

马尔卡动也不动。

“迪里奥老师，快带我哥哥走，”马里斯怒道：“难不成要我们全都死在这里？”

迪里奥眼含热泪，他拉住马尔卡向城门处狂奔，几人边跑边向后看去，只见马里斯挥舞双剑在那帮怪物前辗转腾挪，有很长一段时间，怪物们除了发出暴躁的嘶吼声竟无一能越过地上那条横线。

迪里奥三人跑到城下，马尔卡刚将钩绳甩到城墙上拉紧，身后的怪物便成群结队的向他们跑来，马尔卡推着身边的奎力特道：“快上去。”

奎力特抓住钩绳向上攀爬，他刚攀爬了几下就听到底下的马尔卡道：“没时间了。”奎力特向下看，只见马尔卡抽出腰间的盾牌与长剑转身面对来势汹汹的怪物道：“出去到了叹息森林，别忘了替我也带话给希丽亚，我也爱她。”

“快上去，奎力特，”迪里奥道：“我没什么要带话的，是我把你带出了铁城，我只希望你不要怪我。”

奎力特跳下钩绳，他抽出腰间的战斧道：“喜欢谁就亲自告诉她，我只是一个铁匠，并且我生平最不喜欢给人带话。”

奎力特说完便站在迪里奥身前，他虎视眈眈的看着即将到来的一切。

一个怪物冲击过来，马尔卡用盾牌抵了它一下，它暴怒出声，马尔卡的盾牌让出条缝，右手长剑闪电般刺穿了怪物的腹部，可是怪物似乎根本不知疼痛，反而双手抓住了马尔卡的剑锋，马尔卡惊讶拔剑，剑却如同镶在巨石中动也不动。奎力特从旁将那怪物一斧两半道：“马里斯说的没错，掌握战斗技巧，敌人便和木柴没什么两样。”

“我是第一次遇见这种对手，”马尔卡收回剑问道：“迪里奥老师，您怕不怕？”

“和你们在一起我有什么怕的。”迪里奥道：“不过老实说，我是真没力气攀爬上这座城墙。”

怪物们如同潮水般涌来，里面忽然传来了一声奇怪的声音——就如同有人在高呼长啸。这些白茫茫惨白一片的怪物立刻像大海的白沫儿般退去，站在了离迪里奥几人不到十步的地方。

马尔卡三人盯着这些满目可憎的怪物，它们有的头和肚子出奇的大，有的瘦弱可怖。跟着这些怪物分开，从中走出一个穿着长白袍的人，他的脸像是被一团黑气罩在袍帽中，让人看不清楚。

“上次见到新鲜猎物已经不知是什么时候的事了。”白袍中的声音不悲不喜，他蹲下身，从衣袖中拿出一卷竹简打开铺在地上道“书中之怨灵啊——我将赐予你全新的躯体，听我之号令啊——重来世间完成你愤恨莫名的事情。”

竹简中两团黑气飞出，白袍口中念念有词，马尔卡看到远方两个人浑身是血的急跑过来。

“是马里斯和亚赛！”奎力特叫道。

“别动，”迪里奥道：“他们气势不对。”

“杀了他们。”白袍右手一挥。

马里斯冲到奎力特面前挥剑便砍，奎力特战斧一档，竟觉手腕发麻，亚赛的盾牌冲击撞到马尔卡的盾上，两人的盾牌竟同时裂开了。

“如果我们能活着出去，”迪里奥大叫道：“我一定要带兵来攻打死堡！”

第三十三章
亚索的愤怒

“陛下。”贝丽苏亚哭泣道：“我只有一个孩子，即便我贵为王后，我也是看着他慢慢长大，我记得他在我身旁的一颦一笑。我和任何普通人一样，不论世上什么样的地位也无法磨灭我对他的回忆；不论世间什么样的交易也无法换取我对他的感情。即便我轻信了别人，上天要给我惩罚，可是我的孩子是无辜与无罪的。如果世间还有人主持公道，我必知恩图报，如果世间还有人维持正义，我必亲吻他的双手。”

“贝丽苏亚。”亚索安慰她道：“别人遇到这种事可能会一筹莫展，但你的男人是国王，如果国王再没有主持公道和维护正义的权利，那么他一定是盲目命运的傀儡。虽然你的女仆畏罪自杀——这个执拗的疯子，如果她稍有一点良知她也不会做出如此忘恩负义的事情——她死的也真是太容易了些！但你不用害怕，贝丽苏亚，我即便在全国各处挖地三尺，也一定要找到亚伦的踪迹。”

贝丽苏亚道：“我不敢在命运面前高声，我心中的疑虑让我惧怕未知的残酷，我怕那种幻想有天变作真实，然后血淋淋、冷冰冰的出现在我的面前——我的女仆死了，菲利亚特死了，我的孩子如同空气般凭空失踪，这已经几个月的时间了，他只有十岁大，什么也不懂，他该怎么面对外面那么巨大的一个世界？那里的人对他是否友好？人们是否知道他只不过是个天真而有些调皮的小人儿？人们会不会原谅他有时无心而犯的过失？”

“不要胡思乱想，贝丽苏亚。”亚索认真的道：“我相信吉人自有天相，心如天空一样坦荡的人自有天上神明的保护。亚伦虽是在王室长大，但他的脾气性格并不招人讨厌，他继承了你的友爱与善良，对人也很和气，人心都是肉长的？谁会忍心去伤害这样的一个孩子呢？”

“铁石心肠的猛兽。我做了一个梦，”贝丽苏亚道：“梦中有只机械的猎犬，它出奇的大，我看到它守在通往美好的道路上，它直勾勾的盯着亚伦。我冲它叫喊，可是它听不见，我要跑过去，可是总离它很远，我以为它只会发出‘汪汪’的叫声，可是它却口吐人言。‘你是谁？’它问。‘一个小孩儿。’亚伦道。‘你是人吗？’它问。‘别和它说话，亚伦，它听不见，它听不见。’我焦急的冲亚伦叫道，可是我看到亚伦点了头。‘你善良吗？’它问。接着它自答道，‘善是我的食物，你该像我一样冰凉僵硬。’然后它咬上了亚伦。我从梦中惊醒，但我清楚记得亚伦伤痕累累，血迹斑斑的哀嚎，可是我不能不醒，我无能为力，我不能看着亚伦成为它口中的美餐。”

“噩梦并非预言。”亚索道：“关心则乱，噩梦只是恐慌的表现。你不要怕，你虽然梦到亚伦，但他真实的生活也许离你的噩梦很远。”

贝丽苏亚泣不成声，过了一会儿她道：“我怕，我不能不怕。这么久没有任何消息，我怎么能无端埋怨噩梦的到来？我曾听父亲讲过一个古老的传说——一个国王因为热爱金子到了发狂的地步，天上的众神便给予了他点石成金的双手。从那天起，他所触碰到的一切都变成了黄金，直到有天他的手无意中碰到了自己最心爱的小女儿，那一刻他才真正发了狂——什么能取代至亲的人的平安？如果天上的众神能够怜悯我，告诉我，即便付出一切，即便粉身碎骨，我也愿意去做。”

“你放心，贝丽苏亚，我已将亚伦的画像传遍了全国。”亚索道：“并且在明天的朝会上我将再次提高酬金，人们为了利益可以不顾性命的害人，同样为了利益人们也可以不顾性命的救人。只要亚伦还没有离开这个国度——我相信他也走不远，我就一定会将他找到。我将放消息让全国每个人都知道这件事，我将出动所有眼线，动用所有士兵，派出最好的骑士团，我要让哪怕最偏远地区的雇佣兵也要重视起这件事来。我要让犹伦之地、北方之族、南方海盗和东南方的刺客之城都因为我的消息而不敢对亚伦轻举妄动。”

“如果，亚索，我是说如果，”贝丽苏亚道：“如果你接到了什么不好的消息，你一定……你一定要第一时间告诉我。”

“别胡思乱想，贝丽苏亚。”亚索斩钉截铁的道：“绝对不会有什么不好的消息。”

“答应我，亚索，我求你。”

亚索看着贝丽苏亚，过了一会儿，他点头道：“我答应你，但你也要答应我，相信我，不要胡思乱想——自从发生女仆那件事以来，这么多天你都在生病，也没能好好休息，我建议你好好的睡一觉，免得亚伦一回来看到的是他疲惫不堪的母后，那样的话他一定会怪我的。”亚索强笑一下，又道：“我要去和大臣们开一个重要的会议，晚一点我再来看你。”

亚索叫来女仆，吩咐她们照顾贝丽苏亚，然后便走出贝丽苏亚的寝宫。

亚索穿过长廊，他来到都城前厅的会议室内，情报大臣、财政大臣、内政大臣见他到来，忙恭敬地从长方桌旁站起身，亚索坐在上首的主位上问道：“有没有接到什么新的消息？”

情报大臣开口道：“没有，陛下，还是上午的老消息。犹伦之地杀害了我们派去谈判的使节，而铁城伯爵先我们一步派人拜访了赛马尔城，两城间是否达成什么协议我不知道，但据可靠消息，铁城偷偷送给了瓦万特一笔不少的金银。”

整个会议室沉默片刻，亚索问道：“你们有什么要说的？”

财政大臣道：“这个时候再制造两城间的事端已经显得不太合适了。”

情报大臣接过话道“我就怕铁城和瓦万特之间达成什么协议。如果他们双方联合起来——陛下，我并非无端多虑，我们如果不能提前压住这种势头，国家便很容易陷入被动以至混乱，而谁都知道，混乱是一切四分五裂的开端。”

财政大臣又接道：“如果不能把战火引到第三方，烈焰便还在我们面前。现在全天下都在看着我们对待瓦万特的态度。虽说这世上本没有混乱，但这世上却不乏制造混乱的能工巧匠。”

内政大臣马上道：“所以我们更应当谨慎对待这件事。如果要打，我们的战争便不能失败，不能拖拉，最好能够速战速决。不然以我对于战争的了解，只要我们陷入战争的漩涡中无法自拔，前王所分封的许多候伯子爵等便很有可能趁机拥兵自重，他们会作壁上观，并奢望天下大乱，好以此浑水摸鱼，企图在乱世中分得更大一杯好羹——我们绝不能成为这混乱的开端。”

“您到现在都不同意出征赛马尔城堡吗？大人？”情报大臣问道。

“现在出征赛马尔为时尚早，”内政大臣回道：“但我愿意修改一下我原来的建议，对西方的犹伦之地开战，这也算是先礼后兵——他们首先进攻了我们的城镇，又杀害了我们谈判的使节。这种行为就如同一个酒醉的混蛋深夜在村中寡妇门前砸门大喊，寡妇出声喝止，但他却依然不依不饶，流氓无赖的行径最终招致的必然是天怒人怨，这时我们再去打他，上和天意，下顺民心。而瓦万特处，我还是希望陛下能顺势给他一个恩典，先彰显陛下的大度与宽厚。”

“我真是觉得奇怪了，大人，”情报大臣道：“您这么聪明的人难道分不清楚轻重缓急？现在瓦万特砸的不是寡妇家的大门，他砸的是我们家的大门，全村的男女老少都在看着，而你却急着要先去替寡妇家出头？”

内政大臣强忍怒气道：“东西方决不能同时开战，我们现在的情况也不适合主动宣战，我们可以拖延战争，实在不行再被迫应战。我还是那句话，瓦万特不见得有反叛的意思，而铁城伯爵即便给他送了金银，也不能代表他们同有反叛的心思。我们站在铁城伯爵的角度去想，瓦万特进攻了赛马尔城，天下震动，而铁城又与赛马尔城堡唇齿相依，所以最先岌岌可危，他怕引火上身，当然愿意破财消灾。“

财政大臣叹息一声道：“既然要破财，他还不如把金银送给我们。”

内政大臣摇头道：“都城离他太远，这就如同一个人虽然有个厉害的远亲，但他的邻居忽然住进来一个强盗，他虽不胆小，但也不愿多事，他——”

亚索牙缝里狠狠蹦出一个字道：“打！”

内政大臣先是一愣，接着问道：“陛下，是对犹伦之地开战还是对瓦万特开战？”

“东西方同时开战。”亚索道。

“陛下，”内政大臣急站起身。

“也许你说的对，”亚索道：“但即便瓦万特和铁城没有反叛的意思，我们也必须先要压住这种势头。我相信现在全天下都在看着我们对待瓦万特的态度，毕竟父王在战争期间答应过许多人，也失信过许多人，而瓦万特是第一个敢于挑战王权的人。此时我们表现的太过软弱，本没有想法的人们也会开始心怀鬼胎，这样难保不会出现第二个、第三个瓦万特，也难保不会出现第二个、第三个送钱的铁城。我们不能将这第一个挑战消除在萌芽状态，它便很可能成为燎原之势，到时事态反而更加难以控制。”

“陛下，我不是不同意打仗，”内政大臣忙道：“我只是不希望我们冒险。战争不同与和平，战事一旦打响，事态便会诡异莫测，什么事情就都有可能发生。所以我们最好能在开战前做好十足的准备，这样我们方能不惧怕任何变动的到来。虽然我们现在暂时隐忍，但也完全可以搭箭拉弦，引而不发，以此虚实之术来威慑天下——毕竟没人知道我们真正的实力，坦然自若反而更让人感到留有余力。”

亚索道：“不用再说了，内政大臣，现在的情况是箭在弦上不得不发。我们所剩的黄金还够打这两场战争，所以我心意已决。而且我们也不是没有余力，在死堡我们还有一支三万人的部队。”

内政大臣睁大眼睛，情报大臣和财政大臣面面相觑。

内政大臣先道：“陛下，那不是我们的部队，并且那也不是人，那是怪物。二十年前，前王率兵攻打那里时，那本不过是一个信奉神明的小城，前王本以为大军到时他们的国王便会投降，可谁知那么小的一个城竟然做出了强硬的抵抗。前王认为他们以卵击石，不以为意，因为当时从任何方面来看我们拿下它都只是时间问题。刀光血影，强弓硬弩，攻城的云梯换了一拨又一拨，那里守城的将士也是换了一批又一批，可是还不到三天时间，前王已看到城中的妇女都站上了城墙守城。前王准备第二天攻破城池，可是当天晚上却发生了怪事——半夜时分，万籁寂静，城堡与我们的部队都在熟睡，以迎接第二天残酷的考验。可是突然间城中大火突起，火光把黑夜印的如同炼狱，前王正在暗自惊异，怀疑城中是不是发生了叛乱，却听到城中传来了彼此起伏的凄惨的怪叫声。接着城门打开，杀出了一帮可怕的怪物，他们不知疼痛，不惧生死，如同非人的鬼魅击溃了前王的部队。”

“父王率军撤离了死堡，”亚索接过内政大臣的话道：“但离去前和死堡达成了三项协议，一是向全国隐藏死堡的秘密；二是向死堡运送一定数量的重犯，但死堡不能有超过三万兵力；三是进入死堡范围的人归死堡，死堡没有国王命令不得向任何城镇进攻——不然全国共击之。内政大臣，我看了都城留下的与死堡达成协议的条款，虽然没有任何记录讲述死堡的秘密是什么，但我认为父王已经攻下了那个地方，不然协议中不会有最重要的一条——死堡没有国王命令不得向任何城镇进攻。”

情报大臣和财政大臣对望一眼，道：“陛下，前王在世时从来没有过动用死堡兵力的打算，并且他还明令禁止任何人踏入死堡周围。后来我们向西边也打过不少恶仗，我也曾向前王提出过动用死堡兵力的建议，但前王的意思是即便失败也不会动用死堡的一兵一卒。而且前王话语间的留露好像是只要全国安定下来，必然要再次进攻死堡。”

内政大臣道：“陛下，我觉得协议中最该引起重视的是死堡不能有超过三万兵力，还有全国共击之。虽然死堡的秘密已经跟随国王离去了，但这两点总像透漏出了什么让人不安。”

“死堡中的三万兵力是我们的底牌，不到万不得已自然不会用。”亚索道：“但这份协议也足以成为我们迎接战争中未知变化的余力。我们现在先解决摆在眼前的麻烦，东西方同时开战，不再讨论别的。”

内政大臣、情报大臣、财政大臣一起点头，道声遵命。

亚索接着道：“内政大臣，我让你研究税法与兵员的补充你研究的怎么样了？”

“陛下，已有税法确实无法再加税收，不过在这种时刻，我建议我们可以立法收取窗户税，而关于兵员，我建议三男抽一。”

“窗户税？”亚索皱眉道：“什么意思？”

“是关于阳光与空气的税收，陛下，这两天我就将详细的制定送到您的面前。”

亚索点头，又问向财政大臣道：“我让你找出短时间内充盈国库的方式，你准备的怎么样了？”

“已经准备好了，陛下。”财政大臣马上道：“这两天我也会将详细的方式送到您的面前。”

亚索点头，又对情报大臣道：“准备信鸽，向全国所有城镇发出消息，我们将对犹伦之地和瓦万特同时宣战。”

情报大臣行礼道：“陛下放心，我将告诉所有城镇，让他们必以国为重，听从国王正义之剑的召唤。”

亚索跟着站起，他拿下头顶的王冠看了两眼又重新正戴上道：“当此冠戴在我头上的那刻，我的命运就已与王不可分离，所以——别忘了告诉他们，我的愤怒！”

第三十四章 金黄的蝎尾

死堡大门前，迪里奥话音刚落，白袍的手再次抬起，马里斯和亚赛顿时停止攻击，就如同提线木偶般退回那帮怪物之中。

马尔卡与奎力特紧紧抓住手中的武器，迪里奥怒视白袍。

天上月明如水，地上光线柔和。

白袍中的声音粗糙而沙哑，“你们是谁？”

迪里奥高声道：“我是赛马尔城堡的迪里奥，他们俩儿是赛马尔骑兵的正副将领——马尔卡和奎力特。”

白袍双手一挥，死堡的大门“吱吱呀呀”的打开了。

“进入死堡范围的人归死堡。”白袍说着和那帮怪物向后退去，不一会儿便消失的无影无踪。

四周沉静下来，迪里奥三人一言不发的退出死堡大门，城门外的五匹马正在原地焦躁不安的转圈打转，看到他们出来同时嘶鸣起来。

迪里奥走到亚赛和马里斯的马前，他先是拔出地上的马钉，然后轻拍下马身，温和的说声：“回去吧。”那两匹马低头悲鸣，在他身旁旋转一会儿，然后顺着原路飞奔而去。

迪里奥看着那两匹奔驰的骏马在他的视线中越来越小，忽然间他老泪纵横，他低颤着苍老的声音道："无常亦常，无常亦常。"转身却昏倒在地上。

马尔卡和奎力特大惊失色，他们急跑过来，看见迪里奥牙口紧闭，面如死灰。马尔卡慌忙扶起迪里奥的上身，他将腿垫在迪里奥后背上，边用手抚搓迪里奥的胸膛边焦急的对奎力特道："快，快把我马背上的酒囊拿过来。"

奎力特拿过酒囊，两人撬开迪里奥的嘴将酒灌进去，酒顺着迪里奥嘴角流出。过了好一会儿，迪里奥方才身子一动，跟着便剧烈咳嗽起来，酒从他口中喷出，接着迪里奥深吸口气，张口大哭起来。

马尔卡紧紧抱住迪里奥的身子，静如死地的周围只回响着迪里奥撕心裂肺的哭声。奎力特沉痛的闭上双眼，马尔卡泪流满面，剩下的那三匹马"咴咴"鸣叫。

"为什么不能是我，而一定要是他们？" 迪里奥摇摇晃晃的站起身，"死神在每个人头上转悠，镰刀无情的收割着地里的果实，生命如同大地上金黄的麦穗，沉甸甸的低头却依然看不到命运悄然而来的脚步。守望者在开怀大笑，他扶起你的脸，将你拦腰折断，你所努力的一切只不过是他口中的美餐。没人过问你的疼痛，而希望在你面前又希望你满怀希望，然后黑布便无情的遮挡了你的双眼。黄土上残留下金黄的麦茎，那是你曾经存活的痕迹，放眼望去，齐刷刷一片如此整齐，饱满干瘪一起坠入漆黑地狱。如果你是个这样的命运，如果你是个这样的死神，如果你是这么样的一个东西——"迪里奥拉过自己的马匹。

"迪里奥师傅，你要干什么？"马尔卡问道。

迪里奥翻身上马。"我要狙击死神。"他说着放开手中的缰绳，坐下的马疾驰而出。

马尔卡和奎力特忙拉过各自的马匹。

“我不明白，”奎力特蹬上马急问道“死堡明明可以杀死我们，怎么会放我们走？”

“是迪里奥的智慧。”马尔卡道：“开始我也不明白，但我想起了白袍的第一句话——上次见到新鲜猎物已经不知是什么时候的事了，对他来说我们只不过是他的猎物——他似乎能够操控尸身，或者是转换灵魂，我到现在都忘不了亚赛直冲过来时的眼神，狰狞凌厉而冰冷，那完全不是人的眼神，如果不是亲眼所见我绝对不会相信。这太可怕了，我现在明白国王为什么明令禁止任何人踏入死堡周围了，进入死堡范围的人归死堡。国王一定知道这件事，但却隐瞒了天下人，可能还和他达成了某种协议。而迪里奥师傅说要带兵攻打的那句话让白袍收起了杀我们的心思，白袍是希望更多的人进入死堡，不过——快追上迪里奥师傅，我还有许多疑问要问他。”

两匹马追上了迪里奥的马。

在呼呼而过的风声中马尔卡问道：“迪里奥师傅，您是真的要聚集骑兵进攻死堡？”

“我们已经回不去赛马尔城堡了。”迪里奥道：“公爵用亚赛的手印做成的取款证明，现在亚赛不在了，我们没人能取出瓦斯瓦特城的金银来。”

马尔卡吃惊道：“可是我们现在前行的方向依然是瓦斯瓦特城。”

迪里奥看着前路道：“我们不去瓦斯瓦特城，我们去刺客之城！”

刺客之城，大漠中的孤烟之城，没人知道它是何时建立，在人们的传言中，它似乎尚出现在这片沙漠成型之前。城堡的构造奇特，它整体是用黑石打造，从上望下和一只趴在地上、张开着双钳的蝎子一模一样，而它身后那根弯曲细长，造型逼真的蝎尾却全用黄石打造，这黄色的蝎尾正对着前面漫天黄沙，而越过城堡不远便是一望无际的大海。

这日午后，迪里奥三人风尘仆仆的来到刺客之城，他们从骆驼上下来，站在这宛如蝎口的大门前，迪里奥放开骆驼，问道：“马尔卡，你怕不怕？”

“迪里奥师傅，跟着您我有什么怕的，”马尔卡回答道：“不过老实说，我觉得您这么做是白费力气。”

迪里奥又问道：“奎力特，你有没有想清楚？在走入这座大门之前，你还有机会回到铁城。”

“我是自愿跟着这位老者走，在铁城那天我已经说的很清楚了。”奎力特回道。

“好的。”迪里奥点头道：“把骆驼放开，让它们走吧。”说完他走进了刺客之城的大门。

马尔卡和奎力特同时放开手中骆驼的缰绳，然后头也不回的跟在了迪里奥的身后。

刺客之城的大门边上有张方桌，一个面带黑纱的人正坐在那里看着他们，可是迪里奥并未与他搭话，而是顺着宽阔笔直的大路一直向前走去。

城中各种各样的建筑在路两边整齐分布，而每隔几公里远，便会出现一条横向黑色小路将整个城市竹节似的分开。城内静悄悄的，没有市集，没有花园，路上就连过往的人都很少，就算碰到几个，他们也是面带黑纱正低着头行色匆匆。

迪里奥并不看那些人，那些人也不看迪里奥。迪里奥三人径直来到城中最后面那座黑色的宫殿前，宫殿黄色大门敞开，门楣上刻着一行小字——人生很短，不要自讨苦吃。

迪里奥站住，他先是仰头看向那根弯曲伸向半空、又从半空直伸到城门前的‘蝎尾’，然后他低头走进了宫殿大门。

这并不能说是一个宫殿，严格的说是个圆形的房间。在这房间的中间直立着一个乳白色的石梯，周围空无一物，里面一个人也没有。迪里奥走到石梯下向上望去，见到上方如同高高的封闭式的烟囱。

迪里奥带着马尔卡和奎力特开始攀爬石梯，不多时石梯消失，取而代之的是弯弯的墙壁两边凸起的石块，三人顺着这些石块继续攀岩向上，光线越来越暗，马尔卡点燃了带来的火把，借着这点光明，过了很长时间他们才看到上面的圆形洞口。

三人攀上洞口，迪里奥气喘吁吁的看着面前一直向前延伸的封闭的圆筒形‘蝎尾长廊’，马尔卡小声道：“迪里奥师傅，我背您过去吧。”

迪里奥摇头迈步向前走去。黄色长廊两边的烛火照映着三人的身影，又不知走了多久，三人才看见两扇紫黑色关着的大门。

迪里奥走到门前，见到门楣上又刻着一行字——谁的生命不闪光？

迪里奥推开门，看到面前台阶下是间椭圆形的房间。在房间的正中央有一张黄石打造的长方形桌子，上面点着几根蜡烛，一个四十岁左右，身着黑色紧身束腰衣袍的男人正面对他们坐在桌前写着什么。那男人裸露着两条结实的手臂，低着头，在他的身后开着扇大大的窗户，外面已是黑色的夜。

迪里奥几人走下面前的台阶，来到桌前。

“你们要杀谁？”男人依然低头干着自己的事，头也未抬的问道。

“死堡的堡主，一个身穿白袍的魔法师。”迪里奥回答。

“你们带来了多少黄金？”男人没有停笔。

“我们身无外物，没有黄金，可以说一贫如洗。”迪里奥回答。

“你们知不知道我是谁？”男人没有停笔。

“刺客之城的城主，只接待巨型黄金的生意，并且是在刺客之城中唯一一个不用蒙面的人。”迪里奥道。

城主停下笔抬头和气的道：“你们没有在城门处领遮挡自己面容的黑纱，没有询问我城中的规矩，没有看懂我宫殿两个门上的字。你们来到此处，现在请给我三个证明，一、你们是哑巴；二、你们不识字；三、你们是疯子。”

迪里奥道：“我开口说话证明我不是哑巴，我并未语无伦次证明我不是疯子，而且我记得我从小认字，一刻也没有忘记过。”

“很好，”城主点头道：“在这个房间里留下你们的遗言，城边的沙漠中会留下你们的遗骸。”

“我们三人逃亡而来，国王已经悬赏了重金。”迪里奥回道。

“结束你们的逃亡生涯，自己走回都城，告诉国王让他差人把赏金送来。”城主又开始写东西。

“我们没有黄金，但我们可以送您一座城。”迪里奥道。

城主没有停笔答话。

迪里奥接着道：“并非死堡，那座城已经在二十年前烧成白地，没有任何价值。而我送的这座城历史悠久，并且会长久不衰。”

城主问道：“哪座城？”

“刺客之城。”迪里奥道。

城主放下笔，他抬头盯着迪里奥良久，只说了句，“人生很短，不要自讨苦吃。”

迪里奥道：“如果我还有幸说出我的遗言，那么便是我四天前在死堡的所见所闻，我们本有五个人逃亡，现在却只剩下了我们三个。”接着，迪里奥将国王对死堡的法令和在死堡那晚发生的事原原本本的叙述了一遍。

城主双手交叉放在脸前，他安静地听完，开口问道：“这和我们又有什么关系？”

“当雪崩时，没有任何一片雪花觉得和自己有关。”迪里奥道“如果我的估计没有错，国王与白袍间达成了某种协议。而一个人如果能够操控死亡，他终有一天也将不会掩盖自己要操控天下的野心。”

“不要危言耸听。”城主道：“这是国王与白袍的事——进入死堡范围的人归死堡，他们有他们的共同协议，我们有我们的生存方式。每个生命都有和他相等的黄金价格，我想你也知道，刺客之城，无血无泪，耸立百年，无敌无友，所以我们不会管。”

迪里奥道：“谁的生命不闪光，并非谁的生命不值钱——那么我对这句话的理解是，人性中的闪光点与阴暗面永远也无法交汇融合。所以，当有一些人事牵扯到我们每个人共同生存的命运时，今日我若冷眼旁观，他日祸临己身，则无人能再为我摇旗呐喊，于是我便选择推开了这扇门。”

城主冷冷的看着迪里奥道：“你的言辞很诱人，但你推开这扇门是因为有仇要报，而我拒绝你是因为无利可图。”

“如果，”迪里奥坚定地道：“我们自己走回了都城，国王派人送来了比悬赏更多的赏金，你们会不会去刺杀白袍？”

“多出的赏金必须是整个死堡的黄金总合，你们值不值那么多钱？”城主反问道。

马尔卡马上接道：“死堡现在一文不值。”

“所以我们不会去刺杀白袍。”城主回道。

迪里奥几人沉默下来。

城主道：“你们并未和我达成生意，而自从我接任城主以来，也从未有任何外人见过我的真容，安西。”城主叫了一声。

“在。”一个声音在迪里奥几人身后响起，几人忙回头看去，只见一个消瘦的老者不知何时已如幽灵般站在了他们的身后。

奎力特面露惊讶，马尔卡眼神一动，迪里奥面色如常。

老者直走到桌前向城主行礼，城主道：“这么多年你从未刺杀一人，杀了他们你将成为城中挂名的刺客，这也是你的一生所愿。”

城主的话音尚未落地，奎力特的手便忙伸到背后要拽出自己的战斧，可是那个老者更快，奎力特根本没看见他的身形，一只干瘪的手已经摁到了他抓住战斧的那只手上。奎力特心中发寒，正想用力，却听到那个老者在他身后笑吟吟的道：“不要白费力气了。”接着屋里的人共同听到那个老者的声音道：“我愿去刺杀白袍。”

“好吧。”城主点头道：“你现在虽还不能称为城中的刺客，但你既然愿意接他们的生意，我便以朋友的身份替你照顾他们的生命五天。”接着他又对迪里奥几人道：“去到城中随便找个屋子住下，五天后的这个时候再到这里来。”

迪里奥转身看向那个老者，那个老者也正望着他。

“我叫迪里奥。”迪里奥说。

“我叫安西。”那个老者道。

“你有什么要问我的吗？”迪里奥问道。

“你口中的白袍长什么样子？”安西道。

“我没看见他的长相，”迪里奥摇摇头道：“但城中只有他一个人身着白袍，并且我听到他的声音，沙哑而粗糙。”

“是不是他一死，死堡的那些怪物便会消失？”安西问道。

“我也不知道，”迪里奥道：“但据我观察，死堡中除他以外的那些怪物并没有真正的思想，如同行尸走肉。”

“我知道了。”安西点了下头，然后走出了房间。

迪里奥对马尔卡和奎力特道：“我们也走，五天后的这时我们再来这里。”

几人走到门口，奎力特回头看了下，只见城主依然坐在桌边低头写着什么。

第三十五章 王者的权杖

“现在各处都有什么消息？”在都城的小型会议室内，亚索坐在方桌前问情报大臣道。

“没有什么新的消息，陛下。”情报大臣毕恭毕敬地回道：“还是我今天上午在朝会上禀报的老消息。我们宣战后瓦万特方并未做出任何回应，而犹伦之地却打出了要改变世界，人人皆当自由人的旗号，他们一路高歌猛进，我们西边第三座城镇在他们兵临城下时开门投降，我看用不了多久他们定会向我们下一个城镇进军。”

“人要多么无知才会如此轻信？”亚索愤怒地道：“邻居想要到你的家中来做主人自然要先给你说些好话，只有弱智才会毫不怀疑的为他开门。”他紧接着又问道：“犹伦之地这次出动了多少军队？”

情报大臣回道：“他们军队人数的准确数据我的探子还没有报上来，但他们向外宣称自己拥有十万大军。”

亚索轻蔑地笑道：“这倒让我想起了一段往事。几十年前他们进攻我们西边的城镇时曾宣称拥有百万军队，可是我父王与提蒙只率领了两万人就把他们打的抱头鼠窜——虽然他们当时是中了埋伏，但也不至于一下子就损失了九十万吧。”

财政大臣和情报大臣都笑起来。

“陛下，他们可能不太了解数字的含义，”财政大臣道：“但这也不能怪他们，他们地处偏僻，又没有什么文化，所以自然和野蛮人无异。”

情报大臣也道：“是这样的，陛下，他们国土的面积虽然广大，但适合居住的地方却并不多。他们原有的领土不是一望无际的戈壁滩，就是大片充满着毒蛇猛兽的雨林，其中还有不少布满瘴气的沼泽——这些地方就是白送都没人要，而他们在这样恶劣的地方生存下来都是问题，所以人口的数量必然不会太多。我估计他们这次出征人数最多三万，什么十万大军绝对是信口开河。”

“不过这次可不能太小看他们，”内政大臣接着道：“他们倒学会了出征时先打个诱人的旗号。”

亚索点头，又问情报大臣道：“瓦万特处现在有多少军队？”

“昨天收到的消息，”情报大臣回道：“他在赛马尔城有两万以上的军队，而赛飞高地他还留有一万兵力，由他的大儿子率领。”

“这么多？”亚索皱眉道：“消息可靠吗？”

“非常可靠，”情报大臣道：“在进攻赛马尔城堡的那天深夜，瓦万特一共出动了两万五千人。他先是命令五千铁骑火速赶往城下，而这些骑兵到城下后便将马绳钉在地上，然后他们便分成了三千攻城兵和两千弓兵。攻城兵利用钩绳向城上攀爬、动作异常快速，而弓兵又在城下用弓箭掩护。他们来的突然，我方城上准备不足，导致城堡的大门很快便被打开。当贝格统帅领军赶到，在奋战中将要把他们赶出城堡的时候，瓦万特又亲率两万步兵赶到，他们其中五千人骑上外面的战马又冲入城内，和我们在城中打起了激烈的巷战。在战斗中贝格统帅阵亡，我方士兵不是投降便是战死，而瓦万特处只损失了不到五千的兵力。”

亚索恶狠狠地道：“当初父王分封瓦万特赛飞伯爵的时候只给了他五千军队，一万五千的人民，并且给他的明令是赛飞处不能有超过一万的守卫兵力。”

财政大臣带着疑问道：“会不会是他找来的雇佣军？”

情报大臣摇头道：“从接到的情报来看并非雇佣军。陛下，在这点上我也觉得非常奇怪，我真不知道他是从那儿找来的这么多的军队。几十年来我们对于赛飞也一直是有情报接收的，我的几个耳目还在他那里身兼要职。可是在瓦万特袭击赛马尔城堡之前，我们得到的都是他那里只有一万的守卫军队，这个人太可怕了！要说他突然学会了撒豆成兵的魔法我也相信。”

“撒豆成兵？”内政大臣盯着情报大臣道：“看似神奇的东西本质倒很可能简单——这就如同魔术表演。情报大臣，你不会因为见得太多反而目光短浅了吧？”

“哦？”情报大臣疑问道：“大人您有什么高明的看法吗？我是真的想不清楚。”

内政大臣沉默一下道：“我猜测赛飞人民的数量一直在增长，而它明面上军队的数量未变，这么多年瓦万特只是将赛飞这个地方培养得人人皆兵——并且我可以断言，如果你的耳目在他那里身兼要职，那么他们早已背叛，我们一直以来接收的都是虚假的消息。”

“不会吧？”情报大臣吃惊地摇摇头道：“他们真正的父母子女都留在我们都城，背叛的可能性不大——不过，大人，您前面的分析很有道理，如今看来，瓦万特早就怀有反叛都城的心思了。”

财政大臣愤恨地骂道：“这个奸诈小人，没想到这么多年他竟然在我们的眼皮子底下偷偷摸摸的发展军队——怪不得他以往常以诸多借口向我们都城要钱，这几十年来我们可真是养虎为患。”

亚索想了下道：“当时父王封他赛飞伯爵也只是因为爱惜他在军事上的才能，本意是想犒劳他的战功，让他能在年老的时候安度晚年，但显然他并为就此满足，也并未想安于现状。”接着他又问情报大臣道："我们属地上那些有军队有爵位有城堡的臣子们呢？他们有什么反应？"

情报大臣回道："每个人都回复了我们要出兵的要求，但现在还尚未有一支军队有出动的迹象。"

亚索咬牙切齿地道："这帮天天只把忠心挂在嘴边的'爵爷们'，等到全国安定，我一定要挨个收拾他们——情报大臣，不用再向他们送信了，内政大臣当时的判断没有错——他们是想作壁上观，以期望天下大乱——如果此时我们求援反而会招来他们的窥探。不过我敢保证，此时虽然他们放了我们鸽子，但如果这次我们战争进行的顺利，你们将会看到他们支援我们的军队一支支跑来的比兔子还要快。"

内政大臣无奈的道："陛下，这是那些被分封出去的大人物们惯用的招数。并且我建议我们的军队不能全部调出去打仗。我认为我们现在不但要面对瓦万特和犹伦之地，还要预防周围这些老狐狸会趁乱袭击我们的都城。"

亚索又点点头，接着问内政大臣道："我们现在有多少士兵与战马？"

"前几天我仔细的清点了一下。"内政大臣回道："将近十万，但是减去老弱病残，真正拥有战力的差不多五万左右，而我们所有战马的数量刚巧是两万五千匹。"

亚索又问道："我们现有的军需物资能支撑几万军队出征三个月的时间？"

"六万，"内政大臣回道："包括两万五千匹战马的草料。"

亚索闭上眼睛思考片刻，接着他沉重的叹口气对内政大臣、财政大臣道："你们俩昨天递上来的奏章我都看过了。内政大臣，关于兵源的三男抽一还有窗户的阳光税收立法你写的都很详细，这我都准了，马上在全国颁布法令吧。财政大臣，你说的发行新的小型货币先节省铸造成本，然后以行政手段要求这种货币购买力不变的方案我也准了，毕竟现在是特殊时期，暂时也只能如此，以后再改吧。”

内政大臣、财政大臣同时答应一声。

亚索又道：“我们把五万精兵全部派出去，各分一半攻击犹伦之地和赛马尔城。”

几人都点了点头。

亚索停顿一下又道：“我们还需要两个优秀的领兵将领，你们有没有什么合适的人选推荐？”

内政大臣忙道：“陛下，我建议我们最好提拔军队中那些长期征战，有勇有谋，老成持重的——”

情报大臣打断内政大臣的话道：“陛下，我是这么想的，这两个将领毕竟要带走都城大部分的军队，所以我们最好能够对这两个人的家室、出身、想法等都了如指掌，这样才敢对他们委以重任。只因领兵这件事事关重大，所以首先，也是最重要的一点，是他们要对陛下绝对的忠诚，不然万一中途发生兵变，那么后果将不堪设想。其次，这两人要有天才般的军事才能，因为我们的军队并不太多，而我们的对手又都不弱。所以我提议让前陆军统帅提蒙的大儿子阿特尔和二儿子杰洛斯统领军队，他们俩很符合这两点。”

“阿特尔和杰洛斯。”亚索右手大拇指支着下巴念了几遍这两个名字，又问内政大臣和财政大臣道：“你们有什么意见？”

“我同意。”财政大臣想也没想道。

“我反对。”内政大臣看向情报大臣道：“大人，我们之所以拼出一切是因为这两场战争对我们至关重要——此时我们就如同变卖了所有家产而再次迈进赌场的赌徒，赢了也只是苟延残喘，而输了就是万劫不复，所以你决不能给赌桌对面的他们找错对手！”

情报大臣带着疑问道：“大人，您是认为阿特尔和杰洛斯不够忠诚？”

内政大臣道：“忠诚。再忠诚的家猫也咬不死一只老虎。我们先来谈一下瓦万特，为什么开始我并不同意和他开战，除了他并未完全暴露自己的反意以外，还有一个重要的因素是——在领兵打仗上，我不认为我们都城有能和他匹敌的将领。二十多年前，瓦万特在用兵上就已经显得诡异莫测了，那时便有人称呼他为战神。而前王为什么打完赛飞高地就把他分封在那里？前王不止一次在我们面前说过，这在高层也不是什么秘密，是因为前王用他啃了最后一块难啃的骨头，但是忌惮他的利牙，最后用城堡把他困住了。再说下犹伦之地，他们虽然欠缺谋略，但他们并不缺乏力量，他们的蛮兵在战场上是出了名的凶残霸道，而整个象群向前推进时又犹如大地上移动的山峰。可是反观阿特尔和杰洛斯呢？他们以往只是跟随自己的父亲打过几次屈指可数的小仗，只立过几次无关痛痒的战功。并且他们年纪尚轻，也少有独自领兵的经验。情报大臣，你说过，这两人要有天才般的军事才能，但我不认为他们有这样的能力。”

“他们有这样的能力，大人，只是他们的能力被他们父亲的光芒遮掩住了。”情报大臣回道：“并且大人，您是按照经验来看，但我们不该用平常的目光去看待非常的人和事。您也一定知道那句谚语——农场主的孩子识麦子，赌徒的孩子认骰子，那么，将领的孩子呢——他长大后可能比任何人都更懂得该怎样领兵打仗。”

“哦？”亚索饶有兴致地问道：“为什么？”

情报大臣忙冲亚索行礼道：“只因为家族教育，陛下。我相信这个世界的命中注定，我也相信没有谁比您更适合当这个世界的王者。为什么呢？只因为您的父亲是国王，所以您从小就能站在这个世界的最高峰上俯视着下面的一切。您的眼界开阔，自然能够分得清虚实真假，而这就已经注定您对于这个世界的思想认知和普通人不一样。陛下，这世上有许多人不知道自己一生会干什么样的事，未来又将成什么样的人——他们在漆黑的夜中用本该睡眠的时间来迷茫焦虑，而在白天时又没有方向的只知尽力向上攀爬，他们甚至都没问过自己的思想究竟是从哪儿来，或者是对是错！可是陛下您呢？您的出身让您恰如其分的接受了最适合您的、也是最好的教育。什么样的土壤养育什么样的种子，什么样的种子长出什么样的果实。在别人还只懂得疯跑玩乐的年纪——他们有些人要么是在农场上为父母犁田耕地，熟悉千百年来生养他们的朴实土泥；有些人要么是在城镇里当学徒跟班，为将来一辈子糊口的技能打下基础。可是陛下，在那时起您便已经坐在桌前翻看着那些从未示人的历史，也听智者在旁边阐述着里面的观点，你会更加理解人心的善恶，也会为一件事想许多解决的办法，并且从中做出最好的判断，而等您长到一生中最好的年纪，您便自然而然的接过您父亲手中那根王者的权杖——这就又比如阿特尔和杰洛斯，在很小的时候他们就已经开始学习刀剑骑马，年少时他们就已在家中模拟领兵打仗，而等他们长成青年，他们的父亲又找了不止一个私人教师教他们演习排兵布阵——这些老师个个都是战争艺术家，这是许多人拼尽一生都得不到的机会。陛下，这世上有些人一出生便要做国王，有些人一出生便要做将领，这都依赖于上一代或上几代的社会地位与家族教育，而这一切也都是……”

“如果硬要说命中注定，”内政大臣愤怒的打断情报大臣的话道：“那么你也该和你的父亲一样，是个最终被吊死在集市上的、而在平日里只能走街串巷、常在贫民窟中吆喝叫卖，在任何简陋肮脏的地方都能够搭建而成的破旧舞台上的、一个只会饰演着风流公爵的恶棍。”

情报大臣吃惊的看着内政大臣许久，接着他轻笑道：“哎呀，大人，您说这话是什么意思呢？您是说谁当国王并非命中注定？”

“别试图用未知来说服已知。”内政大臣愤怒的质问道：“你是谁？你是情报大臣，你现在穿的光鲜亮丽的站在这里，竟然说出了这样一番言论。我们要打仗，大人，打仗啊！大人，这不是赞歌，不是人情世故。什么是战争？那是刀与剑的碰撞，那是你与敌人的血混为一体的残酷，那是你分不清是冲锋还是撤退的呐喊，那是每个人都要经历的伤残与痛楚，那是你虽然劳累但却无法停止向前的脚步。”

内政大臣缓解了下自己的情绪又道："大人，所以我们最好能够按照现实来看，我还是那句话，只因为这两场战争对我们至关重要——赌徒是用发狂发热的心拼凑出了一切，但既坐上赌桌的一霎那，赌徒的想法便要现实清醒而谨慎，不然便是给桌对面的他们找错了对手。"

情报大臣道："大人，您动了气，可我知道您是一番好意。所以请您先消消气，因为我也是一番好意。有一个情况您还不知道，我也正准备向陛下禀报。就在三天前，当我们放出宣战消息的那天晚上，阿特尔和杰洛斯兄弟俩找到了我。他们很详细的问了我关于犹伦之地和瓦万特处的情况，并且在我家的长桌上，他们摊开了赛马尔城和西方城镇的地图。"

会议室里的人都看着情报大臣。

"那天晚上，他们与我谈了一夜。又分别在那两张地图上标注了自己领兵作战时的想法。直到黎明时分，他们求我找机会将这两张地图带给陛下。"情报大臣边说边从身上拿出两张羊皮卷递给亚索。

亚索打开羊皮卷，他先是看了赛马尔城堡的那张地图。只见在城堡上方写着围点打援四个字，而在城堡三面不远的平原前，则画着一个个整齐的方块型。这些方块将城堡紧紧围绕，上面详细的写着扎营的方式，军队的数量，器械的摆放，防御的方法。亚索看了一会儿，又打开另一张地图，只见这是西方第四座城镇周边的地形图，上面什么也没有画，只写着一段话——对待犹伦之地要避其优势，攻其劣势，多斗智，少硬拼。

等亚索卷起地图，情报大臣道："陛下，当晚我问阿特尔和杰洛斯准备做什么，他们告诉我，前陆军统帅提蒙、也就是他们的父亲，曾经这样告诉他们——好的将领虽然统领着千军万马，但却是在危险来袭时敢于第一个冲上去的人。他们坚韧勇敢，视死如归，只因他们身后立有石碑，碑上刻着名字。当后人有天站在这石碑前念出这些名字时，他们也就看到了自己父辈们那无所畏惧的英灵。"

“将领是守护权杖的阿修罗，而权杖立在世界的中央，它维持着时代的平衡，”亚索起身道：“父王曾给我讲过类似的话。情报大臣，传我的命令，让阿特尔和杰洛斯在明天早上到这里来和我会面。我不知道他们有没有能力打得赢这场东西方的战争，但既然他们有心，我便要先给他们一个机会。”

情报大臣道声遵命。

亚索又对内政大臣道：“到军队中暗寻那些长期征战，有勇有谋，老成持重的将领，这几天把他们的名字报给我。”

内政大臣道声遵命。

亚索道：“我们做好两手准备，这两场战争都先从我们都城开始。”

第三十六章
安西的刺杀

死堡不知道经历过多少次这样的夜晚，天上没有月亮，地上没有声音，它孤零零的在这黑暗中高耸，它那两扇残破不全又被烧得发黑的大门敞开着，可是空气并不流动，时间犹如静止——这就像是片被生命遗忘的土地、这是个连魂灵都不愿进来的地方。

可是，如果有人拥有奇特的夜视能力，而此时又正好抬头去看，他就会发现今夜死堡北边的天空上有些奇怪。

在北边城墙的上方，此时正有个黑点样的东西像幽灵般飘荡着。

就如同是这漆黑的夜幕被谁撕下了一块，那东西像个子虚乌有的黑云般影影绰绰，又像是一个极小的风筝般在半空中起起落落，可是不久，它突然蜷缩成一团，顺着北边的外城墙掉落下来。

那东西掉落的速度极快，就像是从天而落的石子，正好不偏不倚的砸在城下一块略微凸起的黑石身上，但就如同两团棉花相碰，这两者都未传出丝毫声音。接着，那东西就如同泥牛入海，又如同被那黑石吞食入腹，而更为奇怪的是，城下那块黑石似乎就此获得了生命，它竟然顺着垂直的墙壁向上游动起来。

这游动的黑石如一块长形的薄砖，正因为它太像城墙外壁的一部分，所以没人能看清楚它究竟是什么。它壁虎般无声无息的到达五丈左右高的城顶，又像蛇一般柔软的滑过残破不堪的城头，然后它便悄然无声的贴在了那用青黑石铺成的城顶地面上。

长长的城头上万籁俱静，不远的瞭望楼中也是空无一物。可是那块方形黑石却像是镶在地面般动也不动。

就如同天上一闪而过的闪电，突然间，那块黑石如夜猫儿一般弹起，跟着便敏捷快速的向城的内墙奔去，它猴子一样高高跃过内墙的城头，但在下落时，它又像一只在空中灵巧转身的鸟儿，接着就像铁片碰到磁石，它又粘着内墙外壁，再次如壁虎般向下移动起来。

那块黑石很快便到达城底，它贴着墙一动不动，似乎是在聆听周边的声音。不久，它便将背部的四方黑布缠绕在四肢与腰间，逐渐的露出一个穿着黑色紧身衣，带着黑色头套的消瘦人影。

这人影转身，动作极快的向城内奔去。

死堡城内鸦雀无声，地面黄土铺路，上面寸草不生。在离这北边城墙的不远处，就是各种千疮百孔的房屋，它们就如同一座座被人遗忘的孤坟，那砂石所制的断壁残垣破损剥落，一个个大小不一的豁口又如同裂开的黑嘴在向外透露着未知的阴森恐怖。而能证明这里曾经有过文明的是这些屋前唯一一条用青石修成的不宽路面，现在它也是坑洼不平，上面杂乱无章的散落着不知何处的碎石断砖。

漆黑的夜就如同被泼上了漆黑的墨汁，失聪的人就如同站在死寂的隆冬。在这种伸手不见五指又听不到任何声音的夜晚，猫头鹰也要撞墙，连鬼出来也要迷失方向。可是那个人影却似乎已经将死堡城内的布局了然于胸，他并未走那条青石路面，反而是在路两边各式各样颓坏的建筑旁前后穿梭，他本已身轻如燕，落地无声，却又时而匍匐，时而隐藏，时而缓慢，时而敏捷，但他的目的地却很明确，他一直在向西南方前行。

这条时断时续的青石路并不很长，也就一公里左右，而在它的尽头，耸立着整座城中最高的、也是唯一没有遭受过丝毫破坏的建筑——灯塔。

除下死堡，再没有任何一座城堡内会有灯塔，只因为它是航标式建筑。死堡中的这座灯塔古旧低矮，可是和所有位于海岸、港口或河道的高大灯塔一样，它同样拥有塔身和灯具。它的底座为正方形，立在一个巨宽的青石台面上，而它的塔身则由无数的黑砖围绕搭建成直高六丈、上窄下宽的圆形。在塔身顶部，环绕着一圈略微突出、用白石构建而成的护栏，护栏正中是一个大的四方高台，上方便是广阔无垠的浩瀚苍穹——没人知道现在这高台中还能不能点燃那本该用于指引船只免于迷航的希望之火，而在那白石护栏下一圈紧挨着的是四扇上方椭圆，下方长形的窗户，这里原来应该是看守人的住处，而现在，只有一扇窗中亮着微弱不明的光。

夏季的夜晚是说变就变，此时的天上竟然出现了几颗明亮的小星。那个黑衣人如幽灵般来到灯塔之下，可他并未进入敞开的门，反而毫不犹豫的贴着墙壁向上移动起来。他很快接近了那扇半开着的略微有光的窗户，里面一个低沉、沙哑而粗糙的声音向外传出道“进来吧。”黑衣人并未停歇，直到那扇窗下，他方才一动不动。

“进来吧。”那个声音依然道：“既然来到这里，你便无需逃脱。”

黑衣人的头探进了那半扇窗户，紧接着神奇的一幕产生了，他的身体就如同软骨的猫般缩的更小。

“黑暗笼罩了你，使你见不到你的魂，它在冥河中漂浮腐烂，你看到了我，你便见到了光明。”那个声音道。

黑衣人的身子如同固体的水注顺着窗台向屋内倾泻，然后他扁扁的趴在了这间不大方屋的地面上。

屋中正对着窗户的房门敞开，中间靠右处有一个桌子，桌子的左桌角上摆着一盏很小的油灯，火光忽暗忽明。而一个身着白袍的人正背对窗户坐在桌前，他低着头似乎在看着桌上的什么。

“我是幽冥中唯一的白光，我将从此书中跃出，用火热的气息清洗你冰凉的双目。”白袍依然用低沉、沙哑而粗糙的声音道。

那个黑衣人离白袍坐着的地方并不远，但他却如同地上的毛虫般轻微蠕动，他全身动作的幅度极其微小，向前的速度也极其缓慢。

“跟随我，”白袍的声音再次响起“你将不再遭受冷寒、饥饿，你将不再会遭受背叛、苦难。愿你之所愿，得你之所得。你的灵魂将在彼岸重生，将你奉献以洗净你的罪恶，来吧！用彼之无换吾之有，以彼之穷得吾之富。我是漆黑中那道真正的白光，顺从我、仰视我——跟随我！”

黑衣人蠕动到白袍身后，连呼吸声都没有。

“你也将融进这道白光。”

黑衣人缓慢站起，无声无息，就如同主人身后带着的影子。

“神将宽恕你以往所有的罪恶，而我，既是这——神！”

肉眼看不到，但黑衣人的动作一气呵成，他的左手突然捂住白袍的口，右手的匕首同时划过了白袍的咽喉，献血喷在桌上打开的竹简上。而也就在这同一刻，白袍空空如也的衣袖紧紧缠住了黑衣人的手臂，接着桌对面传来那个熟悉的声音道：“是谁？”

黑衣人并未抬头，也未搭话，他左腕猛烈一抖，三枚轻小的飞镖从他的指缝间飞出，然后飞镖同时钉在了对面的砖墙上。与此同时，一只有力的大手由背后捂住了这黑衣人的口，一柄利刃划过了他的咽喉。黑衣人的血喷在桌上打开的竹简上，墙上那三枚飞镖“轰”的一声炸开了，屋中硝烟弥漫，黑衣人的身子倒在桌上一阵挣扎，然后他和那盏油灯一起摔落在地上。

“是谁？”门外一个陌生而庄严的声音传进屋来。

“应该是刺客之城的人。”屋中那沙哑而粗糙的声音道：“能够在深夜避开我们城中那么多奴仆和陷阱出现在我屋中的，也只可能是他们城中的顶尖刺客。”

“不可能。”屋中那盏油灯微弱的火苗在地上摇曳不止。“即便是他们的城主也做不到。”门外那个声音边说边走进屋中，他穿着件如同夜色一样漆黑的衣袍，同样带着宽大的衣袍帽，使人看不到他的脸。他对着屋中站着的那个左边已经腐烂，而右边却完好无损的似人一样的躯体道：“你受伤了！”

那具躯体道：“匕首划过了我的咽喉，但这伤还不足以致命。”接着他愤怒地道：“我相信他是刺客之城的人，我要让那愚蠢的城堡提前消失。”

“现在还不是时候。”黑袍道：“这应该和九天前你放走的那三个人有关，刺客之城的人右手臂上都会有一个匕首的刺青，用你的衣袍将他的身子捆起来，等它彻底死后看下他的手臂。”

两人都没有动，但缠着黑衣人手臂的白色衣袖却动了起来，它们就如同两条相互缠绕的白色蟒蛇将那黑衣人的身子紧紧勒住。接着那具似人的躯体走到桌旁拿起一卷竹简狠狠地道：“一会儿我要让他成为这本书中的人物，我要让他的体内充满着埋怨、仇恨、愤怒与可怕的执念，我要让他的身躯为我所用，我要让他成为可怖的破坏。”

“如果他真的是刺客之城的人，”黑袍道：“我们不一定能够操控他的躯体，他们一直在坚守着愚蠢的道路，而我们现在的力量还没有足够强大。”

“试一试。”那具似人的身躯在黑衣人右边蹲下，他提起地上的油灯，改为半跪。他将手中的竹简夹在右腿膝盖和胸膛之间，然后他一手撸起黑衣人右臂的衣袖看了看，略有些惊讶的道：“没有刺青，不是刺客之城的人。”

“我也不认为是刺客之城的人，”黑袍自问道：“不过谁有这么大的本事？”

“嗖”的一声轻微细响，一根如同牛毛般大小的银针从地上黑衣人的口中吹出，这电闪雷鸣般的银针穿过那具似人身躯右边的眼眶，一下从他的后颅穿了出来。那具似人的躯体动也不动，但缠绕着黑衣人的白色衣袍却如同顿失生命般瞬间松开了。

地上的黑衣人双腿同时弯曲，他双手用力撑下地面，身子就如同一根富有弹性的竹子，一瞬间他便跃上了进来时那扇半开的窗户。

屋中那具似人的躯体前倾倒地，可一只有力的手也按在了黑衣人的后背上。“留下。”黑袍的声音。

在这电光火石间黑衣人急速拉开自己胸前的衣襟，一只不大的黑色蝙蝠从他怀中旋转着破窗而出，随后轰然一声巨响，黑衣人的身体化为了齑粉。

这样的夜晚没有月亮，繁星点缀着天空。

银河万星璀璨，流星划过天际。

在刺客之城‘蝎尾’的那间房屋中，城主依然坐在桌前埋头写着什么，而在他的对面，迪里奥、马尔卡、奎力特正无声的坐着。可是城主却突然间抬起头来，他有些不大相信的看着窗外，跟着便惊讶无比的站起身。

一只黑色的蝙蝠急速从窗外滑翔而入，它无声的落在桌上后整个身子竟呈现出多姿多彩的颜色。

迪里奥、马尔卡、奎力特同时站起向这只蝙蝠看去，只见它伸开的翼膜和背部上正有着一幅幅五彩斑斓的画面在快速而流畅的动着。迪里奥年老眼花，看不真切，但他依稀看到城堡、黑衣人、灯塔、还有光线摇曳的房间。

当最后一副画面在蝙蝠身上淡去的时候，那只蝙蝠整体变为灰色，竟化成了一堆尘土。

城主无声的坐回桌前。

迪里奥几人都看着城主，时间在这种寂静中无声的流淌。

过了许久，城主道：“收人钱财，替人消灾。杀人灭口，斩草除根，规矩一直如此。”

迪里奥几人不知该接些什么，而城主似乎也并未要让他们答话，他继续道：“刺客之城的人到二十四岁便会接到此生中的第一个任务，等他成功归来后他的右臂就会被刺上匕首的刺青——那是他真正成为挂名刺客的标志。但这么多年以来，唯有安西的任务失败。他刺杀的那家夫妇被仇家提前恐吓，自杀身亡，安西到时只见他们尸体旁留着一个襁褓中的男婴。安西该做的是刺死这个男婴，完成任务，这对别的刺客来说也是件容易的事，可是他却带回了那个男婴。然后从那天起，安西就再也未被城中派过任何任务。”

城主停顿下，又道：“那个男婴跟着安西慢慢长大，安西也教他柔、隐、忍、疾这些刺客的基本之道。等到那个男婴长到七岁，安西带他到海边进行深潜练习，然而那个男孩儿竟然如同着魔一般迷上了大海，他不止一次的告诉安西他在海中所见的景色，也不止一次的说自己想到海上去。于是安西偷偷为他做了一个木筏，当他八岁那年，安西在海边拉过那个木筏，并告诉了那个男孩儿他的身世。我并不知道那次他们谈话的具体内容，也不知道那个男孩儿对安西有没有恨意，更不知他后来会不会想过要看看他的师傅，因为那个男孩儿撑上木筏，再也没有回来过。”

迪里奥几人鸦雀无声，城主接着道：“刺客之城的人不允许流落在外——即便是个孩子，但安西说那个孩子本就不是刺客之城的人。这次，安西被永久禁止接受任务，失去了任何身份。他唯一能做的是只以客人的身份参与城中新生刺客的培养。可是他做的很好，勤勤恳恳、尽心费力、毫无怨言，他虽然不再是刺客之城的人，但我知道，他心中却一直存有一柄匕首的刺青。”

城主不动声色继续道“上一任城主对安西的评价是性格所致，永远也不可能成为一名合格的刺客。但是在今天，他以超越城中所有刺客的出色能力完成了平生第一次的刺杀。你们听着——”城主突然大喝一声。

“在。”屋中不知何处竟然同时出现了四个声音。

“将以上话语记录在册，这便是刺客之城挂名刺客安西的生平，并且，传我的命令——我们的恩师安西阵亡！全城断剑！以示哀悼！”

第三十七章
穿衣的铜镜

夏季清晨，阳光进入各家各户的屋中。

在都城城堡一间宽大的房屋内，亚索正赤裸着身子站在一面长方型立着的铜镜前。他周边五个男仆手里捧着各式各样的内外衣物走了过来，亚索摇了摇头，五个仆人低垂着头退在了亚索的身后。

亚索直视着铜镜中的自己，那镜中也映照着他的身影。

“你是谁？”过了一会儿，亚索开口问道。

“我是亚索。”镜中的那个身影回答道。

“亚索？这是你的名字！”亚索道。

“我是一个人。”镜中的那个身影回他道。

亚索向前走了一小步，镜中的身影也向前走了一小步。亚索看着镜中的自己，镜中的自己也看着他。

“你是我的同类？”亚索问道。

“是的，并且我永远也不可能成为你的敌人。”镜中那个身影笑起来。

“谢谢，你不知道我有多么恐惧。我经历过许多残酷，我一生下来就没有了母亲，我的父亲并不爱我，我周边的人对我也是虚情假意。我太需要安全感，也太需要一个朋友。”亚索道。

“嘘——”铜镜中的人影将左手食指竖在嘴前道：“永远不要在外人前暴露你的恐惧——作为朋友我不得不善意的提醒你。”

“嘿嘿。”亚索笑起来道：“你阻止了我的懦弱，没有欺骗压制我的心思，你是我的朋友。我也告诉你一个秘密。”接着他挤眉弄眼的低声道：“这五个人又聋又哑，他们只会为我穿衣梳洗，他们的眼睛什么也看不到，或者他们只能看到他们愿意看到的东西。”

“那你为什么要压低声音告诉我这一切？”镜中的人影也挤眉弄眼的低声道：“如果真的是那样，你应该光明正大的高喊起来。”

“真的，朋友，我没有骗你，”亚索轻咬了下嘴唇，“你这么猜疑我会让我感到委屈。”

镜中的人影也轻咬了下嘴唇，“我是在提醒你，朋友，你是不是在猜疑自己？”

“猜疑自己？”亚索停顿了一下道：“有可能吧。我看得见他们，但我却见不到他们的心意。他们什么时候看上去都是那么的驯良有礼，他们低眉顺目，可是眼睛却从来不敢和我对视——为什么？难道那里藏着什么无穷的宝藏？或是那里有着什么不可告人的秘密？每次我站在这里，我都在想，他们看到我，会不会觉得惊讶？惊讶我身上没有比他们多长任何一块骨骼，我毫无新奇——就连繁衍后代的器官也和他们如此的相似，我和他们一样也都是相同的人？他们在这惊讶之余会不会想到要攻击我、击败我，然后变成我？我害怕，毕竟我的父亲也曾做过大逆不道的事。可是每当我让他们抬起头来，他们的眼睛却只敢看着我的脚尖，他们的表情留露着温顺与爱慕，可是略微带有一丝恐惧，我看不见他们的眼神，也见不到他们的心意，但这丝恐惧我太过熟悉，他们不是一只温和的羊。”

“你多虑了，朋友。”镜中的身影道：“他们不是羊。”

“他们会和我一样？”亚索吃惊地问道。

“你吃惊了？”镜中的身影也吃了一惊疑问道：“你怎么会这样想？这世上不止你一个人，他们自然和你一样！他们是你的同类，你是我的同类，我是一个人，而人的喜好又都差不多，所以他们自然和我们一样。贪生怕死、好逸恶劳、贪图享受，追逐快乐。你和我有什么不一样吗？我们不都喜爱美食，贪恋美色，我们见到新鲜诱人的食物都想要第一个尝尝它的味道，我们见到美貌漂亮的女子都想要驻足观看，我们有什么不一样吗？然而，这不是恶不是丑陋，这是本能。我们急求生存，急求繁衍，而快乐的源泉不正是来自于双唇与双腿之间？”

“我应该捂上耳朵，朋友。”亚索道：“虽然你的话让我振聋发聩，但因为你的话让我害怕，所以我不想听这种诚实的言论。”

“那么你应该像鸵鸟一样把头埋在沙里，”镜中的身影嘲笑道“可是你的屁股儿却露在外面，而真实这匹嗜血的野狼早晚会把你的身子当块破布般撕烂。”

“不要再说了。”亚索哭泣道：“你吓到我了，你应该可怜我。因为我出生在一个备受诅咒的家族。我生下来准备活的很简单，可是这个世界太复杂了。我的父亲谋杀了他的父亲，那么他有一天会不会谋杀他的孩子？我讨厌我的兄弟，那么我的兄弟会不会像我讨厌他一样讨厌我？我见过国王将自己的孩子像畜牲一样献祭，我见过兵戎相见的兄弟——没人愿意见到这些，我也只愿活在我的梦里，可是地狱天堂皆在人间！所以，从我懂事起我就不得不小心翼翼的一直往前走，但即便这样，我还是觉的自己像一条随时会被渔网捞上岸的鱼，这种感觉让我透不过气，只是没人愿意给我水，也没人在乎我是不是真的快要窒息。”

“我可怜你，朋友。”镜中的人影也哭泣道：“你这么一个血肉之躯，怎敢装载这么多黑暗的情绪？”

亚索和人影同时哭泣片刻。

亚索止住哭声，他看到镜中的人影面露悲伤的望着他道："我能理解你，朋友，但我却无法帮助你。因为我也在不停地走，因为我却总也走不出这面镜子。我不知道这面镜子有多大，可它却恰恰包裹了我的躯体。我曾经愤怒的向它挥拳，你相不相信？那种暴怒的拳头就是打到天空，天空也要为之震碎。可是我却打不碎它，你有没有见过向空气挥拳的疯子？让人恐惧的并不是那个疯子，反而是那看不见的空气。"

亚索似乎并未听那个人影的话，他却自顾自的说道："我真的羡慕许多人，羡慕他们不用在刀口上舔血，不用在刀尖上走路。他们虽然没有锦衣玉食，但他们却有着天伦之乐，他们偶尔犯错，可是瞬间便会得到原谅。可是我呢？我呢？我的身边是什么？是鬼怪？还是妖魔？是傀儡？还是动物？我看不见地上那插满的一柄柄锋利无比的刀锋；我走不出这周围布满的人眼可见的、以剑为林的迷宫。我看不到，走不出，我却不敢向任何我见到的人问路。"

"可是你还是要走下去，朋友。"镜中的人影回答他道："与其羡慕别人，不如走好自己。"

"走好自己？"亚索愤怒的道："你说的倒真是轻巧，你可以一直走，因为即便你走不出，你也只不过是孤独。可是我一步走错，我的血便会像泉水一样从我的脚下涌出。你到底有没有在听我说话？环境塑造了思想、经历推进了行为，而这些决定了一个人要走的道路。你让谁放下？你又让谁跳出？富翁哂笑贫穷的人为了面包而争斗，那是因为他没经历过饥饿的滋味——你根本没想真正的了解我的过往与经历，可你却叫了我一声朋友；你只是看到了我的环境而理解了你的遭遇，所以你面露悲伤。可你有何能？你是能让石头变成骏马，还是能让大麦变成黄豆？你就敢对我说出如此轻佻的言语？你是能让我换个好的环境？还是能让我换个好的经历？你知不知道，我要和各种各样的人打交道，而在这期间我的舌头就如同泼出去的水，它并不属于我。羡慕？是的，羡慕！而这种羡慕又使我产生了嫉妒。”

“嘿嘿。”镜中的人影哂笑起来道：“你说的这些没任何一个人能够做到，能做到的只有神。你对我很诚实，我也终将告诉你这个秘密。我知道神在哪里，但在告诉你之前，我要先知道你是谁？”

亚索无声的摆了一下手，几个仆人忙过来无声的为他穿好了衣服。

仆人们无声的退在了两边，镜中的人影望着亚索无声的沉默起来。

“你是国王！”过了一会儿，镜中的人影开口道：“我看到了你的王冠。”

“告诉我。”亚索冰冷的道。

“你去吧，国王陛下。”镜中的人影同样冰冷的答道：“上天搭建了舞台，命运制造了木偶，思想剪不断缠绕的线，所以你总要出演一个角色！”

“你倒是提醒了我。”亚索道：“我一会儿还要见两个重要的人。但我不会忘记你这恶毒的话语如同毒药，讥笑的口气如同刀子一样插在我的心上。当我转身背对你的时候，你不再是我的朋友。”

亚索转过身准备离开房间，却听见镜中那个人影道：“我的背影见不到你的背影，制定规则的人，原谅我遗忘了该怎么向你鞠躬。但你也无需生气，因为和你一样，我的王冠会掉。”

亚索轻蔑的冷哼一声，然后大步流星的向门口走去。

仆人们推开大门，门口两个金甲卫士一声不响的紧跟在亚索身后，他们共同走过一条长廊，直到来到一扇关闭的门前。

亚索站在门口表情沉重。接着，他转身对紧跟在身后的两名金甲卫士道：“你们都退下吧。”

两个金甲卫士并没有动，他们相互对望一眼，其中一个开口叫了声“陛下”。

亚索摆手打断他的话郑重地道：“不用再说了，你们俩是我千挑万选的勇士，我自然明白你们的忠心。”然后他提高嗓音道：“可是会议室里的两个人却是我的兄弟，兄弟和兄弟见面是极其自然又安全无比的事情，所以你们不用在门口守卫，退下吧。”

两卫士行礼转身，离去时他们厚实的盔甲发出“咔嚓咔嚓”沉重的声音。

亚索直看着他们走远，这才推开大门。

这是一间小型会议室，里面正站着两个身穿便服的高个子的年轻人，他们见到亚索忙跪下行礼道：“陛下。”

亚索满面春风的道：“我的兄长们，能见到你们真是太好了！”他说着反关上会议室的门，然后他热情地过去将两人扶起道“快起来，只有外人相见才讲究身份地位，而我们见面则该谈论亲情年龄。”

“我们不敢，陛下。”两个年轻人诚惶诚恐的回道。

亚索紧紧握住他们的手，他口气庄重地道：“阿特尔、杰洛斯，有许多人不相信国王的话——是的，一个国王也确实有很多话不能对别人说，但我可以在这里给你们一句郑重的实话——你们有一个好父亲，我也有一个好义父。”

“陛下。”两人感激的望着亚索。

亚索看着他们两人的眼睛一会儿，接着庄严地道：“虽然此刻他的灵魂正和我的父亲一起在无乱之地安息，但我仍然深信我们兄弟间的情谊。”

“陛下。”阿特尔激动地道：“我们感激您！并且我也一直在为自己是陆军统帅提蒙的大儿子这件事上而自豪，虽然我们的父亲光荣的牺牲在赛马尔城堡的大门前，但陛下您为了替他报仇竟然亲自处决了您的叔叔，陛下的这种大义与公正让我们终身不忘，请陛下不用担忧瓦万特的狼子野心，请分派给我军士，我将誓死追随父亲的脚步，再次攻下赛马尔城堡，消除这场叛乱。”

“陛下。”杰洛斯也道：“虽然犹伦之地的屠刀已伸到我们西方的第三座城镇，但我敢保证他们已是强弩之末。我查看过地形，如今我已成竹在胸，请陛下分派给我铁骑，我将日夜不停的率领这些骑兵赶往西方第四座城镇。从地理上看，那一定是犹伦之地将要进攻的下一个地方。我要在那里排兵布阵，只要他们敢来，我便会让他们折戟沉沙，彻底的击垮他们。”

亚索点了点头却真诚地道：“我明白你们的心意，我的兄弟们——只是领兵这件事事关重大，昨天我是看了你们托情报大臣带来的地图，但我并不认为你们有能力能够打得赢这两场战争。”

“陛下，”杰洛斯迅速而掷地有声地回答道：“在所有保家卫国的战争中，即便一个只会种地的农夫也会变成铁骨铮铮的汉子，即便一个再柔弱的女子也会怒目注视那种罪恶。而正义的人率领着正义的士兵去抵御非正义的侵略，这在军事历史上还没有过失败的例子——我们也绝不会开这样的先河。”

“陛下。”阿特尔也慷慨激昂地道：“在自己的国家中谁先挑起战争谁便是可耻的存在。他认为平和的人懦弱无能，他认为善良的人软弱可欺，那么他终将会看到平和这面厚重的盾牌与善良这柄光明的利剑。我们不主动挑起战争，是因为我们热爱和平，但我们绝不会害怕被迫应战。黑暗之所以不可能永远笼罩天空，冰雪之所以不可能永远覆盖大地，是因为守护善良与平和的人不会有半点的私心杂念。而这世上哪怕只剩下这一点无私，也足够令那黑暗胆寒，使那冰雪为之消散。”

阿特尔和杰洛斯说完话后便从各自的衣袍中拿出一张羊皮卷来，他们在身后的长桌上将这两张羊皮卷铺开，亚索饶有兴致的向上看去，只见这还是赛马尔城堡和西方第四座城镇的地形图。

“如果陛下有时间。”阿特尔恭敬地行礼道：“我们将详细的为陛下讲解一下我们准备领兵作战时的战术安排。”

“不用多礼，阿特尔、杰洛斯，你们也坐下。”亚索说着坐在了方桌上首的椅子上，接着他又道：“今天我就不去参加朝会了，只因我很感兴趣，所以我有的是时间。”

第三十八章 城主的约定

刺客之城的城主坐在长桌前，他就如同石木雕像般看着桌对面的迪里奥几人，窗外阳光照进屋中，屋里开始炎热。

迪里奥几人汗如雨下，可是他们站在桌前动也不动。奎力特被城主那种毫无情感的目光看的浑身不自在，他偷偷看了眼左手边的马尔卡，悄声问道："我们什么时候走？"

马尔卡没有回奎力特的话，反而头也不转的对自己左边的迪里奥低声问道："迪里奥师傅，城主如同蛇看老鼠般盯着我们好些时辰了，他也不说话。我们到底走不走？"

迪里奥没有答话，却也如石木雕像一般看着城主。

屋中又陷入了平静。

过了一会儿，窗外竟然飞进来一只全身金黄的小隼，它落在城主与迪里奥几人中间的那张黄石长桌上来回蹦跶几步，接着便仰起头如同小孩儿在耀武扬威般"哇——哇——"的难听地叫了几声。

"你们准备去哪里？"城主忽然开口问道。

“我们——”奎力特忙答话，可他刚说了两个字迪里奥便截断他的话道：“我们无处可去，你让我们去哪里我们便去哪里。”

“明智。”城主道：“我让你们回到赛马尔城堡去。”

城主的话出乎马尔卡的意料，他扭头看了一眼迪里奥，却听到迪里奥回道：“你们想要赛马尔城堡？”

“当然。”城主道。

“不行。”马尔卡回头望着城主斩钉截铁的回道。

“你可能对刺客之城有误解。”城主也看着马尔卡道：“但我们和瓦斯瓦特城一样，从不做亏本的买卖。”

“对于挂名刺客安西的阵亡我们和你们一样悲痛，”迪里奥道“他舍身成仁，为了大义选择了殉道者的路，这值得所有活着的人的尊重。可安西这样的人也绝对不愿意看到因为自己的离世，而让许多在世的人失去自己土生土长的土地。”

“第一、”城主道：“是你们带来了黑色的消息；第二、你不是安西。”

“你也不是安西。”马尔卡立刻回道。

“所以我们在谈以后的事。”城主道。

“我必须重复一点。”迪里奥道：“我们逃亡而来，本准备到瓦斯瓦特城去取走公爵储存的金银，然后寻找雇佣军夺回赛马尔城堡。可是现在唯一能取款的那个人已经死在了路上，而我们身无长物，一贫如洗，此刻已经与三个平民没有任何区别。”

“不用谦虚，”城主道：“国王对你们布下了丰厚的赏金，这点就证明了你们和平民的区别，所以你们也并非身无长物，你们还有一样值钱的东西——身份。”

迪里奥沉默一会儿，问道：“你们准备做什么？”

“交易。”城主道：“我们要买走你们的身份，这价钱便是安西的阵亡，而这笔费用我们已经提前付过了。”

“这恐怕会是笔亏本的买卖。”马尔卡道：“你可以杀了我们为挂名刺客安西陪葬，这是我们在世间残留的身份在他墓碑上唯一的意义，或者你让我们走回都城，然后让国王把赏金送来。但你们却不会因此得到赛马尔城堡，因为它根本不在我们的手里。”

城主盯着马尔卡道：“当你说不行的时候，你便大概知道我们准备做什么——你对我们不但有误解，还有不诚实。”

“我不知道。”马尔卡也盯着城主道。

“你这是拒绝我们的言词。”城主点了下头道：“但我希望你能回心转意，所以我将告诉你以后发生的一切——我们城中挂名刺客安西的价值是两座城，一座刺客之城，你们已经送给我们了，还有一座便是赛马尔城，这并非狮子大张口，安西也值这个价码。所以，我们首先会先将你们捆绑送入都城，得到我们该得的赏金，但这只不过是安西之死的利息。接着我们再去得到赛马尔城堡，这就比较费功夫了——我会派遣大量刺客进入城堡，直到将它暗杀成一座毫无人烟也再无任何人敢进去入住的鬼城。”

“你们可以试试。”马尔卡面无表情的向前走了一步。

“你也可以试试把你的剑从你的剑鞘中拔出。”城主道：“那么你离我说的这些便更近了一步。”

“和我谈这笔交易。”迪里奥忽然开口道：“在现在的身份中我能够做主。”

“迪里奥师傅。”马尔卡回头看了迪里奥一眼。

“我卖过赛马尔城堡一次，当时卖给了公爵。如果价格合理，我不在乎多卖它一次。”迪里奥对城主道。

“赛马尔城堡如今的城主是赛飞伯爵瓦万特，”城主对迪里奥道：“前几天国王已经向他还有西方进军的犹伦之地同时宣战，战争很快便会在那里打响。”

“赛马尔城堡中现在还有没有原住民？”迪里奥问道。

“有。”城主道：“上一任代理城主贝格并未屠城，而瓦万特当上城主以后也并未那么做。”

“我们什么时候将赛马尔城堡给你们？”迪里奥又问道。

“不出意外的话，是你们回到赛马尔城堡的当天。”城主道“当你们同意这笔交易的那一刻起，刺客之城就会对你们其中一人提供保护，在此其间，他将成为不死之身。他不可能被任何一个外人杀死，他也不可能自杀身亡，他会以最短的时间返回赛马尔城，然后，赛马尔原城主会被暗杀，城堡将落入你们手中。”

“我要改变给你们赛马尔城堡的时间。”迪里奥道。

“很遗憾，你们只能拒绝或者同意，但并没有改变这笔交易的权利。”城主道。

“我们的身份值这个价格，”迪里奥回道：“你们确实没有漫天要价，而我们也绝非就地还钱。”

“什么时间？“城主问道。

“等你们保护的那个人当上国王的那天。”迪里奥道。

马尔卡和奎力特都吃惊的望着迪里奥，城主却道：“时间太久了。”

“不久，”迪里奥道：“从今天开始计算，不会超过四个月，四个月后的今天他将以国王的身份昭告天下，将赛马尔城堡永远送给你们刺客之城。”

城主没有说话。

迪里奥又道：“如果时间上不更改，你们确实会在一个月后得到赛马尔城堡，但前提是我们必须同意这笔交易。但是我们一定拒绝，因为我只可能卖城堡，但我绝对不会卖那里的人民，等回去的那天便让他们流离失所，这不是一个合理的价格。”

城主没有说话。

迪里奥接着道：“然后你把我们押送回都城，得到国王的赏金后再派遣大量刺客进入赛马尔城堡，在你们决定做的这件事上，就让我来把这笔账挑明。一、首先没人知道你们如此大动干戈的原因，而这种行事作风又和你们原来的处事方式不符，所以你们会得罪国王。你们在得到城堡的当天便会被全国列为恐怖的存在，这离你们灭城反而更近了一步。二、你们虽然付出了更多的人力，但你们绝对没有能力在一天之内使一座大城变成空城，而在这期间你们就会遭受到那里人民的反抗，军队的伏击，因为谁也不想不明不白的离开自己居住的家园，你很清楚，这样你们得到赛马尔城堡在时间上怎么也要超过四个月，而光这两点就已经形成了你为什么执意要买走我们身份的原因。”

“我说过，”城主道“如果你们拒绝交易，我们也比较费工夫，但你有什么能力在四个月后当上国王？”

“不是我，是他。”迪里奥扭头看了一眼马尔卡，马尔卡又吃了一惊。

“他有能力。”迪里奥接着道：“他原来便是赛马尔城中的骑兵将领。告诉城主，马尔卡，如果从赛马尔出兵进攻都城，需要多少时间？”

马尔卡不说话。

“告诉城主，马尔卡。”迪里奥加重语气又说了一遍。

“如果中途城镇抵抗不够有力，也就一个月左右。”马尔卡道。

“可是赛马尔城内现在已经没有你们的骑兵了。”城主道。

“是没有。”迪里奥道：“但我准备收编瓦万特的军队。”

“你需要我们刺客之城做什么？”城主看着迪里奥问道。

“把我们给你们赛马尔城的时间更改在四个月之后，剩下的只需要你们履行这场交易的内容。”迪里奥道。

“告诉我你的计划。”城主道：“作为合作方我必须要知道。”

“那么我长话短说。”迪里奥道：“以下一切都是在不发生任何意外情况下将会发生的事情。首先我推测瓦万特不会出兵进攻都城，他只会在赛马尔城堡中以逸待劳、等待国王军队到来。为什么？因为瓦万特是个随时而动的人。在这个问题上我也和原赛马尔代理公爵讨论过，我们的观点一致——只要赛马尔城堡和国家出现疏漏，瓦万特必然要带兵攻打，只因他有攻打赛马尔城堡的缘由——原来国王答应他的便是将赛马尔城堡和赛飞高地一并封赏给他，最后国王却失信与他。然后，瓦万特有没有反叛的缘由？没有。但他有没有反叛的野心？有，只是时机并不成熟。那么这个时机什么时候成熟？瓦万特会以静制动的等，等到新国王将他的赛马尔城堡包围起来的时候，这个时机就会成熟。他会先佯装打几次败仗，然后登高一呼，告诉所有追随他的军队，赛马尔城堡本就该属于他们，可是他们却被老国王欺骗，而现在他们只是夺回了本该属于他们的地方，新国王就要治他们于死地，与其这么坐以待毙，不如反叛拼死一战，接着他会命令赛马尔城开始死守。并且，如我对瓦万特这个人判断的不错，他不会让所有的军队都驻扎在赛马尔城堡，他一定在赛飞还留有军队。从那天起，赛飞处便会收到命令跟着揭竿而起，但他们很可能不会出军解救赛马尔之围，反而会抄小路进军都城。”

“你说的不错。”城主道：“瓦万特在赛飞留了一万守卫军，由他的大儿子率领。”

“我再确定一次。”迪里奥道：“你们刺客之城一定要得到赛马尔城堡？”

“安西的蝙蝠带来的信息，死堡城中不止白袍，还有另一个黑袍法师。”城主道：“这让我们怀疑灯塔下那四扇窗户，我们已经在着手调查，可安全期间我们还需要再得到一个城以备不时之需。”

“我再确定一次。”迪里奥道。“你们不会要城中的人民？”

“不会。”城主道：“我们只要空城。”

马尔卡道：“那你们应该找个空城，为什么一定要盯着我们赛马尔城堡不放呢？”

“方便。”城主道：“第一、没有空城。第二、当你们以赛马尔城主的身份将城堡给我们的时候，不论是国王方还是瓦万特方都没有主动与我们刺客之城为敌的理由。”

“可是那样所有的矛头都会指向我们，我们也会成为赛马尔城的罪人。”马尔卡道：“你们这么交易还不如直接刺杀国王，或者胁迫国王让人再给你们建一座城。”

“时间太长，风险太高，没有空地。并且我们只有让频繁更换国王的能力，却没有成为国王的能力。”城主说完又对迪里奥道：“接着谈你的计划。”

迪里奥道：“我的计划是在瓦万特登高一呼之前开始，这时候就需要你们履行内容。”

“暴毙还是暗杀？”城主问道。

迪里奥道：“暗杀，但需要留下国王派人暗杀的痕迹。瓦万特方面刚吃了几场败仗，冲杀不出，瓦万特本人又被国王方暗杀身亡。这时群龙无首、军心一定大乱，我们再由密道进入城内，稳定军心，收编军队，然后带领他们解开赛马尔之围。”

“如果瓦万特身亡。”城主道：“城中必然会推选出新的领兵将领，他们不会把军队交给非亲非故的你们。”

“首先是马尔卡的名气。”迪里奥道：“他和他弟弟马里斯本来就是全国有名的骑士，并且在上一次与国王的战争中，他们不止出兵击败了国王的军队，还杀死了名扬天下的陆军统帅提蒙，所有人都会相信在他的带领下一定能解开赛马尔城堡之围。还有，在我们到达赛马尔城堡的时候，马尔卡是不死之身，我完全可以在这件事上做些文章。”

城主考虑了一会儿，又道：“利用共同利益进行到这一步很有可能，但赛马尔城堡之围解开之后呢？你收编的那些军队不是回到赛飞高地便是依然占着赛马尔城堡，瓦万特的大儿子有反叛国王的缘由，但你们会什么也没有。”

“我们和赛飞有个共同的缘由，”迪里奥道：“赛飞反叛是替瓦万特报仇，我们反叛是国王杀害了他的亲弟弟亚赛。”

“迪里奥师傅。”马尔卡看迪里奥的眼神第一次流出了悲痛。

迪里奥并未回应马尔卡继续道："并且，在解开赛马尔城堡之围前，我会让那里所有的将领和我们签一个契约。我们带他们逃出生天，但他们必须替我们的亚赛王子讨回公道，事后，马尔卡将以不死之身的国王身份对他们加官进爵。"

"需要四个月？"城主问道。

"我需要有时间将赛马尔城中的居民转移出去。"迪里奥道："地方可以再找，生命只有一次。"

城主拿起桌上的笔，他低头在纸上写着什么，过了一会儿，他抬头看着迪里奥几人道："协议已经拟好。我提醒你们，首先你们不能透露死堡和刺客之城的任何消息，然后，如果你们计划失败，我们依然要得到赛马尔城堡，只是在得到的方式上我们还会将这份协定公布于世，你们谁来签？"

"我来签。"迪里奥走到桌前。

马尔卡拉住了迪里奥的衣袖。

迪里奥转头对马尔卡道："亚索是个不称职的国王，他的心中只有王位，没有感情。你和我都认识亚赛，他连他温和的弟弟都不能相容，为了保住王位他只会发动更多的战争。"

"迪里奥师傅，我只想回到赛马尔城堡。"马尔卡流下了眼泪。

迪里奥认真的看了一遍桌上的协定，然后在上面签上了自己的名字。

"世间有许多东西都是再也回不去的。"迪里奥放下手中的笔。接着他认真的看着马尔卡道："马尔卡，当个好国王！"

第三十九章
都城的棋局

“陛下，”在都城小型会议室内，阿特尔正指着桌上的地图对亚索道：“从都城出兵到赛马尔城堡最快需要一个月的时间。期间我们要经过剑河城、三岔城、秃鹫堡还有谷地城，这共是四座城镇。”阿特尔在地图上划了一条直线，接着又道：“瓦万特接到我们向他宣战的消息，他第一个选择是集中兵力，孤注一掷的向谷地城进军。可是不论他的士兵多么英勇，攻下备战中的谷地不会少于十天的时间。这样我们便会和他在秃鹫堡相遇，我方的士兵将会坚守秃鹫堡。这时我希望国王您能送信给铁城伯爵，让他攻占基本已经处于空城的赛马尔城堡，这样我们对于瓦万特就形成了关门打狗的形式，他必败无疑。”

亚索道：“让我想一想，铁城伯爵虽然送钱给了瓦万特，但他绝不敢跟着瓦万特一同叛乱。如果瓦万特与我方在秃鹰堡打攻坚战，此时让铁城伯爵攻占一座空城，这件事他应该会做。”

“陛下。”阿特尔道：“在攻坚战中如果瓦万特调动赛飞军队支援，我们两座城便可将他们夹在中间，而他们最终的选择只能是退守谷地城。此时我们和铁城伯爵一同出兵，将谷地围成一座孤城。瓦万特方要强攻我们，我们便让铁城伯爵攻击谷地，瓦万特方要退回赛飞，我们便让铁城伯爵断他后路，我们跟着出兵追击。瓦万特腹背受敌，首尾不能相顾，逐渐便会成为丧家之犬。”

亚索问道：“如果瓦万特并未命令赛飞支援自己，反而令他们攻击得到赛马尔城堡的铁城伯爵该怎么办？”

“守。”阿特尔回道：“令铁城伯爵坚守，瓦万特留在赛飞的那一万人很难再攻入赛马尔这座大城，就如同瓦万特很难攻入秃鹫堡，坚守以待时变。”

“铁城伯爵。”亚索沉吟一句道：“这个不愿冒险但却极愿坐享其成的人，事后将赛马尔城分封给他也不错。如果他听从指挥，我也会原谅他曾经送钱给瓦万特的事，只是假如瓦万特出兵前便已先将赛飞的留守军队调入赛马尔城，该怎么办？”

“军队调度需要时间。”阿特尔道：“如果那样，我们将坚守谷地，在双方士兵人数相等的情况下，守城容易攻城难。我们闭门不出，保存实力，而瓦万特在久攻不下后必然伤亡惨重，此时如果他向赛马尔调兵，我们同样让铁城伯爵攻占赛马尔城堡；如果他并未调兵而是退回赛马尔城，我们就赶到城下将他围困，这时再让铁城伯爵分兵攻占赛飞高地，以此来形成瓮中捉鳖的形式。”

“可以。”亚索思索下道：“在攻城期间让铁城伯爵攻占赛飞他必然不肯，因为他还害怕自己的铁城空虚，但战局一旦进行到这一步的时候，瓦万特败局已定。铁城伯爵定会听从我们的指挥。”

“这是瓦万特出兵下的方案，陛下。”阿特尔道：“还有一种情况就是瓦万特得到我们宣战消息后选择以静制动，以逸待劳。他将不会出兵，只在赛马尔城中等待我们军队到来。面对这种情况，我的方案是围点打援。”

阿特尔边说边用右手食指在地图上的赛马尔城堡上画了个圈，

亚索道：“你有信心围困住尚未动用一兵一卒的瓦万特吗？”

“很难，”阿特尔道：“并且我敢保证瓦万特的骑兵就聚集在城堡的大门内，每当城上守卫看到我们准备扎营时这些骑兵就会不分昼夜的冲杀而出，使我们慌乱手脚，所以针对这种情况我特意创造了这个方阵。”

阿特尔由衣服内拿出另一张羊皮摊在桌上，亚索边看边只听阿特尔道：“这种方阵共由二百五十六人组成，横排十六人，竖排十六人，每人配备一个铁盾和一柄短刀。前排要有两个力大无穷的士兵共同手持肩扛这种巨型方盾——这巨盾要用厚铁打造，高六尺左右。而每一竖排的前十人要共持这种特殊铁枪，每一柄铁枪要长十八尺。最后五人则是弓箭手。”

亚索看着羊皮上画的巨型盾牌，还有如同旗杆一样的长枪，点了点头。

“我用十个这样的方阵一字排开，两边再各用一个方阵卡住城角，”阿特尔继续道：“就能将赛马尔城堡的大门和两边不远的城墙下围起来。这时如果他们的骑兵冲出，就如同进入一个凹槽，马匹无法越过巨盾和长枪，再加上我方后面的弓箭手乱箭齐发，他们冲脱不出，只能退回城堡。以此我们的军队便能在后方扎营。”

亚索饶有兴致的看着羊皮上画的方阵大概图形，不由得赞叹道：“这种方阵用来围堵城中的骑兵可真是太好了。只是如果他们在城上放箭，或是用石木下砸会不会将阵型击破？”

“不会。”阿特尔摇头道：“如果他们放箭，阵中所有士兵就会将盾牌举过头顶，如果他们用石木下砸，阵型可以移动，两边的方阵便会后退。”

亚索笑道：“方阵后退，石木堆积，他们的骑兵依然冲突不出，不过如果瓦万特把我们的军队控制在十里之外，不让我们兵临城下呢？”

“十里之外是这个地方，”阿特尔用手指了指地图，道：“这里大部分都是平原。此时如果瓦万特出动大队军马，我们就全军后撤，他们如若追击，我们就撤回谷地。他们如果退回城堡，我们就再次前进。他们要是在这个地方扎营，我们同样送信让铁城伯爵进攻赛马尔城堡。而如果瓦万特出动的军马数并不多，那么我有信心在这里歼灭他们继续前进。”

亚索点点头。

阿特尔接着道：“等到赛马尔城被围，瓦万特冲脱不出时，他必然下令让赛飞留守的一万人前来解围。他的大儿子不可能不领军来救，此时我们的营寨已经扎好，并且完全可以提前在这里设下伏兵。”

阿特尔说着又指向地图上的一处，亚索抬眼看去，只见那里画着一条不长的山谷。

阿特尔道：“这个山谷是我才画上去不久的，前些天我专门找了几个熟悉那边地势的人，我详细的向他们问了一下赛飞到赛马尔城堡的必经之路，他们共同回忆起这个地方——这儿并非真正的山谷，因为这两边的山并不能完全称为山，它并不高，上方平整，也尽是树林，底下的这条路也不是很长，可是只要在上面两边的树林里埋伏下五千弓箭手，这地方就足以变成他们那一万人的葬身之地。”

亚索坐在桌前想了又想，问道：“如果你要做我方领军将领的话，你需要多少士兵？多少战时物资？”

阿特尔道“我总共带两万五千人就可以，其中包含十二个方阵，一万步兵，五千骑兵，六千九百二十八名弓箭手，战时物资最少需要支撑三个月。”

亚索惊奇地问道：“你的部队中只用五千骑兵？”

“是的陛下，”阿特尔回道：“我听说瓦万特处有两万以上的军力，这样我们即便能将赛飞赶来支援的那一万人消灭殆尽，短时间内我们也无法攻入赛马尔城堡，我准备围城打持久战，以此寻求战机，况且杰洛斯去进攻犹伦之地还需要大量的骑兵。”

亚索看向杰洛斯。

“陛下。”杰洛斯点点头，道：“如果让我领军对阵犹伦之地，我需要带领两万名轻骑。请陛下看下这张地图，这是我们西方第四座城镇的地形图。犹伦之地只要向前推进，必然要进攻这座城镇。”

“不错，”亚索皱眉道：“但要是只依靠骑兵却根本无法抵挡犹伦之地冲击的。”

杰洛斯道：“我听说过，犹伦之地在战场上的主要优势是依靠军队前方的象群。这种庞然大物哞哞的叫声如同巨大的号角，战马闻之腿软，骑兵无力抗衡，城门在这些巨兽眼中如同糟木，它们所到之处也是势不可挡。所以我并未准备用骑兵和他们硬拼，我之所以带领这么多轻骑，只是为了日夜兼程的赶往西方第四座城镇。然后乘犹伦之地还未攻来之前，发动那里的人民和我们的军队一起捕捉老鼠。”

“捕捉老鼠？”亚索的眼睛闪了一下。

“是的陛下。”杰洛斯道：“我曾听我父亲讲起过，大象这种动物什么都不怕，但唯独会被突然从自己眼前飞速窜过的东西吓一跳，那时它会扬起长鼻，抬起前脚，发出受到惊吓的声音。我想，如果它们面对成千上万只奔跑而来的老鼠时，一定会惊慌失措，那时它们将停止脚步，如同人们面对可怕的恐惧般转身就跑，这样它们身后跟随的蛮兵就会受到自己象群的踩踏，而我们骑兵再跟着掩杀，一战便可击败犹伦之地。”

亚索兴奋的道：“你父亲告诉你这些的时候是他亲眼所见，还是——？”

“是他亲眼所见，陛下。”杰洛斯道：“父亲说他当时跟随前王伏击犹伦之地，他正率军埋伏在草丛中，然后他很偶然的看到几只田鼠‘吱吱’叫着横穿过前面的象群，当时有好几只大象都惊了，它们拼命摇晃着头，差点把自己身上的蛮兵都摔下来。”

亚索搓了搓手，道：“如果这个方法可行，那么从今往后我们将省去巨大麻烦。不过——”他犹豫一下又道：“即便你们捉到那么多老鼠，一松手它们定是四散而逃，你怎么能控制它们一起冲击犹伦之地的象群呢？”

“简单，”杰洛斯道：“先把老鼠的尾巴上涂上油，再将它们装到许多木笼里，然后把木笼放在城门内的边上。在侦查骑兵发现犹伦之地的象群向城镇推进时，就让城中的人把所有木笼搬到城堡前排成一排。等见到象群时，点燃木笼后部，打开木笼前部，这样所有的老鼠都会如风一般向前跑。”

亚索兴奋地说了一句“好”，可过了一会儿他又有些怀疑道：“不过这个方法还从未用过，不知究竟能不能抵挡象群的冲击。”

杰洛斯道：“陛下，我准备这样安排，城上一万弓箭手，城下一万骑兵，派五千士兵出城点燃笼子。到时如果那些老鼠不能阻挡象群，那么，我们就让城上的弓手万箭齐发，以此消弱犹伦的军队。然后我们坚守城镇，如果守不住，我们就找机会退到下一个城镇，路上挖些陷阱，打些伏击战，接着再利用城池打割肉战，直到将犹伦的整个军队逐步拖垮。”

亚索闭上眼睛想了一会儿，道：“如果这真是你父亲亲眼所见，那么利用老鼠这个方案一定可行，那么多的老鼠带着火冲击象群，大象一定会吃惊后退。到时你可以招募那里的民众搬运和点燃木笼，这一把火就能让犹伦之地知道我们城镇人民的厉害。”

“遵命陛下。”杰洛斯先是答应一声，跟着又道：“陛下，您是同意让我领军对战犹伦之地？”

“权力是什么？”亚索将背部靠在椅子上对阿特尔和杰洛斯道“我曾在很小的时候问过我的父王。”他停顿下，又坐直身子，接着把手支在脸前严肃的道：“我的父王回答我，权力不是满足个人之欲的工具。”

整个屋里安静了。

亚索继续道：“在权杖未生之前，世界混沌未知。那时人们还不知自己的恶行是恶行，也不知他人的善行是善行。对人有利的事无人兴办，对大家有害的事无人制止。人们遵循丛林法则，世上天灾人祸并行。就这么不知过了多少年，有这么一个人出来，他不以自己一个人的利益作为利益，却让世人得到利益；他不以自己一人的祸患作为祸患，却让世人免受祸患，他与生俱来的真实善良让每个人心悦诚服，而他付出的勤劳智慧又是许多人的千万倍。于是，后来的人们为了纪念他，便共同打造了一支权杖——每当这杖高高挥起，人们便能一呼百应，而持杖的那个人，人们便称呼他为国王。”

亚索停了停，接着道：“可是并不是所有人都能提得动这根权杖，只因这杖中聚集着人们最高明的智慧，这杖外又散发着难以言说的魔力。它虽如钥匙般小巧，却犹如神器般沉重；它虽无生命，却烈日般耀眼，它在压制人们混乱与罪恶的同时也在缔造着崭新的文明。”

“但是，”亚索摇摇头道：“很多人并不这么想，我的兄弟们，如果你们留意，你们就会发现，即便再愚蠢的人也会谈论政治权力。这就如同疯子和傻子在酒馆里相遇，两人喝了酒，于是便交上了朋友，两人喝了酒，自然要谈国事。‘世界不该是这个样子，’疯子说，‘国王不合适，如果我要当国王，我让人天天有酒喝。’傻子说，‘好。’疯子说‘世界不该是这个样子，国王不合适，如果我要当国王，我一定要让你当爵士。’傻子说，‘好。’疯子说‘世界不该是这个样子，国王不合适，如果我要当国王，我一定不让你当傻子。’傻子说‘好，我们叛乱吧。’”

“叛乱！”亚索长叹口气道：“轻浮的话语彰显着丑陋的野心，多少人都在小心翼翼的守护着弥足珍贵的和平，只有没见过血的少年才容易感情用事。他们耳中听到国王这尊贵的称呼，眼中只看得到自我膨胀的欲望，心中却充满对别人无情的抵制。我真不敢想他们急想拥有权力是急于要把世界变成什么样子。”

“他们不明白。”亚索又叹气道“不明白人生下来的竞争机制，不明白资源的有限，不明白惨烈的战场。他们披上了想象这层美的外衣，却用无知做成了善的面具。他们认为自己比造物还要高大，做梦都在想着世界该怎样按照他们的方式旋转运行——他们会为此无由的挑起事端，也会为了一己之私不惜拉上许多人以身犯险。他们如懦弱的酒鬼一样怀抱酒瓶，张口让自己轻狂的幻想供不应求，他们会让罂粟与毒瘤大行其道，也会让地狱的恶犬在人间流窜而行。可是，他们却看不到一个国王为了维护国家的昌盛在没日没夜的战战兢兢，他们也见不到一个国王为了保持国家的平衡而在权力的层面上脚步艰难，如履薄冰。”

“相信我，阿特尔，杰洛斯，我的兄弟们。”亚索顿了下，真诚的看着这两个年轻人道：“这世上一切打着要改变世界这个旗号而发动叛乱的人都是疯子。他们利用了人心，可许多傻子却不知道这个世界只会再混乱两次，一次是在权杖遗失的时候，一次就是在争夺权杖的时候。那时将会是个混沌的世界，那时也将会是个最差的时代。那时人类的文明之火会摇曳不定，人们也会再次遵循丛林法则，天灾与人祸也将再次并肩而行。平和的世界让人微笑，而那样的时代教人狰狞——一切皆为生存，一切皆为利益，一切皆为繁衍。然后强壮的欺凌着弱小的，聪明的欺骗着愚笨的，麻药与谎言生生不息，兵戈与武器屡禁不止。这时代即便短暂安宁，也如同漆黑的地窖中关着众多饥肠辘辘的恶狗——它们之所以还没有传出狂吠的声音，是因为它们还没有见到带肉的骨头。而人们在这样的时代中追忆着天堂，又只能在炼狱的烈火中重生，然后——他们便过完了自认为最好或者最差的一生。”

“阿特尔，杰洛斯。”亚索站起身道：“我的兄弟们，现在，那个黑暗的时代已经在外面撞门了。你们心中有着战争的艺术，而我手中正持着王者的权杖。在这种畏难的时刻，我将选择和我的家人们站在一起。”

“陛下。”阿特尔和杰洛斯同时跪下行礼。

亚索将他们扶起道：“现在，我就把东西方的战争交给你们，你们所要求的一切我都照准。在以往的军旅生涯中你们一直战功累累，这次，你们也一定不会让我失望！”

第四十章 归来的旅人

“我在叹息的森林等了你们好久，马尔卡，你们终于回来了。每天清晨我看到花瓣上的露珠，我都在想，这又是新的一天，而新的一天就会有新的消息。”

“我们回来了，希丽亚，你不用再看那转瞬即逝的朝露。我们风尘仆仆，就如同知道疲倦的旅人，我们回来了。”

“我见到花瓣上的露珠消失了，但我怎么没有看到你弟弟马里斯和二王子亚赛的身影呢？”

“我不知该怎么回答你，希丽亚，但明天的花瓣上依然会有露珠。”

“马尔卡，马尔卡，醒醒。”

“不论你是谁，请不要叫醒我。”

“马尔卡，马尔卡，醒醒。”

马尔卡睁开眼睛，看到了蹲在自己面前的迪里奥。

“时间不早了，马尔卡，我们该赶路了。”迪里奥说着拍了拍马尔卡的肩膀，接着他有些吃力的起身，然后前行。

马尔卡坐起身，阳光直照在他的脸上，他呆了一会儿，然后站起，转身追上了迪里奥与奎力特。

“这条山路可真是崎岖难行。”迪里奥边说边看着手上的地图抱怨道：“这该是年轻人走的路，他们有着无穷的精神与勇气，也充满着活力和激情。可是刺客之城却不该不顾我这把老骨头的死活——他们要我们绕过死堡和大路，给的这张地图倒是详细，可是我同样很失望，对我来说我现在有的只是人生经验和微不足道的智慧，但这些却无法支撑我这年迈的身体走过山顶。”

“迪里奥师傅，我来背着您吧。”奎力特的话脱口而出，可刚说完他便有些懊悔的低下头，马尔卡和迪里奥都没有说话，但又走了几步，迪里奥便道：“好。”

奎力特忙蹲下身，迪里奥趴在他的身上，奎力特背起了迪里奥。

“崇山峻岭，豺狼山魈。”迪里奥道：“真不知我们这一路上会遇上什么魑魅魍魉、鬼怪妖魔。危险的地方还是少去，总有些吃人不吐骨头，或扭曲的不似人形的家伙儿在哪儿等你。它们的心冰冷的如同死尸，可是它们的眼睛却放着奇怪的光亮，它们自我不能温暖自我，只能误入歧途的靠残害生命为乐，它们真比畜牲还像畜牲，比恶魔还像恶魔。”

“迪里奥师傅，”马尔卡道：“你是在说刺客之城的城主吗？”

迪里奥摇摇头道：“不——他们只是中规中矩的生意人。我只是看着这崎岖的山路有感而发，不过话说回来，马尔卡，这么长时间了，你有没有见过刺客之城派给你的刺客？”

“没有。”马尔卡摇头道。

“我们是不是被城主骗了？”奎力特边走边道。

“没有必要，”迪里奥道：“城主是个精明的人。我看得出来，我们带去的消息对他们很有用。他本想派安西去死堡的，但他要先问一下安西的意思——这点安西也看得出来，只不过安西带回的消息让他更加震惊，而为了保证刺客之城的存在，他不得不逼迫我们和他一起合作。”

“我觉得我和恶魔在赌桌上签订了一个可怕的协议。”马尔卡道：“他拿出了赛马尔居民的生命和我对赌，使我不得不同意。可这一切却犹如儿戏，他对着我的名字道，你现在可以走了，你已经是不死之身。我想我真应该从这陡坡上摔下去，或者我应该独自一人冲进死堡，以此来试验一下他的话有没有效果。”

“别做傻事，马尔卡。”迪里奥道：“既然选择了合作，我们便不能节外生枝，只能相互信任。如果你想冲进死堡，我估计在这之前你便会昏厥，而等你再次醒来，你已经在赛马尔的城墙下。”

马尔卡沉默一会儿道：“那也不错，省去了走这条冤枉路的力气。”

“路总要自己走，”迪里奥道：“不然背你前行的人事后也总会伸手向你讨要——”

“这句话怎么像说我似得？”奎力特接过话无辜的道：“迪里奥师傅，我可是自愿背您前行的。”

“说者无心，”迪里奥抱歉的道：“我马上修改一下我的言辞，是背你前行的生意人事后……”

迪里奥话没说完，山上忽然传来了笛声，几人有些吃惊的停下步，马尔卡先是和迪里奥奎力特对望一眼，然后疑惑的问道：“山上有人？”

那笛声响了许久，渐渐的由远而近，奎力特放下迪里奥，和马尔卡一起拿出了武器。

一个吹笛人与迪里奥几人同时看到了对方，笛声停止，他们都站立在了当场。

“你们是谁？”吹笛的人先扯着喉咙大声嚷道。

“过山路的旅人。”马尔卡也大声回问道：“你是谁？”

“在山中居住的侏儒。”吹笛人道：“你们看到了，我身上除了这支长笛外什么也没有。”

马尔卡看了一眼迪里奥，迪里奥大声问道：“就你一个人？”

吹笛人回答是的。

迪里奥又问道：“你一个人，又没有武器怎么敢在这深山里居住？”

吹笛人笑道：“我懂得野兽的习性。”

“哦？”迪里奥道：“说来听听。”

“不要面对饥饿的狮虎，”吹笛人大声道：“避开成群结队的野狼。别相信狡猾的狐狸，别嘲笑憨直的野猪。远离冷酷无情的蛇蝎，不招惹色彩斑斓的动物。温顺的鹿也长着抵人的角，初生的牛犊不怕虎。蜜糖虽甜，要想到蜂针的毒；玫瑰虽美，别忘了刺伤的苦。”

“你这样也无法一个人。”迪里奥依然怀疑的问道：“谁想羊入虎口？怎躲豺狼当道？不怕满腹狐疑？碰上横冲直撞？眼看蛇头蝎尾，已然避无可避，不幸遭遇五毒，岂能坐以待毙？”

“我说的是野兽的习性。”吹笛人大笑道：“你又何必画蛇添足呢？”

“谨慎的兔子有三窟，人心不足蛇吞象。”迪里奥道：“你不用再伪装了，我已经看穿了你的身份，你现在要么走，要么用武器和我们拼个你死我活。”

吹笛人无所谓的耸耸肩膀，转身又向山上走去。

“等等。”迪里奥大叫。

吹笛人停住脚步扭过了头。

“你不下山？”迪里奥问道。

“我可以下山，也可以不下山。”吹笛人回答道。

“你为什么不吹笛子？”迪里奥又问道。

“我可以吹笛子，也可以不吹笛子。”吹笛人又回答道。

“可你刚刚是准备下山。”迪里奥又道。

“你们挡住了我的路。”吹笛人无奈的道：“如果你们想听，我现在就可以吹笛子。”说着他把笛子横放在嘴边。

“等等，”迪里奥道：“你要和我们一起走，直到走过这座山。”

“好。”吹笛人点头向迪里奥几人走过来。

“先站着别动。”迪里奥道：“把你的笛子扔过来。”

吹笛人把手中的笛子扔到了马尔卡的脚下，马尔卡小心翼翼的捡起笛子，他细细的检查一翻，然后对迪里奥道：“是支普通的笛子。”

迪里奥点点头，对吹笛人道：“你过来吧。”

吹笛人走进了迪里奥的队伍，马尔卡用手中的剑抵住了吹笛人的后背。迪里奥由随身的包裹中拿出一块干净的长布，然后对吹笛人道：“系在腰上，前进。”

吹笛人把长布系在腰间遮挡住自己赤裸的下身，几个人一声不响的向山上走去。

就这样慢慢到了中午，迪里奥已走的大汗淋淋、气喘吁吁。他们找了棵大树坐下休息。马尔卡打开包裹，拿出里面的饮食。他把面包分给迪里奥和奎力特，也给了吹笛人一份。

吹笛人拿起面包就吃，迪里奥看着他问道：“你在这山林里多久了？”

“很久了。”吹笛人边吃边道。

“你怎么会在这深山老林里居住？”迪里奥又问。

“我为什么不能？”吹笛人反问道，但接着他笑道：“我编一个故事给你听——一只出生便在长相上有残缺的狮子，它常常想自己终将和别的雄狮一样。直到有一天它去河边喝水，它被自己水中的倒影吓了一跳。这是我吗？这为什么会是我？我能存活下去吗？我能和别的雄狮一样吗？”

“别讲无聊的故事，”马尔卡冷冰冰的道：“老老实实回答我师傅的问话。不然，我杀了你。”

“你们不会杀我的。”吹笛人并不恐慌，他只是小声道：“你们又不是无心的禽兽。我对你们并无威胁，我一无所有，又是个好人，杀了我只会增加你们良心的负担。”

“让他说下去，马尔卡。”迪里奥道：“他也许真的在老老实实的回答我的提问。”

“好的。”吹笛人道：“你们看到了，我生来便是一个侏儒。身高不同于智力，这是一眼便能看到的东西——包括别人，包括自己。人的生命只有一次，谁不愿意尽情的享受生活？如果在投生前，上天问你这一生最不想失去的东西是什么？有人可能回答金钱，有人回答是爱情，有人回答是权力，但要让我回答，我会说、身高。别人生而便有的东西，对我来说却成了一辈子遥不可及的奢望，我就是那只生来便在长相上有着残缺的狮子。”

奎力特也看向了吹笛人。

“可是我的欲望却和别的狮子是一样的，”吹笛人接着道：“这是不是一件可悲的事？上天让你生来便是一只狮子，可是他又让你和真正的狮子不一样。你愿意成为它们的同类，可是它们愿意承认你是他们的同类吗？这并不是个问题，狮子自有狮子的骄傲，它们会说，‘哎呀，我不承认你是我们的同类，我们的同类都该是威风凛凛的样子，而你这家伙真丑。’可是、就如同有些人生下来便是弱智，我也不想一出生便是这样啊！但他们的眼睛却让我无师自通的学会了不停的讨好与赔笑，可是他们和你们一样多疑，他们怀疑我表演的一切，却忽视了我的本意，只是为了活下去。”

吹笛人咬了一口面包，笑了笑，点头道：“对，只是为了活下去。活下去便要吃饭，这是万古不变的道理，对吧？可我能做些什么呢？我试着想做些手艺，这不需要太多的力气，可是没人乐意教我。好在我的脑袋还算灵活，我偷偷的去学别人做好的成品，就那么一件一件的看，然后将它记在心里，这工作让我费尽了心力，直到我做出的东西也有模有样，中规中矩。于是我带着工具开始到手艺市场去推销自我。我才发现，没人相信、也没人愿意——去雇佣一个侏儒。”

“好。”吹笛人又笑道：“你们不相信我，那么我就把成品做出来。我四处筹钱，连讨带借，买回木料。我做了第一批不多的木凳，我将它们带到市场。第一天，我卖了两个小凳子，因为价格便宜。第二天，我招来了同行的妒忌，因为买我凳子的人告诉我凳子很结实。第三天，我挨了一顿打，因为第二天买我凳子的人拿着坏掉的凳子在我面前大声嚷嚷。我只是说了一句‘这凳子绝对不是坐坏的。’就被高大的他打倒在地，我毫无还手之力，只能眼睁睁的看着和他一起来的另外几个人愤怒的把我剩下的凳子砸坏。我躺在地上，心想我的这批木料本不该做成凳子，而是应该做成棺木，几副送给他们，一副留给自己，我这副倒不用很大。”

吹笛人停了停，又道：“他们走后，我站起身，市场依旧热闹。有个好心的女人帮我收拾那些残破的凳子，可是那些还有什么用呢？我喊不出苦，但我依然向她道谢，她告诉我，这不是男人的世界，也不是女人的世界，这是强权的世界。接着她便问我会不会吹笛子，我回答不会。她又告诉我，城中的伯爵在招一个会吹笛子的丑角儿，最好是个侏儒。我的心一动，她告诉我，谁都可以学会吹笛子，但并不是谁都能成为一个侏儒。我问她伯爵住的地方，她向我指了方向。”

吹笛人接着道：“我拿着一块可以做成笛子的木头，向那个地方走去。我走的很快，可是快到门口时，我犹豫了。不论他们承不承认，可我生来是只狮子啊，他们即便不把我当同类，但我有和他们一样的骄傲啊！这骄傲能让我学会吹笛子，但这骄傲能让我学会成为一个丑角儿吗？我回过头，看到那个好心的女人正笑盈盈的望着我，我冲她摇了摇头。”

吹笛人吃下手中最后一口面包，对迪里奥道：“那块木头终是被我做成了笛子，我也终是上了这深山老林。这里危险吗？对你们来说也许是的，可是对我来说不是还有更危险的地方吗？”

“你编的这个故事很精彩。”迪里奥道：“但我有几个问题要问你，你在这里怎么吃饭？”

“虎便是虎，鹿便是鹿，狼便是狼，兔便是兔。”吹笛人回道。

“人离开火便很难生存。”迪里奥又道：“不然不会有天神向人间带来火源的传说。”

“夏天还好办，”吹笛人道：“我会制造火犁。而冬天我则会在山洞中保持火源不灭。”

“夏天蛇虫鼠蚁无数，而冬天没有野果可以果腹，”迪里奥继续道：“厚实的雪会覆盖整个山林，大多的动物也都会在这时冬眠。”

“夏天有避蛇叶、驱蚊草、捕鼠花、香樟木。”吹笛人道：“而冬天我会在山洞中养鹿和羊。”

“你怎么捉到它们？”迪里奥问道。

“每年秋天，”吹笛人道：“我在水源旁挖下陷阱，然后用藤条编成的绳子将它们带进山洞。”

“羊鹿的叫声能够招来虎狼，”迪里奥道：“如果你封闭了洞口，你将无法喂养它们。你要保证洞中的火源不灭，在那样的温度下，你也无法储藏它们。”

吹笛人大笑道：“那是一个很深很大的山洞，越往深进，里面的温度就越低，石壁上也会向下渗水。而从秋天开始，我每天就会往这个山洞里堆积木柴和草料。我无法举起大石封闭洞口，但冬天来临时，我会把火源生在洞口处，让它成为火墙。”

“你怎么解决烟的问题？”迪里奥问道。

“在石洞口的上方我挖了几个弯圆形的隧道，利用上面的风吹散洞口的浓烟。”吹笛人回道。

“那么，你是用什么工具挖出的隧道？”迪里奥马上追问。

“穿山甲，”吹笛人笑着回道：“我用了十只穿山甲。”

“你又怎么寻找到的盐？”迪里奥问。

“有许多动物去舔的那块便是盐石。”吹笛人答。

“我们需要多少天才能翻过这座山？”迪里奥又问道。

“按照这个速度，不少于七天的时间。”吹笛人道。

迪里奥一声不响的站起身，几个人一起又向山上走去。在接下来的七天里，奎力特与马尔卡分别看守着吹笛人。而每个夜晚，只有吹笛人睡得很坦然。

到第八天的中午，几人将要走到山下，迪里奥方让马尔卡将笛子还给吹笛人，并对他道：“现在你自由了。”

吹笛人笑道：“力量背负着智慧，身体压制着情感。而我从未感到囚禁，因为这本就是我的山林。”

“我到现在都不相信你是这山中独居的侏儒。”迪里奥道：“不过老实说，当我第一次听到你的曲子时，我的魂儿都快被你那笛音吹出窍了。”

“如果你愿意听，我现在就可以吹笛子。”吹笛人说着将笛子横放在嘴边。

“不用了。”迪里奥摇摇头，“我们离我们的目的地很近了，我们还有事要办。”

“我现在是自由的。”吹笛人说完，笛声响起，他吹奏着曲子，又向山上走去。

第四十一章
四方的混乱

深夜，亚索推开小型会议室的大门，在里面等候的情报大臣忙向他行礼。

“这么晚了，有什么重要的事？”亚索边问边坐在桌前忍不住打了个哈欠。

“陛下，捷报！”情报大臣喜气洋洋的禀报道：“刚刚接到西方传来的最新消息，杰洛斯一举击溃了犹伦之地的进攻。”

“哦？”亚索掩盖不住满脸的喜悦，他马上坐直身子问道：“消息可靠吗？”

“非常可靠，陛下，消息非常可靠。”情报大臣连说了两遍，紧接着道：“这是有史以来的第一次，信鸽和报信人的马匹同时到来。马匹上带来了杰洛斯的亲笔信笺，而信鸽上的消息则让人更加振奋——杰洛斯已经收复了全部城池，并且活捉了犹伦之地的蛮王。”

情报大臣边说边将手中的羊皮卷与绸布一起恭敬地递给亚索。

亚索忙接过来，只见不大的绸布上面写着‘失城收复、蛮王擒获、敬候处置。’几个字。

亚索又忙打开羊皮卷，只见上面写着——

国王陛下：

承蒙您的天威，这是一场快速而毫不费力的战争。当我率军赶到城堡时，城中的街头巷尾正充斥着各种五花八门的流言蜚语，而犹伦之地正在行军而来的路上。我先是火速召集了那里民众，在广场上，人心惶惶的他们是七嘴八舌、议论纷纷。有人说犹伦的蛮兵都是长着不同兽角的野人，也有人说他们一人便能生吞一只大象，还有人说他们这次的蛮王铜头铁臂、力大无穷，一人便能扛起一座山来。

我先是按照您的意思告知了他们一切。我告诉他们蛮兵并不可怕，他们除了凶残、霸道、野蛮、嗜血、毫无感情以外和我们每个普通人一样并没有任何区别。接着，我又告诉他们，国王这次共派来了十万大军，而我先带来的这四万轻骑都是以往战胜过犹伦之地的勇士，他们也都是军队中的精英。国王这次是下定决心，誓要彻底击败那些不知进退的外来者。而只要有国王的承诺在，城堡就绝对不会被攻破，他们也绝不会死于非命或者背井离乡。

当我讲完这段话后，广场上才逐渐安静下来。战争的谋求手段，当像寂静而幽深的山谷，让外人看不清楚，又无法一探究竟——我谨记着国王陛下您的嘱咐，所以我向他们传下命令，让他们捕捉老鼠，但我并未告知他们这么做真正的用途。我只是说当我来这里之前，国王陛下您做了一梦，您梦见了高大无比又全副武装的战神，祂的脸正朝着犹伦之地的方向。而当战神威风凛凛的挥起金光闪闪的武器时，您却被屋中老鼠“吱吱”的声音吵醒，您知道这是神灵给您的启示——战神不喜欢在自己战斗的地方有老鼠的存在。所以我告诉他们，我们应当将全城的老鼠都抓住装进笼子里——这能保证我军的胜利，也能保证战神一直与我军同在。并且，为了确保他们的积极性，我向他们制定了活着老鼠的价格，抓的越多，赏的越多。

然后，根本没用到三天的时间，全城的老鼠基本上都已经被逮光了。三天中城里四处都是上交老鼠的人，熙熙攘攘、吵杂不堪。我不得不又多设立了几个收购地点，也不得不多派士兵维持秩序。

中间还发生了一点小插曲，国王陛下，您派给我的副将有徇私舞弊、中饱私囊的行为。有人对他检举揭发，经我细细查证，一切属实，我已经将它关进牢房，等待国王陛下您的裁决。

三天以后，上交老鼠的人越来越少，而犹伦之地离我们是越来越近。我不得不提高价码，这次有些民众去野地田间捕捉老鼠，有的去外城收购老鼠。而到第六天的时候，老鼠多的木笼都已经装不下了。

这上万只木笼被我叠放在城门口的两旁，它们摆的很长，也快要和城墙一样高，而笼子的后面都被倒上了油。那晚老鼠凌厉刺耳的合叫声如同地狱众多鬼魅的呼喊，而就在第七天上午，我们的侦查骑兵看到了犹伦之地的军队。

我知道时候到了。第六天时我已重金招募了五千民众，我告诉他们，只要在城前点燃木笼，打开笼子，战神便会知道我们的城中已无讨厌的老鼠。而骑兵则会从城中杀出，剑锋所指，必将所向披靡，因为战神与我们同在。

这五千民众搬出了上万木笼，在城堡前重叠着摆成了长长的几排。城上一万弓手与城下一万骑兵都在屏气凝神。直到大地开始颤抖，直到那五千民众开始恐慌，直到我在城上真真切切的看到了大象奔跑而来的庞大的身影。

“点火！”我高声下达了命令。那些木笼后部瞬间便被点燃，火势一跃而起。我等了一下，又高喊了一声，“开笼！”

负责开笼的民众用铁绳拉开了木笼前面的门，尾巴着火的老鼠如同一片火海般疯狂的向犹伦之地的象群冲去。

国王陛下，我无法在这张羊皮上完整的描述当时的情景。就在我听着那宽阔而杂乱无章的“吱吱”声时，就在那五千民众害怕慌乱的叫嚷声时，就在我的脑中还在想要不要紧闭城门时，我忽然听到了大象长长的悲鸣。

那是恐惧的叫声，就如同战败的号角、融合在那漫天遍野的疯狂地“吱吱”声中。

我抬眼望去，那一团团燃烧着的火焰就犹如地底升起的无数火舌般在象群中乱窜。这火舌有的顺着大象的鼻子攀爬上去，有的则挂在了大象的腿上。我能看到的大象都在拼命摇晃着脑袋，就如同一群在火焰中跳舞的莽夫醉汉，它们相互撞击着庞大的身子，倒退着脚步。突然，我看到它们转身狂奔，接着传入我耳中的便是敌人恐惧的叫喊。

战机出现了——溃散的象群已经成为了我们的先锋部队。没有任何步兵能够抵挡的住象群的冲击，也没有任何蛮兵能够抵挡得住我们骑兵的冲击。我下了城，骑上战马，下达了冲锋的命令。

城中的一万骑兵冲出城外，在那广阔无垠的空地上，在战马滚滚的马蹄声与嘶鸣声中，我们高声的呐喊响彻天际。这场战斗一直持续到傍晚，我们方才看不到任何蛮兵的身影。我们拿下头盔，任由落日那金黄的光芒披洒在我们每个人的肩头。我们长长的舒了一口气，国王陛下，感谢您的英明，让我们成为了这场战争中的勇士。

我们随着“哒哒”的马蹄声归城，我见到天上的乌鸦在盘旋，我听到地上的野狗在狂吠，我踏过许多大象与敌人的尸体，他们就如同枯木败草，堆满道路。我知道，今晚的这里，将成为许多动物盛宴的地方。

当我们归城，所有的民众都在欢呼雀跃的庆祝，他们都在感谢国王陛下的恩德。城中所有的酒馆都在张灯结彩，而那五千点燃木笼的人也早已成为了城中的英雄。

此刻已是深夜，我坐在这里，怀着尊敬与虔诚的心向陛下汇报这次胜利。城中的人们依旧在欢呼，而我却听到了城外群狼的嚎叫。我准备和士兵一起，一鼓作气、趁热打铁，从明日便开始收复我们失去的城池，因为这只是一个胜利的开始，而并非胜利的结局。

国王陛下，羊皮卷短、情谊深远。我祝您心情愉快，体态康健，等我再次向您汇报胜利的消息！

您忠心的杰洛斯

某年某月某日

“好！”亚索重重拍了一下桌子，道：“我的好兄弟杰洛斯，不愧是我义父陆军统帅提蒙的好儿子。在短短的一个多月的时间内，打了一场漂亮的战争，收复了失地，活捉了蛮王——明天将这个振奋人心的消息火速传出去——让内政大臣找一个能说会写的人，不怕如火如荼的传言，不怕加油添醋的描述——传令下去，将我们西方第四座城镇更名为野鼠堡——以此来纪念这次胜利。”

“遵命陛下。”情报大臣回道：“不过——”他拉长声音，停顿一下道：“信上副将的事该怎么处置？”

“就地正法。”亚索脱口而出。

“陛下，”情报大臣道：“这种国家的败类死不足惜。他们就如同盲人看不到色彩缤纷，如同聋子听不到钟鼓铿锵。他们缺乏才智、目光短浅，只因一己私欲而不惜变成害群之马。他们就像是新鲜苹果内有毒而恶心的虫子，可是——”情报大臣欲言又止。

“你要说什么？”亚索问道。

“陛下的裁决没有问题，只是——”情报大臣又顿了下，接着面有难色的道：“这两场战争的副将都是由内政大臣亲自挑选的，如果陛下不经审判、不问缘由便杀了，我怕——”

“你怕什么？”亚索挑起眼皮看着情报大臣道。

“我怕内政大臣脸面上不好看，并且……况且——”情报大臣有些结巴道。

“有什么话你就直说，别这么吞吞吐吐的。”亚索道。

“是，陛下。”情报大臣道：“有一个消息，我还没有确定是否属实。但是这个消息至关重大。陛下，这个消息是我在赛马尔城堡的探子传来的，他说……他说瓦万特之所以敢进攻赛马尔城堡，是、是因为……是因为内政大臣向他传递了我们国内后备力量的消息！”

“什么？”亚索惊讶的道：“这消息属实吗？”

“我还不知道，陛下。”情报大臣诚恳的回道。

亚索的表情凝重起来，他过了一会儿问道：“赛马尔那边现在是什么情况？”

“我方最新的战况是，瓦万特并未出兵，阿特尔已经顺利的包围了赛马尔城。城中的骑兵冲杀了几次，但都被我方那十二个方阵阻挡住了。瓦万特现在闭门不出，但也并未向赛飞高地求援。而我的探子就是在这个时候派几只乌鸦给我送来的消息，陛下，我不敢保证这份消息属实，但我将这消息带在身边。”

情报大臣说完，由衣中拿出几块不大的绸布，亚索忙接过来，只见上面写道：

‘大人，瓦万特进攻赛马尔时出兵太快，我没能及时向您汇报。我在赛飞处忍辱负重多年，瓦万特老奸巨猾，对我也没有完全信任。如今赛马尔城堡被围，城中混乱，将领恐惧，我才找到机会向您汇报。’

亚索拿起第二块绸布，只见上面写道：

‘吾王向瓦万特宣战后，许多将领提议反叛。吾王出兵后，许多将领提议军队出城。吾王兵临城下后，许多将领提议调动赛飞军队前来解围，瓦万特都没有应允。此时城中骑兵冲杀不出，将领恐慌。’

亚索拿起第三块绸布，只见上面写道：

‘瓦万特开会时告知将领，自己没有反叛的意思，只是要回了本该属于自己的城堡，这是王族对他的许诺。并且他告知将领，内政大臣在吾王出征期间就已告诉他都城的储备情况，一因他们年轻时私交，二因为’

亚索拿起第四块绸布，只见上面写道：

‘他本就不同意现在的吾王当国王。吾王没有能力打多余的战争，因为……’

亚索忙向后面看去，只见上面清晰的记录着自己登基时都城的黄金储备、粮食储备、军队数量、人口数量等等。

“回信过去。”亚索对情报大臣道：“这些数字都是假的，这只不过是瓦万特用来稳定军心的障眼法。”

“遵命。”情报大臣忙舒口气鞠躬行礼笑道：“我希望是这样，便果然是这样。我与内政大臣同朝为官这么多年，我相信他对国王陛下的赤胆忠心。”

亚索盯着情报大臣许久，道：“帮我用排除法，再告诉我一遍，在我登基时都谁看过那份记录？”

情报大臣吃了一惊，回道：“哪份记录？”

“这上面的数字都是真的。”亚索严肃的一字一句的道：“铁证如山！”

情报大臣立在了当场，过了一会儿，他颤声道：“陛下，我是昨天才看到的这些。”

亚索点点头，又问了一遍，“都谁看过那份记录。”

“内政大臣、前首相大人、还有、还有王后。”情报大臣道。

“在我出征时，他们都有什么动向？”亚索问道。

“内政大臣处我、我并未派人死盯。”情报大臣结巴道：“而前首相大人就在城中颐养天年，我安插在他身旁的耳目回报说，前首相大人每日并不出门，他只是在家中看书修养，他也并未饲养信鸽，也杜绝与任何外人来往。而王后处，我遵照国王陛下您的吩咐，在您出征期间，我安排了照顾她的仆人，也在四处安插了眼线。陛下，王后绝对可以是首先排除的人，都城送信的鸟儿有数，也都有专人保管，王后根本拿不到。并且往赛飞高地送信，必须是认路的信鸽或乌鸦。可是我敢保证，不分昼夜，并没有这两种鸟从她窗前飞过。

而她如果要人送信，这是更不可能的，因为她所能接触到的人都是陛下您最忠心的仆人。”

“你的意思是，这件事只可能是内政大臣做的？”亚索冷冷的问道。

“陛下，”情报大臣沉思一下道：“如果按照排除法，内政大臣确实最有可能。”

“如果要是内政大臣做的。”亚索沉吟一会儿，道：“他为什么不向瓦万特透漏我出征时所带的军队数量，动用的黄金储备数量？”

“安全。”情报大臣道：“陛下，我是这么想的。您登基时的这些数字是不变的，所以最具有说服力。而后来的数字不论怎么变，短时间内它也无法超过这些不变的数字。而且……而且内政大臣确实对国王陛下您颇有微词，他也不止一次的在私下里埋怨国王陛下您不该穷兵黩武，搞得民不聊生。”

“内政大臣算数可以，眼界却不行。”亚索道：“他看不到我们这两场胜利的战争。秘密逮捕，这件事就交给你去办了。”

“陛下，这——”情报大臣有些为难。

“怎么？”亚索问道。

“遵命陛下。”情报大臣行礼道。

“不要让任何人知道内政大臣被捕的事，特别是你瓦万特处的探子。如果谁走漏了风声，我拿你试问。还有，回信给杰洛斯，国王相信他，所以不用审判，将关押的副将就地正法。然后将抓到的蛮王带到野鼠堡游街示众。那里的民众不是没见过蛮兵吗？这次就让他们见见那里的王。游街示众三天后，将蛮王重新放回犹伦之地，我饶他一命。”亚索道。

“陛下，“情报大臣道：”一日纵敌——”

“我说了，”亚索道：“我饶他一命。”

“遵命，陛下。”情报大臣行礼道。

同夜同时，在西方最后一座城镇的地牢中，被五花大绑着的高大健壮的蛮王正对面前的杰洛斯道："我之所以失败，是因为我和历任蛮王一样，没能拔出石中的蛮王巨斧。你听过那个传说吧，巨斧一出，天下让路。现在你们霸占着路，但不会长久。你们都城中早有人送信给我，你们的后力已经不足了。"

同夜同时，在赛马尔城的江河边，三个人影正看着远处灯火通明的营寨和高高的城墙，其中一个苍老的声音道："回来了！"

第四十二章 江河的暗流

“迪里奥师傅，我什么时候进城？”马尔卡问身旁的迪里奥道。

迪里奥回道：“我也不知道，从路上打听到的消息和城堡被围的这种情况来看，现在是我们执行计划的时候了。可是刺客之城却没有丝毫动静，我们到底该怎么和他们联系？”

马尔卡默默解开身上的武器道：“还是先让我到城中看看情况吧。”他说着将手中的盾与剑放在草地上道：“我现在便从河中潜入城堡的密道。”

“马尔卡，先不要着急。”迪里奥制止道：“我们一起进城，相互间也有个照应，现在最好等等，既然刺客之城和我们签订了协议，他们就应该会给我们送来消息。”

马尔卡沉默一会儿，道“迪里奥师傅，自从我们离开刺客之城，他们就如同空气一样在我们的面前消失了。我其实是这么认为的，城主之所以留了我们一条活路，只是因为要借用我们活着的身份。可是他什么也不会管！直到有那么合适的一天，我们签订的那份协议出现在国王的桌案上，国王为了感谢刺客之城的按兵不动，自然会将赛马尔城赏给他们，但那时的我们便成了活着的替罪羔羊。”

“如果是这样，马尔卡，”迪里奥道：“你潜入城堡准备做什么呢？”

“合作。”马尔卡道：“和瓦万特合作，他现在占据着赛马尔城堡，而我可以替他带领城中的骑兵——我们都有着共同的敌人。迪里奥师傅，现在我们已经失去了要守护的人。所以，只要不是亚索，那么谁当赛马尔城的城主对我来说都无所谓。”

“太危险，马尔卡，现在赛马尔城正处于警备状态，他们可能都不会给你证明自己身份的时间，就不问青红皂白的将你杀害。”迪里奥道：“并且如果没有刺客之城的帮助，我们势单力薄。你不用为我们考虑将来而去铤而走险，如果天边出现启明星，而刺客之城依然毫无动静，那么，找别的机会送信给赛马尔居民，让他们早些离开。接着我们便去叹息森林安度余生，天下间自有我们的容身之处。”

江流湍急，水声哗哗，野草低伏，凉风习习——在这种短暂却如同遥遥无期的等待中，天上终是出现了那颗异常明亮的星。

“走。”迪里奥看着那颗启明星，低头转过了身。

马尔卡蹲下身子摸了摸地上的盾牌与宝剑，“迪里奥师傅，我只想回到赛马尔城堡当个将领。如果明天的此时还没有船来接你们，将我的武器带走吧。”接着“噗通”一声，马尔卡跃入江中。

“马尔卡。”迪里奥在岸边急叫道。

马尔卡逆流而上，一直游到天空发白，他方才来到城堡后方的那条密道口。密道的石墙紧闭，马尔卡深吸口气，潜入水中。他由水下六尺处越过厚厚的铁栏，进入里面宽阔的水道。

水道中的水并不流动，水质浑浊不堪，马尔卡在水下奋力前游。直到估计着已经过了城墙，他这才慌忙向上把头伸出水面深深吸了一口气，可是跟着他便觉得脖子一紧，似乎有什么东西勒住了他的脖子，他忙张开眼睛，看到原本停靠小船的台阶上站着几十个全副武装的士兵，而领头的士兵手中正拿着一根绷直的绳子，接着他听到那个士兵阴沉的声音道："上来，你已经跑不了了。"

马尔卡并未挣扎，他顺从的爬上台阶。几个士兵一拥而上，将马尔卡按倒在地，接着用绳子将他的双臂反绑起来。

马尔卡趴在地上痛的紧咬牙关，而那几个士兵对他拳打脚踢，直到他听到领头的士兵道："站起来。"

马尔卡弯曲双腿站起身，他看着领头的士兵道："我要见你们的城主瓦万特。"

领头士兵一声冷笑，他抽出腰上的佩剑骂道："狗杂种，是你的国王主人告诉你这条密道的地点吧。"

"我并不是国王军。"马尔卡冷冷的回道："带我去见你的主人。"

"转过身去。"领头士兵对马尔卡道。

马尔卡站了一会儿，缓缓转过身。

领头士兵提着佩剑来到马尔卡的身后，接着狠狠冲他右臀刺了一剑。马尔卡顿觉整个右腿一麻，冷汗瞬间冒出了额头，可是他却强忍着没有吭声。

"给他的伤口涂上药。"领头士兵将宝剑收回剑鞘对身旁的军士道。接着他又对马尔卡道："我马上带你去见我们伯爵。"

士兵过来撕开马尔卡的裤子，在他的伤口涂上药物，又用布条简单包扎了一下。

"走。"领头的士兵对马尔卡道。

马尔卡一瘸一拐的走在前面，直到来到层层向上的不长的台阶。马尔卡手脚并用向上攀爬，领头士兵在后面冷笑道："你知道要去哪里吗？狗杂种？"

马尔卡一声不吭，他费力向上，直到钻出地面。

这原来是公爵的寝宫，马尔卡四处望去，只见除了床的位置，这间四方的屋中所有的东西都如同他离开的那天一样——一切依然那么熟悉，可不同的是，此时屋中正站着许多穿着盔甲或身披长袍的人在看着他。

士兵们陆陆续续从密道口钻出，领头的士兵对屋中一个身着长袍的老者道："抓到了一只凶残的水老鼠。"

长袍老者点头然后对马尔卡道："是国王让你长了一颗卑鄙的心吗？"

马尔卡对那个老者道："在评论我之前，您应该先问我是谁。你们谁是城主瓦万特，我有话要跟他说。"

老者看着马尔卡一会儿摇头道："不用了，把你要说的话告诉我就行了。我们尊敬的城主、伯爵瓦万特已经死了！"

"什么？"马尔卡吃了一惊。

"昨晚你的匕首非常精准，"老者道："等我们的士兵闯入这间屋中时，伯爵已经倒在血泊中。那时的他虽然奄奄一息，可是在临终前，他依然指认了采用这种不光彩战争方式的——你的主人。"

"不是我。"马尔卡摇头道："我不是国王方的人。"

"你也不是我方的人。"老者道："我会把你的头颅从城墙上扔下，到时别忘了用你那没有躯体的口舌向你的主人带话——伯爵瓦万特已经死去，王族本来只亏他一座城，现在却欠他一条命。"

"我是马尔卡。"马尔卡忙道："以往赛马尔城骑兵的将领，我曾率领军队击败过国王军，我弟弟马里斯亲手斩杀了陆军统帅提蒙。"

"杀了他。"老者对身旁的那个领头士兵道。

领头的士兵吹声口哨拔出佩剑走到马尔卡面前道："我说过，狗杂种，我会马上带你见我们的伯爵。"

"我这次来只是为了——"马尔卡的话还没说完，快如毒蛇的剑尖让他的小腹一痛。

"希丽亚。"马尔卡紧咬牙关，只觉心上一痛。

深夜江边，大雾茫茫，相视不见，只闻水声。迪里奥和奎力特坐在江边，两人对着赛马尔城的方向望眼欲穿。直到雾色发白，迪里奥方拉着奎力特站起身。

“再等等吧，迪里奥师傅。”奎力特道。

“我知道他最想什么，”迪里奥道：“把他的武器带到叹息森林交给希丽亚——我要给那个女孩子讲两个英雄的故事了，一个在突然面对爱情之美时退缩了；一个在燃起爱情之火后却不愿把自身的灾祸带给自己的最爱。这是两个异常悲伤的故事，我也不知道我这个老家伙能不能讲好。亚赛常说我们的生活就如同一卷书，而我们都是这卷书中的人物，有些人的名字在书的这边，有些人的名字在书的那边。有时这些名字会奇迹般的相逢，它们相互新奇的读着对方的故事，时而大笑，时而悲伤。有时这些名字会离奇般的分开，它们又各自创造着新的故事，时而遗忘，时而怀想。我不知道这卷书的作者是谁，他又是怀着什么样的心情创造了我这么一个人物，是为了供人娱乐？还是为了让人沉思！是为了任人辱骂？还是为了使人佩服！可是，我迪里奥本身却是个无比痛楚的角色，他身上每一根衰老的骨头都在向外散发着悲剧的味道。奎力特，我要向你道歉，我不该把你带出铁城，你也许该回到那里撰写自己新的故事！”

“迪里奥师傅。”奎力特道：“我喜欢闷头打铁，不是因为我喜欢出力，而是因为我天生就是个一根筋的人，”他说着弯腰拿起马尔卡的武器道：“我父亲时常说我像根捅火的铁棍。在铁城那天我说的已经很清楚了，但今天我要再重复一遍，我是自愿跟着这位老者走。”

迪里奥和奎力特顺江直下，渐渐离赛马尔城愈来愈远。奎力特回头看了一眼，忽然停住了脚步。

“迪里奥师傅，”他轻声道：“有船。”

迪里奥回过头，淡白的江雾中似乎出现了一艘小船的轮廓，迪里奥站住了脚步。

一只晨鸟不知在何处“叽叽喳喳”的叫了几声，那艘不大的木船如同在白云中缓缓飘出。

木船直来到两人身旁停下，船上一个渔夫装扮的人问道：“迪里奥？奎力特？”

“是我们俩。”迪里奥点头。

“上船。”渔夫装扮的人道：“是马尔卡让我来接你们的。”

迪里奥和奎力特上了船，船上两个健壮的人开始划桨，船离开了岸。

“马尔卡怎么不来？”迪里奥问道。

渔夫的眼神有些躲闪，他对划船的两人喝道：“快划，在雾散之前赶回城堡。”然后他才对迪里奥道：“我刺了他臀部一剑，此时他正在城中养伤。不过、这个狗杂种当时可没告诉我他是不死之身啊！”

船只行到赛马尔城堡后方，划船的两人用船桨有规律的敲击了几下封闭密道口的城墙。一整块城墙如同巨大的门般向内打开。船进入城堡，停靠在里面的石阶旁，迪里奥几人登上石阶。

石阶上堆满了木屑和长短不一的木头，迪里奥并未发问，只和几人快步走到另一边的密道口，他们前前后后登上台阶。迪里奥走出密道，看到原来公爵的寝宫内站着一个陌生的老人，而在一旁床上趴着的马尔卡叫了他一声 “迪里奥师傅。”

迪里奥和奎力特忙走到床边，看到马尔卡整个臀部上都缠着雪白的绷带，而他右臀的绷带上殷红斑斑。

马尔卡开口道：“密道中没有船，您坐的那艘船是我召集城中所有的船匠在密道中一天造出来的，所以耽误了去接您的时间。”

迪里奥点点头。

船上的那几个士兵走出房间。

“伯爵瓦万特已经在昨夜被国王派来的刺客杀害了。”马尔卡接着道。

“什么？”迪里奥吃了一惊。

“是这样的。”迪里奥身后的老者道：“非常的不幸。”

迪里奥转过身。

老者问道："您便是被公爵称为顶级智囊的、大名鼎鼎的迪里奥？"

"是我。"迪里奥道："冒昧的问一下您的名字。"

"我不像你一样有名，"老者行礼回答道："我叫伊阿图。"

迪里奥道："二十多年前，瓦万特被封为伯爵，成日在赛飞城饮酒赛马，不理政事。十年后他有次外出打猎，碰到了一个上前和他交谈的砍柴人。那天，伯爵拉断了自己背上的猎弓，砸碎了自己手里的酒囊。从那天起，赛飞城中的上下事物突然被处理的井井有条。砍柴人伊阿图——伯爵瓦万特的头脑智囊，我早有所闻，并且如雷贯耳。"

"我有着治理城池的能力，伯爵有着领军作战的能力。"伊阿图道："所以那天我和伯爵一起在林中共谋天下——而我一直以为我和你会在战场上相遇。"

迪里奥行了个大礼，道："赛飞高地能够看到赛马尔平原，可是赛马尔平原永远也不会见到赛飞高地。"

"我只相信我亲眼所见的东西。"伊阿图道："我让人刺杀了马尔卡两次，当宝剑在他的面前都如同薄冰般碎去时，所有人都震惊了，他们彻底相信了马尔卡与恶魔签订协议而成为不死之身的话。可是，当我细细将那两柄碎剑重新拼凑起来的时候，我发现地上多出了两枚细小的银针。"

"你看到了什么？"迪里奥问。

"恶魔即是人，"伊阿图道："他既能如鬼神般救得了马尔卡，便也能如鬼魅般要得了伯爵的命。所以这两日在此城中如同巧合般出现的也许就是蝉、螳螂、还有麻雀。"

"从赛飞高地要看到赛马尔城堡恐怕没那么容易吧？"迪里奥问道。

"基本看不到。"伊阿图道"现在赛飞高地被困在赛马尔平原，群龙无首，人心惶惶。我想你接下来要做的是推举不死之身的马尔卡成为城主，然后带领赛飞高地冲出重围。可是天下没有不要钱的午餐，你的价格应该是收编赛飞的军队。”

“不动用自己的感情而站在别人的内心角度看待局势是件有趣的事。”迪里奥道：“你可以用网将能见到的动物一网打尽，但是你却忌惮不可见的恶魔之力——能够用银针震碎宝剑这绝非常人可以办到，也许在你收网之前，所有准备参与编网的人都会死。”

“我还没准备把这件事告诉别人，所以我还活着。”伊阿图道“但我要知道你们来此处的目的。”

迪里奥道：“我们要为二王子亚赛报仇。”

“善待赛飞的军队。”伊阿图道：“那么只有我和伯爵失败了，他们没有失败。”

伊阿图说完这句话便走出房间，马尔卡低声问道：“迪里奥师傅，伊阿图完全可以装作不知道这件事，可是他既然说了为什么却没有和我们一起合作的意思？”

“怕瞒不过未知。”迪里奥坐在床沿边道：“并且瓦万特伯爵在为人上定有他的过人之处，伊阿图一定会认为我们很卑鄙——有些事情难以解释，而我们下面要做的只是要击败国王军队。”

“我昨天下午让人背我上城看了下。”马尔卡道：“现在确实不好办，国王军的营寨已经围着城堡扎好，而那十二个方阵正堵着城门——”

马尔卡话未说完，屋中的大门突然打开，三人忙向门口看去，只见伊阿图身后站着许多身着长袍与盔甲的人。

“只要能解开这次赛马尔之围，”伊阿图道：“他们愿意同你们一起复仇。”

迪里奥起身道：“国王军一定得到了伯爵被暗杀的消息，他们定在准备攻城。将城上的旗帜换做马尔卡以往的帅旗，并且告诉所有人，以往击败过国王军的马尔卡，带着自己的不死之身——回来了。”

第四十三章 鼠堡的狂欢

“我给你一个预言。”

“我记得你的神通。”

“未来的言语荒诞无稽，陌生的画面虚无缥缈。生着翅膀的骏马在飞翔，日月的圆轮在转动，你的儿子站在时间战车上，他将成为独一无二的蛮王；命运在天地的齿轮间无声，烈日吹响着凛冽的北风，人们在你儿子的脚下欢呼歌唱；过去现在仰或将来，王者之王终是从漫天尘沙中归来，后来裂痕补上原有细纹，贫瘠土地铺满肥沃的颜色，他将成为万人瞩目的蛮王。”

“哈哈哈哈。”

“你笑什么？”骑着马的杰洛斯扭头看了一眼囚车中的蛮王问道。

“我想起很久以前一件有趣的事。”蛮王在牢笼中道。

“什么有趣的事？”杰洛斯问。

蛮王道：“几十年前，父王在出征的途中救了一个盲女，接着便中了你们狐狸王的埋伏。就在退回犹伦之地的途中，父王无意间发现了真相，跟着暴怒的父王便要把那个盲女当作祭品献给象神，可是她却说她是未来女神的祭司，并且她给了我父王一个预言。”

“什么预言？”杰洛斯问道。

“一堆为了活命而讨好的废话，”蛮王道：“这是狐狸们惯用的伎俩。可是她说完那番话后父王依然让她死在了象脚之下。”

杰洛斯盯着蛮王道：“你们真是既傲慢又残忍——可是你们却把它当有趣，并且直笑到如今。”

“狐狸，”蛮王道：“你敢不用阴谋诡计，面对面明刀明枪的和我们打一场吗？”

杰洛斯嘲笑道：“当然敢，你先从囚车里出来，我就在这儿等你！”

“我一定会打死你！”蛮王愤然的道，可是接着他又哈哈笑道“这是狐狸们惯用的招数，一得势便逞口舌之强，一失势便讨好求饶。狐狸，你知道我父王为什么将那个女狐狸献给了象神吗？”

杰洛斯点头道：“当然知道。不只是我，全天下都知道你父亲和你一样长着颗无知的脑袋。”

蛮王并未搭理杰洛斯的话却接着道：“我父王问她了一个问题——未来女神有没有告诉她她最终的死法。”

杰洛斯没有搭理蛮王的话。

“她说她侍奉神灵直至死去。”蛮王嘿嘿笑道：“象神碾碎了她。”

“你们不懂文明的伟大，”杰洛斯愤怒的道“只知一味的蛮干。你们只知道天明是天明，天黑是天黑，你们只知道痛苦是痛苦，快乐是快乐，你们只知道饿了要吃饭，困了要睡觉。你们自大张狂，又不懂得节制与适度，不懂得爱人与谦虚，分不清美好与丑恶，所以你们不得不在苦与乐间循环往复——我和你说这些干什么？你们的出现只是造物者的成功，却是人们的不幸。”

“如果站在囚车里的是你，”蛮王傲然的道：“我便要给你说出另外一番言论了。狐狸，你知道世界本来是什么吗？”

“你知道吗？”杰洛斯挑衅的看着蛮王道。

“嘿嘿，”蛮王闭上眼睛缓慢的道：“世界之初，天混地沌，那时春秋未行，昼夜不分，一切静如死地。而我们现在称为的大地上也是山河不存，百灵不生。世界的开端就是一个充满着死寂与黑白不明的圆体，它不知道自己为何而生，又要到何处而去。它浑浑噩噩毫无意识的存在着，可是在这存在中，它的内在却渐渐起了气息。然后又不知过了几多年，这气息慢慢变成了我们现在能听到的风声，这风由弱到强，终于“呼——呼——”的咆哮起来，它想要冲破这球体，可是最终也未能成功。”

蛮王睁开眼睛接着道：“只因为它有气而无形，有气而无形的东西介于存在与不存在之间，它本身有力量，却没有足够的力量。在做了无数次的努力后，它终是蛰伏在这混沌的世界里，最终也消失了。可是——从那以后，这个混沌的世界竟然起了一点点变化，一切竟然慢慢分裂，又开始杂七杂八的相互抵制起来。这样又不知过了多少年，在这缓慢的运行中竟然产生了一头神象，祂有着大象的头颅，人的身躯，祂比我们大无限倍，祂想坐起来，却只能弯着腰，祂睁开眼，却什么也看不见，祂张开空洞大口，竟然没有回声。祂低身愤怒的向这混沌撞去，轰然巨响，整个混沌顿时改变了。清，明，亮，上升形成了天空；浑、实、浊、沉淀变为了大地；天空虚无缥缈，滋生了风云雨电，大地朴实无华，生息了土林火山，而那只神象在这奋力一撞之后也终是立了起来，风雨云电，土林火山里都回响着祂的长鸣声，接着祂跪下来，又倒了下去。祂的眼睛变为日月，牙齿成了星星，祂的肉体结实了大地，血液充盈了河流。是祂撞开的这个世界，所以祂使得天空更加明亮，也使得大地更加的丰富。”

“狐狸，”蛮王接着道：“撞开这个世界的是象神，祂是我们的开始神、力量神、创造神。所以我们绝不会像你们一样信奉狡猾，充满阴谋诡计。”

“你讲的津津有味，”杰洛斯道：“但我只问你一个问题——象神在日月之前出生，在打开世界之后死去，那么，究竟是谁看到了这一切，又是谁告诉你的这么清楚。”

“黑白混沌，”蛮王道：“日月星辰、风云雨电、土林火山。”

“你看到马身后是土，我看到马身后是尘。”杰洛斯道：“即便你是对的，别人也不见得是错的。文化与文化之间可以相互尊重，文明与文明之间能够相互借鉴，可是，你们若想用野蛮的力量使人屈服，那么自然有人击败你们的神话传说。”

蛮王哈哈大笑道：“你们用奸诈把我们赶到贫瘠的土地上，你们筑起了高墙。你们害怕我们身骑大象，便说我们孤陋寡闻。你们向外宣称别人的野蛮，向内又夸耀着自己的文明。你们从祖辈开始就从喉咙中发出尊重与借鉴的声音，可那时他们的牙缝中就在向外流着淋漓腥臭的鲜血，你们趁动物活着的时候剥去它们的皮毛——只因那时它们的皮好剥。如果这便是你们文明的本质，那么我就让你们见识一下我们野蛮的骄傲。”

“我们要是没有文明，”杰洛斯道：“我早一口唾沫吐在了你的脸上。你说我们是狐狸，可是你比狐狸还会狡辩。你现在为什么坐在这囚车中？难道是我们在犹伦之地把你装上来的？那只大象又是在哪里碾碎的那个盲女？难道不是在我们的土地上？你们用活人献祭，这难道还不是你们野蛮凶残的证明？我真应该让你和那个盲女一样，当你切身体会那种痛楚的时候，在死前的那一瞬间你就会明白。”

“让我去。”蛮王盯着杰洛斯道：“你不懂过往的历史，所以我也和你讲不清楚；但你同样也吓不到我，因为那对我来说反而是一种荣耀。”

杰洛斯也直盯着蛮王道：“开场依仗力量布局散漫，中场凭借心情野蛮拼杀，直到残局面临死地的那一刻你才会明白——现在我也不想对牛弹琴，因为马上就要到野鼠堡了，那是你的兵败之地，去让那里的人们见见你吧。”

“见便见。”蛮王在囚车中傲然道，接着他仰天长吸口气，冲前方大喊一声道：“我来了。”

这声大喊犹若半空中突然响起的奔雷，周边的几匹马不约而同的发出狂躁而惊惧的嘶鸣声。杰洛斯慌忙安抚自己坐下的马，蛮王则哈哈大笑。

一路上两人未在说话，军队直来到野鼠堡外。城下许多人已在那里驻足观看，杰洛斯命士兵赶出囚车，让囚车第一个向城中驶去。

城外的民众瞬间便将囚车包围起来，驾车的两个士兵不得不让马匹缓慢前行。

民众跟着囚车进入城内，还有人从四面八方赶来，直到把囚车围的水泄不通。

左边驾车的士兵从车上跳下，他来到车后用手中的鞭子抽打了一下囚车的木头，然后高喊一声道：“游街哦！”接着他又抽了一下，又高喊一声道：“蛮王哟！”

“蛮王，他果然是蛮王！”车下两旁的民众们高声欢呼起来。

囚车每行一寸，车后的士兵便会鞭打囚车喊上两声，“游街哦，蛮王哟。”

“野鼠堡，野鼠堡，新生名字的野鼠堡，”民众们欢唱起来，“抓到了象背摔下的一个王。这个王啊真奇怪，他的头上没有角，他的嘴中无利牙，他的双肋没有翅，他的手脚没有爪——”

“你的儿子站在时间战车上。”蛮王在囚车中道。

“你有何力敢称王？你的头上没有角，你的嘴中无利牙，你的双肋没有翅，你的手脚没有爪——”

“人们在你儿子的脚下欢呼歌唱。”蛮王在囚车中道。

“打他。”民众们高声呐喊起来，坚硬的石子，发臭的鸡蛋和各种烂掉的蔬菜一起向囚车上砸来。

“不要用石子。”驾车的士兵高声制止道。

“过去！现在！仰或——是将来！”蛮王在囚车中道：“王者之王终是从漫天尘沙中归来，后来细纹补上原有裂痕，贫瘠土地铺满肥沃的颜色，他将成为万人瞩目的蛮王。”

同天同时，在都城的秘密地牢中，情报大臣看着面前奄奄一息的内政大臣道：“大人，您还不准备说实话吗？像您这么一个聪明人难道不明白一句实话可以让您少受多少皮肉之苦？您说自己冤枉，要见国王陛下，但您想想，如果没有实证，国王陛下也绝不会将您抓到这儿来。”

内政大臣从堆积着杂草的地上坐起，他有些艰难的将背靠在墙壁上，然后他看着情报大臣道：“你这么做对你有什么好处？”

“哎呀大人，”情报大臣嗔怪道：“您怎么老用这种怀疑的目光看待我？我对您什么时候都是一番好意，您想想，如果不是同朝为官这么多年，我也绝不会到这肮脏的地牢中来看您。可是大人，不是我说，您这次做的这件事也太过分了些，前些天我们收到了杰洛斯传来的密报，犹伦之地之所以敢进攻我们的城镇也是您送去的消息吧？”

“我的家族怎么样了？”内政大臣问道。

“我肯定也瞒不过您，大人，”情报大臣道：“您这次做的事牵连的人数很多，国王是铁了心要揪出城中的叛徒。而我则亲眼看着你的家族从繁花似锦变成大厦将倾，大人，您也身居高位这么多年，难道您还要追问破巢之下安有完卵吗？”

“放他们走吧，”内政大臣摇头道：“这是我一个人做的事，他们并不知情。”

情报大臣将手中的笔和绸布递给内政大臣道：“大人，口说无凭啊。”

内政大臣将绸布垫在腿上，他并未思索，在上面一行行的写起了字，等写完后，他将绸布递给情报大臣。

情报大臣从头到尾看了一遍，然后将那块绸布叠好放入怀中道：“这就对了，大人，国王陛下说了，当您承认自己罪行之时便是您选择死亡之日。您要是早些这样在临死前便也不用受这么多的苦了。”

“战争要花费大量的金钱。”内政大臣道：“大人，你不觉得因为国王的好战喜功而搞得民不聊生吗？”

“不觉得。”情报大臣摇摇头。

“如今在这里的只有你和一个将死的人。”内政大臣道“大人，您还不准备说实话吗？”

“我真不觉得，”情报大臣再次摇摇头道：“大人，您记不记得财政大臣说过，金钱只会在人们的手中打转？那么，情报也是，可是反之也没有任何人能够离得开金钱和情报。”

“什么意思？”内政大臣问道。

情报大臣捂着嘴呵呵笑起来道：“大人，您一直是个聪明人，您还不知道吗？我的意思是谁当国王都无所谓。”

内政大臣不说话。

“大人，我知道您看不上我，”情报大臣接着又道：“就如同您所说，如果按照命中注定，我该和我的父亲一样，是个被绞死在集市上的、在贫民窟中搭建的舞台上饰演着风流公爵的恶棍——是的，大人，我们的出身有着天壤之别，我并不像您一样高贵。”

“我之所以看不上你，”内政大臣道“不是因为你卑贱的出身，而是因为你为了走上这条路而卑鄙的出卖了你的父亲。我常常替你去问，你有没有后悔过自己当时的决定。”

“没有。”情报大臣摇摇头蹲下身对内政大臣道：“大人，我倒常常替我父亲去问，他有没有后悔过当时的决定。他一直到死都是一个演员，可是有一天他突然厌倦了演戏，厌倦了在台上惹人欢笑，在台下孤独寂寞的日子。您说他是一个恶棍，大人，可是您并不了解他。因为我所知道的他是一个极好的人，他平时没有任何娱乐项目，他不喝酒，沉默寡言，一生也只有过一个离他而去的女人。可是每当他站在舞台上的时候，他瞬间便会用幽默的语言和滑稽的动作将你逗得捧腹大笑，我曾经很以他为荣——是的，直到我十五岁生日那天我还在想我要像他一样，也做一个成功的能逗人发笑的演员。但也就是在那天他问了我一个问题——观众懂什么？我答不上来，接着他就告诉我他差不多是一只懂得模仿的猴子，命运用重重的鞭子，人们用少量的面包使他学会了演戏。如今我能光鲜亮丽的在这里和您说话，大人，是因为我父亲后来走私了酒，是因为他让我出卖揭发了他，是因为他的吊死而让我走上了这条持鞭者的道路。”

“虽然你是当时的典型。”内政大臣道：“但我并不相信能够出卖亲人的人。”

“没人相信。”情报大臣看着内政大臣道：“但底层的人要想向上攀爬，本来就没想象中的那么容易——他们无权无势，无金无银，自然便缺机会，少信任，可是他们有野心。这野心总是让他们起于困顿，历经磨难，最终的结果不是扒皮抽筋便是脱胎换骨。所以大人，我命中注定不可能像您一样任性，只因是我父亲用最后的演技为我推开这条路的大门，而我也在这条路上走了许久。”

“如果走，你便好好的走。”内政大臣道：“国王登基以来便不顾一切的发动着战争——我想你也清楚这么下去国家早晚有一天会落个什么样的局面吧？”

“我记得父亲身着公爵戏服时在舞台上的一句台词，”情报大臣站起身道“你要做什么？伟人？在你死亡百年后人们将把你忘记。不论你生前做了多么伟大的事，他们会质疑你的一生，而遗忘你想传递的精神。”

“呵呵。”内政大臣轻笑起来，接着他又哈哈的大笑起来。

“大人，选择一种死法吧。”情报大臣道。

“酒。”内政大臣道：“我生来是个男人，最终我也要像个男人一样死去。”

“用不用给您找个女人来？”情报大臣笑道。

“那样最好。”内政大臣看着情报大臣道。

“没有女人，”情报大臣摇了摇头，“只有毒酒。”

第四十四章
赛马尔的骄傲

“马尔卡整日趴在床上，冥思苦想该怎么击破国王方的军队。可是许多天以来他依然没有找到好的办法，他忧心忡忡的告诉迪里奥，让迪里奥告诉伊阿图，让伊阿图转告赛飞的将领，让赛飞的将领再等他数十日的时间——后人如果要用史诗的手法描写这场赛马尔城包围战，这倒是个不错的开篇。”迪里奥对趴在床上的马尔卡笑道。

马尔卡沉默一会儿，道：“迪里奥师傅，我暂时确实没有办法，这是事实。”

迪里奥点头道：“可是迪里奥虽然点了头，但他心里却不是这么想的，他认为应该加上修饰的词汇，这样要么能掩盖真相，要么事实更能让别人接受。他告诉马尔卡，他准备最终这样告诉伊阿图——虽然马尔卡因为臀部的伤势不得不整日趴在床上，但他心中却一刻没忘记要击败国王方的军队。马尔卡强忍身上的剧痛，已经不眠不休的制定了许多方案，就在刚刚他已经胸有成竹的告诉我，让我转告伊阿图，让伊阿图告诉赛飞的将领，再有十多日的时间，一等到他的伤口愈合，他便能带领大家击破国王方的包围，迪里奥认为这样说会更合适一些。”迪里奥对趴在床上的马尔卡道。

马尔卡又沉默一会儿，道：“迪里奥师傅，这么说确实更好一些。”

迪里奥道：“可是迪里奥最终又摇了摇头道，没有用，马尔卡，或者说作用不大。这样即便能瞒过门外的伊阿图，但也瞒不过赛飞的将领。你知道我们现在是以外人的身份回到家乡，我们寸功未立，但赛飞的军队为什么愿意跟随你？第一自然是因为你的名气——你是击败过国王方陆军统帅的人；第二则是因为你的不死之身——你是和恶魔签订过协议的人。所以他们内心深处认为只要你一声令下，城外的那十二个方阵瞬间便会灰飞烟灭，而只要跟着你杀出城去，国王方的军队也就立刻会溃不成军。”

“我知道他们的想法，迪里奥师傅，”马尔卡道：“所以我的压力更大。”

迪里奥笑道：“压力除了让人烦躁外解决不了任何实质性的问题。虽然我不会打仗，可是我也知道真实的战争不能靠凭空的想象——人在自我的幻想中都觉得自己或另外一个人无所不会无所不能，但那只是幻想中的夸大其词。俗话说伤敌一千自损八百，一只猛虎也架不住群狼的围攻，哪儿有一个人能够击败一支军队的事呢？不过，马尔卡，你却是一个会领兵的人，这么多日子以来你对我也一声未吭，难道你就真的没有什么好的方法？”

马尔卡再次沉默片刻道：“迪里奥师傅，我实话实说，其实那天下午我上城看的时候，我就知道赛马尔城堡现在正处于死地。我们背靠大江，国王方的营寨已经规规矩矩的围着城堡扎好，而那十二个方阵又端端正正的堵着门口，在这种情况下如果没有外援，我们被围死也只是时间上的问题。”

马尔卡停了一下又道：“这些日子我确实也想了不少方案，但都行不通。特别是城下的方阵，它看似简单，但却很有效的限制了骑兵的冲击。马匹们跃不过阵前的盾牌和长枪，再加上阵后弓手万箭齐发，马匹们只可能在方阵中被射伤射死。假设我们给马匹也披上重甲，那么它们只能在方阵内惊恐乱跑。假设我们用重型步兵出城，人太少根本推不动方阵，而只要人一多，那么十二个方阵就会分开，国王方的骑兵便会杀入阵内，方阵闭合，我们的步兵将会在里面伤亡惨重。”

“如果赛飞的军队伤亡惨重。”迪里奥接话道：“那对于我们以后进攻都城将会非常不利，并且第一仗我们无法快速漂亮的打赢，我们也将失去赛飞的军心。”

马尔卡道：“所以前些天我设想过用火箭攻击，为此我还专门问了下伊阿图城中所剩的铁箭数量，他告诉我弓箭的所剩数并不多。并且瓦万特伯爵在世时就用火箭攻击过方阵，那时阵中的士兵将铁盾举过头顶，就如同一个个四方的龟壳般徐徐后退。接着国王方冲着火的地方投掷油罐，火势瞬间成为火墙。城中骑兵冲突不出，只得再次退回城内，而等火势一弱，他们又再次围了上来。”

迪里奥想了一会儿问道：“如果我们把油罐扔到方阵内会不会好些？”

马尔卡道：“那样必须用像投石车那种大型的攻城器械。但您知道，迪里奥师傅，公爵在世时就没让建造那种器械，并且投石车根本无法拉上城墙，而要从城中向外投掷的话，它们的准确率也非常低。”

“我倒认识城里的一个工匠，”迪里奥又想了下道：“他也许能够造出符合我们要求的投石机来。我是这么想的——这种机械不用很大，最好能像许多大型弹弓一样竖在城墙上，然后我们用它向方阵发射油罐，只要阵中士兵身上沾满了油，我们再射出火箭来，方阵应该就会混乱了。”

马尔卡道：“如果真能造出这种机械，迪里奥师傅，这绝对是个办法。他们这个方阵用来围堵骑兵确实非常有效。但它同样有个致命的弱点，那就是机动性差，只要我们的骑兵能够冲出阵前的巨盾与长枪，那么方阵的两侧将成为马蹄下不堪一击的软肋。”

迪里奥道：“下午我便去找那个工匠一趟，只是我不知道他现在还在不在城里，如果他不在了我们再想别的方法。不过，马尔卡，你的伤势怎么样了？如果可以行动，那么你现在最好跟我去一趟城墙上。”

“怎么？迪里奥师傅？”马尔卡急问道：“国王方开始攻城了吗？”

“并没有。”迪里奥摇头道：“国王方应该永远不会攻城，他们只是想把我们困死在城堡。只是我们回到赛马尔城快一个月了，什么也没有干，赛飞的将领们私底下已经开始窃窃私语起来。我怕我们再不做做什么样子，哪天城堡的大门突然就不明不白的打开了。”

马尔卡从床上起身，他一瘸一拐的走到迪里奥跟前道：“走，迪里奥师傅，我们现在就到城墙上去看看。”

“马尔卡，”迪里奥道：“不要逞强，你先趴床上等等，我叫奎力特来背你，这样才能在赛飞将领面前证明你确实刀伤未愈，然后我们到城墙上看下，回来后再拖上十几天的时间。”

“迪里奥师傅，”马尔卡笑道：“奎力特是自愿跟随您，但您却老给他安排背人的差事。”

“谁知道你这个不死之身依然会受伤，”迪里奥道：“我说过刺客之城是些个中规中矩的生意人，他们办起事来还真是经济实惠。”

迪里奥出门叫来了奎力特，奎力特二话没说背起马尔卡，三人走出房间，在门外等待的伊阿图冲他们行了礼。

几人走出宫殿，四个持剑的卫士跟随他们一起走在赛马尔的街道上。街道两边的居民有些看到了走在前面的迪里奥，他们瞬间便高喊起来道："快看，是迪里奥，是迪里奥。"不多时，人们纷纷从各自的屋中出来站在街道的两边。

"迪里奥师傅，"马尔卡趴在奎力特背上道："我们回城这么久了，您就没有出来看过他们？"

"不太好意思面对他们。"迪里奥边走边道："所以这将近一个月的时间我都在屋中呆着。"

"和恶魔签订协议的价格应该不会太便宜吧？"迪里奥身旁的伊阿图问道。

"当然，"迪里奥回道："但不是他们的性命。"

"那便是他们的土地。"伊阿图道："以我对于恶魔的了解，他能给你提供超常的事物但也总是会换取你最宝贵的东西。"

"是啊！"迪里奥并未否认，他依然边走边道："我曾和公爵一起进攻过这里，当时这里苛捐杂税严重，民不聊生。城中有许多伤残的乞儿，到处也都是像辟火巷一样的贫民房屋。虽说如此，但战争毕竟是一件残酷的事。当上一任国王处决城中一部分权贵的时候，他们都叫我做判国者迪里奥。所以我当时上前给了那些权贵们一个誓言，我余生将把城中的居民当作我的朋友和亲人看待，我将不会成婚，不续子嗣，不慕官职，不留遗产，我将帮助城中下一位执政者，让他做到政治光明，我也将长期和这里的人民保持联系，我会把这里真正的当作我的家。"

伊阿图道："权贵们不相信誓言，他们很可能到死依然——"

"迪里奥——"人群中一个女人嘶哑的声音打断了伊阿图的话，接着一个衣衫破烂的女子分开人群，她弓着背，跌跌撞撞的向迪里奥几人走来。

佩剑的卫士们纷纷拔出自己腰上的剑，迪里奥忙冲他们摆了下手，他看着那个向他走来的女人突然问道："易娜尔，是你吗？"

"是我。"女子欢快的语气却带着哭腔，接着她便摔倒在地上。

迪里奥忙走到那个女子身边，他蹲下身，看到那个女子苍白消瘦的面孔上已经毫无血色。他用手臂支撑起那女子的背部，另只手紧贴着她的额头道："你生病了？"

那个女子急喘着点点头。

"我现在就找医生来。"迪里奥说着看了下人群。

那个女子边摇头边剧烈的咳嗽几声才道："我找过医生了。"接着她看着迪里奥吃力的道："上次我问过你一个问题——我想不起自己在何时误入歧途，就像我想不起自己从何时来到这个世界。"

迪里奥沉默一下，道："当你想依仗自己的骄傲时，当你想依靠自己的美貌时，当你想利用别人的感情时，当你想凌驾于别人之上时。"

女子的目光闪烁几下道："贫穷是我与生俱来的罪，也许那时便已注定了我今日的命运。"

"不，"迪里奥道："生而贫穷的人很多，但不同的命运之门在不同的道路上敞开着。"

女子的目光又闪烁几下，道"当时你的话语得到了我的嘲笑。"

迪里奥道："道与道之间言语不通。"

"我总认为明日会更好，"女子的目光有些涣散，"可是明日总没有来。我怀揣希望努力着，可是希望总没有来。我为了得到幸福而一退再退，可是幸福总没有来。"

迪里奥道"从今日开始努力，明日总会到来。希望指引着方向，但不用管它会不会来。我们只能一步一步去走近幸福，却无法等到幸福自然的到来。"

人群中开始骚动起来，有不少人都喊道："迪里奥，你搂着那个娼妇干什么？她有今日的一切都是她咎由自取。"而那个女子停止了呼吸。

迪里奥合上那个女子的眼睛，他接着起身对周边的人群大声道"她是一个生而贫苦的孩子，在她很小的时候，她的母亲仅用一双鞋子的价格将她卖到了妓院。她生而无辜，可是从那天起，女人们鄙视她，男人们欺辱她，所有人都在窥探践踏着她仅剩的一切。在她的有生之年，她和你们一样，也用自己的一己之躯反抗过重若千斤的命运。今日此时，她已尽数偿还了自己前世的罪过，疾病谋杀了她的身体，你们不要再去打造她的灵魂。”

迪里奥说完转身对身后的卫士道：“将她带进教堂，让神父为她做个和常人一样的仪式，为她找块和常人一样的墓地。”

卫士们走来抬起了易娜尔的尸身。

“这个女人是谁？”伊阿图问旁边的马尔卡道。

“易娜尔。”马尔卡回道：“公爵执政时城中最有名的高级交际花。”

“公爵执政时，你们城中也有交际花吗？”伊阿图问道。

“无法禁止，”马尔卡道：“公爵执政当天便清扫了城中所有妓院，可有些人变作了暗娼，她们偷偷养几个姑娘，易娜尔便是其中的一个。等她长大时，她年老的‘妈妈’让她游走在上层的权贵中，她成了许多贵族的情人。”

“许多贵族？她很漂亮吗？”伊阿图问道。

“炙手可热，惊为天人。”马尔卡道。

“所以迪里奥和她的关系不一般是吗？”伊阿图问道。

“是的，”马尔卡回道：“城里人都知道。迪里奥规劝过她无数次，也找过带她出道的‘妈妈’，给她们找过城中的工作，可是都无济于事，用不了多久，易娜尔便会再次出现在上层权贵的视野中。直到在一次聚会上，易娜尔公然勾引了迪里奥师——”

这时迪里奥走了过来，伊阿图对他道：“我们正在谈论你和这个女人的事。”

迪里奥点点头，对伊阿图道：“你要有兴趣，我改天告诉你，现在我们先去城墙上看看。”

伊阿图又问马尔卡道：“我们什么时候能够冲出国王方的包围？”

“应该很快，”马尔卡道：“我心中已经有了大概的方案，这个方案不会让我们的军队伤亡太重，可是谨慎期间我还是要再确定下国王方军队的布局。”

几人来到城墙，马尔卡看到城下十二个方阵依然规规矩矩的堵着城门，而方阵后不远则是国王方围着城堡的连绵不绝的营寨。马尔卡看了好大一会儿，这才对伊阿图和迪里奥道：“我们回去吧，我的方案应该没有问题，只要等我的伤势愈合，我便能带领军队冲——”

马尔卡话还没说完，城上的哨兵忽然喊道：“那是什么？”

马尔卡几人冲哨兵指着的地方看去，只见国王方右侧的平原上忽然杀奔而来了密密麻麻的骑兵。

那群骑兵直冲进国王方右侧的营寨，城上的人听到国王方吹响了进攻的号角。

城上所有人都呆住了。

“哪里来的骑兵？”迪里奥首先惊问，接着他看着伊阿图道：“是不是你们赛飞高地支援而来的？”

“不是。”伊阿图摇头道：“我根本没给赛飞送信，伯爵的大儿子应该还不知道这里的战况。这会不会是国王方的诱敌之计？”

马尔卡忽然叫嚷道：“是我们赛马尔城曾经冲出去的骑兵，迪里奥师傅，他们喊的正是我们骑兵冲锋时的暗号。”

迪里奥听了一会儿点头道：“是他们！他们回来了！”

那群冲锋而来的骑兵被国王方陆续赶来的军队层层包围在中间，他们冲脱不出，不得不在包围圈中放慢脚步，而国王方箭如雨下。

“聚集城中的骑兵。”马尔卡对伊阿图道。

“你救不了他们，”伊阿图道：“他们人太少了，城下的方阵根本没有动。如果我们的军队出去，只可能在方阵中被乱箭射死。”

“我能冲破方阵，我是不死之身。”马尔卡道。

“可是军队不是。”伊阿图摇头。

“也许我能冲破方阵。”奎力特突然道。

几人看向了奎力特。

“给我找身盔甲，”奎力特道：“我应该能撞开前面的巨盾。”

几人没有说话。

奎力特放下背上的马尔卡，他对旁边一个守城士兵道：“把你的盔甲给我。”

“奎力特。”迪里奥叫了一声奎力特的名字。

奎力特穿上盔甲，戴上头盔，他这才对迪里奥道：“我去试试，迪里奥师傅，如果不行，我再回来。”说完他走下了城墙。

马尔卡对伊阿图道：“吹响召集城中军队的号角，给我找匹马来。”接着他也对身旁的士兵道：“把你的盔甲给我。”

城上号角声不停响起，过了一会儿，城下大门打开，穿着盔甲的奎力特走出赛马尔城堡的大门，在他身后的马尔卡正全副武装的骑在一匹黑马上，而在马尔卡身后则是整齐的军队。

奎力特直面着如同铁桶一般的十二方阵，突然，他径直向正对门口的那个巨盾狂奔而去，那盾前的长枪对准了他的身子，奔跑中的奎力特绕过枪尖一跃而起，只听“叮当”一声巨大的脆响，就如同铁锤重重的砸在铁面上的声音，奎力特撞上了第一面巨盾。

那面巨盾轰然倒塌，巨盾压住了后面的几个士兵，方阵内的士兵们开始杂乱的高声叫喊。

奎力特爬起，后退数步。国王方阵后的弓箭如同雨点般向他射来，奎力特用手臂护住自己面部，马尔卡听到弓箭击打在奎力特盔甲上“叮叮当当”的声音。

紧接着，奎力特再次狂奔，他又一次高高跃起，重重的撞击了第二面巨盾，在这声犹如地动山摇般的打铁声中，第二面巨盾也轰然倒塌。

马尔卡抽出腰间宝剑向前一指，他高喊一声：“冲。”城中的骑兵跟着马尔卡冲出城外。

骑兵如同锋利的刀锋直插入方阵缺口处，方阵就如同一块被从中间裁剪开来的布匹。骑兵们在阵中四处乱撞，赛马尔城内的步兵紧跟着出城，方阵很快便成为混乱溃散之势，国王方的骑兵不得不也杀了过来，双方厮杀在一起。这场惨烈的战斗整整持续了一天，直到黑夜，国王方大败而逃，而马尔卡命令烧毁城外的营寨，这才率军归城。

第四十五章
无聊的戏剧

“这部喜剧还真是难看。”亚索坐在离舞台最近的位置上，他皱着眉转头问在身旁坐着的贝丽苏亚道：“你喜欢吗？”

贝丽苏亚摇摇头。

“我真是快看不下去了。”亚索嘟囔一句道：“这是谁编的剧作？他一定认为自己是一个很有才华的人，可是让我看来，这根本就是个不会说人话的人。故事主线含糊不清，人物关系隐晦不明，台词就更不用说了，上来的角色一个个如同小丑般说着大段大段蹩脚的人生道理，看得我脑袋都快炸了。喜欢卖弄才华和喜欢卖弄聪明一样惹人讨厌，只因他没有，所以他才要卖弄性的欺骗你的眼睛和耳朵，可他就是不能勤勤恳恳老老实实的编个单纯到惹人发笑的故事。一会儿编剧还要像只猴子似得到我这儿来讨赏，我该给他一顿重重的鞭子，然后简单明了的告诉他——滚蛋。”

“陛下，”贝丽索亚道：“您还是该给他一些奖赏，看得出来，他为了做这部喜剧很用心。”

“你笑了吗？王后？”亚索问道。

贝丽苏亚摇摇头道：“没有。”

“他那么用心还没有逗一个人笑，那么用心有什么用？”亚索道：“他还不如用他那根毛茸茸的猴子尾巴来挠蹭你的脚心，那样还能换来你的会心一笑。”

贝丽苏亚忍不住笑出声来，可紧接着她又端正的坐好，她忍着笑道：“权贵们都在看着我们呢，亚索，正经点。”

“正经点，正经点。”亚索看着贝丽苏亚道：“贝丽苏亚，我好久没见你这么开心地笑过了，如果正经能让你今后都这么开心，那么我以后也就像这个弱智的编剧一样正经。他根本就不了解贵族和王族的生活，可是他还有勇气在宫廷的舞台上上演宫廷剧，他要不是仗着自己厚厚的脸皮招摇撞骗，他要是还有些薄薄的自知之明，他就应该在自己的剧作开始之前上台鞠个躬就走，但他没有，他期望什么？期望在假树上结出真的果实？期望我们看完之后感动的热泪盈眶？然后能把他叫上来道——你真是比我们自己还要懂我们的酸甜苦辣，你真是比我们自己还要懂我们的喜怒哀乐，你真是比我们自己还要懂我们的身份地位，你真是比我们自己还要了解我们自己。可是，我该对他说的是，就如同你不能完全的理解鱼，所以你也不能完全的理解我，同样我也不能完全的理解你，所以，编个自己生活的喜剧，就别去演别人了。”

“他也许根本没想那么多，亚索，”贝丽苏亚道：“他可能只是为了养家糊口。并且谁被国王叫来演戏都会紧张到害怕出错，正儿八经是最安全的表现。可是不论怎么样，亚索，我们还是该安静的看完，然后给他们一些奖赏。”

亚索笑道：“用来彰显王族的宽宏大量吗？你对他们还真是友善。贝丽苏亚，我要是你便会满脸怒容的叫他们停止，然后把编剧叫上来道，谢个恩，回去吧——你不把闲暇的时间利用在睡觉上，那可真是对时光最大的辜负。”

贝丽苏亚再次笑出声来，可紧接着她又端正的坐好忍着笑道：“亚索，我说不出口，我们还是安安静静的看戏吧。”

亚索看向舞台道：“又是这个老头儿出现了，在所有人物中我觉得最不会说人话的就是他，他在演什么？在规劝误入歧途的一个姑娘？让我来听听他说什么。”

“但凡婚姻，皆有坎坷，但凡坎坷，皆有痛苦。”舞台上一个扮演老者的人对趴在他脚下哭泣的一个女子道：“你经历了婚姻的苦难，你看到了男人的不忠，你感到了女人的不幸。你源源不绝的眼泪从你的心中流出，你的眼眶湿润了，可是你的心却干巴巴的没有了温度。”

“她遗失了爱，她哭了。”亚索道。

“但不是每个男人都能像国王那么专一。”台上的老者道。

“咦——这个马匹拍的响亮。”亚索道。

“也不是每个女人都能像王后那么有福。”台上的老者道。

亚索第一次笑起来。

“所以你也不用把所有的爱都捆绑在别人的身上，”台上的老者道：“虽说我这个年纪早已遗忘了爱情真正的模样——它究竟是像苹果一样酸甜，还是像榴莲一样坚硬？但你既然以平民的身份来见我，自然是觉得我公爵的地位充满了智慧。既然如此，那么好吧，我便告诉你一些我的见解——这世上可爱的事有很多，但重要的是你自己，你不再那么卑微，他自然也就没那么高贵。道德和律法必须同时存在，但人生不能只依靠道德，随着你越长越大，你会明白最终靠得住的只有法律和人性。虽说爱情的本质是相互成全，婚姻的本质是相互扶持，但若不幸遇到坏的婚姻，就如同以身养瘤，割去它会痛，不割它会死，所以当断不断，必受其乱。还有，一辈子很长，你可以休息，但永远不要失去你的经济来源，因为那是你的本领所在，不然、不出事自然幸运，可出事你将非常悲苦。最后，在所有人都在歌颂爱情的时候，我要说的是，就如同斑鸠不能吃桑葚一样，所以我奉劝你，也不要觉得自己的爱情有多么伟大——你当知道，这么久以来，你和许多常人一样，都在爱情中做过几件脑袋发热的事，但一时热情终要付出代价，而上天对于这些代价却是一笑置之的。"

"我来给他这段话翻译一下。"亚索冲贝丽苏亚笑道："除了国王与王后，其他人的婚姻都是长夜漫漫，处处险暗。"

台上的老者继续道："不幸、挫折还有背叛，谁都不愿见到它们到来，可是它们紧随身后，就如同不知怜悯的饿狼与猎狗。眼泪、懦弱和痛苦，我们……"

"又开始装腔作势了，"亚索再次皱着眉道："舞台只不过是个造梦的地方，干吗非要将它变成道理的延续？我盼望穿花裤子的小丑侏儒上台，他让我发自内心的哈哈大笑绝对会代替这个只会拍几下马屁的老者在我心中的地位。"

就在这时，情报大臣穿过后面乱糟糟的人群来到前面，他先是向亚索行了礼，然后又冲贝丽苏亚鞠了躬，贝丽苏亚急问道："是不是亚伦有了什么消息？"

情报大臣恭敬地回道："王后，自从小王弟失踪以来，国王陛下和您一样担心，他每天都要向我询问四五次。而我只能回答，从现在掌握的消息来看，小王弟平安无事。并且我向您保证，用不了许久，我的部下就会将他安全无误的带回到您面前的。"说完后他微笑着冲贝丽索亚再鞠一躬，然后才对亚索道："陛下，外面有个忠诚的臣民给您带了件奇珍异宝，您要不要现在去看一下？"

亚索点头道："去看看也不错，总比在这儿看这无聊的戏剧强。"

亚索起身和情报大臣一同走出园门，两人直到一个偏僻处站住，情报大臣方才低垂着头对亚索小声道："陛下，刚刚接到东方战场上的最新战况。三天前赛马尔方出兵击破了我军的包围，在战斗中我军伤亡惨重，现在阿特尔率领几千残军退回了谷地城。"

"什么？"亚索目瞪口呆的看着情报大臣道："消息、消息可靠吗？”

“非常可靠，陛下，”情报大臣回道：“用不了多久，这消息全国都会知道。”

“方阵呢？”亚索咬牙切齿地道：“阿特尔引以为豪的方阵呢？”

“方阵被一个叫奎力特的人攻破了。”情报大臣回道。

“奎力特？他是谁？”亚索问。

“现在还没有他的任何信息，”情报大臣回道：“我已经让人着重调查了。”

“奎力特？奎力特？”亚索念了几下这个名字，接着问道：“他带领了多少人？用什么方法击破了我们的方阵？”

“陛下，”情报大臣似乎有些为难的回答道：“我得到的消息在这点上好像是言过其实了。消息上说他只是一个人，穿了身盔甲，撞开了方阵，然后城中的骑兵冲进了方阵中。”

亚索愤怒的呵斥道：“你这都是从哪儿得到的消息，它们都可靠吗？方阵前面是长枪和巨盾，你要说几个士兵抬着木头把它们撞开了我还相信，下次把重要消息的真伪都验证了再向我汇报。”

“是，陛下。”情报大臣忙惶恐回道。

亚索余怒未消，他接着道：“这么说我们在对阵瓦万特的战争中失败了？”

情报大臣回道：“陛下，瓦万特在一个月前就已经死了。”

“什么？”亚索再次不相信的盯着情报大臣道：“你再说一遍，谁？谁在一个月前就死了？”

“瓦万特，陛下，”情报大臣道：“他在一个月前就已经死了。”

亚索沉默一会儿才一字一句的道“把你所知的消息一次讲完，别这么没头没尾的。”

“是，陛下。”情报大臣忙道：“我也是刚刚接到阿特尔用鸽子送来的情报，情报上说一个月前赛马尔城上突然改换了旗帜。当时阿特尔得到的消息是因为瓦万特突然暴毙，死因不明，但他以为这是瓦万特方耍的诡计，他并未在意，也并未攻城。可是三天前，平原上先是有一群以往逃亡的赛马尔骑兵冲击了我方阵营，紧接着赛马尔城门大开，一个身穿盔甲的人撞开了我军方阵，紧跟着城中骑兵冲出了城。整个战斗持续到夜晚，阿特尔受到两面夹击，只得带领几千残军退回了谷地城。后来他多方打听，才知道撞开方阵的人叫做奎力特，率领城中军队的人叫做马尔卡，而瓦万特果真在一个月前死去了。”

“等下，”亚索忙道：“马尔卡？这个名字怎么这么熟悉？”

“陛下，”情报大臣道：“马尔卡、马里斯、迪里奥，他们是当时跟随您反叛王弟从赛马尔城出逃的三个人，我们张贴过叛国逃亡者的告示。”

“哦——”亚索拖长了抬高的声音道：“我想起来了。”接着他轻蔑的笑道：“是我那个懦弱的王弟回来了，他养足了精神，要打他亲爱的哥哥了。”

“陛下，”情报大臣迟疑一下道：“消息上还说、还说，好像、您的王弟好像、好像也死了。”

“谁？”亚索再次吃惊的盯着情报大臣道：“你说什么？你再说一遍，谁？谁好像也死了？”

“您的王弟，亚赛。”情报大臣道。

“快说，什么消息，怎么回事？”亚索急问道。

“也是阿特尔传来的消息。”情报大臣道：“马尔卡接手了瓦万特留在赛马尔城中的军队，他号称不死之王，带领着那里的军队公然反叛，打出了、打出了要为死去的二王子亚赛报仇的旗号。”

亚索沉默片刻方才喃喃自语道：“死去的、报仇——从这些词字面上的意思来看，我那亲爱的弟弟是已经不在人间了、他不在人间了，他不在人间了——”亚索长长的吸口气抬头看了下天空道：“可是，究竟是谁杀了他呢？”

“是他无知的善良，陛下。”情报大臣跟着道。

“哦？”亚索再次抬高拖长了的声音疑问道：“究竟是怎么回事？”

“陛下，”情报大臣胸有成竹的道：“这件事显而易见。您的王弟之所以跟随马尔卡、马里斯、迪里奥出逃，一定是最信任他们，可是他们却合力杀死了您的王弟，这样就为他们蓄谋已久的反叛野心找了个公然的借口。”

“唉——”亚索叹口气道：“我那王弟虽然懦弱，但他太善良，也太容易相信别人了。他不知道善良要建立在明智的基础上。”

“是啊，陛下，”情报大臣道：“光在这一点上他就不如您。每个人生来就喜欢美好的事物，可是他们却忽略了一点——美是难的。就比如说善良，它其实是一种力量，它是你知道丑恶还依然能保持心中的那方净土，你也许无法改变丑陋，但你也绝不会被它同化，这就是善的力量，善不会碎，它只会坚硬。”

“唉——”亚索又长叹口气道：“有位哲人说的好——心是用来碎的。虽然我那王弟犯了叛国罪，但我相信他只是一时被欲望蒙蔽了双眼，那念头让他只急迫的看到自己想得到的东西，却再也看不见别的，可即便如此，我也丝毫未有过要取他性命的念头，我真不知他为什么就不能坐下和我好好的谈谈，我记得父王生前曾给我们说过一句话叫做兄弟同心，其利断金，我不明白他为什么就不能相信亲人，反而要相信外人。”

“野心。”情报大臣道：“陛下，是和他不般配的野心让他铤而走险，也是深不见底的野心让他赔上了性命。”

亚索道：“赛马尔城、那么好的一个城堡，现在却被几个杀害我王弟的凶手占领着。我觉得那里即将变成恶棍、骗子、杀人犯的聚集地、天堂会成为地狱，罪恶将变为食粮，凶残要成为温床，他们那些人将除了好事以外什么样的事都做得出来——去告诉阿特尔，让他坚守谷地城，同时放消息出去，国王将会为他的王弟报仇，一个月内，我将踏平赛马尔城。”

“国王陛下，”情报大臣道：“时间上用不用改改？现在即便召回杰洛斯在西方留守的军队，我们也不可能在一个月内击破赛马尔城。”

“不用。”亚索道：“没有必要召回杰洛斯，我们在死堡不是还有三万人的军队吗！”

情报大臣刚要开口，亚索便接着道：“派那只秃鹫传信给死堡，只要他们一个月内能够攻破赛马尔城，我便将城堡封赏给他们——我其实一直很好奇他们有什么样的能力能够和父王签订协议，现在就是他们在我面前表现实力的时候了。”

“陛下，”情报大臣道：“前王从死堡撤离时确实带回了一只那里的秃鹫，但是动用那里的兵力我总是有些担心，不如我们联系一下刺客之城，让他们将马尔卡几个人杀死——”

“不用，”亚索再次摇头道：“我们现在没有那么多的黄金。并且马尔卡不是号称不死之王吗？若死堡能攻下赛马尔城的话，天下人都将知道谁才有支真正不死的军队。”

“我明白了，陛下。”情报大臣行礼道：“我现在就去办。”

“还有，”亚索道：“联系你在赛马尔城中的耳目，让他密切注视马尔卡的动向。对了，怎么瓦万特死时你的耳目没有向你传送情报呢？”

“在这点上我也觉得奇怪，”情报大臣道：“他自从上次送来消息后，就再也联系不上了，我怀疑他的身份很有可能是暴露了。”

亚索点头道：“你退下吧。”

情报大臣深鞠一躬，退了下去。

第四十六章
隐秘的身份

在赛马尔城堡的一间房屋中，马尔卡正坐在桌前，他手持鹅毛笔问在对面坐着的奎力特道：“奎力特，信是写完了，不过最后在你名字前面加什么头衔？就写赛马尔城骑兵将领——奎力特，怎么样？”

“不。”奎力特摇头道：“就写铁城贫民窟的铁匠——奎力特。”

马尔卡刚想说话，迪里奥推门走了进来，他对马尔卡和奎力特两人道：“我找了你们好久，你们俩在这儿做什么？”

“迪里奥师傅，”马尔卡忙放下手中的鹅毛笔道：“奎力特要向一位姑娘求婚，我正在帮他写信。”

迪里奥面露喜色却惊奇的瞪大眼睛笑道：“我就知道我们赛马尔城堡的姑娘们充满着无穷的魅力，只是谁家的姑娘那么有福？我怎么从没听你说起过？奎力特，爱神那准确无误的箭羽是在什么时候射中你的？”

“不是我们城中的姑娘，”马尔卡回道“是铁城伯爵的女儿。”

迪里奥的笑容僵在脸上，他问道：“是那个有名的睡美人？”

“是啊，”马尔卡道：“我也是刚听奎力特讲起，迪里奥师傅，您还记不记得我们在叹息森林时奎力特曾说过他有心上人的事？”

“记得。”迪里奥道：“希丽亚问过他。”

马尔卡道：“奎力特，也告诉迪里奥师傅你的往事吧。”

奎力特带着几分内向，他像是不知从何讲起道：“迪里奥师傅，我那时刚满十七岁，正在铁匠铺打铁，这时忽然有一队士兵冲进我们的街道，告诉我们伯爵的女儿要来。她是唯一一个到过我们贫民窟的贵族。那天虽然她坐在马车上，我和别的贫民都跪在两边，但我看到了她，从那天起，我就、我就……就是这样。”

迪里奥笑了笑，没有答话，他问马尔卡道：“信写完了吗？”

“信是写完了。”马尔卡回道。

“拿来我看。”迪里奥说完接过马尔卡递来的信笺，只见上面写道——

尊敬的伯爵大人：

您好！

虽然迄今为止人们已经创造了许多东西，但我依然坚信这个世上没有谁能够创造出天使，直到我见到您女儿的那刻，我才知道，她出生的那天，您一定亲眼见证了天使降临在人间——然后，您将她当成掌上明珠、细心呵护。可是当得知您女儿沉睡的消息时，我和您一样，认为这世上独一无二的珍宝突然间被黑夜遮住了光辉。’

“马尔卡，”迪里奥看着信笺道“别人的鹅毛笔蘸的都是墨汁，你蘸的却是蜂蜜，这一定不会是奎力特的口述。”

“迪里奥师傅。”马尔卡道：“这确实不是奎力特的口述，可这确实是他的真情实意。在有些事上人的心意都是一样的，只是有些人善于言辞占了便宜，而有些人不善言辞吃了亏。”

“你给奎力特念过这封信吗？”迪里奥问道。

“念过了。”马尔卡回答。

"奎力特，这是你的真实心意吗？"迪里奥又问奎力特道。

"这是我的真实心意，迪里奥师傅。"奎力特答。

迪里奥点点头，继续向下看去。

'尊敬的伯爵大人，也许此刻我并不该提这样的往事，但我永远不会忘记那个场景——当时正是刚刚下过秋雨的季节，一辆马车行驶在泥泞的道路上，车轱辘在"吱呀"的响。而我的目光与午后的阳光一起透过车窗，我们共同看到一个美丽的人儿正坐在那辆马车中，她的侧脸如同冬天皑皑的白雪，她金色的长发正披在肩头。那时我才知道，在这个世界上最珍贵的并非是黄金，而是一个女子闪光流动的长发——那是一个连太阳神也不肯吝啬自己的珍宝、而愿意倾尽所有用来装点的地方。'

迪里奥看到这里，他放下手中的信笺摇了摇头道："这不是奎力特的风格。"

奎力特和马尔卡有些不明就里的看着迪里奥。

迪里奥紧接着问奎力特道："那天有没有发生什么特殊的事？"

"没有，迪里奥师傅。"奎力特回道。

"这么说就是你从车窗中看到了她的侧影，然后就爱上她了？"迪里奥问道。

奎力特点头却有些笨拙的道："也不完全是，迪里奥师傅。当时她停了车，让两旁的士兵将准备好的食物分发给我们。后来……然后她下了车，她在我们面前走着，她看到了我，冲我笑了一下，接着她问我是做什么的，我低下头，告诉她我是铁匠，而我、我看到她的鞋子上都沾满了泥巴。"

"我明白了，"迪里奥的手指轻微的划动几下桌子，道："奎力特，你知不知道只因为一个女巫的预言，这三年来铁城伯爵砍下了多少求婚骑士的脑袋？"

奎力特点头。

迪里奥问道："你还要去吗？"

“我想去试试，迪里奥师傅。”奎力特道。

马尔卡在旁边插话道：“迪里奥师傅，您尽管放心，我不会让奎力特单独去的，我敢保证即便他吻不醒伯爵的女儿，铁城伯爵也不敢要了他的性命。”

迪里奥道：“以我对铁城伯爵为人处世的听闻——他是个像油一样滑的人，正常情况下他是不会得罪我们赛马尔城。可是以我听到的传言，他对他的女儿却有着异常的爱护之情——如果这个传言是真的，他定会不惜一切代价要了亲吻过他女儿的男人的脑袋，奎力特，你还要去吗？”

迪里奥的话让马尔卡有些吃惊，奎力特却像是没有听懂似的，他低头想了一会儿，然后腼腆的、磕磕绊绊的、有些不太像他的道：“我、迪里奥师傅，我、有时其实、其实有时…… 我、我很愿意做些不求回报的事，只因为我、我希望我自己也其实是个生而浪漫的人。”

迪里奥沉默片刻，低声道：“世界是你的一场梦？还是你是世界的一场梦？其实我们终究都是些一根筋的人。”他停了一下又道：“既然要去就去吧。”说完他拿起桌上的信笺道：“马尔卡的这封信是写的很美，但我认为在追求真挚的道路上真心胜于言辞，因为真情根本不会计较自己是否真正吃了亏。”

迪里奥说着拿起桌上的笔和一块新的绸布坐下道：“马尔卡是马尔卡，奎力特是奎力特。现在，奎力特，说吧，把你想说的话都说出来，这是一件极其简单的事，你就是你，她就是她，以心见真，以你见她。”

“伯爵大人，您好，”奎力特道：“我不会写字，这封信是我找人代写的。我叫奎力特，是铁城贫民窟中一个老铁匠的儿子，我也是个铁匠。伯爵大人，几年前我见过您的女儿。当时她坐着马车来过我们住的地方，我听过她说话，我见过她笑，她很善良，也很美丽。我知道她是贵族，我是平民，我并不敢有什么别的想法，我只希望她能够一生快乐幸福。可是后来我听到她生病的消息，我很心痛，我很想去叫醒她，可我听说必须是全国有名的骑士才有资格唤醒她，可惜我不是骑士，我只是一个普通的铁匠，这件事几年来一直压在我的心上，沉甸甸的。直到一个很偶然的机会，我跟随迪里奥师傅和马尔卡走出了铁城，我来到了赛马尔城堡。而今天上午马尔卡告诉我，如今我已经是全国有名的骑士了，我虽不相信，因为我并不善于骑马，但我很愿意相信。伯爵大人，请您给我一个机会，我觉得您的女儿不该躺在寒冷的冰床上，她该在这个世界欢笑，而我希望我就是那个能够唤醒她的人。”

迪里奥在那块绸布上“刷刷”的写个不停，过了一会儿他停笔问道：“还有吗？”

“没有了，迪里奥师傅。”奎力特回答道：“就这些。”

迪里奥看了看面前的绸布，问道：“最后的署名怎么写？”

“铁城贫民窟的铁匠——奎力特。”奎力特回道。

马尔卡在旁边摇头道：“这不是事实，准确的说这不是现在的事实。奎力特，不论你相不相信，但现在你的身份已经不是铁城贫民窟的铁匠了。从你撞开国王方阵的那天起，城中的每一个人都在打听着你的消息，他们把你称为奇迹——拥有着神之力量的奎力特，如同神圣骑士般发光的奎力特——吟游诗人也早已将你那天的所作所为编成歌曲四处传唱。奎力特，你要知道，你在和国王方的那场战役中一战成名，用不了多久，只要有风的地方便都会知道你的名字。所以，你的署名该写全国有名的骑士、赛马尔城骑兵将领——奎力特。”

迪里奥停着笔，奎力特想了好大一会儿才道：“但我是在当铁匠的时候看到的她。”

“明白了。”迪里奥下了笔，在绸布右下方写上铁城贫民窟的铁匠——奎力特几个字。然后他把绸布叠好交给奎力特道：“让伊阿图找个士兵把这封信送到铁城伯爵的手中。”

奎力特拿过信笺认真的道：“迪里奥师傅，我想自己去送这封信。”

迪里奥微笑道：“就如同热恋的男子总是想急不可待的见到自己的心上人一样，我理解你的心情，奎力特。但你现在却是我们赛马尔城中的人，按照礼节，不论何事我们与铁城之间都应该先有书信往来。并且你有没有听过那句话？父亲是女儿在这个世界上的第一个卫士，丈夫是妻子在这个世界上的第一个领路人，儿子是母亲在这个世界上的第一个牵挂。你既然决定想要成为一个女子一生的领路人，那么你应该先用信笺征得她父亲的同意，守卫要见你，然后你才能见到她。”

“我明白了，迪里奥师傅，我现在就去找伊阿图。”奎力特说完拿着信笺走出了房间。

马尔卡等奎力特走出方才压低声音问道：“迪里奥师傅，您听到的那个传言是不是真的？”

“我也不知道真假，”迪里奥摇头道：“所以我也不能把话给奎力特说的太明确，但这个传言是公爵大人告诉我的——你知道，一直以来我们和铁城的关系都算不错，三年前听到伯爵女儿生病的消息时，公爵立马派去了我们城中最有名的医师，可让人奇怪的是，医师虽然在铁城受到伯爵最高的礼遇，但伯爵却一直没有让他见到自己生病的女儿。直到七天后的一个深夜，医师正在驿馆中熟睡，却听到了敲门声。医师点燃蜡烛，打开了门，门外站着一个把自己严严实实的裹在黑色长袍中的人。医师问他是谁，那人说自己是伯爵的亲信，医师以为他要带自己去给伯爵的女儿看病，就把他让进屋中。就在医师准备收拾医箱的时候，那个人却关上门，他说是自己的妻子得了重病，问医师能不能治好。医师问他的妻子都有什么症状，他说一直以来他的妻子都很正常，但今天早上他的妻子醒来时却说自己做了个奇特的梦，然后便时而沉默寡言，时而胡言乱语起来。医师问他知不知道他的妻子做了什么梦，他说知道。他的妻子说梦见自己住在一座高塔内，这座塔有门却没有窗户，有楼梯却没有光亮。可突然这座塔的一处裂开了，一束光亮照了进来，他的妻子感到诧异。而到了晚上，有人在塔外敲门，他的妻子打开门，看到门口站着一个把自己严严实实的裹在黑色长袍中的人，接着那个人唱了首悲哀的歌。医师问他知不知道是什么歌，黑衣人说知道，接着他低声吟唱道：'你的母亲是你？还是你是你的母亲？我这个发狂的人，不配当任何人的父亲。我无数次抚摸着你的音容，我的女儿，可我后悔给了你新生！我的挚爱，难道我只能在你金色的眸子中流浪？难道我永远只能是那暗夜的光明？不！不！究竟是什么样的牢笼困住了我？你的目光本是柔和的甘露，你的嗓音本该是仁慈的圣歌，可它们怎么会勾起地狱的火？真是遗憾啊！我只不过是带了个人的身躯！可谁让我放弃此生，谁让我跪下生活，谁便是我的敌人！再见！牢笼，不论你多么的巧夺天工，你也无法困住一只炙热的野兽。不！不！我不是野兽，可究竟是烧死别人还是烧死自己？罪恶的火焰啊，你使我创造了圆月，圆月却使我长出了獠牙，你只能属于我，所以我刺穿了它。'"

"我感到恶心，"马尔卡道："如果这件事是真的，那么这个混蛋只唱了一首罪恶的好歌。"

迪里奥接着道："接着那个黑衣人问医师他妻子的病能不能治好，医师回答他他的妻子身体无恙，只不过是受到了惊吓，医师无法治疗此病，但他可以求助于神父或者巫师。那个黑衣人道了声谢后却在桌上留下了一根黄金。送走黑衣人后，医师拿起那根黄金，发现在那根黄金下刻着一行字——如果你不能治疗此疾，那就保证守口如瓶。第二天一早，医师就离开了铁城，以后发生的事你都知道了，医师把这件事告诉了公爵，公爵告诉了我，而我告诉了你。"

"我觉得我应该把这件事告诉奎力特。"马尔卡道。

迪里奥却摇摇头道："这件事没有任何实证，医师并没有带走那根有字的黄金，并且他回来不久也离奇死去了。所以这件事还有几个问题，一、医师有没有说谎；二、黑衣人究竟是谁；三、为什么梦中塔的一处突然裂开了。"

“我对这三个问题是这么看的，迪里奥师傅。”马尔卡道：“医师没有说谎，因为他没有说谎的必要；黑衣人便是铁城伯爵本人，因为公爵的关系，他不能让医师见到自己的女儿，但他也不能驱赶医师，所以他才以别的身份说了实话；而关于梦中塔的一处开裂，我觉得可能是他的女儿虽然一直在他的庇护下，但突然有一天他的女儿有了自己喜欢的人，而这些促使他发了狂。”

“这些只是猜测，”迪里奥道：“一件事在没有任何实证的情况下能够猜测出千百种结果。好吧，既然要猜，那你觉得伯爵女儿喜欢的人会是奎力特吗？你记不记得奎力特说过他和伯爵女儿见面时的场景。”

马尔卡想了好大一会儿，摇头道：“我不知道，迪里奥师傅，但单凭理智来说我认为可能性不大。不过感情这种事，有时很难用常理来推测的。”

“也许我们该找到给伯爵女儿治病的女巫，她应该更清楚其中的秘密，只是——”迪里奥顿了一下道：“其实我一直怀疑伯爵的女儿已经离世了，没有谁能医活一个死人，所以女巫用另一种方式保全了自己的性命，你还觉得这些该告诉奎力特吗？”

马尔卡又想了好大一会儿，点头道“我觉得应该，迪里奥师傅，这件事已经牵扯到了奎力特，所以这些即便是我们的猜测，最终也要由奎力特自己去判断。”

“好吧！”迪里奥道：“那就在他把那封信送出去之前告诉他吧。去吧，趁他现在还没有见到伊阿图。”

马尔卡站起身，迪里奥又道：“还有，你也要见一下伊阿图。虽然赛飞军队和我们赛马尔骑兵已经整合完毕，他们热血澎湃，摩拳擦掌，我们随时都可以向国王宣战。但是伊阿图却准备归隐了，没有谁比他更懂得该怎么治理一个国家，如果你准备当个好国王，就因该真心的把这样的人才留在身边。”

“我知道了，迪里奥师傅。”马尔卡说完走出了房间。

第四十七章
整齐的书房

“陛下，自从您的书房扩充完毕，这还是我第一次到这里来。”情报大臣恭恭敬敬的环顾四周一遍，然后赞叹道：“这已经不能称为书房了——这是用书构建而成的堡垒，我仿佛看见这里每卷书中的智慧都在如同涓涓细流般向外流淌，它们融合汇集在一起，又形成了让人看不透深浅的护城河，而国王陛下您，就是这坚不可摧的城堡中唯一的主人。”

亚索正坐在宽大的书桌前翻看一卷书，他头也未抬的对站在底下的情报大臣道：“我这里有成千上万的书架，每个书架上都放着成千上万卷书，每卷书上都写着成千上万的字——假设我从生到死不吃不喝不眠不休的在这里看书，我的寿命有一百年，你说我最终会看多少卷书？”

情报大臣毕恭毕敬的回答道：“最少是七万卷以上。”

“哦？”亚索抬头看着底下的情报大臣道：“会有这么多吗？”

“当然，陛下。”情报大臣道。

“为什么？”亚索问道。

“虽然我这么回答会让许多人感到气愤不平，但不可否认的是这世上有些人生下来便带有某种天赋。”情报大臣笑道：“这世上有些人天生一副好嗓音，他们不用乐器搭配，唱起歌来就如同一只娓娓动听的琴鸟；而有些人天生对数字很敏感，他们精于计算，有时你还没弄明白是加法还是减法，他们在心中就已经算好了答案；有些人想象力很丰富，在他们眼中，这世上的一切都是有色彩的，石头为什么一定要是石头？星星怎么就不能装饰白天？还有些人理解能力超群，他们看书虽然是一目十行，却往往能简明扼要的抓住书中想表达的意思，而国王陛下您就是这种有天赋的人。”

“是吗？”亚索淡淡的笑道：“你怎么知道？”

“有一个公式，陛下，”情报大臣道：“年龄加阅历等于办事能力加人生态度。您的年龄是这么年轻，办事能力却那么老辣，人生态度又那么淡然，这些只能证明您的阅历异常丰富。而阅历又从哪儿来？它减去年龄，减去人生经历，减去个人思考，剩余的部分则是从书卷中来。所以陛下，我很确定您这里每卷书中记录的都是前人的智慧，他们有人可能终其一生，付出了生命的代价才知道罂粟是害人的，疾病是怎么到来的，哪条路是无法走通的，哪座山是可以搬动的，而您却只需要半天的时间就明白了这些。”

“我看不完这么多的智慧，”亚索大笑道：“我的生命有限。”

“陛下，”情报大臣紧跟着施礼道：“您能这么说我一点也不感到惊讶，因为您已经把世间的道理学透了。”

“哦？”亚索再次淡笑道：“怎么说？”

“陛下，”情报大臣道：“许多人压根就不知道生命有限，智慧无限这个道理，所以这世上偏见最爱和愚人为友，骄傲又常与蠢人做伴。而这种人又如同井底之蛙般自鸣得意——当然，命运也有可能安排的他们物质富裕，或是有一定的才华，或者有一部分的权力，但是命运却无法改变他们的鼠目寸光、夜郎自大；他们自己也常常是大气不喘，自卖自夸，所以这种人在一生中遭遇的事情会一个接着一个，想不通的问题也接踵而来，而这些又会让他们疲于奔命，难于应付。但如果他们能够达到陛下这种虚怀若谷的境界——懂有无而谦，知不知而学，那么，他们早就从那口困井中跳出来了。"

"跳出来有什么用？"亚索低头看着桌上的书卷问情报大臣道"即便奋力一跳，天还是那片天，青蛙还是那只青蛙。只不过天显得更大了，那只青蛙更小了，天不会说话，青蛙又不敢呱呱，反倒憋坏了它。"

情报大臣想了一会儿，认真的道："有道理，陛下，那就只给它热血沸腾的口号，但不给它谨慎逻辑的智慧，那就不让它跳。"

"我再回到刚刚那个问题，"亚索头也未抬的道："我这里有成千上万的书架，每个书架上都放着成千上万卷书，每卷书上都写着成千上万的字——假设我从生到死不吃不喝不眠不休的在这里看书，我的寿命有一百年，你说我最终会看多少卷书？"

情报大臣毕恭毕敬的回答道："最少是七万卷以上。"

"哦？"亚索抬头看着底下的情报大臣道："还有这么多吗？"

"是的，陛下。"情报大臣道："但您根本不用看这么多的书。"

"为什么？"亚索问道。

"因为没有用，"情报大臣道："看书是为了做人做事。虽然这世上浩如烟海的书卷汇集起来定能堆积的比群山还要高。但人若不贪婪，自然就会明白龙有龙门，鼠有鼠道的道理，然后他只要在这书山中甄别选择出对自己一生有帮助有益处的书来阅读就行了，一个人知道自己需要学习什么，他就会注意到什么，而这根本不用看七万卷。所以我敢保证，陛下，您现在正在翻看的就是最适合您的书。"

"是吗？"亚索淡淡的笑道："有可能吧，这卷书中说不要相信一个阿谀奉承的人。"

情报大臣诚恳地点头道："它说的很对，陛下，一个阿谀奉承的人必有心机，这是一帮危险的人，不但不能相信，其实还要远离。"

亚索大笑，他卷起桌上的书，道："这卷书上还说，如果短时间内你问一个人两遍相同的问题，他告诉你两个不同的答案，对这样的人你要小心。因为他心中早准备了千百种答案，他对你是小心翼翼的试探，可他对你却并不诚实。"

情报大臣赞叹道："这真是一卷能够看透人心的好书，一个人无论怎么伪装打扮，在智慧的目光中他也是赤裸着身躯。"

"我再问你一遍，"亚索直盯着情报大臣道："我这里有成千上万的书架，每个书架上都放着成千上万卷书，每卷书上都写着成千上万的字——假设我从生到死不吃不喝不眠不休的在这里看书，我的寿命有一百年，你说我最终会看多少卷书？"

情报大臣毕恭毕敬的回答道："最少是七万卷以上。"

"为什么？"亚索问道。

"因为这只是一个假设，陛下。"情报大臣道："上天请陛下来到这个世间必是有事要做，陛下又怎么可能不吃不喝不眠不休的在这里看书？我听到过这样一件真事，陛下，有一个喜欢读书的人搬家时用二十头牛拉了满满的二十车书，牛到地方时已经累得精疲力竭。我当时就在想，假设一头牛能够拉动七百斤的货物，一卷书有两斤重，那么一车就有三百五十卷书，二十车就有七千卷书。假设这个人的可用寿命是一百年，那么他有三万六千五百天的时间，他要看完这七千卷书就要平均五天一卷。五天是一百二十个小时，减去四十个小时人必须的睡觉与吃饭，仅剩的八十个小时他能理解这卷书中的意思吗？即便他理解，他不用这些来为人做事，他还是一味的看书，那么，他的这个理解有用吗？可以再次假设，他之所以一直看书是因为世间的一切道理都存在在这七千卷书中，那么，这些书的分类必然很多，因为天文、地理、建筑、医学等等，哪一门单独拉出来不是值得人一生所钻研的大学问？这些学问相互配合，那么真相就会存在，可是如果这些学问相互欺骗，那么——"

"隔行如隔山，再聪明的人也会被某一行欺骗是吗？"亚索打断情报大臣的话一字一句地道："情报大臣，那么我问问你，你有没有考虑过一个问题，会不会当你偷偷调查别人的时候，也会有人在你不知道的情况下观察着你。"

情报大臣恭敬的回道："陛下，这种念头曾在我的脑中一闪而过，但我认为它并没有需要考虑的必要。"

亚索直盯着情报大臣好大一会儿，这才点着头缓缓道："很好，你这个回答很好。一个人如果心思纯，行为端，他自然不用躲避任何目光。说吧，你今天有什么事要汇报？"

"有两件事，陛下。"情报大臣压低身子行礼道："第一件事是昨天半夜，有人去挖了城外树林中埋藏的那批金银。"

"哦？"亚索问道："是有关我王弟亚伦的那批金银吗？"

"是的，陛下。"情报大臣道："昨天半夜，一个喝醉的酒鬼踉跄着脚步来到树林中，他先是很准确的找到埋藏金银的位置，然后便用随身携带的铁锹将那批金银挖了出来，而就在他背起那些金银准备走的时候，我们埋伏在林中的士兵用弓箭射死了他。"

"他很可能不是一个人作案。"亚索道："将他的尸身和那批金银埋在一起，如果他有同伙的话，他的失踪定会引起同伙的怀疑，这件事还要秘密进行——依然执行那道命令，只要有人来挖那批金银，不问缘由，不论是谁，无需审判，直处死刑。"

"遵命陛下。"情报大臣道："还有一件事，我们派到死堡的那只秃鹫回来了，只是——"

"怎么了？"亚索问道："死堡不同意与我们合作吗？"

"他们同意了，陛下。"情报大臣边说边从身上拿出一块麻布恭敬地递给亚索，道："只是那只秃鹫有些奇怪，它回来后就目光呆滞，不吃不喝，而且似乎再也飞不起来了，我细细观察了一下，它似乎遭受过什么东西的袭击，脖子上有两个如同针眼一样细小的血孔。"

"大概是磕碰的吧，"亚索接过麻布想也没想道："我父王和死堡签订协议时带回了这只秃鹫，如今这么多年过去了，这只秃

骛也该老了。”他说着向麻布上看去，只见上面简短的写道，‘送来一万五千匹公马，三万个头盔，即刻出兵。’

亚索沉默起来。

“陛下，”情报大臣小心翼翼的道：“我们该不该答应他们的条件？毕竟我们和死堡是第一次合作，一万五千匹公马和三万个头盔也不是小数，如果我们送去了，他们并没有出兵那该怎么办？”

亚索考虑一会儿道：“不会。谁都有野心，除非他们不想要赛马尔城堡。答应他们的要求，派人将战马和头盔送给他们，并给他们带话——国王之所以给他们机会是因为相信他们的实力，只要他们好好表现，不让国王陛下失望，那么下次国王陛下便会封赏给他们更大更好的城堡。”

“遵命陛下。”情报大臣回道。

“你还有什么事要向我汇报？”亚索问道。

“没有了，陛下。”情报大臣回道。

亚索突然问道：“内政大臣的认罪书你有没有看过？”

“没有。”情报大臣摇头道“我的职责只是询问他有没有罪。”

“他在认罪书上面说我不该穷兵黩武，你在这件事上怎么看？”亚索问道。

“偏见，陛下，他的心胸太狭隘了。”情报大臣道：“他没有分清穷兵黩武和被逼无奈的区别，如果按照他的目光心胸来办事，灾难便离我们不远了。”

亚索又问道：“他还在认罪书上说因为我的好大喜功而搞得民不聊生，你在这件事上怎么看？”

“造谣，陛下，谣言往往从心中藏奸或目光短浅的人口中产生。”情报大臣道：“我在下面安插的也有探子，迄今为止根本没有发现他说的那种情况。”

亚索向前轻探了一下身子，道：“他最后还在认罪书上劝我小心你的虚与委蛇。”

“冤枉，陛下，”情报大臣道：“只有奸诈狠毒才在临死前都不忘含血喷人。”

亚索看了情报大臣一会儿，道：“你放心，情报大臣，我不会相信一个叛国者的言论。你说的很对，一个人时间精力有限，我再聪明也不可能把这间书房中所有的书看完。但是有一点我可以肯定，一个叛国者对你的攻击恰恰证明了你的忠诚。”

“陛下，我——”情报大臣感激的有些不知所措道：“我不知该怎么报答您的英明。”

亚索接着道：“我来讲一个故事，一个世界上有千百条路，每条路上都有只饥饿的老虎。为了不被老虎所食，所有人都在跑，但所有人都知道自己跑不过那只老虎，那只老虎就是知识——情报大臣，这里确实堆积着我可能一辈子都不会翻看的书卷，那是因为我只在王权的道路上奔跑着，我需要的仅仅是能够在这条路上跑赢别人的智慧。”

“您的方向很明确，陛下，”情报大臣道：“一支弓箭只要瞄的准，它就会离自己的目的地越来越近。”

“你说的很好，情报大臣，”亚索道：“自从我登基那天起，你就一直尽忠职守，任劳任怨，而首相的位置一直空着，如果由你来当这个首相，你会怎么做？”

“陛下，我定将尽心尽力，竭尽所能。”情报大臣道。

“人如果没有思想，就和动物没有两样。”亚索道：“人类世界的一切都由思想产生，这就是我扩充这个书房的目的。只可惜我精力有限，到现在我都还没看到哪卷书告诉我，该怎么在不激起民愤的情况下解决这一万五千匹公马和三万个头盔的问题。”

“陛下，”情报大臣道：“前王后经过这么多天和您的朝夕相处，她必定对您恩爱有加，您也定然不会辜负她对您的一片痴心。您如果昭告天下与她成婚，这种超越世俗目光的真爱必然会得到所有心中有爱的人的歌颂与赞美。新王后需要一栋新的楼阁来向天祈福万民的平安，大臣们如果又无意间听闻这个消息怎能不纷纷慷慨解囊。”

“一万五千匹公马，三万个头盔，”亚索问道：“你认为我该成婚了？”

“陛下，”情报大臣道：“真爱走到最后只有一条路，就是结婚。”

“嗯！”亚索点头道：“你去办吧，情报大臣，只要能在半个月内将战马和头盔送到死堡，在我的婚礼上，你就将成为万众瞩目的首相大人。”

第四十八章 围困的城堡

在高高的赛马尔城头上，马尔卡叫了一声伊阿图的名字。

伊阿图转身冲马尔卡鞠躬行礼，接着便转回身再次看着城外。

马尔卡走过去问道："你在看什么？"

伊阿图道："我在看一个人想做成一件事，一生究竟有多难。"

"你看到了什么？"马尔卡问。

"一个四脚攀爬的婴儿，一个健步如飞的少年，一个沉着稳健的男子，一个步履蹒跚的老人。"伊阿图道："我看到时光之刀在雕刻，唯有风呼啸而过。"

马尔卡沉默片刻道："每个人皆是如此。"

伊阿图道："是的。每个人皆是如此。"

城内的街道上不时传来马蹄声和吆喝声，城上的天空蔚蓝到深邃。

"我听迪里奥师傅说你准备离开赛马尔城堡了。"马尔卡忽然开口。

伊阿图点点头。

马尔卡道："迪里奥师傅说让我留下你，因为没有谁比你更懂得该怎么治理一个国家。可是我没有办法，你的心并不在这里——什么时候想离开便离开吧，人都该跟随自己的心意。"马尔卡说完转身就要离去。

"在我和你差不多大的时候，"伊阿图突然开口道："我一直认为这是个平行的世界。"

马尔卡停住脚步。

"可是在一场梦境中我怀疑了，"伊阿图又道"现在回想起来，我依然分不清那是梦境还是真实——"

马尔卡看向伊阿图。

过了好大一会儿，伊阿图才又道："那是一个有关残酷战争的梦，在梦中我躲在一个昏暗的地方用手捂着嘴不敢出声，我透过一个很小的细缝向外看去，我看到几个面目狰狞的士兵杀死了我手无寸铁的哥哥。而我的妹妹，她……她应该是逃了出去，这么久了，我依然记不清楚。"

马尔卡转回身，他看到伊阿图看着城外，城外的大地广阔而沉默。

"在梦中我曾无数次的冲出那个昏暗，我无数次的打死那几个士兵，也曾无数次的被那几个士兵杀死，可是那个梦境却再也回不来了——我就在那里看着亲人的血在地上不停的流、流，慢慢的，那血的颜色红的发黑，它们汇集在一起，就如同能够照出你前世记忆的冥河。就这么过了许久，直到外面毫无声息，我才心惊胆颤的从那个地方爬出。我颤抖着自己尚带着体温的身体，小心翼翼却又连滚带爬的出了屋子——那是座我生活过的城市，它原本欣欣向荣，充满活力。它富裕、和平而又美丽，在那里我有一个哥哥，一个妹妹，可我却是家中最软弱的一个，父亲让我学习城中的文化，哥哥和妹妹都认为我有着过人的才华，可如同一夜之间，这些就被战争摧枯拉朽般摧毁了。”伊阿图如同陷入回忆，但过了一会儿他摇摇头，语气平静的就如同在谈论别人的事，“我曾在那里生活过吗？记忆太久了，我活的时间也真是太长了些。”

马尔卡没有说话。

伊阿图看着远方继续道：“我忍着恐慌和忍受不了的呕吐，一路踉跄着向城门跑去。空气中弥漫着刺鼻的硝烟与浓烈的血腥味，四处都是焦黑，燃烧的火星不断坠落，尸横遍野，那座城已变为人间地狱。在那一刻，我确定没有谁会比平民更痛恨战争，也没有谁会比平民在战争中更饱受欺凌，在那一路上，我都在想，如果，我能活着出去，如果，我真有过人的才华，如果，我的所学没错，那么我一定要让所有人知道——神之所以选择我们继承祂们，并不是为了看我们争勇斗狠，而是因为我们有着和祂们同样善良的天赋。可是，就在我站在城门口的时候，我却见到了一件更为恐怖的事——”

“突然之间，火光冲天，”伊阿图停了下接道：“我抬头望去，见到城中原本祈祷的地方燃起了熊熊大火，接着那火焰陡然升起，就如同利剑一般直指星空，整个城顿时被照的如同白昼。我目瞪口呆的看着这奇特的一幕，却听到那‘呼呼’的火中传来了一段类似咒语的声音，我头痛欲裂，眼冒金星，我的身子摇摇欲坠，却只记得不死这两个字在我的耳边回响。紧接着那火炬开始旋转，它就如同吸收了夜色，又如同礼花一般向外飞散，我看到成百上千片火苗如同成千上万只黑色的蝴蝶从那幽冥之火中蜂拥而出，它们在城中肆意飞舞，一片火苗飞扑到我的身上，我的衣袍瞬间便燃烧起来。我炎热难耐，我嘶声呐喊，我看到无数黑色的火焰里包裹着许多跳动的尸体，我听到全城传来了彼此起伏的凄惨的怪叫声。就在我猛然意识到这似乎是一场奇特的祭祀时，我的意识便一片空白。”

“等我再次醒来，四周空无一人，”伊阿图接着道：“我发现自己正趴在一块很大的泥地上。我不知道自己是怎么来到这里，也不知道自己在这里趴了多久。我站起身，漫无目的的走到一条河边，我无力的洗去身上的泥垢，却发现自己的样貌已经变成了今天的老人——那座城市毁灭了，只有我还留有那里唯一的记忆，可是记忆太久了，久到我也将要把它忘记了，你还记得它吗？”伊阿图看向马尔卡道：“亚文斯，那座城市，如今被称为死堡。”

伊阿图的话让马尔卡吃了一惊，他沉默一会儿道：“记得，我曾路过那里。”

伊阿图缓缓的道：“人的喜好真是有趣，虽然砍柴人伊阿图，曾经也只不过是个怕死的懦夫。但他现在却讨厌不死，非常讨厌。”

“你知道我并不是死堡的人，”马尔卡道：“不然你也不会把军队交给我。”

伊阿图摇摇头道：“我并不能完全知道，我只是看到了你的不死之身，并且我已经有二十年没有回过那座城市了。”

马尔卡并未解释，反而道：“你刚讲的因该是二十年前前王围困亚文斯的那场战争，但据我所知，前王并没有攻进亚文斯城，那么城里怎么会出现你说的那种屠城的情况？”

“并不是前王的士兵，”伊阿图回答：“是亚文斯本城的士兵在屠城。”

“是城中士兵发生了叛乱？”马尔卡问道。

“不，是亚文斯国王的命令。”

“什么？”伊阿图的话让马尔卡再次吃惊问道：“为什么？”

“因为战争！”

说完这句话后，伊阿图又沉默许久才喃喃自语道：“自从人类用文字记录历史以来，哪一次不是战争创造了地狱？又有哪一次不是战争唤醒了魔鬼？亚文斯城并不喜欢战争，一直以来，它都是座崇尚和平的小城——你一定没去过亚文斯城，但如果你现在还有幸参观到它的原貌，你就一定会注意到城中那座古老的四方形神庙，它由许多巨大的青石构建而成。在这座神庙面前铺垫着九层不高的白玉石台阶，当你怀着尊敬肃穆的心走上台阶，你就会看到四根支撑着神庙横梁的方形黄石立柱，而在这立柱前又分别耸立着婴儿、少年、男子和老人的乳白色雕像。你对着这些雕像深深鞠躬，就如同对着自己般庄严行礼，然后，你抬头看一眼横梁上刻着的新旧交替，生生不息几个字后，你便能低头趋步走入神庙。神庙的大殿共有十九根白石圆柱共同支撑，大殿虽宽阔无比，但里面却只有一座圆型水池，在水池中央有一艘用大理石雕成的船，船上站立着一尊真人大小的女性雕像。这雕像并未着色，却雕刻的栩栩如生，美丽无比，这雕像便是亚文斯全城人的信仰——生命女神。”

“曾几何时，城中最有才华的人才能进入神庙中学习城中的文化。此时，我仍然记得生命祭司那浑厚苍老的声音在我的耳边回响。”说到这里，伊阿图的眼睛透出一丝清澈的光亮，“在很久很久的远古时期，那时尚没有国家、没有城邦。可不知从何时开始，土地不再生长粮食，天上不再形成云雨，生命在这种环境下几乎消失殆尽。直到许久后的一天，天空突然电闪雷鸣，接着暴雨倾盆而至，世上江河泛滥，海水肆意而行，而生命女神与一个神秘的独手男子坐着巨船找到这块陆地，然后他们各自创建了一座城市——刺客之城与亚文斯城。不错，亚文斯是这片大陆上最早建设的城镇之一，后来有人传说生命女神和那个神秘的男子成了这世上最早的一对恋人，也有人说他们成了最早的一对仇人，可不论怎样，亚文斯和刺客之城在文化上却有着根本的不同。刺客之城信奉独立，强大，在他们的心中没有畏惧，没有神灵，他们就如同他们的城堡一般，冷冰冰地不带有丝毫感情，而亚文斯城却信仰团结、爱还有和平，一直以来，城中神庙与灯塔同在，生命与希望共存。”

伊阿图痛苦的闭起双眼，当他再次睁开眼睛时，那丝清澈的光亮消失了，“亚文斯城在军力上并不强盛，可即便如此，它也只经历过一次战争。因为这世上所有的城池都知道，他们的祖先都是从亚文斯城中走出——换句话说，亚文斯就是这片大陆上的母城，没人愿意对着自己的母城反戈一击，而这种情况一直持续到前王率领着军队包围了亚文斯城。战争就那么铺天盖地的袭来，亚文斯城却没有丝毫准备。亚文斯国王下令紧闭城门，可是没有三天的时间，城中的军队已经死伤大半，妇女失去了自己的丈夫，老妪失去了自己的儿子，神庙中住满了失去父亲的满眼恐惧的孩子。四个灯塔守卫者连续两天都在灯塔上点燃了象征祈祷的希望之火，可是没有神灵的慈悲，没有军队的到来，什么都没有，战争依旧在继续。亚文斯国王准备开门投降，却接到敌方很有可能屠城的消息——为了消减人口，节省粮食，前王确实有这个习惯。城中女人们自发的拿起武器涌到城墙上守城——战争残酷而悲壮，直到第三天日落时分，亚文斯国王忽然下令屠城，城中仅存的士兵开始了疯狂的杀戮——血浆包裹着铁剑、哀嚎伴随着火焰、眼泪混合着黑暗，而我的噩梦就从这时开始了。”

“共有四个灯塔守卫者是吗？”马尔卡面色凝重的问道。

“是的，亚文斯城灯塔守卫者的地位最高，所以这四个人都是从神庙中最优秀的祭司中选出。他们长袍的颜色是青、灰、黑、白，分别代表着四季、长夜、神秘还有白昼。并且灯塔的神谕和神庙略有不同，在灯塔火台周围刻着一行全城都知道的字——希望之炙热，能使折叠的世界归于平行。”

马尔卡沉默不语。

“神庙却一直坚信这是个平行的世界，”伊阿图继续道：“因为那艘大理石船帮上刻着的字是‘希冀之马如同特快之子，舟高于一切，海水与土地平行。’可是——这真的是个平行的世界吗？它的中间是否存在着我如同看不到、我尚未看到、我永远也不会看到的东西？在二十年前、在我二十七岁见到真实战争的时候我开始怀疑了。而在一年后，我找到瓦万特伯爵，我们在林中达成协议，我会先帮他夺回赛马尔城，继而帮他得到国王之位，而另一方面，他也会让亚文斯城重建，并让亚文斯文化在全国流传。”

“你不怕瓦万特得到国王之位那天失信于你吗？”马尔卡

问道。

伊阿图一声不响的拉开自己长袍的衣领，马尔卡瞪大眼睛，他看到伊阿图左边腐烂的胸膛中明显的插着一柄断掉的剑。

“我也不知道这柄断剑是什么时候插在我心脏上的，”伊阿图道：“它使我无时无刻都心如刀绞，生不如死，拔出来也是这样。”说着，伊阿图用左手的拇指和食指插入自己的左胸，然后他轻易地抽出了那柄断剑。

在阳光下，伊阿图看着手中那柄锈迹斑斑的剑头道：“也许在很久之前我就已经死了，也许在那天开始，我和你一样，也成了不死之身。”

“你——”马尔卡想说什么，他拖长声音，最终还是道：“后来回过亚文斯城吗？”

“没有，”伊阿图轻微摇摇头道：“现在那个地方叫死堡。即便没有前王的明令禁止，我也想遗忘那个地方。我不知道这二十年来那里究竟发生了什么，但是它早已不是亚文斯城。”

马尔卡沉重的道：“为什么我们这个时代的人命运都如此悲哀多舛？”

伊阿图反问道：“自从前王登基以来，各处的战争停止过吗？什么时代的人身上被标记着什么时代的烙印，所以是烙印裹挟着人们的命运，而和平让人遗忘战争可怕的嘴脸，战争又让人追忆和平本来的面目。”

马尔卡沉默片刻，再次重申道：“我并不是从死堡走出的人。我感谢你告知我的这一切，但我却无法给你什么协定。因为我从来没想过要当什么不死之王。”他摇摇头道：“我遇上了一个人，从那天起，我最想做的就是在森林中向她求婚，我不知她会不会答应，但我很愿意陪她共度余生。当我卸下身上盔甲的那一天——也就二个月左右的时间，我会召集所有活人在死堡打一场大的战争。之后，我将像脱缰的马儿一样自由的奔跑，我将要去见我梦寐以求的人，我将谈一场刻骨铭心的爱，我将做我想做的事，过好我余下的人生，而这世界与我、将再也没有任何关系！”

伊阿图看着马尔卡忽然奇怪的笑了，他点头道：“希望你的选择是对的，人都该跟随自己的心意。”

“你也是。”马尔卡加重语气道：“不过我奉劝你一句，你想到什么地方都可以，但不要再回到死堡去了。”说完，马尔卡转身走下了城墙。

过了两天，在赛马尔宫殿内，马尔卡和迪里奥正在谈论向都城出兵的事。一个士兵进来报信道：“禀报不死之王，您派到铁城的人回来了。”

马尔卡看了下身旁的迪里奥，迪里奥放下手中的地图对旁边的奎力特道：“你的消息回来了。”奎力特的呼吸突然急促起来，马尔卡对那个士兵道：“快让他进来。”

士兵出去不久，一个仪表堂堂的人很快走入宫殿，他冲马尔卡行礼完毕，道：“遵照吩咐，我到铁城后说了自己是赛马尔城、不死之王马尔卡的信使，我受到铁城伯爵的盛情款待。在席间我将奎力特大人的书信亲手交给铁城伯爵，伯爵看后面露怒容，接着便破口大骂，完全不给我说话的机会。他让我带句话给不死之王，然后就把我逐出了铁城。”

马尔卡问道：“什么话？”

“是宽恕我原话原说吗？“那人问道。

“不，”迪里奥道：“稍微加些修饰。”

那人看了看马尔卡，马尔卡点点头。

那人道：“长得再高的草也是卑贱的根，做的再好的鞋也只适合裹脚。除了卖儿卖女，没谁愿意将野草插在自己女儿的头上夸赞成名贵的花儿。”

奎力特低下了头。

那人接着道：“伯爵大人还说，国王陛下也曾送信让他进攻赛马尔城，但他却心念着赛马尔城以往高贵的友情。当然，如果要是不死之王愿意亲吻他的女儿是可以的，金色的头发易佩黄色的冠。只要不死之王同意，从今往后铁城上下完全可以和赛马尔城堡共同进退。”

马尔卡看向迪里奥道：“迪里奥师傅，您认为我该怎么办？”

迪里奥道：“你看着办，毕竟你是不死之王。”

马尔卡站起身道：“传令起兵，包围铁城。”

迪里奥露出了略有些吃惊的神情。

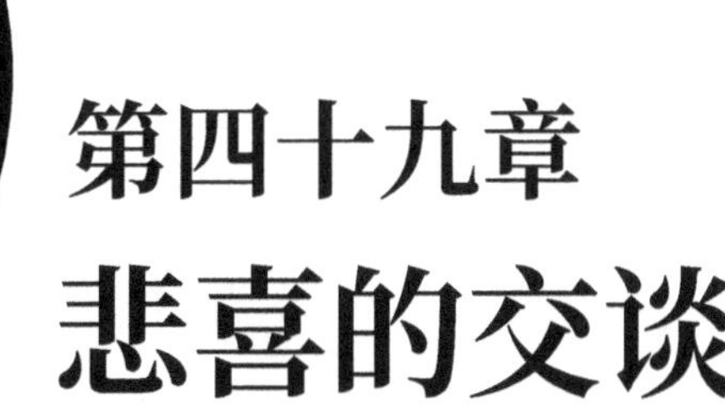

第四十九章 悲喜的交谈

“你听说了吗？我的邻居。”

“听说什么？”

“国王要成婚了。”

“当然听说了！新的王后还是旧的王后，迎娶的新娘是嫁过的新娘。母后的称呼变为顺口的媳妇儿，不可触碰的鸿沟也成了可喜可贺的阳光大道——这不算新奇，我还见过更新奇的——白鸽喝多了墨水会变成乌鸦，麻雀的翅膀够硬也能被称为雄鹰，谁说老鼠的气力小？只不过是猫儿的体格大。这世上还有许多事，老兄，你只需要眨巴眨巴眼，咦——母鸡也能变成鸭！”

“你这说的也太不好了，我的邻居，这也太假了。”

“我说的当然是假的，但我希望那座空中楼阁是真的。新王后需要一座新的楼阁来祈祷万民的平安，而这座新的楼阁中的一块新砖至少是我的。”

“哎——你这话说的真让我垂头丧气的叹气——我都不知道

该怎么样把话说得更好来化解我的忧思。自从收取了窗户税，我用石头把家里所有的窗户都封死了，我的大儿子被强拉入伍，到现在连个信儿都没有捎回来过，我家婆娘对他思念成疾，而我那屋里又白天和晚上一样昏暗，唯一让我感到欣慰的是我懂事的小儿子，可他又没日没夜的生病，我在那空气污浊的屋里实在呆不下去了，想出来转转，却发现能挣到的银钱越来越少，能买到的东西却越来越贵，新的楼阁来祈祷新的平安吗？我缴纳了新的银钱，而新的王后会使我搬开封闭窗户的石头吗？”

“老兄，别这么垂头丧气的，自从我前年骑马摔折了腿，我就相信这世上的一切皆是命。我的弟弟还很小，我的老爹又很老，如果我要不是无意中成了个跛子，今年怎么说我也要被强拉去打仗——个人有个人的命运，但也许正因为这样，我这辈子可能都只能是个破落的鞋匠，注定要与各色各类的鞋子打交道，而也许有一天，你的大儿子成了有名的将军衣锦还乡，突然间你家的门楣就此光耀了。”

“哎——希望如此吧，虽然我不抱有太大的希望。生活让我成了一个悲观的人，无论发生什么事情我都是先往坏的地方想——而这往往还总能成为现实——真不知道是我的悲观造就了我这样的现实，还是因为现实造就了我这样的悲观。我也想向你一样那么快乐的活着，可是我不敢——‘嘿，看到那个女孩了吗？早晚有一天我要把她娶回家。’我不敢向你那么想，我也不敢向你那样说。”

“哈哈，我说过那样的话么？哦，对的，我是说过，可是怎么样？老兄，你现在有家庭有老婆有孩子，而我现在还是孤零零的一个人。可是怎么样？老兄，我现在依然敢去那么说，即便比着那时候我成了一个跛子，马匹摔折了我一条腿，可是它却没摔折我这么说的勇气，有什么呀，得到了我自然幸运，得不到了也是我的命运，我总不能因为害怕失望而不敢怀抱希望，我也总不能因为惧怕失败而裹足不前，闭口不言。”

"哎——我总是要先长长的叹口气，这口气便是人生的艰难。自从我和我的婆娘成婚那天开始，我们很久都没有开心地笑过了，她从整日里牢骚满腹到整日里面无表情，我从整日里眉头紧锁到整日里长吁短叹。我现在都不知道她想什么，但我估计她想的和我差不多——家庭孩子，挣钱省钱，渐渐皱纹爬上了我俩的脸，我真不知道有多少人和我俩一样，就在这么单一的循环往复中人生大半的时光就这么过去了。"

"老兄，你不知道，自从我成为跛子以来，我跑的时间消失了，但我看书和思考的时间却多了。上天关了你的一扇门，你总要自己再找到一条路，所以我倒有个梦，你饿的时候能够在这里得到食物，你渴的时候能够在这里见到水源——人能有个梦境也不错——在这个梦境里，国家不分强弱、大小、贫富，谁都能在这个世上平等友好的共处——只因战争没能压在国王头上，金钱就没能压在民众头上。谁会先动挑起别人战争的心思呢？大概只有疯人院里的疯子吧，毕竟和平这件事与我们每个活人都息息相关啊！我看这世上限制人们幸福的大概是天灾人祸吧，可是人们只要同心协力，天灾尚可战胜，但人祸却大于天灾啊。国与国不能共同前行，人和人不能友爱互助，文明与技术还未开花结果便出现了悬崖式的断层，新的青年一边鄙视着老者所犯的错误，一边又愚蠢的重蹈着他们的覆辙——这些不就是人类一直的进程吗？"

"哎——我只希望我能搬开堵着我窗户的石头，我不敢有别的奢求。世界和平？我不敢想，也不敢说。我大概已经老了，我的邻居，我的头发都已经花白，我的右手在没事的时候也在无意义的颤抖着，我现在听到振奋人心的言语热血还没有沸腾眼泪却先要流出来——这是很明白的事了——我真的已经老了。"

"老兄，换一种想法吧，现在已经算是好的了，你知道吗？人们曾把自己的屎尿倒的大街小巷都是，人们曾借助铲除女巫的名义强暴残害过万千无辜的少女，人们曾在一种时代中比动物更像动物——别说你不会那样，什么样的环境造就了什么样的人群！可是人总是高贵的，所以人也在不断的前进。我想人们早晚有一天也会创造出一个别样的世界，它能使你永远年轻——在那个世界里人们崇尚美好真诚，因为没有辱骂挖苦的言语，所以他们的谈话都是智慧的延续。人们在那世界里一起共同生产共同创造，他们不知骄傲妄纵只懂珍惜前行。而在那四季闲暇的时光中，他们又能载歌载舞，结伴出游玩乐。老兄，那样的世界幸福离我们每个人都很近，它不是镜花水月，也不再是海市蜃楼，它是人们用智慧、民主、文明、和谐、富强所搭建的坚不可摧的通往着天国的桥梁。”

“哎——我的邻居，小的时候我的这只右手也弹过木琴，我的喉咙也喜欢轻快地曲调，你不知道我多想在青青的草地上尽情的放歌，可是如今我却用石头堵住了我的窗户，而沉重又挡住了我的视野——我现在只希望那座为万民祈祷的新的楼阁是真的，我只希望新的王后说出的话也是真的。”

“即便是假的也无所谓，老兄，你又何必对别人如此执着苛求？在这世上你交完银钱而没有得到你想得到的东西的事情多了去了——这还是好的，更差的是你交完了钱别人给你的是包装过的屎尿和垃圾——他们把所有的聪明智慧都用在了包装上，而你却还傻乎乎的拿着当宝贝。虽然俗话说看好自己的钱袋和大脑，但是有那么多人对它们如同饿狼般虎视眈眈的窥视，你这一辈子也总要吃亏上当。不过这也不要紧，让我来讲一则流传很久的故事，一个下雨的夜晚，一个老妇人在回家的路上见到了一个背着木柴苦行的老者，老妇人可怜他，便邀请他到自己的家中避雨，可是老者不肯。老妇人奇怪他为什么要背着木柴。老者回答道，自己原来是一个快乐的善人，一次他见到几个士兵压着一个犯人去行刑，他说了一句这个犯人真该死，回家后他便梦见了神灵，神灵说他不是人间的法官，不了解其中的情况，所以也不该不负责任的随意评价他人的生死——你看不惯的东西越多，你身上的负担越重，所以，你会背着粗壮的木柴出门流浪一年，期间不能受人避雨的恩惠，睡觉时也只能用木柴当作枕头。老妇人听罢痛哭道，神灵没有放弃你，才给你这样的苦难。而我有三个儿子，他们作恶多端，伤天害理，你只因为说了一句无关痛痒的言语便受到这样的惩罚，可见我的孩子们未来的遭遇了。”

“哎——我听过许多这样的故事，可是，我的邻居，它们大多都是在虚比浮词，它们就如同鬼神传说，你信则有，不信则无。因为我见过太多恶贯满盈的家伙儿寿终正寝，日行一善的人们遭遇不测，我见过许多享受荣华富贵的跳梁小丑，也知道很多在艰难度日的英雄义者，如果这世上真有什么神迹，那么祂当去惩罚那些罪恶。”

“老兄，什么是善？什么又是恶？我们这些人只不过是在善与恶之间纵横交错。我曾遭遇过一次强盗，他见我是个贫穷的跛子，反而给我留下一些钱财转身走了，后来他在众目睽睽的市场上被粗壮的绳子吊死，那一刻我才知道他是个身背数条人命的恶魔。我的邻居，我时常会在夜晚仰望星空，我常常想，那些星星是什么？它们为什么会发光？在它们的上方又是什么呢？太阳看上去为什么那么像个燃烧的火球？它有一天是否也会像我们见过的煤炭一样燃烧殆尽呢？为什么成熟的苹果一定要往地下掉落，它从来就不能向天空上升吗？而那本是漆黑的夜晚，又怎么会出现那么柔和的月色？这一切究竟是自然或是偶然形成的，还是被某个我们称为的神灵创造出来的呢？包括我们这些生命，我们有着喜怒哀乐，有着各式各样的心思，我们究竟是偶然在这个世界出现的，还是自然而然或是必然要在这个世上形成的呢？老兄，说到这里，我倒想起一个信奉着因果的国度，他们认为当你的第一个善意和第一个恶意出现的时候，一切就都已经成为了定数。福祸无门，皆为自招，所以他们相信自我良知的真实判断，做一件事是使他们灵魂的步伐变得轻盈还是沉重，他们的心就如同清水一样透亮。也正因如此，所以他们并不放弃此生，也不问死亡与来世，他们脚踏实地快快乐乐的活着，他们的生命在燃烧，可是他们却让人闻到了芳香——但我却有一个推想，假如这世上真的存在着神与灵魂，假如灵魂真的不死，那么，它们又到哪里去了？会不会像某些人说的那样真的再次变成了人、或是某种动物？而这就又回到了我讲的那个故事，为什么老者只因为一句错话便受到那样的惩罚，而老妇人的三个儿子却能在那时逍遥法外呢？——会不会，他们已经用完了神给予他们改过自新的机会和运气？就像那句话说的那样，如果你一直有意去伤害无辜，那么，你不必再去祈祷，害怕在你那罪孽深重的头上再加上罪孽，你做的那些背天逆理的勾当已经使你成为了罪大恶极的人，再也不会有得救的希望——所以，那个老妇人才会痛哭流涕。”

“哎——我的邻居，我大概听懂了你在说什么。我愿意相信报应这个词，可我不能相信，只因我没有看到，所以我理所当然的摇头。即便如你所说，世间真有灵魂在轮回，那么，我不记得前生的事，我来世自然也不会记得我今生的事，所有的出生都是新生，哪有活人能说清地狱什么样子，天国又在何方？我只知道我此时的烦恼，我只想搬开堵着我窗户的石头。”

“老兄，我想说的就是这个。你说得对，没有谁会知道前生来世，可是每个生命的感知却真实存在。比如说此刻，你知道你叫什么名字，我也知道我叫什么名字，你知道你烦恼什么，我也知道我烦恼什么，虽然我们烦恼的来源可能不同，但我们的感知却大致相同。老兄，我曾在市场见过被贩卖的鸡鸭，据饲养它们的主人说它们一出生便被关在一个巨大的笼子里——鸡鸭永远不可能逃出那个笼子，而为了让它们多吃少睡，它们的眼睛从小就对着光亮，直到它们的眼睛被照得通红，它们不停的被填食喂食，直到它们很快长到一定的斤数，然后在市场它们的脖子便要挨上深深地一刀，它们自然是痛的，因为在那一刀前你能看到它们毫无掩饰的恐慌和绝望、它们屎尿失禁，而在那一刀后，你也能看到它们在地上不停的扑腾和抽搐，献血不停外流，而它们尚未死透，滚烫的沸水又淋在它们的身上，再接着，便是刀山油锅——人不可能不吃鸡鸭，因为人要吃肉，而对与那些鸡鸭来说，不论它想什么，在出生的那一瞬间，将要发生什么就已经成为了定数。老兄，这是一件顶可怕的事，动物的大脑和我们不一样，但是它们的感知却很可能和我们差不多，你只要细细去看，你就会发现它们也会害怕、恐惧，也会高兴，骄傲、得意、同样，它们也会生病疼痛——可如果它就是一个灵魂的转生，如果它经历的那个遭遇便是地狱，那么，这便是我亲眼所见。”

“哎——我的邻居，鸡鸭与人就如同秋天树枝上枯败的黄叶，一阵风吹来，有的叶子落在了肥沃的土壤，有的落在了污秽的水渠，有的起起落落最终才有归处，就如同那阵偶然而来的风向，有的叶子凭借它直上青云，有的叶子因为它却落下云端。”

“那么，是谁创造安排了那阵风？又是什么环境逼出了风向？当然，老兄，这些只是我的个人推想，所以这里面还有一个悖论、一个陷阱。但我想如果是你用心创造了一个世界，你也肯定不会亲口告诉那些生命你的存在，有心为善为伪善，无心铸错非大恶，可是你一定希望那些生命爱护赞美你创的世界，而不是希望那些生命怨恨破坏这个世界——好的木匠会珍惜自己造出的凳子，好的鞋匠会满意自己制作的鞋子，而好的铁匠会把自己一生铸的最好的宝剑拿出让大家鉴赏，直到送给名士。况且，人性喜欢群居，所以跳梁小丑绝不会轻易让你看到他空虚害怕的一面，恶贯满盈的家伙儿也绝不会轻易让你看到他孤独恐慌的一面，而真正日行一善的英雄义者他们又在求什么？他们在那么做的瞬间难以买来的快乐是否已经充盈了他们的内心呢？”

“哎——谁想像野狗一样狂吠着生活？谁又不想像个真正的人那样简单欢乐。安贫乐道总不如富而好礼，贫穷的善意总不如捐赠银钱的壮举。我的邻居，时候已经不早了，可是我的心依然堵得厉害，我要去酒馆坐坐，也许酒的味道能够冲散我心中的那块大石。”

“好的老兄，我手头还有几双鞋子要做，今晚就不和你一起去了，再会。”

“哎——再会，我的邻居。”

这个时间段中贝丽苏亚的寝宫内已经张灯结彩，亚索看着贝丽苏亚兴奋地道：“王后，你是我十五岁时候的梦，而再过十五天的时间我终是要将这个梦在清明的日光下变作现实。”

“我不敢，陛下。”贝丽苏亚摇摇头，“我无比思念着我的孩子亚伦——这一切都是因为罗里斯而起，我知道，我的女仆一定是因为他才像一个不知廉耻的偷儿一样教唆他的儿子偷走了我的孩子——我对他们无比愤恨。虽然罗里斯、我的女仆、菲利亚特都死了，但我的孩子却依然下落不明！也许我不该愤恨，亚索，也许我不该愤恨，我想从今日到教堂为他们的灵魂祈祷，也许在我成婚那天，上天怜悯了我的宽容，便会送我的孩子回来。”

“别再哭泣了，贝丽苏亚，”亚索想了想，叹口气微笑道“好吧，我也在没日没夜的为亚伦担心，你去吧，逝去的人是无罪的！”

第五十章 影子的消息

偌大的铁城周围布满了帐篷。

夜晚，在其中一间帐篷中马尔卡正准备休息，却忽然看到在灯火下自己地上的影子奇怪的分开了，这让他无比惊讶的转身抽出腰间的佩剑，一个黑影跟随着他的动作，而另一个影子却动也未动。

“是谁？”马尔卡握着剑柄的右手指将要贴在小腹上，宽厚的剑一面对着未知，一面对着自己。他扎稳步伐，调整呼吸，然后左手迅速拿起挂在左腰上的盾牌，盾牌护住了他的佩剑与身子。

马尔卡再次转身环顾四周，帐篷中却没有第二个人存在，可是他却听到一个声音在他背后平静的道：“刺客之城的守护刺客——双影。”

马尔卡又一次急速转身，可是依然什么都没有看到，他并未放下武器道：“怎么证明？”

“你见过我。”那个影子道。

“那么，露出你的真身。”马尔卡退了几步，两个影子都跟着他退了几步。

“我来这里只是为了给你带一个消息，”那个影子道：“刺客之城和你的协议恐怕要就此结束了。”

马尔卡低头对着那个影子冷冷的问道：“哦？为什么？”

“在你出兵铁城的当天，都城向死堡运送了一万五千匹公马和三万顶头盔，负责押运的士兵进入死堡后便再没有出来。”那个影子道：“而在今晚入夜时分，黑袍率领着所有怪物走出了死堡，矛头直指你们赛马尔城。”

“什么？”马尔卡吃惊道：“国王与死堡合作了？”

“是这样，”那个影子道：“在你们击破国王方围困赛马尔城的军队后不久，国王便联系了死堡，他答应了对方开出的条件，并且在战争胜利后他也会让黑袍统治赛马尔城。”

马尔卡放下武器，却目光凌厉的道：“让他们来，我正好还有笔账要找他们清算。”

“不要意气用事，马尔卡，”那个黑影道：“这不是脑子一热便能解决的问题。黑袍也有复活死人的能力，所以赛马尔城必然会在这次战役中沦陷。并且你带了两万人围困铁城，铁城伯爵此刻已经得到了国王的密令，你只要一撤军他们便会全军追杀出来。你的军队此时已经被钉死在这个战场上，而迪里奥留守在赛马尔城的一万人根本抵不住死堡的三万怪物，战争可能不用一个晚上就会结束，到时候你、奎力特、迪里奥，你们手下的士兵、赛马尔城中的居民都会成为怪物中的一员。”

马尔卡问道：“难道没有别的办法？”

“我只需要你给我们的回复，”黑影答道：“办法要你们自己去想。但刺客之城并不认为你们有获胜的几率，在黑袍出兵的那一刻，城中就已经认定这是笔亏本的买卖，但作为现在依旧存在的合作方，我必须要把这个消息带给你。”

“形势真的这么严峻？”马尔卡质疑道。

黑影沉默片刻道："你知道三万是什么概念！如果不知道你就去数数你手下的士兵，你看看那么多人聚集在一起究竟是什么样的场景，而现在有那么多的怪物向你们奔袭而来，你觉得这是光凭你的一腔热血就能解决的事吗？"

马尔卡沉默片刻道："可是我们也有三万士兵，我有五千能征善战的赛马尔骑兵，还有差不多收编的两万五千的赛飞军——"

黑影打断马尔卡的话道："你曾和死堡城中的怪物交过手，再加上黑袍的死人复活术，你觉得有获胜的机会吗？"

马尔卡想了许久，道："我会转告迪里奥师傅让他守住赛马尔城！利用城池、弓箭、陷阱、火焰、投石机，尽量少用活人和它们进行战斗。"

黑影道："制作这些东西需要大量的时间，赛马尔城中人力不足。并且我还有个消息要说，瓦万特的大儿子也准备起兵进攻赛马尔城收回本该属于自己的军队，所以赛马尔城肯定要失——黑袍将会是这场战役中最大的获胜者，他会复活你们这三万人，再加上赛飞赶来送死的一万人——到时候也许真如迪里奥所说，一个人如果能够操控死亡，他终有一天也将不会掩盖自己要操控天下的野心。世界要大乱了，马尔卡，当人们发现黑袍死堡真正的可怕时，一切都会已经无法控制，到时刺客之城也只能苟延残喘直到解散死亡，所以，我们希望你们这唯一的合作方现在也能出点力。可是刺客之城在城中已经模拟过你们这场战争，连百分之一的胜率都没有。黑袍即便是让所有的怪物在城下一拥而上，就连这种最简单的攻击方式你们都顶不住，况且那些怪物根本不知疲倦恐慌疼痛，它们只有大脑受到剧创才会死，你看看伊阿图就知道，弓箭陷阱火焰投石机能让它们伤残，但只要还没有伤到被操控的大脑，它们便依然有行动的力量。"

马尔卡道："国王不该联合死堡。"

"你也不该冒失的出兵铁城。"黑影接着道："但现在说这些还有什么用？刺客之城需要你们拿出一个方案，这个方案即便只有一丝可行，刺客之城也愿意帮助你们完成。”

马尔卡坐到帐篷中的床上，他低着头仔细想了一会儿道：“你们能不能活捉一个怪物带到铁城？我想以此和铁城伯爵达成和解，然后与他一同抵抗死堡。”

地上黑影的脑袋晃了晃道“不行，这一步刺客之城已经想过了，但在你出兵铁城之前这个方案还有实施的可能，可是现在你的部队已经围住铁城十天，铁城伯爵的理智早就如同无穷无尽的燃料般被愤怒之火点燃，他现在就是选择与你们同归于尽也不会选择与你们合作。况且，国王给他的密令上说将派一支不死的军队来解救铁城，所以铁城伯爵此时即便见到怪物也会以为那是国王派来的虎狼之师，这只能更加助长他的气焰——当然，刺客之城也想过将铁城伯爵暗杀，但这就犹如火上浇油，下一个铁城伯爵很容易选定，但他却依然不会与你们合作。”

“既然无法合作无法撤退，那我现在就命令士兵火速攻下铁城，”马尔卡站起身道：“我们需要城堡的掩护，并且我会告诉迪里奥师傅让他率领所有人退入铁城，同时送信给赛飞军——”

“没有时间，马尔卡，”地上那个黑影动也不动的道：“黑袍之所以要了一万五千匹公马是因为公马脚力好，耐力高，行程快，再加上它们一路不眠不休，畅通无阻，所以五六天时间它们便会来到赛马尔城下，到时你们很有可能会受到黑袍与铁城的两面夹击。没有时间，马尔卡，你们没有时间。”地上那个黑影晃晃头。

“时间上刺客之城不用担心，”马尔卡看着地上的黑影道：“我现在就送信给迪里奥师傅，让他将赛马尔城中的军队和居民全部调到前线，我将会在第四天凌晨时分攻下铁城。”

地上那个黑影拉长了道：“军队调整调度，说服居民搬迁，迪里奥再怎么有办法，时间上也不可能够，就是能够，留守在谷地城的阿特尔只要一知道赛马尔城成了空城，他定会火速率领残军再次占领赛马尔城，而那时国王会让黑袍调转矛头直奔你们军队而来——黑袍只对活着的人感兴趣，他也定会来。并且几天前刺客之城已经计算过你们与铁城的战力，首先这绝对不会是一场轻易的战争。铁城墙高砖厚，你要攻下它绝对不会少于八天的时间，你只有三万人，其中五千是归来的赛马尔骑兵——但他们再英勇也要损伤不少于五千人才能击垮城中的一万守城士兵，就算黑袍打来时你已经攻占了铁城，但那时城中人心愤怒，怀着反叛、逃跑、抵抗之心的大有人在，他们尚不知道黑袍的可怕，所以他们绝对不会和你们一样对黑袍同仇敌忾，反而很有可能会帮助他打开城门打败你们。马尔卡，你要知道，这场围城之战是你先发动的，被围的一方总是不会甘心的。”

马尔卡打量着那个拉长的黑影良久，道：“是我的错，我本来并没想要攻占铁城，但是我应该更稳妥一点的处理与铁城的关系——现在真的没有别的方法？”

“没有，”黑影摇摇头，“你们这支军队已经成了被钉死在这里的孤军深入的死棋，而赛马尔城也会成为下一个死堡，为了及时止损，刺客之城已经决定和你们的合作暂时终止。在我把这个消息带给你后不论你有没有办法，我都要遵守命令回归刺客之城。马尔卡，你已经不是不死之身了，并且对于刺客之城来说你们反而死期将至。可是我们还是希望你们能够胜利，毕竟你们还欠我们一座赛马尔城池——”

黑影的身形越来越长，说话的声音越来越小，直到完全消失。马尔卡死盯着帐篷的门帘看了许久，他也不知道自己在看什么，时间一分一秒的流失，马尔卡起身走出了帐篷。

此时已是深夜，外面好几处的篝火都已经熄灭了。有几队巡营士兵路过时都在向马尔卡热情的打招呼，马尔卡并不做声，他只是看着他们微微的点点头。

马尔卡在外面站了好一会儿，接着冲奎力特的营帐走去。

奎力特正在帐篷中熟睡，忽然听到有人在叫他的名字，他睁开眼睛，看到马尔卡正站在床前，奎力特慌忙起身，揉了一下自己惺忪的睡眼。

马尔卡坐到奎力特床边低声道：“出了一件无法控制的事。”

“什么？”奎力特问道。

马尔卡将刚刚发生的一切都告诉了奎力特。

奎力特听后愣了半晌，道：“刺客之城应该提前把这个消息告诉我们。”

马尔卡道“可能他们得到消息的时候我们已经出兵铁城了，而当他们真正看到黑袍率领着怪物从死堡出来时才决定向我们送信。”

奎力特想了一下道：“双影说你见过他，你有印象吗？”

“没有，”马尔卡摇头道：“他的意思可能是说他一直以影子的形态跟随着我——刺客之城的守护刺客真的很神秘。”

“那我们现在该怎么办？”奎力特问道。

“我想让你去一趟叹息森林，”马尔卡道：“黑袍率领怪物进攻赛马尔城，他必然要经过叹息森林外面的那条大路。我希望你能说服费希莫族人，让他们在那里拖延黑袍一段时间，而我则会送信给迪里奥师傅，让他尽快把军民一起调到前线，我们先放弃赛马尔城。然后我们争取以最快的时间拿下铁城，以铁城为根基和黑袍战斗。”

“我现在就去。”奎力特站起身就向帐篷外走去。

“等一下，”马尔卡叫住奎力特，奎力特回头看到马尔卡正以忧郁沉痛的目光看着他。奎力特不知道马尔卡叫住自己干什么，时间在过，奎力特不动，马尔卡终是道：“如实告诉费希莫族人所发生的一切。”

“我知道了。”奎力特点点头。

“还有，”马尔卡接着道：“我们知道费希莫族只有四千人，他们也从不问外面的世事，但现在只有我们几个知道死堡黑袍的可怕——刺客之城已经选择了退出，而我们只能祈求费希莫族人能够帮助我们，如果他们拒绝了我们的请求，黑袍的力量便会壮大，世界会跌入深渊，死人将掩埋活人。”

“我知道了，”奎力特再次点头，却没有行动，过了一会儿他挠挠头道：“费希莫族人太少了，死堡是三万怪物，他们只有四千人，再减去老人孩子和女人，他们能够拖延死堡进军时间多久呢？”

“我也不知道，”马尔卡摇摇头道：“但我没有别的办法，你先去叹息森林，我这边也会送信给迪里奥师傅再商量别的对策。奎力特，你一定要说服他们帮助我们，虽然他们很可能拒绝，但你一定要说服他们帮助我们，我是真的没有别的办法，他们能拖延死堡多久就多久，哪怕只是一天，一个时辰，一瞬间都行，他们比我们聪明，他们会利用树的排列制造出叹息的风声。我这边也会争分夺秒的攻城，我们需要有城堡的掩护，我们不能撤军，如果我们现在撤回赛马尔城，在这种犬牙交错的时候，铁城开门追杀，我们军心必然大乱，到时他们很可能会冲散我们的部队，继而跟进开城收纳我们残军的赛马尔城，那样我们伤亡会更加惨重。奎力特，骑上我的那匹快马，你一定要说服费希莫族人帮助我们。”

“我知道了，”奎力特重重的点头后转身就向帐篷外走去。

“等等，”马尔卡再次叫住奎力特，奎力特转头，听到马尔卡道“如果见到希丽亚，告诉她——”马尔卡的口气停了停，接着沉重的道：“告诉她，是我让你带去的黑色的消息。”

奎力特点头，快步走出了帐篷。

帐篷中安静了，马尔卡找来绸布与鹅毛笔，他借着灯火的光，写了一封长信。等到信上的墨迹干后，他将绸布卷起，跟着将绸布装进竹筒中，外面用蜡滴封好。接着马尔卡走出帐篷外，这时天已将要黎明。

马尔卡叫过一个巡夜的士兵将竹筒交给他道：“火速赶回赛马尔城堡，将这个竹筒交给迪里奥师傅。”

士兵点头，接过竹筒，转身离去了。

马尔卡回到自己的营帐，他穿好盔甲，装备上武器，接着他来到营帐外，用力吹响三声挂在营帐上的号角，不多时，领军的将领们都全副武装的赶来到他的营帐前。

“传令下去，”马尔卡对面前的那些将领道：“让步兵抬出所有云梯，推出冲车，跟随你们不死之王的脚步，火速攻下铁城。”

第二天上午，迪里奥在赛马尔城堡接到马尔卡送来的密信，他打开看完后沉思了一会儿，然后问送信的那个士兵道：“马尔卡已经下令进攻铁城了吗？”

“在我来的时候还没有。”那个士兵如实回答道。

“我知道了，你先下去休息吧。”迪里奥对那个士兵道。

士兵走了出去。

迪里奥低头在桌上写了一封长信，他将那封信装入竹筒，用蜡封好，然后对底下站立的几名官员道：“告诉城中居民——不可抵挡的恐怖灾难就要来临了，张贴告示，让所有居民马上收拾行装赶往前线，派五千士兵在途中保护他们。而剩下的五千士兵在城内布置陷阱，街道上埋入地雷，所有房屋都要倒上油和沥青，最后挑选三百勇士留守城内时刻准备火烧赛马尔城堡。然后——”迪里奥转头把手中的竹筒递给身后的一名卫士道：“和三十名士兵一起，马上去找前日离去的伊阿图，把这封信送到他的手上，不出意外的话，他此刻应该正行走在去死堡的路上。”

第五十一章
离奇的归来

“陛下，好消息啊，陛下。”在都城小型会议室内，情报大臣正气喘吁吁却喜气洋洋的对亚索行礼道。

“什么好消息？”亚索坐在会议室那张宽大的桌后面无表情的问道。

“死堡向赛马尔城出兵了。”情报大臣大声道。

亚索的嘴角微微上扬，但很快他的嘴角又恢复了正常，接着他严肃的道“声音小一点，你现在汇报的是军事机密，先不要大声嚷嚷。”

“是，陛下。”情报大臣恭敬地鞠了个躬。

亚索将背部舒服的靠在椅子上问道：“你是什么时候得到的消息？”

“回陛下，在今天晚上，我也是刚刚得到的消息。”情报大臣回道。

“哦！是死堡派人来了吗？”亚索又问。

“似乎是这样，”情报大臣的口气有些迟疑。

“似乎？”亚索疑虑的拖长声音道：“什么意思？”

“我也不太敢确定那是不是死堡派来的人，陛下。”情报大臣道。

亚索身子前倾，他奇怪的看着情报大臣问道：“什么情况？”

“是这样的陛下，”情报大臣道：“今晚半夜时分，我派在城中的密探向我报告说，城内出现了一个奇怪的疯子，他一边在街道上狂奔一边高声嚷嚷道‘死堡向赛马尔城出兵了，死堡向赛马尔城出兵了。’所有的居民都被他的这种叫喊声吵醒了。我即刻命令他们逮捕那个疯子并把他带到我的房间，据抓捕他的那些探子们说，他们找到那个疯子的时候他正披头散发，脚上的两只鞋子都跑丢了，可是他的嘴中却依然叫嚷个不停。六个精壮的探子费了九牛二虎的力气才将那个疯子按倒在地，他们将他捆绑起来带到我的面前，陛下，您猜——那个疯子是谁？”

亚索头都未摇道：“不知道。”

“虽然他的双眼都红了，头发也遮住了他的脸，但在灯光下我还是一眼就认出了他，”情报大臣道：“他就是陛下您派往死堡运送战马的财政大臣，他回来了。”

“什么？”亚索皱了下眉头道：“是他？”

“是的陛下，”情报大臣道：“半夜时分我的探子们看不真切，不然他们也决不会那么粗鲁的对待劳苦功高的财政大臣。”

“这老家伙儿，”亚索怒道：“当初派他去运送战马是因为这次的马匹得来不易，我怕路途上出现哪怕一丁点的差错，再加上这又是第一次和死堡合作，为了显示我们对死堡的看重，所以我才派一个信得过、地位高、又老成持重的人和马队同去，这老家伙儿究竟是怎么想的？他不知道这是军事机密吗？回来后他不向我汇报情况反而跑到城里去瞎嚷嚷什么？”

“陛下，”情报大臣踌躇一下道：“这可能不能怪财政大臣，我见到他的时候他似乎是真的疯了。”

“真的疯了？”亚索吃惊道：“你指的是理智上的混乱还是情绪上的失控？”

“好像都有，”情报大臣意味深长的说了一句，接着道：“我看出他是财政大臣后马上让探子们解开捆绑他的绳子，可是他的双手刚刚解放他就迅速将捆着自己嘴巴的麻绳扯下到脖子处，而他腿上的绳子尚未被探子们解开他就在我的房间里蹦跳起来，他一边蹦一边大喊道‘死堡向赛马尔城出兵了，死堡向赛马尔城出兵了。’我焦急的在旁边叫喊着他的官衔，可他就如同没有听到一般——只因他嚷的是军事机密，所以我不得不让探子们一拥而上将他按倒在地，再次用麻绳将他的双手和嘴巴都捆绑起来。陛下，您是没见当时的情况，等他一离开探子们的按压，他就在地上不断地打滚，他的眼睛整体通红的就如同一只发怒的狮子，而他嘴中又不断向外泛出发白的唾沫，他虽然喊的话含糊不清，但他的牙齿却一直在用力摩擦口中的麻绳，就如同一匹用力嚼着草料的马。”

亚索沉默起来，过了一会儿他道：“他走的时候还好好的，这才几天时间，这好好的一个人怎么说疯就疯了呢？”

“陛下，我怀疑这是死堡的人做的，”情报大臣道：“可能财政大臣对他们说了什么让他们不满意的话，所以他们才对财政大臣下此毒手——说起来我也真是良心不安，本来这个差事该是我去的，但我却在最不该生病的时候生了病。如果要是我去，财政大臣就不会遭此劫难了，哎——”

亚索没接情报大臣的话茬反而道：“应该不会是死堡的人做的，我们与他们是合作方，我们也拿出了足够多的诚意——先是要把赛马尔城封赏给他们，他们要一万五千匹公马三万个头盔我们也二话没说就给他们送去了，即便真是财政大臣到那里说了什么不稳妥的话，他们给我送来书信让我惩戒财政大臣就行了，根本用不着这样。”

“陛下，您说的话合情合理，”情报大臣道：“我也只不过是猜测和怀疑。当然，也可能是因为财政大臣年纪大了，再加上他这一路又常常车马劳顿、风餐露宿，所以他才没能抵挡得住风邪寒湿热对自己心肝脾肺肾的侵害，以至于事情刚刚办完，他自己就累出了这种疯病。不过陛下，有一点我却感到非常奇怪，按说一个人脑袋发疯后他的力气不会长进，可是财政大臣这次回来却显得力大无穷。”

“力大无穷？”亚索口气加重道：“你把这个词用在老迈的财政大臣身上是不是夸张了些！”

“陛下，虽说发疯的人做什么事都不留有余地。”情报大臣道：“但如果不是亲眼所见，我也真是不敢相信。先是那些负责抓捕的探子们告诉我说他们用尽了力气，也没有一个人能追的上在城中狂奔的财政大臣——您知道，我有好几个探子都是奔跑的能手，后来他们只好分成三队，在三个巷口用绷直的绊脚绳拦截他。可财政大臣跑来时两个精壮的探子都没能拉住拌脚绳，反被财政大臣那难以抵挡的冲击力带倒在地。其中一个探子的手腕被脚绳缠住，而脚绳的另一头又很不幸的挂在了财政大臣的左脚上，那个探子竟在地上被拖拽了个血肉模糊。陛下，按说财政大臣那么大一把年纪，身子骨又那么瘦弱，这——”

亚索挥手打断情报大臣的话，他面无表情的想了一会儿，然后重重哼了一声道：“照你这么说这次财政大臣的疯癫八成是死堡的人做的了？”

“八成是的，陛下。”情报大臣道：“这倒让我想起了前王无意间说的一句话。”

“什么话？”亚索问道。

“前王曾经说过，虽然都城的秘密记录上写的是‘国王率军离开了死堡，并与死堡达成协议。’但其实是前王一个人离开了死堡——活着的变成了力大无穷的疯子，死去的变成了面目丑陋的怪物，这是前王当时流着泪对我说的原话。但因为那时只有前王与我两个人，并且前王也是在酒醉的情况下说的这句话，所以我也没太在意，只是这次在见到财政大臣后我才突然又想起了前王的这句话，现在想想这句话也许并不是前王的无稽之谈。”情报大臣道。

亚索咬牙切齿的道：“如果这件事真是死堡做得，那么他们做事也太欠缺考虑了些。再怎么说财政大臣也是我方派去的人。俗话说打狗还要看主人，更何况我是国王，他是大臣，再怎么样我方的人也轮不到他们死堡来惩戒教训。”

“陛下，您说的是。”情报大臣道：“都城谁人不知财政大臣对您对国是忠心耿耿，一片赤诚，现在他落了个这样的结果，是个尚未丧尽天良的人都不免唏嘘不已、愤愤不平。不过虽然死堡办事欠缺考虑，但要从反方面来看我还是要恭喜陛下——”情报大臣话锋一转道：“死堡也算是用财政大臣表明了自己的实力。陛下您想，死堡有三万怪物，还有让活人变成疯子的能力，现在他们听从国王陛下您的召唤去进攻赛马尔城堡，不用说赛马尔城必然失守，到时犯有叛国罪的迪里奥、马尔卡、马里斯，还有那个什么奎力特一定会死无葬身之地，全天下也会因为这场战争所带来的震慑而围绕在都城陛下您的身边不敢再有什么异心。”

“话虽如此，”亚索道：“但他们对待财政大臣也太过分了些。一直以来财政大臣也算是尽忠职守，在我们最需要钱的时候，他开设妓院、研发烈酒、放开罂粟，那一项没为我们带来可观的收益？这么好的一个人被死堡折腾成这个样子想想我都良心不安。”

“陛下，我是这么想的，”情报大臣接着道：“我们不能向外宣称财政大臣的疯病是死堡的人做得，我们只能说财政大臣因劳成疾，然后将他送到王家医室调养。另一方面，我们火速召回杰洛斯和留守在那里的军队——经过上次一战，犹伦之地短时间内绝对没有能力再次出兵惊扰我们的西方城池。如果说这次死堡打下了东边的赛马尔城，而他们又仗着自己的功劳不听我们的调遣，那么，我们就让杰洛斯出兵去灭掉他们。”

“灭掉他们？”亚索身子向前探了一下道：“他们可是刚刚为我们立下了功劳，我们这样算不算是恩将仇报啊？”

“不算，陛下，”情报大臣摇摇头道：“是他们对我们过分在先。而且到那个时候，财政大臣的身子骨在王家御医的调养下一定慢慢恢复了正常，他会如实的向陛下您汇报死堡这次对他的所作所为，国王陛下您为了自己的臣民一怒之下又出兵灭了死堡，这种振奋人心的消息更能让全天下看到国王陛下那种有情有义和深不可测的实力。”

亚索的身子缓缓地靠回椅背，他轻微的点点头道：“嗯，如果死堡不听我们调遣——这很有可能，看他对财政大臣做的这件事就知道他们很可能怀有二心——那么留着他们也没什么用，只是——”亚索拉长口气道：“我们有能力灭掉死堡吗？”

“陛下，”情报大臣道：“据我现在所掌握的情况来看，虽然马尔卡率军包围了铁城，赛马尔城只留有一万兵力。但如果死堡打过去，马尔卡不可能坐视不管，他必然要退兵回到赛马尔城。我的建议是，我们送信给铁城伯爵，如果马尔卡撤军就让他撤，这样赛马尔城就有三万军队。让他们依仗着城池和死堡拼杀，俗话说守城容易攻城难，这样即便死堡攻下赛马尔城也会元气大伤，到时候我们再灭掉死堡说不定易如反掌。”

“不——”亚索道：“我们不能送信给铁城伯爵，我的意思是如果马尔卡撤军还是让他们追杀。不过在这之前我们要找人送信给赛飞高地，让瓦万特的大儿子率领他的一万军队进攻赛马尔城堡——他与马尔卡这叛国者有仇怨，估计我们不送信他也会领兵去打，我们在信上告诉铁城和赛飞，谁占领赛马尔城就将城堡封赏给谁。到时便将会是死堡、铁城、赛飞和赛马尔城的一场混战。我们只要让阿特尔留守在谷地城不要轻举妄动，这一场战争下来，这几个地方都会被同时削弱，等我们出兵的时候他们也不可能再联合。”

情报大臣深深地鞠了一躬道：“陛下，在没人看见时，我也常常自诩自己是个垂钓上的高手，并因此而自鸣得意，可您在暗流涌动的湖面边上刚一出手下饵就让我自愧不如。您定是天神下凡，您的这个办法可比我说的高明的多了。”

“不过——”亚索未接情报大臣的话反而想了下道：“你猜测一下我父王当时为什么会一个人离开了死堡？”

“我猜有两种可能，”情报大臣回道：“一种是前王在没有打赢那场战争的时候用仅剩的军队做了交易，他可能让军队放弃抵抗然后留给了死堡，但条件是必须让自己走，不然就率军抵抗到底。而另一种可能就是军队看到那些杀出的怪物后都吓成了疯子，而前王利用自己的地位威严逼迫死堡与他达成了协议——我比较倾向于第二种猜测，不论怎么样，以我对前王的了解，他再怎么样也不会拿自己的军队和死堡做交易的。”

“死堡可真是神秘，”亚索道：“他们要不听我们指挥最终也真会成为心腹大患。”

“死堡再神秘也只不过是些怪物和疯子，陛下，”情报大臣道“前王当时进攻死堡时带的人太少了，也可能是掉以轻心，这才让死堡钻了空子，但是——我相信，这世上没有什么是会不死的，包括马尔卡，他竟然还恬不知耻的向外宣称自己是什么不死之王，虽然我比他年纪大，但我也能在此时看到他死期将至。”

“好吧，”亚索道：“就这么决定，你去各处安排吧。对了，王后处有什么动静？”

“没有，陛下，”情报大臣笑道：“您不用担心，探子向我汇报说王后没日没夜的在教堂向上天祈祷，她有时痛骂罗里斯、女仆还有菲利斯特，有时又说要原谅他们，只要上天能送她的孩子回来，对了陛下，她还常常在祈祷您的平安呢。”

亚索露出难得的笑容道：“和我的探子禀报给我的差不多。哎——她也是个可怜的王后，被自己身边最亲近、最相信的人背叛，有什么比这个更让人心痛呢？再有四天时间我们就要成婚了，我一定要对她好一点。情报大臣，你去吧，去安排一些人盯着赛马尔城，毕竟财政大臣的疯癫是不是死堡给我们带来的消息我们还没能完全确定，但如果死堡真的出兵了，在我婚礼的时候，我应该已经得到了好的消息，而到那时我将宣布，你、就是全国新的首相大人，然后——内政大臣、财政大臣的位子空缺，人事上的任命就由你去挑选吧！”

“感谢陛下，”情报大臣深鞠一躬道：“您交代给我的事我必全力办到，我一定尽忠职守，不会让您失望。”

第五十二章
消失的战争

中间大路，左边山峦，右边浓密幽深的森林中，宽厚的林叶正“沙沙”的响。

此时，如果你正坐在林边那棵最高的树梢上向那条宽阔笔直的黄土路上看去，你就会看到远处正行进来一支奇怪的队伍。

那支队伍让人惊异——它就如同一个正在迅速向前推进的、没有生命的长方形，而里面除了奔跑的脚步声、“哒哒”的马蹄声外就再也没有丝毫嘈杂的声响——是的，那支远来的队伍太过沉默，沉默到有些不大像人类的队伍。

这队伍慢慢的离森林近了，近到你能看到里面那些高矮胖瘦、形态各异、似人非人的苍白怪物，它们排列的整整齐齐，相互间没有任何交谈，它们就像是密密麻麻又连绵不绝的白蚁般一眼望不到边际。

一朵大片的云遮住了天上骄阳的脸，似乎连那见多识广的太阳也在云后闷声自问道——是谁，在我的眼皮底下带领着这么多死人前行？

森林中的风声大了，跟着传出了“唉——”的一声长长的叹息声。

“嗖”的一声轻响，一支用竹子削成的利箭就如同钉住了时间，它准确无误的穿过前排一个怪物右边的太阳穴，而那个怪物连吭都没吭一声就身子前倾重重的摔在了地上。

整支队伍不约而同的停了下来，没有恐慌、没有叫嚷，安静的就像没有发生前面的那一幕。接着队伍左右两边分开，从中走出了一匹稳健的黑色公马，而骑在这匹马上的，就是现如今死堡的主人。

黑袍来到那个死去怪物的身边，他并未下马，也并未说话，可是他座下的那匹黑马却突然烦躁不安起来。

前方不远处的林中忽然传来一声高昂的马嘶声，接着一匹长毛白马由那林中奔跑而出，它迈着漂亮的步伐转着圈在大路上蹦跳几步，接着它站在原地，仰起脖子，瞪着黑亮的眼睛冲着黑袍的队伍发出了几声响彻天际的鸣叫。

“是匹母马。”黑袍的声音带着几分冷笑，可是他座下的那匹黑马却紧跟着发出了气魄雄浑的嘶鸣，接着它疯狂的跳动着自己的四蹄，似乎要把背上的黑袍摔下。

“安静，”黑袍的一只衣袖稳稳当当的按在了座下那匹黑马的头上，衣袖中一团黑气罩住了马头，那匹马昂起的脑袋渐渐低垂，然后它的口中泛起白沫，它不安的摇晃着头，发出了几声不大的哀鸣。

与此同时，林中却传出了马匹长短不一的嘶鸣声，紧接着，有数不清的母马由远处那林子中奔跑而出，它们体态各异，或娇小、或修长、或匀称、或清瘦；它们颜色万千，有白色、有红色、有黄色、有黑色，它们齐整整的跟随在第一匹出来的白马身后，而它们那清晰可闻的鸣叫就犹如人类士兵在战场上并不杂乱的合唱声。

黑袍直面着远处那群由林中蹿出的母马，而那群母马就如同有着非凡的灵性，也只不过是瞬间的光景，它们便全奔回了森林，顿时消失的无影无踪。

可是，黑袍队伍后方的马匹却都发出了暴躁的嘶鸣，“下马。”黑袍的声音和他的右手同时落下。

杂乱无章的马蹄声就如同天上让人措不及防的奔雷，除了黑袍座下的那匹黑马，一万四千九百九十九匹公马就像是不可抵挡的狂暴海浪般从后方席卷而来。许多怪物被撞翻在地，而从它们身上践踏而过的马匹都在拼命地向森林中冲去。

“你们这群只知道吃喝交配的畜牲，”黑袍看着最后一批进入森林的马群低声道：“如果不是没有时间，我真应该先阉割了你们。”

被马群践踏的怪物们很快便从地上爬起，散乱的队伍再次归为齐整。

黑袍动也未动，他继续看着地上那个死去的怪物，然后他又抬头看了看左方的森林道：“在那么远的地方，你这一箭射的真可谓是精准。”

黑袍话音刚落，一支竹箭又从林中射出，它比第一支更快更稳，竹箭的根部狠狠地穿过了黑袍戴着的衣袍帽。

可黑袍就如同毫发无损般依旧在马上自语道：“先射死了我的一个仆人，却没有万箭齐发，看来能从那么远射出这么准的竹箭的只有一个人。用一匹母马验证我方的公马是否遭受阉割，再利用母马群使我带领的所有公马发狂进而冲击我的部队，这可真是个好想法。怎么？你们这么做是想警告我不可再向前行？”黑袍轻蔑的说完然后抬起右手缓慢的道：“戴上头盔。”

所有的怪物们就如同训练有素的士兵般同时拿起腰间的头盔戴在头上，黑袍的右手向前一挥道：“照着大路，继续前进。”

怪物们迈着整齐的步伐向前奔跑，而左方的密林中突然射出了上千支竹箭，箭雨分别由上、中两路向黑袍的队伍袭来。前方许多怪物的身上都插满了竹箭，远远看上去就如同行走的刺猬或豪猪，但对它们来说这似乎就如同淋了一场转瞬即逝的暴雨，它们依然在前进，丝毫没有任何缓慢。

林中的竹箭停止了，唯有风过林叶，再次发出了一声长长的叹息声。

“勇气可嘉，”黑袍看着左方的森林道：“可惜实力不足。等我灭了铁城与赛马尔城，我再来将你们这些树木全部砍光。”

黑袍话音未落，前方奔跑的队伍处忽然传来一声轰然巨响，这声音就如同天塌地陷一般。黑袍的目光向前望去，只见前方已经是尘土漫天、黄沙万丈。

黑袍的右手再次抬起，“停步。”他道。接着他骑着马走到前面，空中的飞沙渐渐散去，黑袍看到面前的道路塌陷了，地上出现了一个巨大无比、黝黑深邃的四方形陷坑。

陷坑底下密密麻麻的插满了削尖的箭毒木，不少怪物已经被直挺挺的挂在了上面。还有许多怪物虽然已经被扎的千疮百孔，但它们就如同刚被鱼叉刺中的鱼般，身子还在拼命的扑腾。

黑袍细细的看着那个陷坑，过了好大一会儿，他才似乎嘻嘻的笑道：“达到设定重量才会自然崩塌的数字陷阱。我真没想到现在还有人能够掌握这样的技术，是我小看了你们，不过你们也小看了我。”

随着黑袍右手的抬起，陷坑中离奇的一幕出现了，那些未死的怪物们不再乱动，它们井然有序的拔出插入自己身体的一根根箭毒木；还有些怪物折叠着被几根箭毒木串在一起，而最上面的那个或俯身、或仰面、也都在用双手握着箭毒木的顶端用力向上一寸寸的外拔。许多怪物肚子中的器官在向外掉落，可整个陷坑中却没有一丝殷红的血迹，没有一声痛苦的呻吟，那情景诡异的让人心跳，就如同一帮浑身窟窿的人偶同在一间让人心中发毛的娱乐场。

“你们费了这么大的力气，也只不过杀死了我为数不多的几个奴仆，我马上会让你们知道我的可怕。”黑袍看着陷坑中的怪物道：“上来。”

“轰然”又是一声响，黑袍下方的土地突然陷落，黄土再次扬起。这个连环陷阱挖的极其巧妙，从坑中怪物的视角根本看不出这是个陷阱。它虽然经历了前面怪物行军的重量，但却并未提前崩塌，反倒是那个大的陷阱陷落时带走了它厚实的土壤，这促使它底下的土质看似无恙却恰如其分的松懈了，而久站在那里晃动的黑马和它背上的主人成了被这个连环陷阱吞噬下肚的最后一根‘稻草’。

与此同时，左方森林前排的树上、那看似密不透风的林叶后同时向天空射出了许多带着火焰的竹箭。这些火箭从天而降，齐刷刷的落入了那个巨大无比的陷坑中。

坑底的箭毒木顿时被这些火箭引燃，火势并不是很大，但紧跟着几声天崩地裂般的巨响，坑底周围的泥土被炸出、陷阱的底层再次陷落。这双层陷阱的第一层四面已成了倾斜向下的土坑，里面埋藏的无数圆形铁树封口的一端被炸药炸开，这些被从中挖空的铁树内装满了用植物压榨成的油，而油带着爆炸时产生的火焰顺着斜土坡倾泻下流，也只不过是瞬间光景，陷坑中就已经成为一片火海，火焰最高的那条蓝色火舌甚至伸出了陷阱之外。

铁树皮不论多大的重量都能承受，但它却唯独怕火，在火焰之间支撑着上方黄土的铁树皮开始慢慢燃烧，土向下滑落，坑中的火势刚刚减弱，大量的黄土就如同山体滑坡般“哗啦啦”的便掩埋了这个陷坑的底层。

此时的森林中异常安静，连树叶都停止了“沙沙”的声响。

在陷坑外站着的怪物们动也不动，它们面无表情的看着面前那一幕，脸上没有留露出丝毫它们本该有的神情。

不多时，陷坑中的一处黄土微动几下，然后一只似人又似野兽般的利爪先从那里伸了出来。接着黄土向两边松开，从里面爬出了一个右边身躯已成骷髅，而左边身躯又伤痕累累的怪物。

怪物那半边似人的躯体已经被烧的黑如焦炭，他仅有的一只眼睛圆圆的睁着，可是眼中却没有任何愤怒、恐慌、或是别的什么——那只眼睛只是圆圆的睁着，在他那焦炭似得半边脸上，这只眼睛更让人有说不出的可怖。

“做的可真是不错，竟然烧毁了我的黑袍。”从坑中爬出的怪物自语道：“你们这么煞费苦心的想杀死我，不就是想诱惑我们进入森林。既然你们敢用火土坑杀了我两千奴仆，那么我就用你们的身躯来代替他们侍奉我吧。”

黑袍说完，骷髅似的手臂抬起，所有怪物的目光都整齐的投向了森林。

黑袍的右手落下，他看着那上千只向那森林奔去的怪物道：“我不同于你们，我有着难以死亡的奴仆。”

许多不大的数字陷阱在森林前面崩塌，无数的怪物掉入陷坑，可是第二批千只怪物又离开队伍向森林的方向奔去。后来的怪物踩着前面掉入陷阱中怪物的头部，而在陷阱中未死的怪物又从里面向外爬出，很快的，这些奔跑的怪物们便离森林越来越近。

怪物们口中发出难听的嘶吼，这声音盖过了森林中传出的叹息的风声——离森林最近的怪物们头上的铁盔开始前后不一的向树枝上飞去，接着许多看似杂乱无章的竹箭从林中射出，可是它们却准确无误的穿过了这批怪物的头颅。

“有趣的人们，竟然在树枝上挂满了磁石木。”黑袍的咽喉如同嘲笑般发出了“咯咯”的声响，接着他抬起左手，五团不大的黑气顺着他的手指利剑般向密林中飞去。

黑气进入森林，林中顿时响起了几声痛苦不堪的呻吟，然后四个浑身燃烧着黑色火焰的人迅速从森林中跑出，他们分别抱住了离自己最近的一个怪物。

“你们想依仗森林的幽深，但我告诉你们我的做法，”黑袍左手的黑气在掌心不断凝聚，“我会先让你们躲避我神圣的火焰，再由我的奴仆杀死你们的肉身，这样你们将会成为我新的奴仆，而这，便是你们阻挡我时间的下场。”

随着黑气越聚越大，黑袍的口气也变得有力起来。

那团黑气源源不绝的缓慢上升，直到在黑袍的头顶上方形成了一只巨大无比的蝴蝶的形象。

黑袍身旁的怪物们看着那只黑蝶第一次发出了有如人般的欢呼，它们同时上前围住黑袍，外围还有不少怪物在向圈内挤，怪物们失去了原有的秩序。

“破。”黑袍口中这个字声若洪钟。

那只巨大的黑蝶顿时如同一块被敲击的薄冰般在半空碎裂，接着它变成无数只小巧无比的黑蝶向森林的方向挥动着翅膀。

“让我看看你们怎么躲避我的这次攻击，”黑袍扬起头道：“黑死之炎热、幽冥之火蝶、去吧，追寻鲜活尸体们逃亡的步伐，将他们驱赶到我奴仆的面前。”

无数怪物同时向森林投出凶残的目光，无数黑蝶同时向森林处翩翩飞舞而去。

可就在此时，黑袍突然对离自己最近的一个怪物道：“谁！”也就在这同一时刻，一枚银针从那个怪物的口中射出——那银针穿过黑袍的左方头颅，而那怪物的左手快如闪电，没有任何人看到他从哪里拿出的匕首，但匕首已经插入了黑袍的心房。

黑袍的眼睛睁的大大的。

“刺客之城城主，”那个‘怪物’道：“特来为恩师安西报仇。”

黑袍的身子倒在地上,飞舞的黑蝶化为乌有。

怪物们呆在当场，接着它们同时爆发出了惊天动地般野兽似的嘶喊。

一只蝙蝠从城主的身上冲天而起，而城主则将手中的匕首一分为二，“来吧。”城主对面前的怪物们道。

怪物们一拥而上，然后它们杂乱的叫喊着向森林方直冲而去。

战斗直持续到第二天的清晨，从这座巨大到有若迷宫的森林外围开始，就能见到许多头颅中箭的怪物们倒在地上，而那微明的林中更是如同地狱，一路走去能见到无数怪物的尸体——它们或被树藤吊在半空，或被铁树干扎死在陷坑。当然，还有随处可见的数不清的死状凄惨的人们，他们的献血也同样染红了这片森林的土地。

法亚尔用手中的竹箭扎死了面前最后的一个怪物，他的身旁已经躺满了怪物与费希莫族人的尸体。法亚尔拔回那支利箭，他疲倦的叹了口气将身子靠在一颗大树上，可还没一会儿，远处一个已经躺在地上多时的怪物却站起身低着头如同脚下生风般向他奔来。

法亚尔顿时将手中的弓拉的如同满月，接着“嗖”的一声，竹箭离弦直奔那个怪物的头颅而去，可“噗噗”两声，竹箭只穿过了那个怪物伸开遮挡在头前的两只手面。

法亚尔敏捷的低滚向前，他迅速拔出地上一个怪物尸体头上的竹箭，可是那个活着的怪物已经冲到了他的面前，法亚尔抬头吃了一惊，怪物被竹箭串着的手背却大力的向他砸来。

法亚尔急往后跳，但竹箭锋利的尖部却深深的划开了他的左腹。

“马里斯，是我。”法亚尔忍痛叫道。

怪物的第二击紧跟而来，竹箭钉入了法亚尔的腹部。

“你还记不记得希丽亚？”法亚尔痛楚的道。

怪物的动作停顿了下，但跟着，它拔出竹箭的双手却再次向前挥动。

“噗”的一声，一支竹箭由后面穿过怪物的头颅，怪物倒在了地上。

法亚尔向前看去，只见一个瘦弱的孩子正拿着弓站在远处的一棵树旁。

“族长。”那个孩子边哭边走了过来。

“别动。”法亚尔出声制止，接着他吃力的推开了压在自己身上的怪物，在确定那个怪物果真不再动弹了他才强挤出一个笑容对那个孩子道：“谁让你来的？”

“族长，我今天已经十六岁了。”那个孩子哭泣着说：“是我自己来的。”

“哦，你已经是费希莫族的成人了，”接着法亚尔冲那个孩子道：“你过来吧。”

孩子蹲在法亚尔的身边，他看着法亚尔冷汗直流的脸不由得嘶哑着声音害怕的道：“族长。”

法亚尔左手压着的左腹中不停的向外冒着鲜血，可他却哈哈大笑，但紧接着，便是剧烈不止的咳嗽。

“别哭，”法亚尔对那个孩子道：“你今天做得很好，独立，勇敢，有责任，有担当，”他咬牙忍痛，边说边将腰间那颗绿色的宝石拿起递给那个孩子道：“我要拜托你一件事，把这颗森林之光交给希丽亚。告诉她死堡所有的怪物已经被消灭殆尽，而这颗宝石也救了她父亲一命，它抵挡了一次黑袍的火焰。”

孩子接过森林之光，他对着法亚尔哭泣着点头。

法亚尔面色苍白的问道：“他们都还好吗？”

“嗯！”孩子重重点头，声音却跟着眼泪道：“他们在森林的后方很安全。”

法亚尔笑起来，接着他吃力的将自己左手的血在自己的身上擦干净，然后他才温和的对那个孩子道：“把头伸过来。”

孩子伸过头去。

法亚尔抬起发抖的左手按在了他的头顶上。

“当我暮暮老矣，”法亚尔的声音又短又重。

“当我暮暮老矣，”孩子泣不成声的跟随道。

“当死亡如期。”法亚尔庄严的道。

“当——”孩子哽咽不止，但还是道：“当死亡如期。”

法亚尔吃力的吸口气，“当——”他的手重重的落在了地上。

少年的呼吸声不断急促加深，他呜咽了好大一会儿，才高声道“我曾如鹰一样飞翔——”

此时此刻，在刺客之城的街道上站满了无数遮着黑色面纱的人，整个城内异常安静，但忽然间，他们同时举起了自己手中已经断成了一半的匕首。

“刺客之城，无血无泪，重续百年，交友结敌。”这喊声盖住了刺客之城的上空。

一个拿着木笛的侏儒正站在上方那间‘蝎尾’房间的窗户边沿上，他眼睛含笑的看着下面这一幕，可是，他的嘴角却在倔强的轻微上扬。“新的篇章，”他笑着、低声而有力的道：“从今天开始了！”

第五十三章 真实的故事

“懦夫，拔出你腰间的剑。我要让我手中锋利的剑刃告诉你——在这宽阔的街道上，你撞到了最不该撞到的人。”

“拔呀。”亚索看着舞台上的另一个人道。

“我有急事要办，”那人道：“请原谅我的无心，勇士。我并非有意冒犯到您，我向您低头道歉。可是在这宽阔的街道上，我低了头，也请您放我过去。”

“可真是个不爽快的人。”亚索冲舞台上的那人摇摇头。

“懦夫，我能接受你这低垂的头颅，但我却不能接受你这种低三下四的态度。按说你的腰间也佩戴着坚硬的宝剑，你该拔出它，要么在众目睽睽下和我血战一场，要么在大庭广众下把它赠送给我。”

“拔呀。”亚索看着舞台上的另一个人急道。

“勇士，你给我出了个难题，”那人道：“但我不能将它赠送给你——因为如果我手无寸铁，我就会一直受人欺辱，这样即便有人对我表示善意，他也会认为我是个可怜的废物。可是勇士，我也不能和您血战，只因为一件小事而拔刀相向，这也违背了我原本佩剑的本意。”

“这可真是个不爽快的人。”亚索冲舞台上的那人摇摇头。

“哈哈，懦夫，希望你的剑术能和你的言语一样花巧。这样吧，我来给进退两难的你指条出路，你跪下学三声狗叫，再从我的胯下爬过去，你就可以走了。”

“跪呀。”亚索看着舞台上的另一个人道。

那人跪了下来。

“叫呀。”亚索道。

“汪汪汪。”

“爬呀。”亚索又道。

那人从另一人的胯下爬了过去，台上的看客和台下的观众都哈哈大笑起来。

亚索转头对后面坐着的情报大臣道：“这部新剧没什么好看的，没有打斗流血的场景，缺少激情膨胀的剧情，这部新剧叫什么？一个佩剑懦夫的下场？”

“陛下，”情报大臣恭敬地回道：“这部新剧还没有名字，但据编剧说它是根据一个古老而又神秘的一件真实的事件改编的。剧中这个由别人胯下爬过去的人此时正急着去参军，后来他在军队中当上了将军。”

“当上了将军？”亚索轻蔑的道：“我敢说这是胡编乱造的剧情——现在剧作家为了让自己的剧作受人重视，总喜欢说根据某件真实事件改编，如果我们国家没有发生这件事，他就会说根据远方一个古老神秘国家的一件真实事件改编——虽然这个远方很可能远的根本没有存在过。他的这些花里胡哨的招数骗骗别人还可以，可是让我看来他只有一个字是真的——编。理由很简单，作为国王，如果我知道我底下有一个将军曾从别人的胯下爬过，那么他再怎么出色我也只会将他的官职一降到底。不然呢？难道让我亲眼看着由他率领的军队早晚有天变成和他一样不敢拔剑只会跪在地上汪汪叫着的懦夫?”

“您说的很对,陛下,”情报大臣道:“但他这个剧作编的也算合情合理。此时这个人确实面对着人生中最大的难题。当然,如果换一个人来说,这可能不是一件什么大事,受人侮辱的人大部分都会选择不是你死就是我亡,还有小部分选择苟且偷生。可是对于胸怀大志的人来说,有时一些事只能低眉忍让,即便他会因此受到旁人的嘲笑。此时这个人如果拔剑杀了另外一个人,那么他就会因法律的制裁而丧命,或者他拔出剑,却因为打架斗殴而被关进监狱,因此耽误了他参军的时间——陛下你听,他将要说出一段话来,这段话是他的内心独白,倒也经典。”

亚索转过头去。

“笑吧,蝉鸠,去讥笑那将要展翅的大鹏。然后,带着你们各自的笑容,接着去你们的树间营营,你们一辈子也见不到风起云涌,是因为你们只懂得低空飞行;你们之所以在这草泥间相争,是因为无论你们怎样张开翅膀,也无法跟随那转瞬即逝的大风——你们的智慧缘尽于此,所以笑吧,蝉鸠,去嘲笑那将要起飞的大鹏。然后,当你们抬头,你们只能见到天色苍茫,而当你们低头,却依然是九死一生。生命可贵,可它终将像秋冬的草木般衰败,你们的言词却还在细小的是非中絮叨不休,你们的情欲却还在低等的感宫间纠缠不清,你们的身体一天天在向黄泉靠近,你们却不知道它已不能像春回的草木般回头、第二次在大地上展现出勃勃生机。所以,用力的笑吧,蝉鸠,去讪笑那已经离去的大鹏,然后,带着你们各自的笑容,去见见这归来的鹏鸟——白驹过隙,从风而起,来去九万,挥翅携雨。沧浪水浊,鱼龙混杂,下流如崩,上行如蹬。天清云淡,良辰尽显,日月并行,星霞璀璨。丘低山高,海深河浅,大迹无言,道路坦坦。春华秋实,朝生暮死,仁喜丝竹,勇爱钟鼓。长乐绵绵,短乐嘈嘈,靡靡铿锵,翩翩起舞。”

亚索皱着眉道："这一大段又是什么东西？别人侮辱了他，他没有拔剑来维护自己的尊严，然后别人嘲笑了他，可这不是他应该得到的吗？他还没有破茧成蝶，那么谁能知道他此时的行为是懦弱还是隐忍，是放弃还是坚韧？但是他心里却把别人都贬低了一遍，他这样又和那些看不起他的人有什么区别？照我看来他的智慧也就缘尽于此了，因为我觉得他如果真的胸怀大志，他就因该连这段内心独白也没有，他要毫不分心的埋头走过去，继续去干自己的事业，当你成为鹏鸟的时候所有人都看得到，而当你还不是的时候你说的再好听也没有用。"

亚索接着又一次转过头去问情报大臣道："后来怎么样了？他当上了将军，有没有回来找这个侮辱他的人报仇？"

"没有，陛下，"情报大臣道："这部剧的大概故事是这样的。当时这个地方有一个残酷无情的疯王，他为了维护自己永久的统治，便开始横征暴敛，也制定了许多奇特的严刑峻法。人们在这种长期压迫下过的是痛苦不堪。于是有许多领主开始步入了自己的反叛之路，世道再一次进入了动荡不安，兵革四起的黑暗时代。结果是，有更多的人在这水深火热的环境中过的朝不保夕，所以人们真心的希望国家能不再动荡，国土能再次统一。而这其中又有两大家族兵力强盛，他们势均力敌，都想趁乱坐上国王之位。其中一个家族的领主是战神转世，他力大无穷，作战英勇，在他的带领下他的家族吞并了许多小的领土，他们也渐渐发展壮大。而另一个家族的领主就比较有意思了，在他出生之前，他的母亲有一晚在河边洗澡，却遇到了一条正潜在水中的魔龙，那只魔龙被他母亲在月光下的美色所惑，随机变成一个漂亮的男子从水中走出与她婚配。然后那条魔龙给了她母亲一个预言。'我们的儿子，'他说，'会骑上世上最能跑的骏马，一切都将在他的脚下旋转，他伸出手来，所有的生命都会匍匐在地，我要让他结束这黑暗的时刻，我要将最好的生杀大权送给他。可是，'接着他又道：'战神也将重现人间，他有着可怕的屠龙之术，他也一定会成为我们儿子的阻碍。但是没有关系，我将用魔力偷偷盗出他的那柄屠龙宝剑，然后让这柄利刃握在我们儿子的手上。’魔龙说完这番话后便潜入水中消失了。而这个孩子出生的那天，天地变色，雷鸣电闪，说来也奇怪，这个孩子生下来便有异于常人，他上身长有黑鳞甲，腿上长有七颗黑痣，他臂长过膝，目能自视其耳。所有见过这孩子的人都说他天生异象，将来必成大器。而这孩子长大后也确实智慧非凡，于是便有许多人开始追随他。”

情报大臣停了停，他见亚索听得认真，便继续道：“这个魔龙之子自身确实有着特殊的魔力。陛下，不知您有没有听过一个传说？有个苍老的国王娶了一个美丽的女人，次年这个女人生下了一个儿子。老国王很高兴，他当天便在全国张贴告示，誓要把这世上最好的一切都给他的儿子。隔天便有三个女巫前来为他的儿子祝福。第一个女巫道：‘我要将取之不尽的金银赐给这个男孩儿。’她得到了老国王的感谢；第二个女巫道：‘我要让这个男孩儿登上前所未有的权力宝座。’她得到了老国王的尊重。而第三个女巫也是法力最大的一个，她走上前说：‘我要让这个男孩儿一生都能讨得所有人真心的喜欢。’老国王听后却大发雷霆道：‘只有低等人才需讨要，尊贵的王族只有获得。你瞒不过我，你来到这里，只是为了在我孩子面前给他一个诅咒。’于是爱子心切的老国王将这个女巫赶出了城堡，而将另外两个女巫视为贵宾。”

“我没听过这个传说，”亚索道：“但这个女巫太诚实了，她要是将词语改为获得那么她一定会受到老国王最高的礼遇。不过话说回来，你是在哪里听到的这个传说。”

“陛下，”情报大臣恭敬地道：“我出生于戏班，年少时因为家境贫寒，所以我能够娱乐的东西自然也不多。可是那时我却在戏班中看到了无数好戏，这个便是我看到的其中一个、也是我记忆最深刻的一个，所以这么多年了我依然念念不忘。”

亚索点点头道：“然后呢？”

“然后，”情报大臣继续道：“被赶出城堡的那个女巫站在外面愤愤不平的道：‘你使我在所有的女巫面前丢了脸，可你却不知道我送出了一个什么样的礼物，这个礼物远远比她们给你的更加珍贵。既然你说它是一个诅咒，那么我便在此收回我的祝福。时间会证明一切，可惜以你的寿命却见不到真实的一面了，只是可怜了你的那个孩子。’女巫说完这番话后便离开了城堡。时间转瞬而过，那个男孩儿很快便长大成人了，他得到了许多金钱，也继承了父亲的王位，然后他攻占了许多别的国家，最终他坐上了至高无上的位置。可是，在外人面前拥有着一切的他却总感觉自己缺少了一件东西，这件东西便是幸福。他做过一切能使自己开心的方法，但那种可怕的不幸感却如同无尽的深渊，他越想逃离却掉的越深，他也不知道为什么会这样。直到有一天，忧心忡忡的他看到自己的侍女面露喜色，而那种笑容是他从来没有过的，也就在那瞬间，他突然也特别想拥有那种发自内心的笑容，于是他就问那个侍女是什么事让她如此开心。侍女如实的禀告他，是因为一个优秀的青年送给了自己一件礼物，然后告诉自己他喜欢她，是这件事让自己一想起便发自内心开心的笑起来。他听后幡然醒悟，原来被人喜欢才能幸福——于是他便杀了那个优秀的青年，然后他送给那个侍女更多的礼物，并让那个侍女告诉自己她喜欢他。侍女终是说了他要求的那句话，可是很奇怪，幸福在他那里就如同昙花一现，也只不过是瞬间便消失了。但那短瞬即逝的感觉却让他得到了极大的满足，他就如同一只第一次真正舔舐了血腥的狮子，自此变得一发不可收拾。他需要更多的幸福，他需要被更多人喜欢。从那后，他就会问他见到的每一个人一个问题，你最喜欢谁，然后他会杀掉对方所说的那个人，慢慢的，他身边的每一个人都会回答最喜欢的人是他。”

“哈哈，”亚索大笑起来道：“感情不能强迫，这家伙儿疯魔了，他反要被这世界遗弃，反要被自己的不安吞噬了。这倒让我想起了另一个故事中一个病态的女巫，她因为常年处在自私、孤僻、冷漠、恐惧、多疑中，所以她渐渐地被那种害怕折磨的脖儿缩，肩儿耸，背儿拱，于是她走路都不敢抬头，可是她还是在带着怨愤的走。我终于明白当时那个女巫为什么不用获得这个词了，可不是吗，在感情中，别人只能实诚地给予，你又哪能轻易的获得呢？”

“您说得很对，陛下。”情报大臣也笑道：“每个人都认为自己的感情珍贵无比，有时你就是给他日月他都不见得会拿出来和你交换。这就是为什么我们要尊重自己和别人感情的原因，只因为它太过真实，有时真实的让人心痛，所以，许多书上才会认为欺骗是大罪。”

亚索点点头道：“后来呢？那家伙儿得到了那么多虚假的喜欢，他幸福了吗？”

“没有，陛下，”情报大臣道：“纸上画的再真的面包也难以用来充饥，它只会让人越看越眼馋，肚子反而更饥饿。虽然他身边的每一个人都说喜欢他，可他却更加郁郁寡欢，他并不知道问题出在哪里，而也就在这种闷闷不乐中他的生命也将要走到终点。苍老的他有一天躺在宽大的床上，虽然床四周站满了人，可是他却觉得自己孤苦无依，这种感觉强烈到使他绝望，于是他不得不屏蔽了左右，他叫来了第一次见到的那个面露喜色的侍女。‘我的母亲给了我生命，我的父亲给了我金钱和权力，而我用这些挣来了更多的荣耀。我一生没向别人讨要过什么，’他对那个侍女说，‘可是今天我要像个乞丐一样向你讨要一样东西，你能不能再说一遍你喜欢我。’‘当然可以，我的王。’那个侍女道：‘我可以说一百遍这样的话，并在这句话的前面或者后面再给你烙上真心两个字。可是你依然不会高兴，我的王，因为你还不明白王权使人敬畏，富裕使人羡慕、被爱使人幸福的道理。而这也像先有白昼后有黑夜一样，你只有先给与别人真正的喜欢，才能换得别人对你真正的喜欢。所以，我的王，你无需向我讨要，因为我之所以在今天的此时站在行将就木的你面前，也只不过是为了要再告诉你一遍，我喜欢你，真的，我喜欢你。’‘为什么会这样？’他在床上痛苦的摇摇头道：‘我听了这话没有像头次那样见到那一丝温暖的光亮，我却看到了在黑暗中一只黑漆漆的猎狗张开了它有如黑洞一般的口，这种感觉太熟悉了，可是这次它比以往都要逼真，为什么会这样？’侍女看着他在床上痛苦了许久，才道：‘在许多年以前，我曾来给过你一个祝福，可是你骄傲的父王拒绝了我的好意，于是，你失去了人生中最最重要的一个东西。当天有三个女巫同时到来，有两个都在你父王短浅的目光下推波助澜、兴风作浪。接着，你父王遗忘了一点，金钱可能能使你享受，权力可能能使你安全，但被爱才能使你幸福。然后，他接受了那两个女巫的建议，又将他短浅的目光传给了你，可是，你在这世界站得再高你也不可能成为一个无血无肉脱离了情感的人。你没有付出，没有换到，没有给与，没有获得，你没有爱与被爱的养育，你又怎能像个无趣的机械般存活？乞丐般的讨要？不，可笑，其实是真心换到的真心，是喜欢获得的喜欢。而当那天来临的时候，你不论是短暂的国王还是短暂的贫民，你不论是短暂的富贵还是短暂的贫穷，没有人会去伤害你，你也会在幸福中包裹。你缺了一样东西，我的王，那件东西在你们人类口中叫做爱，而在我们女巫口中叫做真心的喜欢，现在它就在我的手里。’侍女说着抬起了手，她的手上有一颗跳动的红心。‘许多年前我想把它当做祝福送给你，可是今天说什么也没有用了，因为你已经死了。’侍女说完用黑纱裹住了自己的脸，从一个死者的床边离开。’”

亚索叹口气，刚想说话，一个贝丽苏亚的侍女走来冲他行礼道“禀告陛下，王后说自己还要再盛装打扮一会儿，请陛下稍等。”

亚索点头笑道：“我知道了，告诉她不要着急。今天是我们成婚的大喜日子，从天亮开始全城内外都搭建了舞台，每个人都很重视，而作为众星捧月般的女主人，我理解她自然更是要盛装出行了。”

侍女道声遵命，退了下去。

情报大臣在亚索后面真诚的道：“爱是明智的，被爱是幸福的。陛下，王后对您可真是爱意满满。”

“女为悦己者容。”亚索笑着转头对情报大臣道：“你刚讲的这个故事还真是有趣，不过那个女巫也太小气。”

“可不是吗，陛下。”情报大臣笑眯眯的道：“现在舞台上演的这个故事您还要不要听？”

“听。”亚索简单干脆的道：“王后依然要梳妆打扮一会儿，舞台上演的这个剧作也太昂长无趣，还是你来简明扼要的给我讲讲吧，童话、仍将继续。”

第五十四章
不死的残缺

“奎力特，你不是去叹息森林了吗？你怎么会站在这里？”

“迪里奥师傅，我也是天亮时刚刚回来。迪里奥师傅，马尔卡，他、我——”

“别急，慢慢说，马尔卡现在情况怎么样了？”

“我也不知道，迪里奥师傅，我也不知道，我也是在今天刚刚回来时知道的这个消息。我去了叹息森林，我见到了法亚尔，我想向马尔卡说下我在那里的情况，就听说了这件事。我听说是因为前几日战况惨烈，昨日马尔卡亲自攻上了铁城城头。但——我刚刚见了随军医师一面，现在他就在里面的营帐内，他只说很严重，他让我守在营帐外面，除了您来，他说谁都不能靠近营帐，谁都不能进去。迪里奥师傅……”

奎力特话没说完，旁边营帐的门帘打开，从里面走出了一个瘦弱却精神抖擞的老者。那个老者见到迪里奥忙冲他行礼道：“大人。”

“在我们赛马尔城堡有两个最好的医师，”迪里奥忙扶起他道

“你便是其中的一个，公爵在世时便常常向我夸耀你精湛的医术。虽然公爵离去后赛马尔城几经战乱，但唯一让我庆幸的是你还存于人间。你曾让马尔卡的臀伤迅速恢复，现在，告诉我马尔卡的情况，并且我希望您还能再告诉我，在您妙手回春的高明医术下，这不是一件什么大事。”

医师的表情有些为难，但他却毫无迟疑的道：“大人，作为医师我见过许多对病人伤者充满着执念的亲属。而我之所以向您飞鸽传书是因为时间紧迫，所以我长话短说，我只问一句，大人，您准备好了吗？”

奎力特的脸色瞬间就变了，迪里奥的眼神却急速沉淀下来，他点头道：“您说。”

“情况非常不好，”医师摇摇头快速的道：“马尔卡的伤势并不严重，他只是伤到了左手，但伤他的那柄剑上却涂有剧毒。这种毒是铁城特有的毒蚁制成，您知道，一只毒蚁的毒并不厉害，可是如果把千万只毒蚁的毒......”

迪里奥机械式的点头不止，他口中不断地道：“我知道，我知道。”

“大人，”医师接着道：“从昨天下午到现在我都在用草药维持着他的生命，但马尔卡已经昏迷不醒，毒血也一次次侵害着他的身体，情况越来越糟糕。而我之所以请您从赛马尔城过来，是为了让您看一下他的伤势，并且要让您替他决定，为了保住他的生命，要不要让他失去自己的左手。”

“要，要。”迪里奥身子连晃几下，他却不停的点头道：“要不然呢？毫无所得、别无选择。”

“好的大人。”医师说着就要转身回到营帐中。

“不！”旁边的奎力特痛苦的一声大叫，他上前伸开双臂拦在医师面前大声吼道：“谁要动马尔卡的左手我就杀谁！”

医师看着奎力特冷静的道：“如果你杀了我，就是杀了马尔卡的生命。”

“让他过去，奎力特，让医师进去。”迪里奥道：“这是战争常有的结果，而医师是在救马尔卡的生命，你是想见到马尔卡再次活蹦乱跳的出现在我们的面前，还是……”他突然沙哑着声音道：“还是想再也见不到他。”

“迪里奥师傅，”奎力特刚说了一句，便蹲下身捂着脸嚎啕大哭起来。

“你去吧医师，”迪里奥道：“我们就不看了，我们就不看了。我们就在这里、就在这里等着。”

医师点头快速走进了营帐。

随着营帐的门帘关闭，迪里奥心头一阵剧痛，他抬手似乎想找个什么东西扶一下，却什么也没有找到。接着他瘫坐在地上，对依然在旁边哭泣的奎力特道“我们只能等，奎力特，我们帮不上任何忙，所以我们只能等，我们只能相信医师，所以一切都会好起来，我们要说些话，奎力特，我们不能这么静静地等，我们要说些话，讲讲你到叹息森林的经历吧。”

时间在一分一秒的流失，可是奎力特除了哭声却没发出任何言语。

迪里奥想着营帐内将要发生的一切，不由得心中疼痛压抑的难受，他张口道：“我以前在流浪的时候曾听说过一个故事，一个女子在外面见到一条受伤的蟒蛇，她走过去时那条蟒蛇动也不动，于是女子便把它带回家中养着。就这么过了一段时间，蟒蛇养好了伤，它便用身子轻微的缠绕着这个女子，女子逢人便说这是蟒蛇对她温柔的亲昵，她也让人来看这条能在她身上缠绕、有灵性的、懂得报恩的蟒蛇。可是那条蟒蛇却不吃不喝，身子也变得越来越小，女子以为它生病了，便急着带它去看兽医，兽医看了看却说它没有病，它只是为了要空掉肚子吃下这个女子。奎力特，这是一个顶可怕的故事，我以前常用它来吓唬什么也不懂的孩子。可是这个故事却告诉了我们几点，一、动物就是动物，它们身上总带有几分不可改变的天性；二、人就是人，人所看到的一切往往都是自己情感上的倒影，这就如同一个魔力的镜像，你有时越想什么反而越能在这个大千世界中看到什么；三、这其实是一件真实发生的事，只不过那条蟒蛇是一个冷血的男人，而那个女人又没有听明眼人的警告以至于酿成了一桩悲剧。所以奎力特，这世上最能疗伤的不是时间，而是明白。对了，奎力特，我还听过另外一个类似的故事，这个故事的主人翁虽然经历了危险但却有着好的结局。这个故事的主人是个喜欢读书的人，他去哪里都要带一大袋子的书。有一次他在外面遇到一只被猎人追杀的狼，狼流着眼泪祈求他救自己一命，他看狼可怜便让狼钻进了自己的书袋，可是等猎人过去后狼却要吃了他。狼说的很有道理，肚子要饿死了，他既然救了自己一次还不如好人做到底，不然自己依然是死，如果自己饿死了那他还不如当初就不救它。他虽然看了那么多书却无法反驳狼说的这个道理，只是他自己不太愿意被狼吃掉，于是他也就哭了起来。狼顿时露出凶相猛扑过去，并告诉他会为他帮助过自己而每天为他祈祷。就在狼准备吃他的时候过来了另外一个人，那人问怎么回事，狼便把刚刚发生的一切都告诉了那人，那人也认为狼说的很有道理，他也无法反驳。可就在那人准备离开的时候他忽然回头问狼道，你这么大的身子是怎么钻到书袋里去的？你刚刚一定是撒了谎，如果你撒谎，那这个人并没有救过你，那么你也就不能吃了这个人。狼为了证明自己没有撒谎，便再次钻进了书袋。而那个人一把封住了袋口，就要打死那只狼。狼在书袋中委屈的叫道：‘你无法反驳我说的道理，却要打死我，天底下没有这个道理。’那人哈哈大笑道：‘诚实的心只能给实诚的人——这道理和一个畜牲有什么可讲？讲一会儿你还会被绕进畜牲的道理中呢！’奎力特，你觉得这个人说的好不好笑？奎力特，虽然我们经历了那么多残酷的事，但就算假设这个世界是丑陋的，但你还是要爱它，因为你终将在这里生活，而缺少了爱、包容、理解的力量，你也终将会面目全非，最终变得和它一样丑陋。奎力特，人们常常是逻辑混乱的，虽然他们总好为人师又总喜欢高谈阔论，但其实他们自己身上有许多事他们自己都想不清楚，弄不明白，所以人性也总是自私自利的，但我们在能够保护自己的同时却依然要爱人，因为我们自己也是人，我们总是需要同伴、朋友、亲人，要不然这一路上走的也实在是太孤独了。奎力特，我们不能总是习惯选择走大多数人走的路，虽然这样阻力最小，最省事。可是奎力特，这世上也有许多伟大的人做过许多伟大的事，有许多我都不知道他们的名字，但我知道他们有一点共同就是善于爱己、善于爱人、善于爱这个世界，他们付出与行动，而并不是像许多普通人一样只喜欢口头许诺，伟大这个词是看他做了什么样的事，而不是听他说了什么样的话。奎力特，很多人认为我是个有智慧的人，但我知道我并不是，因为智慧不光是让你变得更强大，而是让你变得更幸福。所以……所以、如果有机会，奎力特，你不要像马尔卡一样傻，我知道他最想做什么，从离开叹息森林那天我就知道，我劝过他，可是那时他却没有听我的话。他坚定的选择先帮亚赛夺回赛马尔城，后来他又想先替亚赛和自己的弟弟报仇，再后来他又想替赛马尔城中的居民和我们找条出路，然后他再无牵无挂的去叹息森林，他的负担太多了。奎力特，虽然当时在刺客之城我让他当国王是形势所迫，但我认为在他去叹息森林的时间上并不冲突，可是——如果有机会，听我的话，奎力特，答应我、个人有个人的命运，去，去做你最想做的、充满着爱的事情，不要留下什么遗憾，当时间过后，你会知道，那将会是你人生中一段万金不换的故事。你一直是个勇敢的人，奎力特，选定自己的道路，便不要顾忌，不要瞻前顾后、不要前怕狼后怕虎，你要知道，人生中变数很多、无常很多、时间很快，答应我，奎力特，说些话，我们要不停的说话，你记得我说的话吗？答应我，奎力特。”

“迪里奥师傅，”奎力特看着嘴唇发白的迪里奥哭泣道：“我答应你。”

“你答应了我这个老家伙什么？你可别忘记了！”迪里奥问道。

“我答应你，迪里奥师傅，如果有机会，我便做我最想做的事，不留什么遗憾。”奎力特嘶哑着声音道：“迪里奥师傅，您休息一会儿，我给你讲讲我这次去叹息森林的经历。”

“好的，”迪里奥咧嘴强笑道：“诚实的心可要给实诚的人。奎力特，你既然答应了我，就不要忘了。”

奎力特点头，他抽泣两声道：“我按照马尔卡的嘱咐，很快便赶到了叹息森林，我见到了族长法亚尔，我如实的告诉了他一切，从我们离开叹息森林的那天讲起，直到马尔卡告诉我的死堡出兵的计划。可是法亚尔却拒绝了我的请求，他说我们族人不会战争，只会狩猎，所以很遗憾，我们费希莫族人无法帮助你们什么。但就在我准备离开叹息森林的时候，法亚尔腰间的那颗森林之光却忽然发出了巨大的光亮。”

“巨大的光亮？”迪里奥疑惑的问道。

“是的，迪里奥师傅，巨大的光亮。”奎力特又重复了一遍。

迪里奥道：“我记得法亚尔曾问过我，他说森林之光虽然是他们的守护石，但这颗宝石的来历却是个谜，并且那颗宝石后来从未发过光。他说他们费希莫族人书中的原话是——森林之光见到回家的路，而光芒之源却在外面的路上。奇怪，那是一种什么样的光亮？”

“很奇特，”奎力特道：“当时那里的所有人和树木都被那种光笼罩住了。那光亮并不耀眼，光芒很是柔和，让人觉得身处在一个魔幻的绿色世界中。法亚尔当时便叫住了我，然后那光芒便消失了。我转头看到他吃惊万分的表情，他却没有说话，接着他让我稍等一会儿便离去了。等他再来的时候，他很详细的又问了我一遍死堡黑袍的情况，然后他便要我回来带话给马尔卡，他们几个费希莫族人的长老都同意了我们的请求，他们会在森林外的那条大路上阻挡死堡黑袍的进程。”

迪里奥猜测道：“难道是森林之光看到了什么？我是真希望那

颗宝石能有什么无穷的法力。虽然向费希莫族人求助确实是我们逼不得已的唯一办法，但他们人太少了，他们拼死也不会阻挡黑袍多长时间。今天已经是第四天了，按照刺客之城双影的消息，明后天黑袍便会率领怪物们杀到赛马尔城下，即便费希莫族会在大路抵挡一会儿，可是，哎——现在的赛马尔城内也是混乱不堪。”

“怎么了？迪里奥师傅？”奎力特问道。

“有十之八九的居民们不同意搬迁，”迪里奥沉重的叹口气道：“可这也不能怪他们，在那个地方生活了那么久，他们也早已经和那里的万物融合了。鸟飞返故乡，狐死必首丘，对故土的依恋之情，鸟兽都是如此，更何况是人呢。我本想让马尔卡当上国王之后便颁布法令，先将赛马尔城的居民们都调到都城，然后再建设民舍，可是现在连个城堡都没有，我却要让他们拎着大包小包，带着子子孙孙的先赶往前线，他们自然不愿意。虽然我已经在城中贴满了告示，也如实告诉了他们黑袍死堡的可怕，但民愤激昂，他们也并不相信这是我贴出的告示。你知道的奎力特，没有真正见过死堡的人如果听到这一切就如同听到一个人在讲一个黑暗的童话故事般，他们会哈哈大笑，可心里却根本不把这些当做一回事。我只能先是站在宫城上对他们大声吆喝，然后便是走街串巷的告知他们这都是真的。有些人看我说的认真，再加上对我为人的信任，便相信了。但还有更多的人却告诉我说，迪里奥，即便你说的是真的，我们也哪儿都不去，我们祖祖辈辈都埋葬在这里，我们出生就在这里，所以即便死，我们也要死在这里，生于斯，长于斯。我心里真是着急啊，我只能告诉他们，事情紧急，当然是可以变通，他们的祖祖辈辈虽然埋葬在这里，但他们的祖祖辈辈不一定是出生就在这里。人最重要的是生命，树只要不死，有土它就会生根，生根就会发芽，发芽就会有一天枝繁叶盛。树都如此，人又怎么能被困死在原地呢？变动虽然是痛苦的、一阵一阵的，但既然不幸置之于了死地，那为什么又不想想生路的希望呢？你们不知道，这世上存在着一种神鸟，它伸开宽大的翅膀一挥动，那翅膀便会发出五颜六色的光，每个人都见那光芒好看，却不知道那鸟是曾经历过炼狱般的烈火，它在那炙热的火中翅膀黑的却如同焦炭，它自然是痛苦无比的，可那时也没人愿意去看它一眼。不过也正因为它熬过了那地狱而未死，所以它方才锻炼出了那五光十色的翅膀啊。况且现在他们要是不走，他们也不是死，而是变成活着不像活着的可怕怪物，然后他们再去残害活人，这可远远比死亡更加可怕。我说完这些话后又有一部分人相信了我，但还是有许多人不愿离开，哎——在收到马尔卡信件的当天我就让士兵去找伊阿图，我希望他能够回到赛马尔城堡。他是最接近死堡的人，他只要让赛马尔居民看看他胸膛上的伤口，人们就会知道究竟发生了什么，这远比我的言辞更加具有震撼性。我在信里也真实的告诉了伊阿图我们经历的一切，并告诉他，在那天的赛马尔城墙上，马尔卡未告诉他这些是因为我们和刺客之城签订的有协议——不能透漏死堡和刺客之城的任何消息，但是现在刺客之城单方面终止了合约，所以我也并不算违约。可是，在昨晚我还没有收到伊阿图的任何消息，也不知道士兵找到他了没有，也不知道他愿不愿意回来。”

“迪里奥师傅，您不用担心，”奎力特道：“伊阿图只要收到消息一定会回来的。”

“哦？”迪里奥道：“你怎么会如此肯定？”

“感觉，迪里奥师傅，我也讲不清为什么，只是一种感觉，我总感觉伊阿图和您有点像。”奎力特道。

“我也觉得他一定会回来，”迪里奥道：“只是我有几分怀疑他愿不愿意在那么多居民面前坦露自己的过往。你知道，一个人最伤心最黑暗的过去他是不愿回想也不愿意给别人看的，这是人的自我保护机制，倒不是说他有多虚伪，他也只不过是想遗忘罢了。不过，哎——我是真心希望他能回来，因为我现在已经在赛马尔城内准备好了油和沥青，只要居民一撤……”

“大人，”营帐的门帘打开，医师走出来道：“马尔卡想见见你们。”

迪里奥忙站起身，奎力特不出声，迪里奥张口，闭上，但终是问道：“顺利吗？”

“还没完，”医师道：“但一切顺利，马尔卡已经性命无忧。现在他只是痛醒了，我已经让他吃下了麻醉草，所以他只会清醒一会儿。”

迪里奥点头，和奎力特走进了营帐。

营帐内充斥着血腥的气息，迪里奥和奎力特想看床上躺着的马尔卡却不敢看。就在这时他们听到马尔卡虚弱的声音道：“他在城墙上杀了我们数十个人，那是一个善战的勇士。我夺得他的性命却只陪了他一只左手，这笔交易对我来说已经算是轻的了。”

“你冲的太靠前了，马尔卡，”迪里奥走过去道：“你如果死了，我们就更没法抵挡黑袍的进攻了。”

马尔卡笑了下，接着他看向奎力特道：“你从叹息的森林回来了。”

奎力特走过去点头道：“嗯。法亚尔让我转告你，他们费希莫族会在大路上阻挡死堡的进程。对了，我也见到了希丽亚，就在我准备离开叹息森林的时候，她走过来问我是谁让我来的。”

“你按照我教你的说了吧？”马尔卡认真的问道。

奎力特点头。

“什么？”迪里奥问道。

“只是实话实说，迪里奥师傅，”马尔卡跟着道：“费希莫族不可能阻挡黑袍太久，所以我们还是要尽快拿下铁城。”

“马尔卡，”迪里奥摇头道：“这场仗不能再打下去了，我们不能再这么相互消耗。这样只会对黑袍更加有利，我决定了，我现在就进入铁城，我要找铁城伯爵谈谈。”

474

第五十五章
盛大的婚礼

“来和我赌把骰子吧，亚索。”

“我先赌你没这么大的胆子！你是谁？你什么地位？你又想要从一个国王这里赢走什么？”

“可笑，神灵常常有三问，你是谁？你从哪里来？你要到哪里去？凡人常常有三答，我是谁？我在哪？我要干什么？可是你一个堂堂正正的国王什么时候也学会发问了呢？”

“敢这么明目张胆质问国王的人不是疯子就是屠夫，可是疯子来不到国王面前，屠夫走不到国王面前。我命令你马上回答我的问题，而在我还不确定你的身份前，我则先称呼你为混蛋。”

“混蛋？这可真是一个亲切的称呼，就如同你叫一个杀人犯为盗窃者，你称一个毒贩为流氓一样。可你为什么要知道我是谁？怎么？你是害怕和我对赌吗？”

“既然要赌，我当然要知道对手的底细，知己知彼，方能百战百胜。”

“你害怕了，你的声音都在微微颤抖。我的眼睛是瞎的，可是我的耳朵却什么都听得清。你不用恐慌，我只不过是来找你小赌一下，娱乐一会儿。我赢了，你也损失不了什么东西，而如果我输了，你最想要什么？你便能得到你最想要的！”

“混蛋，我再问你最后一次，你有什么资格和一个国王对赌？”

“哎呀，你生气了，怎么说呢？我不说我是谁，只是因为我的名声不太好听，所以我也羞于从我的口中告知你我的大名。不过这都是无知的人对聪明如我的误解，亚索，你当知道，从你降生的那天我就和你同在，你也不该忘记我。每当你有什么重大问题需要决定的时候不都是我在旁边给你出谋划策吗？如今我只是想来取回我该得的报酬，你要知道，我既是你，但孤陋寡闻的人却称我为魔鬼。”

“我终于见到了你，我也终于可以咬牙切齿地对你说一句——不要再在我的面前煽风点火。我奉劝你，回到你那该死的地狱里去，你这个忘恩负义的白痴。你忘了原本是有多么神圣的光明在压制着你，可！却是我替你打开了那扇门。但你都做了些什么？你肆意妄为的在我背后告诉我这些还有那些，你也信誓旦旦的在我耳边让我看到了这些还有那些，但是呢？我听了你各种瞎眼圆睁的建议，我信了你各样空口白牙的许诺，可是现在，我的目光却越来越浑浊，我的身体也越来越糟糕，事情发展的又越来越严重。而你却又改换了声音再一次站在我的面前，竟然恬不知耻的还想要你应得的报酬？报酬？我当给你一顿鞭子的毒打，然后再把你一脚踢回你来时的地方。”

“你这话说的可真是让我发笑。亚索，即便你说的都是真的，那么，我只问问你，是我让你放我出来的吗？不是！为什么？因为你心里其实比任何一个外人都清楚，你说你打开的那扇门根本就不存在。你还说有什么神圣的光明在压制着我，那么，我就再问问你，你又是在哪里听到我说的话？难道你一个堂堂的国王也有着不可言说的、听墙根的怪癖？我只不过是站在我爱站的地方在那里自言自语、自娱自乐。但你却把我说的话放在了心上，你有没有想过，那时你为什么会站的离我那么近，而我小如蚊呐的呢喃声传到你耳中都会让你觉得犹如晴天霹雳般听得那么清楚呢？”

“滚！你还没有资格质问一个国王，所以，马上给我滚蛋。”

“你发怒了，亚索，是因为我说的都是对的吗？可你让我滚到什么地方去呢？——把你的王冠戴正，亚索，听我告诉你，除非你死，否则我哪儿也不会去，我哪儿也去不了，我将一生一世如影随形的跟着你。即便你骂我、打我、厌恶我，但我还是要给你献计献策，只因为我对你忠心耿耿；即便你看不起我、贬低我、怨恨我，但我依然要和你共度一生，只因为我对你情深意重。”

“大家都来听听啊，这是多么无耻的言论。能说出这些话的东西脸皮该像鳄鱼般厚实，心也该像顽石般坚硬，他的体温当像毒蛇一般冰凉，但他那可怕的执念又犹如漆黑的沥青一样充满着危险的粘性。”

“你随便喊，亚索。但听我告诉你，没有任何人能够看到我们，除了你能看到我、我能看到你。因为你现在正处在我编织的梦境里，而我也早已在黑暗的此处设立了结界，所以，也没有任何一个外人能够听得到我们谈话的内容。”

“你究竟想要做什么？你这个瞎眼的白痴、混账，你这只本该在低窄狭隘的牢笼中虎视眈眈的畜牲，你这条本是在肮脏腐臭的粪水中奋力蠕动的蛆虫，你这个本应在阴暗潮湿的角落里苟延残喘的杂种，你害了我那么多次还嫌不够？你究竟要做什么？”

“骂吧，亚索，但骂完后你要冷静，亚索，不要冲动，然后听我给你说——你要知道，走到今天的这一步谁也不愿意，因为你比我还要清楚一个道理，这个世界充满假象，唯有强弱从不说谎，所以直到现在我仍然坚信当时给你的建议没有错误。亚索，冷静，冷静，然后你去想一想，你这个王位得来的是多么不易，可是它本来就该是你的，到底是谁在对本该是你的东西上鹰视狼顾？是你的胞弟亚赛。他虽然和你长得一模一样，但归根结底他在这个世界上和你却是完全不同的两个人。当你疼痛的时候他能和你一样感同身受到那种疼痛吗？当他饱餐一顿的时候你能和他一样不再感受到饥饿吗？而如果又是他怀抱着你最心爱的贝丽苏亚时你是否又能有着和他一样的喜悦呢？”

“别再说了，你这个魔鬼，别再说了。”

“冷静，亚索，冷静，冷静后你再想想，你说我是魔鬼是不是其实恰恰证明你是受到了魔鬼的挑拨？魔鬼？魔鬼？你去细想，这世上的人是不是只有自私，又哪有善恶？有多少人会去照顾他人的情感、理解别人的不易？又有多少人生来便缺少共情能力？你还相信外人说的感同身受这四个字吗？所以，我说的哪句话不是对的？不是对你有利的？我为了让你顺利的得到王位不惜让你去拉拢那么多的大臣，让你对他们和蔼可亲、施礼赔笑；我说你要认陆军统帅提蒙为义父，他是不是又在那场王位选举中出了大力，坚持立你为王？可是，你的血统又是那么的高贵，当你认那个粗鲁的莽汉为义父时我的心都替你的身体碎去了。但即便如此，你已经做得那么好了，已经做得那么仁至义尽了，已经做得那么完美极致了，可内政大臣、首相大人是不是还未站在你的身边？还有那个可恶的明哲保身的墙头草似得财政大臣，他竟然在最关键的时刻放弃了他那宝贵的一票。这时如果不是贝丽苏亚出面将她那珍贵的心意投给了你，现在究竟是谁坐在那把散发光芒的椅子上还难以预料呢！但你认为首相大人为什么会在最关键的时候让贝丽苏亚出来抉择？很简单，亚赛与王后通信的事人尽皆知，所以王后与亚赛更加熟悉，而温和的人更喜欢温和的人，他也是算定了贝丽苏亚将会把那一票投给谁。亚索，你要知道，这个王位本该就是你的，你坐上它本该就像你从你的口袋中拿出一枚金币一样顺理成章，可是你把手伸进口袋，却发现袋里那枚金币旁竟还缠绕着无数不该出现的蝎子毒蛇，它们竟让你拿出这枚金币的过程极其凶险，不信你想，如果此时是亚赛为王，你又将会是什么样的结局。”

“是啊，自从我父王去世，自从我登基以来，我本就准备做几件大事，可是那些有身份地位，有封地军队，有爵位在身又德高望重的‘大人物’们却欺我年幼无知，为王尚短，一个个不听从我出兵的号令。而我的胞弟又是个虚伪的人，他奸诈狡猾，心机颇深。自从他来到都城，他就和我走了同样的道路，拉拢大臣，蛊惑人心。最让我难以容忍的是他竟然为了得到王位不知羞耻、不顾礼数的给他本该称之为母后的女人通信，而我那善恶不分的父亲竟然对这种大逆不道的事情一笑了之，可见他对那卑鄙无耻小人的溺爱与纵容。但虽然当时的情况惊险无比，可我现在一回想起这事儿我就忍不住发笑，他终是搬起石头砸了自己的脚，也终是使心用心反害了自身，他一定做梦也没有想到，他做了那么多，而那个女人却在最关键的时候将她那美丽的面容对准了我，可惜我那亲爱的胞弟已经死与他处，不然，我倒真愿意看看他死前看着我们如胶似漆、情投意合的恩爱，他的脸上会有什么样该有的羡慕与愤恨的神情。”

“你说的很对，亚索，这也是为什么我建议你非要除掉你胞弟的原因。什么兄弟合心，其利断金，王位只有一个。如果亚赛为王，你和我都难以存活，因为你和我都太了解我们自己了，而他和我们耍得不是同样的刀枪棍棒吗？他和我们走的不是相同的道路吗？我们的表面看上去不是一样的吗？大度宽容、温和厚道，可我们的心却知道我们的内在是多么的低窄与狭隘，它能住进去多少人呢？只住我们一个我们尚不绝的宽松，若再挤进来一个，那不是拥挤的太过多余了吗？”

“你说的很对，朋友，你给别人善意的微笑，别人拿出治你于死地的毒药。既然每个人都是如此曲解人不为己天诛地灭，那我还不如先举起我那柄明晃晃的尖刀。固执的内政大臣已经死了，墙头草似的财政大臣已经疯了，可惜了聪慧的首相大人，在我坐上王位那天他就已经辞了职，没能让我找到岔子在他身上捅去那狠狠地愤怒一刀。”

“亚索，你要想找一个普通人的岔子简直就像呼吸一样容易，而一个普通人要想找你的问题就像一个处女要去生下孩子般困难。虽然前首相现在赋闲在家，不与任何外人交往，但要除掉他光我所知道的办法就有十三种。只是现在我们没有这种闲工夫管他，我们还有许多大事要办，所以，把他先放在那间笼子里，暂且先不用去踢这只死狗吧。”

“大事？什么大事？我怎么不知道？”

“一定是对前首相特别的愤怒才在此时蒙蔽了你的双目。亚索，先不要和他一般见识，你要知道，在这个世上蠢人靠冲动活着，愚人靠臆想活着，普通人靠运气活着，还有一些人则靠八面玲珑活着——既要有察言观色的本事又要有谨小慎微的态度，能说甜言蜜语的言辞还要配搭蛇蝎心肠的气度。但他们都活的又累又不真实，所以当他们偶尔得到机会能够放纵一下自我，他们就恨不得把他们那根与生俱来的尾巴支到天上，就恨那尾巴顶端不能迎风长出一面大旗，上写‘天地在此，舍我其谁’几个大字。可是亚索，我们却不能如此，只因我们是真正办实事的人，所以你想想，在今天的白天都发生了什么事？”

“您对我循循善诱，我自对您感恩戴德。您让我想想，对了，今天的白天是我的婚礼，我迎娶了我最爱的人，对了，贝丽苏亚，贝丽苏亚还在吗？”

“她在，她就在你的身边熟睡着，重点不在这儿，你再想想，亚索，想想白天都发生的事。”

“舞台，对了，舞台，在今天的舞台上演了一个有趣的故事，情报大臣告诉了我。”

“他都说了什么？”

“有趣，对了！非常有趣，他说舞台上即将上演的那个魔龙之子便有着第三个女巫所说的那种奇特的魔力。”

“他还说了什么？”

“对了，他还说了一件更有意思的事，在舞台上那个被逼着从别人胯下爬过的人并非孬种，他便是战神的那柄屠龙宝剑。”

“他怎么说的？”

“陛下——他这样说——这便是这个剧作的有意思之处。这世上有许多故事是把物比作了人，他们做下适当修饰，便让万物用人类的思想讲述着人类的言语。而在这部剧中却是把人比作了物。在此剧中，人们如同铁水般混在一起在冶炼场里锤炼，他们被打造成各种形状的器具。而已治好的盔甲又被扔回熔炉，成型的镣铐又被锻造成利剑的事情又比比皆是。但在那只魔龙的眼中，这世上有许多可用的器皿，只不过这些器物掌握在谁的手中，还有应该怎么使用。”

“情报大臣是个有脑子的好人，但他毕竟是个外人，又出卖过自己的父亲，所以小心他哪一天也会出卖你。还发生了什么？”

“婚礼，盛大而奢华的婚礼，我一辈子都不会忘记，那真实的一刻比我以往任何幻想的这一刻都要美好——时间确实能够静止不前，杂音确实能够消除无声，而贝丽苏亚也确实能够在阳光的照耀下带着微笑缓缓向我走来。我看到她迷人优雅的微笑，我见到她明亮有爱的眼睛，我听到她走来时裙子发出的悉悉索索声，我听到她身上的装饰传来的叮叮当当声。我觉得她就犹如一块晶莹剔透的白玉，我觉得她就犹如圣洁的神灵降临到我的面前，她真实的冲我抬起了她洁白无瑕的手，我真实而小心翼翼的搀扶着这只手，我同她一起走到万众瞩目的宫殿外。主教正在那里站着，他对我道，‘以我辈之腔调、传神灵之意愿——我赐予你们力量，你们当保护另外一半的人，不要伤害自己的骨中之骨，肉中之肉。’我回答‘知道。’接着他又对贝丽苏亚道，‘美貌终会逝去，丑陋永不到来。骨肉之精灵，当在美好的道路上行走，不可误入歧途，不要自甘堕落。’贝丽苏亚回答‘知道。’‘你们已结为夫妻。’主教说。”

“一半现实一半梦，一半黑夜一半明。这可真是一场盛大的婚礼。然后呢，又发生了什么？”

“我想不起来了，你不要问了，我想不起来了。”

“你要想起来，亚索，如果你想不起来，我就提醒你，后来有个人走到了你的面前。”

“你为什么非要让我想起这件事，你这个混账，你就不能让我在梦里只留有美好的回忆？你为什么非要提醒我这种痛苦的记忆？难道你非要逼着我找你算账？是的！如你所愿，我现在想起来了，走过来的那个人是情报大臣，他带给了我一个消息，他的探子在赛马尔城边等到现在，也并未见到死堡派去的一兵一卒。而他的另一个探子顺着大路走过禁地，直到进入死堡，却发现那里已经成为一座空城。死堡的那帮混蛋骗走了我那么多的头盔和马匹，却如同凭空消失般杳无音讯了。这让我想起情报大臣很久以前对我说过的一句话，他说很多人之所以要跑到旭亚丝河边，只是因为喜欢听那里的纤夫们拉船时同时高喊出的‘嘿呦’声。可是，当他站在旭亚丝河边却唯独喜欢听那纤绳每次被绷紧时发出的‘吱呀’声——现在我就要成为这根被绷紧的将要断裂的绳索了。你这个瞎眼的白痴，你这个魔鬼，我本就该和我的弟弟好好谈谈，我本就不该发动赛马尔战争，现在打来打去却打成了这么一个结果，铁城伯爵向我求援，我竟没有一点多余的实力，再这么下去我要连我的王位都保不住了。”

“亚索，不要沮丧。你得到了王位如果不能行使王权，那和一个吝啬鬼守着财富不会享用又有什么两样？况且人长大便要做事，而做事便有可能失败，可失败总还是会有处理的办法，别忘了这场战争还没有结束，它尚有变化的可能。而我相信只要杰洛斯的军队回来，一切问题都会迎刃而解。并且，你别忘了，瓦万特的大儿子也很有可能会去进攻赛马尔城。所以亚索，不要心烦，你只要拿上这骰子，就会暂时忘记这烦恼，来吧，让我们来娱乐一会儿，小赌一把。”

“赌什么？”

"就赌贝丽苏亚爱不爱你。"

"这还用赌吗?"

"亚索,你心里其实比谁都清楚,你想想她选举你为国王时说的话,她到底是为了完成你父亲的遗愿还是因为爱你?而你为了得到她又用了什么非正常的手段?现在,虽然她就在你身边沉睡,但她是因为爱情的安稳还是因为在等待亚伦的归来?来吧,我们只赌一把大小,拿着骰子,你先掷吧。"

"时间会给女人提出问题,但时间也会给女人安排答案。所以,还是你先掷吧。"

"好,我先掷,我听到了骰子的咕噜声,它停了,如果我没听错的话,应该是个五。"

"没错,是个五。"

"嘿嘿,运气真不错,你只有一个机会能赢我。"

"我根本不用在骰子上吹气,我也不用祈求什么,我只需要随便一掷,你听,它也在咕噜乱转了,现在它停了——没错,是个六。"

"你轻微拨动了一下已经停止了的骰子。"

"我向魔鬼发誓我没有,如果你真是用听的话,那么你定是听错了。"

"虽然别人说什么他就信什么的人一定是情感上的弱智,虽然如果我能看到你做了什么样的事,那我就自然能确定你是什么样的人——但是我相信你,亚索,我只能说我的运气实在太不好了,本来我还想着我赢了便能从你这儿拿走什么,但现在看来,你在赌运上击败了魔鬼。"

"贝丽苏亚对你来说也许不算什么。但你说得对,她确实是我最重要的。"

"天要大亮,我也该走了,今晚可真是遗憾,等你什么时候需要我的时候我再来和你对赌一把。而现在,回到你自己的梦境中去吧,毕竟,白天的你还有许多大事要办。"

第五十六章
重设的道路

“休息了一夜的太阳神终是用绳索再次套上了那四匹骏马，他登上那辆金光闪闪的战车、就要去驱赶黑夜残留的浓雾，而曙光女神却拦在了他的马头前，她孩子似得撒娇道：‘今天，就不能是我们谈论爱情的一天吗？’”在铁城的城墙上，一个守城的士兵望着东方将要发亮的天空低吟道。

另一个士兵接过他的话道：“‘让开。’骄傲的太阳神回答她道，‘你并非目光短浅的凡人，又怎能在此时当一个胡搅蛮缠的女人？你当顺其自然的打开大门，并告诉民众曙光已至，黑夜即将消散，而太阳神马上来临。’”

接着又一个士兵接过他的话道：“曙光——这个痴情而又欲求不满的神灵，”周边的几个士兵都哈哈大笑起来。“她边缓缓的打开那扇属于自己的天堂之门边如同人间幽怨的女子般肆意道：‘如果、不是因为爱情，我倒真愿意去变为那飘荡的浓雾，然后在漆黑的夜色中肆意流浪——你追赶了它几亿光年，它又躲避了你几亿光年，这种感情即便被你称为恨意，可同样让我无比羡慕。虽然人们都说你是我的情……'"

"谁？"城上另一个士兵忽然冲城下大声叫道："马上站住你们的脚步，不然别怪我们手中的弓箭无情。"

那些正坐着休息的士兵们立刻起身向城下望去，只见远远地城下站着两个身影，士兵们忙拿起各自的弓箭。

"去告诉你们的铁城伯爵，"城下一个身影大声嚷道："赛马尔城的迪里奥请求与他谈判。"

城上的守城士兵们相互对望几下，其中领头的士兵叫道："再说一遍，你们要做什么？"

"赛马尔城的迪里奥，"那个身影再次大声喊道："请求与你们的铁城伯爵谈判。"

"等着。"那个领头的士兵嚷道："在我未得到伯爵的回话前你们最好老老实实的站着，别再向前迈进一步，不然，你们后悔的亡魂将坐在冥河的渡船上发出永世的悲叹。"

"说的可真是好听，"城下的那个身影嘟囔一句，然后他席地坐下，对身旁的另一个人道："奎力特，传信是很慢的，坐下来等吧——虽然他让咱们老老实实的站着，但鬼才愿意听他的话呢。"

"迪里奥师傅，"奎力特并未坐下反而在旁边担心的问道："你是真的要进入铁城和铁城伯爵谈判？"

"我意已决，"迪里奥道："虽然武力能够解决一切问题，但它带来的损失同样不可估量——并且暴力只能延伸出新的暴力，压迫也只能带来更强烈的反抗，所以，善于计算的人才会说战争是不祥之兆，非不得已而用之。况且这场战争打到现在变数已经够多了，而化解矛盾的方式又多种多样，面对面谈判也是其中比较可行与稳妥的一步。"

"不知道铁城伯爵愿不愿意接受您提出的谈判。"奎力特道。

"应该没有问题，"迪里奥轻声笑一下道："虽然公爵说铁城伯爵是个狡猾到能从狐狸身上骗来腋毛为自己制成裘衣的男人，但现在我们兵临城下，他应该不会拒绝我的请求，并且，我也早想见一见他。”

“您以往从没见过铁城伯爵本人吗？”奎力特问道。

“没有，”迪里奥摇摇头道：“可我知道他是怎么得到的铁城。”

“不是因为国王的分封吗？”奎力特又问。

迪里奥点头道：“是的，但是他一生没有战功，在都城时也并非身兼要职，他的身份又非王族，而他之所以能够得到铁城仅仅是因为他的一个建议。”

“一个建议？”奎力特有些不信的问道：“得到了一座城？”

“是的，”迪里奥接着道：“那事发生在几十年前，当时前王第一次分封领土，在铁城伯爵这个人选上一直举棋不定，而他在此时上前给了前王一个二八理论，并配套给了前王一个摇篮计划。”

“摇篮计划？二八理论？”奎力特有些摸不着头脑的问道：“是什么？”

“二八理论，用一句话来说就是让世上多数的智慧只掌握在少数人的手中，在比例上不能超过二八。而摇篮计划，”迪里奥道：“就是模仿摇篮轻微舒适的晃动使人沉醉如睡，以此来占用他大脑独立思考的时间。”

奎力特张口“哦”了一声，却道：“迪里奥师傅，我还是不明白。”

“怎么说呢，”迪里奥道：“这世上有些争斗是可见的，有些是不可见的。打个比方，人在力气上比不过大象，在勇猛上强不过狮虎——当然，在这点上你除外，因为你毕竟在斗兽场上赤手空拳打死过一只狮子，我只是论个大概。在奔跑上胜不过马匹。可是，人却可以驯服大象，困住狮虎，驾驭马匹，为什么？是因为人比着它们有智慧。体力上的强弱很容易看得出来，但它却不是唯一决定胜负的因素，还有一点便是智慧上的深浅。”

奎力特又“哦”了一声。

迪里奥接着道："可是没有谁生下来便会拥有高深的智慧，这就如同没有谁生下来便会拥有强壮的肌肉一样，我常听到有些父母会喜气洋洋的向别人夸耀说自己的孩子很聪明，但聪明和智慧却是两回事，聪明唯一的用处只能证明你有学习智慧的能力，而智慧却是通过后天独立的思考与实践一步一步缓慢得到的，这就如同你想拥有强健的肌肉只能自己每天抽出时间坚持锻炼一样——我思故我在，这是谁也帮不了你的事，也是谁也跳不过的一个过程，不然就很容易出现聪明反被聪明误，弄巧成拙的例子，而最终的结局也只能是自食其果。"

奎力特"嗯"了一声。

迪里奥继续道"其实让我看来很多孩子天生的智力都差不多，他们只是在这方面或者那方面表现的更有兴趣罢了。可是许多家人却急于要让幼苗在一夜之间便能开出娇艳欲滴的奇花来，所以他们便开始大量的施肥翻土，但这就如同拔苗助长，非但于事无补，反而会摧残了那娇嫩的幼芽。一棵树的成长尚需要时间，而一个人要去做个什么样的大事，更是要把时间因素考虑在内，想一口吃成个胖子无异于痴人说梦，我问你一个简单的问题吧，奎力特，你现在会不会骑马？"

"会、还行，迪里奥师傅。"奎力特道。

"教你骑马的老师是马尔卡，他是天生的骑手，在整个赛马尔城中我没见过有谁能比他更懂得该怎么驾驭马匹，包括他的弟弟马里斯。按理说他该是一个很好的老师，但你是在什么时候学会的骑马？"迪里奥问道。

"也是在近段时间，迪里奥师傅。"奎力特如实道。

"我听到他教了你很多东西，就连该怎么观看马匹的眼神，怎么听它的呼吸，怎么抚摸它的皮毛，怎么顺应它奔跑时的状态他都细致入微的告诉了你。马尔卡对你可以说是倾囊相授，我也知道你把他教你的一切都一字不差的背的滚瓜烂熟，但我却看到你第一次坐上马背的时候却依然是不明所以，丑态百出。”迪里奥笑道。

“我生来是比较笨的，迪里奥师傅，”奎力特老实的道：“我学东西总是很慢。”

“永远不要这么去想，”迪里奥摇摇头道：“你要知道，马尔卡七岁开始骑马，他教给你的是他二十年才在马背上总结出来的经验，你再聪明也不可能在短时间内便抵得上他的二十年。并且，理论可以讲出，但经验却无法告诉，只因它太细致，太繁琐，让人不知该从何说起。换句话说，如果是你教马尔卡该怎么打铁，他再怎么努力，也不可能在短时间内便超过你的冶炼技术。所以，一个人要想把一样东西做好，实际操作非常重要，不然你就是把马尔卡告诉你的口诀背诵的烂熟于胸，你第一次上马依然会是连马缰是什么都找不到。这就是为什么一个人要想把一样技术掌握到炉火纯青，必须要心无杂念、匠心守拙的原因——学习和实操都需要大量的时间，而成人掌握一样东西都尚且如此缓慢，何况是那智力和体力都尚未发展到极限的孩子。”

奎力特又“嗯”了一声。

迪里奥继续道：“其实，如果你是真的爱护某样东西，那么你首先、也是重要的一点是，你要先搞清楚——这件东西是什么。比如说你喜欢养花，那么花的种类很多，但你首先要先确定的是你养的这朵是不是花，如果是，它又是什么种类，这种类型的花又有什么习性，它是喜水还是喜光，它是怕晒还是怕阴——这些通过观察和询问你都能了解的到。可永远不要用种西瓜的方式去种一颗葡萄的种子，也永远不要奢求一根辣椒的幼苗能够长成浑圆的南瓜。这世上有许多人就是走入了这个误区，比如说你见一个人百合花种植的很好，你便去问他经验，他也很诚实的告诉了你，但你却不知道你手中握的却是一粒薰衣草的种子，接着你死用他人的经验，用种植百合花的方式去种薰衣草，结果也只能是差之毫厘、失之千里了。所以我说，首先，你一定要确定的知道你手中的种子是什么；第二，天生万物，各有所能。所以你不要只羡慕百合花的清淡高雅，你也应该看到薰衣草同样芳香迷人，还有，你要知道，一粒种子只要能够生根发芽那么它就绝对不是坏的，所以你要做的只是在该施肥的时候施肥，在该浇水的时候浇水，在该驱虫的时候驱虫，在该修整的时候修整，在该让它晒太阳的时候晒太阳——你只要不是在无知的瞎折腾，这就不会浪费你太多的时间，并且你也无需说你有多爱它，细致的陪伴在此时已经变成了最长情的告白，然后，你所需要做的仅仅只是静待花开。”

奎力特再次“嗯”了一声，却道：“迪里奥师傅，我、我听得不是太明白。”

“这也怪我，”迪里奥道：“为了讲清这个问题反而扯得离题太远了，好吧，你只要知道智慧的学习绝对不是笼统的，它是很细致的存在于我们每个人每天生活的点滴间就行了。现在我就接着告诉你铁城伯爵提出的二八理论和摇篮计划，让你知道他是怎样准备把这个本已安排好的道路再精心的设计一遍——按说他的重设也没有问题，但他在这个画板的底色上却故意少用了爱与希望的红黄两色，所以他把本该多姿多彩的善良就此演变成了千奇百怪的丑恶。”

迪里奥停顿一下接着道：“智慧的深浅是人与动物之间最大的区别。你可以试想，如果人类一旦智力丧失，光凭体力是很难在丛林中生存的。但铁城伯爵提出的二八理论恰恰是要在十个人中削弱八个人的智慧。”

“削弱？”奎力特不明所以的问道：“怎么削弱？”

迪里奥答道：“他当时只给了前王八个字——消心、裹腹、弱志、强骨，也就是这八个字击败了公爵当时提出的要大力开展学校的计划。”

奎力特没有吭声。

迪里奥接着解释道：“消去一个人上进的心思，但是让他能够吃的上饭，弱化一个人远大的志向，但是让他能够保持强壮的体魄——消、裹、弱、强这四个字看似简单，却是极其凶猛的一步。”

“可——迪里奥师傅，”奎力特问道：“单凭这四个字就能削弱人的智慧吗？”

“可以，”迪里奥点头道：“但真正实施起来却很难，所以铁城伯爵又给了前王一个摇篮计划。奎力特，如果你注意观察你就会发现，为什么只有你们铁城存在着斗兽场。”

“为什么？迪里奥师傅？”奎力特问道。

“不止如此，”迪里奥又道：“如果你注意观察你就会发现，为什么只有你们铁城搭建着无数的舞台，每天从黎明开始便在舞台上上演着成千上万的戏剧。”

“为什么？迪里奥师傅？”奎力特问道。

迪里奥却笑道：“为什么三个字很好脱口而出，但它本该是你独立思考的引子——细致观察、大胆设想，但一定要小心求证。记着，奎力特，缺少了最后一步小心求证你便很容易被带上歪路。并且如果你想学习智慧，那么你一定要切记，智慧没有那么容易获得——你当不停的自我观察，不停的自我感觉，也要不停的自我怀疑。这样你才不会掉进偏执的陷阱——那是一个很有趣的陷阱、背明前暗，它很容易阻碍你找到真正最终的答案。还有，你一定要确定，不论你在追求怎样的智慧，它的底板色却不能动，一定是要充满着爱与希望的红黄两色——那当是你心目中飘扬的颜色。有些人误以为那是鲜血与黄金的颜色，其实不是，那是爱心守护并混合着希望星辰的颜色。不然，你也终将会和铁城伯爵一样，虽有能力但却暴殄天物、不惜用它来算计生命。”

“本来你问我的问题，”迪里奥接着道：“你应该先自我思考答案，然后我们经过有趣的问答讨论。在这期间没有胜负，没有情绪，只有我们同心协力挖出真相。但今天时间有限，我就先简短的回答你的疑问，铁城便是前王接受伯爵建议的一个尝试。”

“一个尝试？”奎力特问道。

“是的，一个尝试，这个尝试的代价是一座城的民众。”迪里奥道：“我说过人得到智慧需要时间，但铁城伯爵却抓住了人性中的三个漏洞。一、人生来懒惰，但这很正常，人本是万物之灵，如果不是被逼无奈，必然很难勤学苦练；二、人喜欢玩乐，但这也正常，人是在奔跑跳跃间感知的世界，歌舞演奏都是人对于世界感情上一种挚爱的留露，所以若非身心不适，人必然要享受人生；三、人性自私，这也无可厚非，那本是人生来的一种自保机制。可是，凡事不能过度，过于懒惰，危机四伏；过于享乐，玩物丧志；过于自私，众叛亲离——而铁城伯爵就是要在这个天秤上稍稍倾斜一下。”

迪里奥叹口气接着道：“铁城伯爵的摇篮计划精明细致，变化虽多，却都是在围绕着那四个字在演变。此时我也没时间讲的太深，我就简单的说一下他开始的做法，他先是将大量的虚实消息混合着大量的真假智慧一股脑的倾倒出去，让它们如同铺天盖地的海浪般肆无忌惮的在这个世上碾压，并同时高喊自己是真的。人在这种情况下很容易晕头转向，根本分不出真伪——这就是人为什么容易听信和偏执的原因，因为勤奋与真相太难得到，它需要有足够的思考和时间，而这明显和享受人生相悖，此时懒惰之心便第一次开启。跟着，斗兽场与舞台剧蜂拥而至。斗兽场是血，舞台剧是梦，血能挑动你本来安稳的情绪，梦能抚慰你已经破碎的内心——它们虽然虚幻不真，但却都能发泄你不满的情绪，也正因此，玩乐之心第一次开启。但此时还缺了最重要的一点，真情挚爱的流露，所以你还是不满意。但是没有关系，人性自私，你不用给他他也会费时费力的为自己做一张虚假的面具带上，然后再为维护自己真正快乐，真正有智慧的尊严上费时费力——于是，这便能侵占他本来宝贵的时间。所以，奎力特，你一直以来见到的铁城其实是被一个人精心设计过的铁城。”

“我还是不明白，迪里奥师傅，”奎力特道：“就这样铁城伯爵就能得到一座城吗？还有，他为什么要这么做？”

“只因为他是一个聪明人，但他却不是一个有智慧的人。”迪里奥道：“并且铁城伯爵之所以得到铁城，除了这个建议以外还有一个重要的因素便是时机。当时前王分封土地，瓦万特功勋卓著，但前王怕他欲壑难填，所以只让他当了赛飞伯爵，但这样的分封很容易招致对方的不满，所以前王又让身为王族的公爵进入赛马尔城堡领兵。但谁又敢保证公爵不会有天也出现二心呢？这也是个问题，此时，铁城伯爵出现，他和前王两人都算计的很清楚，他们各为三角牵……”

就在这时，迪里奥与奎力特身后传来了急促的马蹄声，两人同时向后看去，只见一个士兵骑着马从营地的方向冲他们疾驰而来。

“大人，”士兵到迪里奥面前下马道：“我有急事向您汇报。”

“什么事？”迪里奥问道。

“今天凌晨时分，赛马尔城中全体居民已经在军队的保护下向前线进发了。”那个士兵道。

“哦？”迪里奥大喜过望道：“他们同意搬迁了吗？”

“是的大人。”士兵回答道。

“他们怎么同意的？”迪里奥问道。

“昨天下午，伊阿图回到了赛马尔城，他站在宫殿的最高处袒露了自己的胸膛，并在众目睽睽下拿出了一把插在自己胸膛中的断剑，所有居民都认为他是个可怕的怪物。”士兵道。

迪里奥沉默一下，正要说话，却听到城墙上有人高声喊道：“铁城伯爵同意谈判，但只能让迪里奥一人走入铁城。”

“迪里奥师傅。”奎力特坚定地向前迈了一步。

“让我一个人去。”迪里奥道：“我说过了，我早想见一见他。”

第五十七章
未完的心愿

“在一个梦幻的白昼，我们同去了个永恒的世界；是痛苦？还是永生？未知的黑夜终究带来了永远的答案，自此，我们再也听不到世间那些莫名其妙的哭泣。”

上午，在都城的小型会议室内，情报大臣正边将手中的绸布恭敬的递给亚索边小心翼翼的对亚索禀报道：“陛下，以上便是刻在那棵树上的原话，我的探子们也将它抄录在这里。”

亚索表情凝重的接过绸布，他并未观看反而问道：“除了这些还发现了什么？”

“没别的什么了，陛下。”情报大臣低垂着头回答道。

亚索身体前倾，他的嘴唇如同正在遭遇寒霜般轻微颤抖，他极力想压低声音，但说出来的那句话却依然又尖又细，“我的意思是说他们除了只发现死堡军的尸体外就没发现别的尸体？”

情报大臣忙惶恐的回道：“是的陛下。”

亚索狠狠地打开绸布，只见上面写道：

国王陛下万岁!

大人，按照国王陛下的嘱咐，我们找到了死堡军队的下落。

这一切都要归功于我们的领队詹利斯，是他首先怀疑大路上出现的一个略微有些塌陷的浅坑，接着他就要走入旁边的叹息森林中一探究竟。

我们怕他不能够再从那个巨大到犹如迷宫般的密林中走出，所以我们苦苦劝阻，但詹利斯领队却找来一大卷红绳，他先是将红绳的一端牢牢地绑在外面的一颗树上，接着便义无反顾、不避生死的走入了森林。

我们虽奉命在林外等候，但我们却为他的安危担心，因为根据附近居民的传言，这林中存在着数不清的巨蟒毒虫、豺狼虎豹。有人说这里的蜘蛛大过黑熊，也有人说这里蚊子的尖嘴长如利剑，还有人说在平静的河水中隐藏有食人的巨鳄，而那看似无恙的土地下又尽是无底的沼泽，并且这林中还生长着各种各样稀奇古怪的植物，有的花香能似美酒一般甘甜浓郁，让人沉醉不醒，有的木石犹如美女一样多姿妖艳，使人浮想联翩。而更让人惧怕的是不止一个人说见过在这密林中还存在着一群头大如牛、本性凶残的恶魔。

时间从清晨走到傍晚，林中仍然不时向外传出让人心中发毛的叹息声，而当我们见到詹利斯领队安然无恙走出的那一刻，我们不由得围上去欢呼雀跃，那时我们才知道什么是勇者无惧的大无畏精神，什么是对于国王陛下无限的忠诚。

詹利斯领队告诉我们，他先是在林中漫无目的走了许久，直到后来见到一朵正死死缠绕着一只白色蜥蜴的含羞草。那株含羞草长得异常巨大，但可能是性情暴躁，它的一片叶子正将那只可怜的蜥蜴勒的伤痕累累。詹利斯领队于心不忍，他拔剑上前砍去了那片含羞草的叶子。而那只得救后的蜥蜴却不肯离去，竟然向他磕头行礼，并且不断地俯身低头似乎要让他坐在自己的背上。

蜥蜴反常的行为让詹利斯领队倍感惊讶，他收回利剑，骑上了那只白色蜥蜴，跟着，那只蜥蜴便开始奔跑起来。

蜥蜴在林中如履平地，而詹利斯领队带着的红绳已经不多，就在詹利斯领队考虑要不要从蜥蜴身上下来的时候，那只白色蜥蜴已经带他到了密林深处某个宽阔的地方。詹利斯领队瞪大眼睛，见到那里的土地上堆积着犹如树木一般高的，四四方方、重重叠叠的尸体，而那只蜥蜴停下了脚步。

“可怕，非常可怕。”詹利斯领队摇摇头对我们道：“那里就如同与这森林分割开来般寂静到诡异，四周连一只苍蝇的嗡嗡声都没有。我并不能确定眼前的那些尸体是谁，所以我决定在那个地方收集线索。我由那只蜥蜴的背上下来，而那只蜥蜴转眼便消失了。我走上前细细观察着那些重叠压着的尸体，发现它们就如同千万只惨白的怪物。它们的身型有异于常人，眼睛也个个都像死鱼般圆睁不闭。我在那里转了许久，直到发现另一处的地上堆积着许多有着我们都城标志的头盔。”

“因为当时已是下午，”詹利斯领队接着道：“我怕天黑了我看不到红绳走不出森林，所以我只能大概数了数那些尸体摆放的横竖，然后计算了一下，它们几乎接近三万。并且在那些尸体后面的一棵大树上，我还发现上面刻有的一行字——”

亚索紧皱眉头，他先是长长的呼了口气，然后抬起头想了好大一会儿，这才问情报大臣道：“詹利斯这个人的人品怎么样？”

“陛下，”情报大臣回道：“他只是一个领队，所以我们的交集并不深。但据我观察这个人有点利欲熏心，并且因为急功近利他也常常会信口开河、夸大其词的说一些很不负责任的话。”

“异常巨大的含羞草，能够驮人的白色蜥蜴，”亚索道：“你让这样的人当领队？是因为你也相信这些离奇的故事吗？”

“陛下，”情报大臣忙道：“好大喜功也有好大喜功的好处，就如同赶车夫每每见驴不肯前行总会给它的眼前放上一根红萝卜一样。詹利斯领队这个人虽然有诸多的毛病，但他在重大的事情上却绝对不敢撒谎——这对于我来说也是一种重要的美德。”

亚索点点头，眉头却再次皱了起来，他道：“那么，也就是说你相信死堡确实出兵了，但在叹息的森林中却遭遇了袭击，然后便全军覆灭了？”

“恐怕是这样的，陛下。”情报大臣回道。

“你能够确定那些就一定会是死堡的军队吗？”亚索又问道。

“现在还不能完全确定。”情报大臣道“但可能性很大。陛下，我们送给死堡的头盔上确实铸有我们都城的标志，并且那些尸体的数量也正好和死堡军队的数量相符合。”

亚索又问道：“那些奇怪的尸体有没有可能是传言中那些住在森林中的恶魔的？”

“也有可能，陛下。”情报大臣道“但是那些头盔却不好解释。假设死堡与那些恶魔有仇怨，所以出兵灭了它们，但它们又怎么会把头盔留在那里？并且树上那句话又是谁留下的？还有，死堡后来又去了哪里？它们为什么不去攻打赛马尔城堡？”

“我也认为我这个猜测讲不通。”亚索接着道：“只不过死堡有三万军，他们又并非常人——从发疯的财政大臣身上就能推测出它们的战斗力自然十分强悍，可怎么会，怎么会就——”

“陛下，”情报大臣连忙道：“历史虽然扑朔迷离，但人性却恒古未变，所以，我不相信在这太阳底下还真能闹腾出什么新鲜事。我已经起草了回信，让詹利斯不惜任何代价也要查出这个谜团的真相——这世上有变魔术的人，自然就有能够揭秘魔术的人，只是——”

“只是什么？”亚索问道。

“陛下，”情报大臣叹口气道：“只是现在全天下皆知死堡的对手是赛马尔城，虽然我不认为死堡军队的覆灭会是马尔卡他们做的，但这个谜团一天不解开，我们就一天不能掉以轻心。如果说——我们假设马尔卡他们确实拥有一支强悍到足以能够瞬间消灭掉死堡的军队，那么，我们不能不防患于未然，所以，我建议，我建议……”

“你建议什么？”亚索问道。

“愿吾王宽恕我的建议。”情报大臣忙行礼道。

亚索点点头道：“讲。”

“我建议迁都。”情报大臣道。

亚索沉默起来。

“陛下，”情报大臣接着道：“我们的都城正夹在赛马尔城和犹伦之地中间。虽然现在西方的战事已平，但从地理位置上看，我们终究是离东方这条战线太近。”

“迁都？”亚索将双手环扣放在脸前道：“这里毕竟是我父王最初的起兵之地。我以前也就迁都的问题和他谈论过，他说不离其所者久，迁都往往就是一个国家不幸的开始。”

“陛下，”情报大臣道：“时间在走，时代在变，环境不同了，所以我们也不能矫揉造作，刻舟求剑。并且我想前王当年之所以不迁都完全是出于战略上的考虑，因为我们都城的地理位置正处于天下之腹，在兵力强盛时我们向外进攻自然是四通八达，但如果转为战略防御，我们这个地方却不太适合做都城，因为它很容易受到四面八方的围攻。”

亚索没有说话。

情报大臣接着道：“况且当年前王征战天下时用的是东西交，南北攻的策略，他先是和东西方的城镇打好关系，签订了兄弟互助城邦协议，然后才向南北方出兵。等到南北方安定后，他又依次攻下了东西方的城镇。所以在时间上，南北方在我们的治理下时间最久，而东西方最短——治理久的地方容易安定，治理短的地方容易暴乱。所以我怕如果马尔卡他们真的——”

亚索打断情报大臣的话道：“那么你建议都城迁到哪里？”

“双峰堡。”

“双峰堡？”

“对，陛下。”

“有什么好处？”

“那里易守难攻，陛下。”情报大臣回道。

“双峰堡。”亚索沉吟着长长的吸了口气。

“陛下，”情报大臣道：“看下我们国家的版图就知道，它恰如一个美女的身材，而都城正处在她纤细的腰部正中间，左右两边分别是赛马尔城和犹伦之地。但是如果我们要变为战略防御，最安全的地方却是上方的双峰堡。那里山峦高耸，地势险要，而两座城堡又分别建在两座相邻的最高峰上，中间只有一座铁索云桥相连，底下便是万丈深渊。在战争中我们只要分兵守在城堡两处，城堡与城堡之间便可相互照应，并且那里的信鸽也很容易向外飞出，到时即便真有什么变动，我们也有足够的时间等待救援军队的到来。”

亚索想了好大一会儿才道：“现在赛飞处和铁城都有什么动静？”

“还都没收到最新消息，陛下，”情报大臣道：“现在只知道马尔卡已经在进攻铁城，而赛飞方面，虽然我们派去的信使回来信誓旦旦的说瓦万特的大儿子一定会出兵进攻赛马尔城堡，但直到现在我也没收到任何关于他已经出兵的消息。”

亚索如同木质雕像般坐了半天，他的眼神一会儿闪亮，一会暗淡，但他最终还是道：“情报大臣，现在讨论迁都一事还为时过早。给詹利斯回信，为了表彰他勇闯叹息森林的英勇事迹，国王特准他官升一级，同时命令他在两天内不惜任何代价也要调查清楚三件事。第一、那些怪物的尸体究竟是不是死堡军队的；第二、如果是，那么它们是不是被马尔卡军击败的；第三，如果是马尔卡军，那么他们用了什么方法，他们的军队又是从哪里来的，为什么在这之前都城没有收到任何他们向叹息森林方派军的消息。”

“遵命，陛下。”情报大臣施礼完毕，他抬起头，却有些踌躇的道：“陛下，如果不迁都，那么我们用不用召回留守在西方城镇的杰洛斯？这么长时间，西方城镇应该已经安稳，毕竟我们都城此时的兵力——”

亚索道：“你先退下吧，这件事我自会处理。”

情报大臣道声遵命，然后离开了小型会议室。

亚索坐了一会儿方才起身。他走出门，并未让门外的两个黄金甲士跟随，而是一个人走到了王后的寝宫。

贝丽苏亚正站在窗边看着天空，她见到亚索忙起身行礼道：“陛下，您怎么在此时过来了？”接着她又看了看门外略带惊讶的问道：“您的贴身侍卫呢？”

“我没让他们跟我过来。”亚索边说边关上门走进来问道：“你的随身侍女呢？”

“我让她们出去了，想一个人安静一会儿。”贝丽苏亚微笑道：“如果陛下需要，我现在就叫她们过来。”

“不必了，”亚索强笑道：“打扰到你的宁静，看来我来的并不是时候。”

贝丽苏亚认真的摇摇头道：“您来的正是时候，陛下。”接着她关切的问道：“您怎么满面愁容的？陛下，难道今天发生什么事了吗？”

亚索没有回答贝丽苏亚的问题，他走到桌边倒了杯酒反而说了句不相干的话道：“如今屋里只剩下了两个孤独而忧伤的人。贝丽苏亚，一直没能找到亚伦的下落，其实我非常内疚。”

“难道是亚伦有了什么不好的消息？”贝丽苏亚急问道。

“不，”亚索摇头，“现在还是没有他的任何消息。”

贝丽苏亚慌张的神色变得有些黯然，但她却真诚的道：“陛下，我知道您已尽力，而我心怀感激，所以您不必责备自己。”

“不，”亚索道：“和你一样，一日没有找到亚伦我就会一日心中不安。刚刚在会议室，情报大臣提议迁都——”

“迁都？”贝丽苏亚再次惊讶的问道：“为什么？”

“有些事我不想再瞒着你，贝丽苏亚，”亚索道：“一个叫马尔卡的人残忍的杀害了我的亚赛王弟，并且他利用我王弟的名声占领了赛马尔城。我派去报仇的两支军队却相继失败，现在都城留守的兵力并不多，而他们的矛头又直指我们都城。”

贝丽苏亚瞪大了眼睛。

“情报大臣说他们的军队非常强悍，所以建议迁都。”

“迁到哪里？”贝丽苏亚问道。

“双峰堡。”亚索道。

“迁！”贝丽苏亚斩钉截铁的道：“如果事情真的这么严重，那么我们必须先到安全的地方。”

“不，”亚索摇摇头道：“我虽以这里是我父王的起兵之地为由拒绝了他的建议，但我想的是亚伦如果回来，一定会到都城，所以无论如何我们也必须要守住这个地方。”

贝丽苏亚急着摇头道：“亚伦失踪这么多天，他一定不会自己走回来，让寻找他的探子和张贴的告示上改下地址就行。亚索，现在没有什么比你的人身安全更重要，如果你……你，我——”贝丽苏亚欲言又止。

“贝丽苏亚，”亚索感激的道：“我不会迁都，我已经准备召回留守在西方的杰洛斯和那里的军队，我要在都城这里和马尔卡他们决一死战。”

“不，亚索，我求你不要再以身犯险了。”贝丽苏亚哀求道：“虽然我的侍女们每天都把你上次在赛马尔城堡身先士卒的英雄事迹向我诉说，可是我永远也忘不了第一次听到时的那种胆战心惊。是战争便会有伤亡，而您身为一国之王，更因该比常人爱护自己的生命。”

亚索柔情似水的看着贝丽苏亚，而贝丽苏亚也认认真真的看着亚索。

“好吧，贝丽苏亚，我们就先不谈论这件事，让它待定吧，”亚索道：“但其实我是希望能够和马尔卡他们正面交锋。”

贝丽苏亚轻摇下头，但她温柔的目光却饱含坚定道：“陛下，如果您一定要上阵杀敌，那么我也将身披戎装，随您一起守卫都城。”

亚索笑起来，他放下手中的酒杯以玩笑的口吻道：“哦？可是你能做什么呢？”

“我会跟随您，陛下，您知道，我在小的时候学过弓箭。”贝丽苏亚的目光瞄向墙上挂着的一副短弓。

“那副弓箭太小了，”亚索道：“在城墙上，它根本射不到敌方的阵营。”

“这是我小时学箭用的，我曾用它射死过一只野兔。”贝丽苏亚说着摘下那副弓箭，她走到窗边搭上短箭，并用力向外拉满弓道：“为了留作纪念我把它带到了都城，可是现在它已经成为名副其实的装饰了。”

亚索向贝丽苏亚的背后走来。

“但是这么多年过去了，我想我应该已经能够使用大的弓箭了。”贝丽苏亚说着回过头去道：“陛下……”可瞬间，贝丽苏亚的表情却充满了惊恐，她迅速的转身，将手中的弓箭对准了亚索。

“贝丽——”亚索惊讶的话语还没说完就听到贝丽苏亚急道：“亚索别动，你身后有人。”

“嗖”的一声，亚索动也未动，而那支短箭钉入了他的左胸。

亚索大叫一声，摇晃几下，他瞪大眼睛看着贝丽苏亚，而贝丽苏亚也正看着他。

亚索呻吟着缓慢的伸出右手，他想拔出那支短箭，却身子一歪倒了下去。

贝丽苏亚走过去，她半跪在亚索的身边，过了许久，她方才放下手中的短弓。

接着贝丽苏亚快速走到门外锁上自己寝宫的大门，然后她来到长廊的尽头，对一个正在守卫的士兵道：“快去传情报大臣，让他火速赶往小型会议室，告诉他，王后有很重要的事情要召见他。”

第五十八章
离世的英雄

迪里奥刚一进入铁城大门，厚实的城门便迅速关闭了。紧跟着，两名守城的士兵就如同凶神恶煞般上前扒光了他的衣服。迪里奥一言不发，动也未动，他只是冷静的看着面前四个未戴头盔却身披重甲的骑兵。

那四个骑兵并排骑在四匹高头大马上，他们也正面无表情的望着迪里奥，直到另一名守城士兵将一匹马的缰绳递给迪里奥，右边的那名骑兵才简短的道："上马。"

迪里奥并不说话，他赤身裸体的翻身上马，跟随那四个骑兵向城内走去。

这五匹马走得很慢，一路上无数铁城居民拥簇到道路两旁观看，人声沸腾，而迪里奥与那几个骑兵却毫无声响。就这样一直来到伯爵府外，迪里奥刚下马，几名在门口守卫的士兵便上前将他按倒在地，接着，他们用绳子反捆迪里奥的双手，就如同押送重犯一般押着迪里奥走进了伯爵府。

这世上再没有任何一个府邸能像伯爵府这样建造。一进入厚实的铁门便是狭窄到只容许单人通过、又如同上坡般略带点倾斜的长廊，长廊两边是高高的墙壁，顶端则是如同梯子平铺的屋顶。太阳光在这锯齿似的屋顶下就像是被切割开来，阴影与光线明暗交错。迪里奥在前面走着，两名士兵在后面跟着，他们就如同是在一条蛇的洞窟般拐了好几次，方才来到两扇向外敞开着的巨大的铁门前。

迪里奥刚进入大门，那两扇铁门便被跟随着他的那两个士兵关闭了。

迪里奥稍稍环顾一下四周，见到这是一个四四方方、宽阔无比的大厅，整个厅内异常豪华、就连周边支撑着大殿的圆形石柱上也都雕刻着精致的、栩栩如生的人物或动物。而在他脚下铺着的红毯更是直伸到大厅后方的一个高台下，那高台有着层层向上的白石台阶，台上有个座位，而在这高台下的两边此时正站着两排身着整齐衣服的人，他们正齐刷刷的看着自己。

在各式各样的目光中迪里奥目不斜视的向前走去，他直走到那个高台下，方才向座上坐着的一个大约五十岁左右的花白胡子的人鞠躬施礼。

“你便是迪里奥？”高台上那人威严的问道，回声将他的这句话传遍了厅内各个角落。

“是的，我便是迪里奥。”迪里奥行礼完毕。他的声音不大，但回声却也让屋中的每一个人都清晰的听到。

“我很失望，”高台上那人接着又道“早听说你是一个聪明人，可聪明人永远不会这样与我‘坦诚相见’。”

“聪明有时是句骂人的话，”迪里奥回道：“所以这个词有时只适合用来夸赞猴子，而我却是一个有智慧的人。”

“哦？是吗？”那人冷笑道：“但是我坐在这高台上看你和看一只站在下面的猴子并没有什么区别，无衣遮丑便学会了厚颜无耻、自作聪明却又不得不卑躬屈膝。”

“我并不知道这是你的待客之道，”迪里奥道：“所以这个世间有时发生的事确实奇怪，可是也不是不能讲得通。比如说靠扒光他人衣服用来侮辱他人取乐的是人，那么靠穿着衣服遮丑的一定会是赤裸着躯体的裸鼹形鼠。”

“嗯！”那人点头道：“你说的话很有些道理，因为真理便是赤裸裸的，所以上天能不羞与创造，你也就不羞于被迫的裸露。对！你这话倒是提醒了我，我们生下来时就被人赤条条的观看，但无人对我们说什么，只因那时的我们清白无辜。然后我们通过努力奋斗，开始被人指指点点的从这个世界上换取饮食衣着还有传宗接代的机会，直等到我们年老体衰，无人怜悯时，除了子孙后代，我们始终也未能给予这个世界带来什么，最终我们也只能赤裸裸的走。所以，在这个滑稽的世间被迫裸露身躯算什么？——迪里奥，你想得开，你便会少了一层苦恼。可是，迪里奥，一个人在言语和思想上未吃到的亏，他的身体上却会补齐这种苦难。只因为你是一个有智慧的人，所以我会让你带走这世间的一根绳子。”

迪里奥道：“你应该在我刚进入铁成时便吊死我，这样我们也会省了一番无用的口舌。”

“你恐怕是曲解了我的意思，”那个人道：“我之所以要见你也并非是为了交谈，而是因为你是这场战争再次打响的‘开胃菜’。作为菜品，你当荣幸，因为我会亲自掌勺把你做成一顿色香味俱全的美味佳肴、然后再把你像棵一条腿的蔬菜一样倒掉在城墙上，用来招待围在我铁城外的、你们那些穷凶极恶的士兵。”

“未入铁城时我就知道你没想过停战。”迪里奥道：“你恐怕也曲解了我来见你的意思。”

“你的遗言与胆量倒让我想起了依仗着双钳便敢在地上横行霸道的螃蟹，”那人道：“我常常想当它被绳子五花大绑，腿脚不能伸展，却只能干瞪着眼睛，嘴里吐着脏污、口中泛着白沫的时候，它又在想什么？——它也许会这样想，你们不敢杀我，我的几万士兵就在城外，只要我的尸体一挂上城墙，战争便会一触即发。或者我只是来谈判的，两国交锋，不斩来使。但我要对这些虾兵蟹将说的是，战争打到现在根本就没有停下的必要，只因雄狮也曾给过鬣狗们和平共处的机会，只可惜鬣狗终究是鬣狗，它们非但不领情反而不顾一切的一意孤行。既然如此，那么总不能鬣狗们说打就打，鬣狗们说停便停，你们领头的狗王年轻气盛，他也正是该需要学习一些东西的时候——而这东西就是我们铁城的脸面。有智慧有胆量的迪里奥，你很不错，所以我才给你说了这么多的话，可是现在，你要失去这些了。”

高台上的人话音刚落，台下两个强壮的士兵便共同拿着一根绳子向迪里奥走来。

迪里奥却毫无惧色，他道：“如果你硬要听我的遗言，那么，我是来为这里的某个人治病的。”

厅内的许多人都在发出轻微冷笑，而那两个士兵已经把绳子套在了迪里奥的脖子上。

“你的母亲是你，还……”迪里奥话未说完，那两个士兵便同时紧紧拽住了手中的绳子，迪里奥顿时失去了声音。

高台上的人立刻喊了一声停下，两个士兵松开了手。

迪里奥面色通红，他剧烈的咳嗽几声然后抬头与高台上的人相互对望。时间就如同僵在这里，过了许久，高台上的人方才道：“迪里奥，你的遗言让你拖延了一次你的死期，可是死神依然站在你的身后，而刀锋也依旧抵着你的脖颈。”

“我知道你有一个亲信，”迪里奥道：“我也知道，在你的有生之年，他曾经与你情同手足。”

高台上的人道：“这世上有些人因为掌握一些秘密而生，有些人却因为知道一些秘密而死，迪里奥，接着说下去。”

迪里奥道：“可是在一个有着皎洁月光的夜晚，他却因为受到一条炎热火舌的蛊惑而做了一件让你后悔终身的事情。”

高台上的人道："月亮见到的怪事往往比太阳见到的怪事多。迪里奥，你又堵住了沙漏中流沙的速度，继续说。"

"他本以为一刻的欢愉能够抵挡的住往后余生的惩罚，"迪里奥道："可是时光荏苒的后悔却并未轻饶了他。"

"道德的沦丧带来良心的债，肉体的放纵换来血泪的痛。"高台上的人道："他那时不知道那只不过是一个美梦、一股妖风、一阵心动、一场颤抖、一片泡沫。那么，我又该如何面对他？"

迪里奥道："但就如同人难以杀死自己一般，所以你也只能把他关在暗无天日的地牢中受苦。"

高台上的人紧跟道："不错，我一直是个残忍的人，但对他，我却不得不留上一丝怜悯。"

"可是，"迪里奥又道："物是人非能让皮肤上的汗毛长成荆棘上的倒刺，躁动不安的火蛇也能变为寂静无声的麻绳；睫毛能成为支撑着眼皮的针，心痛如绞也能代替清晨雄鸡的高鸣。一个人之所以日日不得欢乐，又夜夜不能安睡，是因为他已被折磨到不成人形。而你，只能一边痛恨着他曾经的那刻癫狂，一边又可怜着如今他憔悴的模样，你无法释怀，同样又无法释放，而我，就是来为你这个亲信治病的。"

"我会安排你和他今晚见面，"高台上的人道："迪里奥，你成功躲开了这次死神的刀锋。"

大厅内一阵哗然，而迪里奥却摇摇头道："不，我要在现在，就在这里、见到他。"

"伯爵大人，"大厅内另一个人刚刚大声开口，高台上的人却低沉着声音道："迪里奥，我不得不说，作为说客，你今天的表现已经足够的好——你使我赦免了你的死亡。可是我也知道你此次来铁城的真正目的究竟是什么，你也定是收到了有支虎狼之师在向你们赛马尔城快速进军的消息。但有一点你要先搞清楚，这场战争打到现在早已经不是几个人的私人恩怨——就比如刚刚说话的这位大人，他本有一个英勇的儿子，可就在昨天，他的这个儿子为了保卫铁城而不幸死在了铁城的城墙上。如今城内复仇的火焰每天都在高涨，有多少双明亮的眼睛渴望着在自己的有生之年能够看到你们死无葬身之地，又有多少双苍老的耳朵只在等着听到你们战败的话语。所以别说你能治好我一个情同手足的亲信，就算你能使我消除百病，也没有任何人能够停止的了这场战争。”

迪里奥道：“让火焰不再高涨的方法首先就是不再给它增加新的燃料，阻止复仇脚步的办法首先就是不要再给它增添新的仇恨。我曾听过这样一个传说，神怕人类建造出通往天国的高塔，所以便打乱了人的言语，而这言语便是人们互通的心意。所以从那天后，人们便开始相互猜疑，人的天敌成为了人，人的言语也难以……”

“迪里奥！”那个开始在厅内说话的人却粗暴的打断迪里奥的话道：“你也许早已准备了一整套的说辞，但不要拿神在这里说事，除非祂能使我的儿子复活，不然就拿出你口中的神让祂从我的面前滚蛋。我不会在此地祈求任何人神原谅我的粗鲁，只因为我恨你们，而这种恨就如同你此刻暴露在外的身体，真实而赤裸，不带有任何遮掩。”

迪里奥看着他道：“我明白。”

“你明白个屁，你只能明白你妈和你是怎么死的，”那人愤怒的咒骂道：“你那满是血浆的脑壳里又怎会明白他人所经历的真实痛苦？你又怎会明白我有多少个夜晚揽子入怀、哄其入睡；又有多少个白昼观其学步、听其笑音。我孩子蹒跚走出的第一步、他不清不楚的说出的第一个字，都如同昨日般、曾给我、带来了多么大的、多么大的、巨大的喜悦。你从没见过他幼时的玩具、他儿时的衣服、他少年时的笑容、他成年后的理想与抱负，你就不知道那里面又饱含着我与他母亲多少个日日夜夜的心意与爱护。如今他已远去，他的母亲只能坐在屋里没日没夜的哭泣，我不能哭，只因为我是个男人，他走的光荣，而作为父亲，我也理应像他一样英勇，所以只要伯爵准许，只要我还有一丝力气，那么我现在便会紧紧地扼住你迪里奥的喉咙，我要用尽全力亲眼看着你在我的面前断气，然后，我再站上城墙，和你们那些士兵拼了我的这条老命。”

他的话使大厅顿时如同烧开的水般沸腾起来，许多人都在七嘴八舌的狂乱高喊道，“杀死他。”“我们不同意停战。”“对，杀死他们，让他们也尝尝痛失亲人的滋味。”

“安静。”高台上传出的威严声就犹如扬汤止沸，大厅内瞬间安静了下来。

“迪里奥，”高台上的人跟着道：“在你还未走入这个大厅的时候，我们就知道你的来意，你无外乎两种目的，宣战、停战。并且，迪里奥，在你还未走入这个大厅的时候，我们也就已经准备好了唯一的答案。迪里奥，你当知道，鱼虾再怎么努力也阻止不住席卷而来的海浪，所以，在大事面前你什么也做不了，你什么也无法改变，因为只有无知者才会在别人痛苦的经历面前夸夸其谈，而你脑中所谓理智的水源永远也浇不灭他人心头上复仇的火焰。可是，你自己却是个像野猫一样有着九条命的人，所以你当庆幸我刚刚只是收走了你的一条尾巴，而为了保住你的性命，你当如同懂事的狐狸般能够夹着剩余的尾巴留在铁城，然后戴罪立功，用心治疗好我的那个亲信，为此，我将网开一面，并且保证你个人的福、寿、安、康。”

迪里奥跪了下来。不是冲高台上的人，而是冲那个失去了孩子的父亲。

“我明白，”迪里奥道：“这世上有许多人心怀鬼胎，但不是所有人都没有真情实感。所以，我明白您此时该有的愤怒与粗鲁。”

“因为你们我失去了自己的至亲，”那人道：“那是一种剜心的痛，所以，站起来，迪里奥，不用去求一具没有灵魂的空壳的雕像。”

“我是真情实意的来道歉，”迪里奥道：“我求您能够同意停止这场战争，只为了我们那些双方尚还有着孩子的父母，尚还有着所爱的女人，尚还有着生命希望的孩子。”

“如果我并不同意停战呢？”那人狠狠地道。

“在我的有生之年，”迪里奥轻声道：“死神曾无数次从我的身边擦肩而过，但今天，我将看到他的真容。”

那人怒视着迪里奥，厅内许多人都在愤怒的高喊道：“杀死他，杀死他。”那人走到了迪里奥的面前，而迪里奥抬起了自己的脖颈。

“杀死你并不能使我的儿子复活，”那人对迪里奥摇摇头道：“但却能使我解恨。”说完他的双手狠狠地扼住了迪里奥的喉咙。

迪里奥脖子上的青筋顿时暴突，他满是皱纹的脸上充满血色，他喘不上气，并闭上了眼睛。

可没有一会儿，那人却松开了手。

“伯爵大人，”那人流出了眼泪并冲高台上行礼道：“我同意停止这场战争。”

大厅内一片寂静，只有迪里奥瘫软在地上不断的咳嗽。

过了好一会儿，高台上的人方站起身道：“去给迪里奥找身衣服。谈判正式开始。”

第五十九章
情报的真假

“我需要你的帮助。”在都城的小型会议室内，贝丽苏亚正对面前的情报大臣诚恳地道。

情报大臣慌忙施礼道：“王后有什么要求尽管吩咐，只要我力所能及，我必竭尽全力。”

贝丽苏亚道：“我需要你立刻把手上所有与亚伦无关的事情都停下来，从今天开始，让你的探子们只专心做一件事，那就是快速找到亚伦。”

“这——”情报大臣有些为难道“王后，我理解您焦急的心情，只是我手上还有许多紧急的事情，把它们都停下来恐怕不太妥当。况且在找寻王弟亚伦这件事上国王与您一样着急，为此，国王陛下还曾特意两次提高赏金，三次扩充找寻的队伍。这么说吧，如果我手下有十个人，那么七个此时正在各地追寻着王弟亚伦的消息，而只有剩余的三个人才在忙着别的事务。”

“那就把那三个人的事务停下，”贝丽苏亚道：“让他们也投入到追寻亚伦的队伍中，并且我需要你再次提高赏金，再次扩充寻找的队伍。”

情报大臣一躬到地道：“王后，我很愿意这么做，但请宽恕我无法这么做。这件事就算国王陛下同意我也不能办，因为……”

“国王陛下已经死了。”贝丽苏亚打断情报大臣的话道。

情报大臣似乎没有听清，他不相信的看着贝丽苏亚道：“王后，您、您说什么？”

“国王陛下已经死了，”贝丽苏亚重复了一遍刚才的话并道“是我杀死了他。”

情报大臣愣在当场，过了好久他才勉强挤出一个笑容结结巴巴的道：“王后，我、我知道您急于找到王弟亚伦，毕竟母子连心，您、您是他的生母，可是在这件事上却不能开玩笑，我——我现在就要见国王陛下。”

“我没有开玩笑，”贝丽苏亚摇摇头认真的道：“国王陛下现在就躺在我寝宫的那张地毯上。我用弓箭射穿了他的心脏，他的尸身现在应该已经冰冷，鲜血应该已经染红了那张毛毯。”

情报大臣一时不知该说什么，又过了一会儿，他轻咳一声略带慌张的道：“王后，请恕我直言，如果是国王陛下派您来转达他的决定的这我相信，如果是国王陛下让您来考验我是否忠诚的这我也相信，就算是国王陛下此刻正在您的寝宫休息，而您却私自来这儿假借国王之口传达您真实圣意的这我也相信。但我却无法相信您刚才说的话，王后，请您再次宽恕我的语言——那是只有疯子在发疯时才会在疯狂的口中说出的疯癫的言语。”

“我在此向我信仰的风神起誓，”贝丽苏亚又一次认真的道“我说的话句句属实——情报大臣，你不必怀疑我是否发疯，而我之所以杀死他，是因为我后悔当日选他为国王的那一票，这种后悔不是一天一夜，而是在他做出那种不伦丑行后的每时每刻。”

“王后，”情报大臣刚刚开口却看到贝丽苏亚再次冲他摇了摇头。

“听我说，情报大臣，听我说，”贝丽苏亚道：“我比以往任何时候都要清醒。你们可能以为女人是一种奇怪的生物，天生弱小到无法安排自我的命运但却怀揣着反抗精神，在男人与力量的世界夹缝中艰难生存但却不愿成为男人与强权的玩物。是的，她们本该明智一些，明智到懂得遵循这世界的规定，虽然这规矩里面写满了强者对弱者的种种要求和意愿。”

“不，王后，”情报大臣忙摇头道：“我、我并没有那么想。”

“不，让我说完，情报大臣，不要打断我的话，让我说完。”贝丽苏亚又道：“我不知道国王陛下是怎么向你们讲述我和他之间的关系的，但明眼人都看得出，他的父王爱我，我也爱他的父王，正是这种不可分割的爱要我发誓帮他完成遗愿，也正是这种至死不渝的爱促使我投出了那神圣的一票。新王登基，戴上王冠，他本该在这种不容置疑的爱前尊称我一声母后，他本该在转身后继续完成他父王的遗愿，他本该在心中知道神圣的爱恋不容亵渎，纯真的感情不容糟践，但他在刚登上王位的那晚，却如同一只扭动着身躯的鳄鱼般张开丑陋的血盆大口吞噬了这一切。”

情报大臣噤若寒蝉。

贝丽苏亚接着道：“饿狼为了口腹之欲去咬绵羊的脖子，蚊虫为了繁衍后代在四处公然交尾，我们不会对它们的行为说三道四，是因为它们生来是低等动物，它们不可能懂得善良与悲悯，羞耻与沦丧，所以它们只能遵循着天定的丛林法则，在弱肉强食的残酷中生存，在竞争配偶的战斗中争夺，在乏力衰老的无情中死亡。有人说狮子从来不会考虑羚羊的感受，也有人说当你看到另一种动物的身体合适，你就赶紧占上。说的没错，但这都该是禽兽独有的做法，可人却不当如此，因为人终不完全是动物，人是有情的，唯有野兽才只是残暴的。”

“王、王后，”情报大臣结巴道：“国王陛下他、他并非无情。他那么做反而是……也是因为爱。”

“爱？”贝丽苏亚质问道：“爱他自己？还是爱我？”

“自然是您，王后。”情报大臣回道。

“爱我？”贝丽苏亚道“那么他为何不问问我的爱究竟在何方，又为何不由分说的便将他那炙热的爱沉重的压在我的身上。”

“王、王后，”情报大臣想说什么但声音都在颤抖。

“爱我？”贝丽苏亚再次自问一句却摇摇头道：“说句题外话，情报大臣，你为国王辩解的言辞倒让我想起了在我们家乡桑尔夏森林中存在的一种毛虫——它的颜色是灰白，在一生中有很长时间身子也都是皱巴巴的，表皮上面还生着无数根为抵御刻绒茧蜂袭击而立起的长长的倒刺。这种虫看上去毫不可爱，可说来奇怪，当它需要求偶的时候，它身上的颜色便会变得明媚鲜艳，它的表皮会跟着紧绷，它的倒刺也会很温柔体贴的收起，那时它的样子看上去就犹如一只憨厚有趣的毛虫，然后它会尽力的攀爬，直到它能够压在另一条无刺毛虫的背上。有很长一段时间，我们桑尔夏人都以为它是为了无刺毛虫而收敛了自己，城中还有诗人准备为它这种舍身为爱的行为编唱一首歌谣。直到有一个人细心观察了几条，他才发现，随着交配结束，这种毛虫的颜色便还会一天天变成灰白，因为这才是它最终的保护色——只有这样它趴在树上才会安全，而所有见到它的天敌都会认为那只不过是一滩鸟粪。并且更让人可笑的是，它本用来抵御外敌的倒刺会随着时间的推移一个又一个的竖起，直到扎的那条无刺毛虫无法忍受这种疼痛而离去。然后，等它准备再次求偶时，它的颜色才会再次变得鲜艳，它的倒刺才会再次收起，它才会再次尽力的攀爬。而观察它们的那个人最终还是做了一首歌，情报大臣，你要听听吗？”

“王、王后，”情报大臣道：“它们、它们只是虫类，不能，不……”

“我以为自己遇见了爱情，”贝丽苏亚低声道：“其实我碰到了鬼魅。你收敛了自己的倒刺，你绷紧了自己的表皮。你用尽一切办法来蛊惑，你演尽一切颜色来献给，而当我给了你我极多的宝贵——我的时间、我的爱意、我的身体——你便弃我如履。”

情报大臣没有说话。

“情报大臣，”贝丽苏亚接着道：“你既然说它们是虫子，那么我就问问你什么是我们人类的爱。一个人以爱的名义击碎另一个人自由所爱的权利，那是不是强者对弱者、大人对孩子、男人对女人间简单到粗暴、无知到武断的伤害？那种有意的不了解、不询问、不尊重、不考虑，以自我的意愿强压在对方身上的东西又能不能被称之为对对方的爱？”

情报大臣没有回答。

“你不用害怕，情报大臣，你完全可以实话实说，”贝丽苏亚道“除非你也想和国王一样，借用爱的名义来隐藏自己私自的欲望，把欺骗当成能力，把征服当成荣誉，把占有当成爱意，除非你也和他一样荒谬疯癫，那么，你反而可以正大光明起来。”

情报大臣依然没敢回答。

“你不说话，”贝丽苏亚道：“那么我就再详细的问问你，情报大臣，他那么做是因为看到我即将走上歪路而在勇敢的拯救我吗？”

情报大臣摇摇头。

“是因为他不忍我深陷人生中的迷宫而在耐心睿智的引导我呢？”贝丽苏亚又问道。

情报大臣又摇摇头。

“还是因为我已身处绝望的泥潭，而他却不顾自我的安危用力为我打开了希望的大门呢？”贝丽苏亚再次问道。

情报大臣再次摇摇头。

“既然你提到了国王的爱，”贝丽苏亚接着道：“情报大臣，那么你就要真心实意的回答我，他是爱我，还是爱他自己。”

“王后，”情报大臣有些急道：“您问了我一个连神灵都难以回答的问题，我听说爱神与理智之神都曾为此打的不可开交，而我更非这方面的先知，所以我无法给您一个准确的答案。”

“你是无法给我一个准确的答案？还是无法给我一个你自认为完美的答案？”贝丽苏亚道：“情报大臣，除非你认为在你面前的是个可以愚弄的可笑的小丑，不然你就不要像个傻瓜一样净说些糊涂的话。”

情报大臣忙道：“王后，我并没有资格讨论这个话题，况且现在也不是讨论它的时候。”

贝丽苏亚道：“情报大臣，我倒希望你能直言不讳的告诉我，只因人一生的时间精力有限，而爱又是喜欢的升华，所以我们能喜欢的东西很多，但爱却只能有一个。”

“王后，”情报大臣道：“凤毛麟角之所以极其珍贵，是因为它们极其稀少。而人若只盯着这极其稀少的东西看，慢慢就会变得吹毛求疵、郁郁寡欢、闷闷不乐，如果他仍然不准备移开眼睛，那么他最终的结果不是发疯，便是自残。”

贝丽苏亚道：“看来只凭言词便想得到你的帮助是我想的简单了。情报大臣，我知道我们为什么无法顺利的商谈，只因为你尚在怀疑国王未死，而这疑心重重更是让你惶恐不安。我其实可以很郑重的告诉你，情报大臣，现在城中的权利交替了，亚伦已经成为了王位上唯一合法的继承人，而作为他的生母，我现在就能命令你放下手中的一切事务，从今天开始你只需要安心做一件事，那就是尽快的找回亚伦。”

“王、王后，我——我——”情报大臣道：“我必须要见国王陛下一面。”

贝丽苏亚点头道：“可以，但在这之前我必须要先告诉你什么是爱。情报大臣，只因为爱能养育出希望、善良、勇敢、坚韧这群孩子，所以它绝非是一个张口便能轻易说出的简单词语。它是美神弯腰才能在这贫瘠土地上播撒下的种子，是风神吹着口哨才能带着它在四处发芽生根。它虽是如此的难能可贵，但也正是因为有它的存在，所以在长夜中我们抬头才能够仰望到启明星；在寒冬中我们才能够安心的等待那第一丝匆匆赶来却又饱含着温情的春风；而在我们走着人生这条拥挤又坎坷不平的道路时，即便我们暂时停步，我们也依然能够感受到阳光，而不至于迷失方向——这也就如同前王对我，我对亚伦一样，也正是因为他们与我同在，所以生而为人，我才能倍感幸运。现在，走吧，情报大臣，跟我到我的寝宫，我知道你只有真正见到国王的遗体，你才能安心的接受我的命令。”

深夜的都城，万籁俱静，情报大臣正独自坐在家中望着桌上的一根麻绳发呆。桌角上油灯中的火苗不规律的晃动几下，墙上的影子也跟着摇晃起来。

“每个人都有一个解不开的结，”情报大臣慢慢的道：“我的心结就是你。你知不知道？你是我在这世间唯一一个真心喜欢的人，虽然你在舞台上出演过无数次被绳子吊死的角色，但你总能用诙谐的表情把观众逗得哈哈大笑。可你走的那天真的一点也不有趣，当你真正的吐出了自己的舌头，翻起了自己的白眼，台下的观众们依然哈哈大笑，可我却不知道那一刻你到底有没有后悔过自己的决定。你用生命为我推开一条路的大门，但你究竟是为了什么？只因为我是唯一一个看到这一幕会在心中忍不住崩溃哭泣的人？”

“也许你是为了那个女人，”情报大臣停顿一下又道：“因为你告诉过我，她爱慕你在舞台上表演的才华，所以她吸引了你，而你追求了她，于是她生下了我。但她却厌倦了跟着你东奔西走但却贫穷无望的生涯，所以在一个上午或者是下午，她留下了年幼的我和爱她的你，转身从我们的世界中消失了。你一定是把对她的爱转为了对我的亏欠，一定是这样，你害怕有一天我也会同她一样对贫穷的你嗤之以鼻，然后再次无情的从你的生命中离去。所以，你就先离开了我。”

“你这个懦弱的人，你为什么就不敢坚持到最后，看看我到底是一个什么样的货色？你为什么就不敢相信这世上还会有一个人愿意心甘情愿的跟着你东奔西跑，只是因为你那表演的天赋能够给他带来无尽的欢乐？你为什么就不敢相信我说的那句以你为荣的话？是因为那时的我年纪尚小，不懂世事的艰难？还是因为那个女人也曾给你说过类似的话？”

“孩子跟着你这样的男人也只会终身受苦，”情报大臣低沉着声音道：“她最后的这句话是不是也成为了你终身解不开的心结？于是你终究遗忘了我不是她，你也终究不愿相信，她认为再也无法下咽的苦酒，却一直是我口中丝丝入心的甘泉。”

“可是，倒真是可笑，”情报大臣轻蔑的笑道：“一个离去的女人却让你我都没能逃出她最后的那个诅咒。于是你利用了我对你的爱，让我听从你对我的安排，然后你交出了自己的生命。那一刻，你也许终是如释重负般的解开了自己的心结，可也是在那一刻，我所有曾经的欢乐却注定要转变为跟随我终身的痛苦。我依然延续着你的血脉，继续在新的舞台上出演着各类别人所需要我出演的角色，我更是卖力的表演着自己的喜怒哀乐，却再也没有能够找到真实的自我。”

“不——倒也不完全是这样，”情报大臣长叹口气，却看着桌上的那根绳子微笑道：“我只有在面对着你的时候，才能够卸下我所有的面具——虽然你是我的心结，但如果当时没有你的存在，那么，这世上便将会少两个悲哀可怜的演员，却一定会多出两个贫贱相依的快乐的苦人。这样也好，我身上既然背负着你对我沉重的希望，那么我就将一往无前继续的走下去。我现在告诉你一个消息，国王已经去世了，是王后杀死了他。王后向我描述了她心中对于前王至死不渝的爱，但她的话却让我怀疑她其实是一个有着强烈依赖感，并伴有着深深恋父情结的女人。这倒真是可怜了国王，但他究竟在背后对王后做了什么？让王后如此的愤恨，他又是怀着什么样的目的要告诉王后有可能迁都的事？现在王后又下令让我去寻找她的儿子亚伦，并提出了要即刻升我为首相，我也答应了，但亚伦已经死了，我又该怎么办？我只能先劝王后隐瞒住国王的死讯，不然城中定会大乱，周围的城池也必会为了争夺王位而尽起刀兵。但国王的死又能够隐瞒多久呢？况且我又该怎么做才能不辜负你想要我和我的子孙后代在这条路上站稳脚跟的期望？这都是麻烦的事情！我又该怎么解决这些问题？对了，对了，你在舞台上的那句台词是怎么说的？——既然王位早晚要乱，国王迟早更换，那还不如提前跟随一个强者，这样我反而还能在我的这个位置上存活。对！我可以将这个消息秘密的告诉马尔卡他们，他们有着能够击败死堡的神秘力量。对，就这么办！”

“呼——”的一声，情报大臣吹灭了桌角的油灯，整个屋中陷入了黑暗。

522

第六十章
虔诚的誓言

“是谁告诉你人生璀璨，所以要无尽狂欢？是谁向你隐瞒了生活残酷，其实是步步为艰？我走遍千山万水，也迈过了无情的沙漠，我曾游荡在富饶神奇的大海，也曾惊叹于某处的荒无人烟。如今我站在这里，依然想找一个和我一样相同的人，我抬起双眼，目所能及，等待我的，唯有死亡。”

在铁城城墙上，一个士兵看着从城下大门中孤单走出的迪里奥的背影低声吟唱着。

这又是个凉爽的清晨，迪里奥一个人走出了铁城。

“迪里奥师傅，迪里奥师傅，”在不远处，等待了一天一夜的奎力特就如同孩子见到自己许久不见的亲人般大声喊着飞奔过来，而迪里奥也加快了脚步。

“我还以为再也见不到您了呢！”奎力特眼中含泪急跑到迪里奥身边道。

“怎么会，”迪里奥和蔼的笑道：“我这不是好好地离开了铁城。”

“您？”奎力特上下看了迪里奥几眼问道：“您怎么？怎么换了身衣服？”

迪里奥哈哈笑道：“这是你未来的岳父大人赏赐给我的——先不说它了，衣服也不是什么重要的事。现在我俩先赶回军营，铁城已经同意让赛马尔城中的居民先进入城内，我们回去安排一下。”

“这么说谈判成功了？”奎力特欣喜的道。

“只能说成功了一半，”迪里奥和奎力特边走边道：“但对于这个结果我已经相当满意了——在谈判时我如实向他们讲述了我们在死堡时的经历，并告诉他们，死堡的那些根本就不能称之为军队，它们甚至已经不能称之为人了，那只不过是一群被操纵着的冷血而又扭曲的危险的怪物，并且我向他们保证，如果那些怪物杀死我们，它们早晚也定会利用我们的尸身来进攻铁城。城中决策的人们听了我的话半信半疑，继而分成两派争吵不休，但最终铁城伯爵同意我们双方停战，并让我们的居民率先进入城内。”

“太好了。”奎力特道。

“可是他们却不同意我们的军队入城，”迪里奥接着道：“但这也是没有办法的事，因为他们还有很多人认定，我说的那些话也只不过是为了想要攻占铁城而编造的离奇的谎言，并且还有人声称铁城不该只听信我的一面之词便得罪国王，这样只会引火上身。怎么说呢？谈判时又激烈又混乱，各种奇形怪状的意见也是层出不穷，有许多合理或者不合理的假设与质疑我都要一一作答——这是个极其累人的回忆，等我休息几天再详细的讲给你听。”

“好的，迪里奥师傅，可是——”奎力特又有些担心的问道“军队不进入铁城又该怎么办呢？毕竟没有城堡的掩护我们根本无法抵挡得住死堡的袭击。”

“说句实话，”迪里奥皱着眉头道：“其实即便有城堡的掩护我也不认为我们能抵挡得住死堡的那群怪物。这些天我脑中一直存在着这样的画面，一个士兵在城墙上与向上攀爬的怪物英勇作战，但不幸壮烈牺牲，可是突然间他又站起身，转而疯狂的砍杀着周边的人群，不论周边那个人是不是他的战友、朋友还是亲人，而这一幕又会一个接一个的连接起来，就如同传染病魔演绎的一副诡异而又恐怖的场景。变作怪物的人一定无知残忍，而被它砍杀的人也定会诧异吃惊——直到整个城内刀剑盾牌都静静的躺在地上，直到所有人形的怪物都站立着——其中也可能有着你我，但我们却再也不可能出现活着时的姹紫嫣红，然后只剩死寂，一片死寂，唯有死寂，死寂到连可怕都望而生畏，死寂到连黑暗都胆战心惊。可是我该怎么办？除非我能保证在战争中我们的零死亡，但那根本不现实——到那时也许真如马尔卡说的那样，世界要跌入深渊，死人将埋葬活人。”

奎力特沉默起来。

迪里奥也沉默起来，但过了一会儿他又道：“我们现在的军队太少了，我们对于死堡的了解也太少了。如果这次死堡不出兵，马尔卡当上国王还可以准备一切并召集所有人想想办法，或者在哪里打一场战争，可是现在——”他又如同自言自语般道：“并且死堡中的复活术究竟是如何使用的，是像我们所见的那样，只需要一卷书与咒语便能在战争中使用，还是如伊阿图说的那样，他们需要事后有一个大的祭祀？还有，现在的赛马尔城已经成为一座空城，但双影也说过，死堡只对活人感兴趣，那么它们的下一个目标会不会就是相隔不远的铁城？并且在行军的路上他们会不会就已经袭击了沿途的村庄，屠杀了那里无辜的民众，进而扩大了自己的力量？仰或是它们现在最需要的只是能征善战的士兵？不行——”迪里奥跟着摇了摇头道：“我现在只是对于未知的恐慌，让民众有着城堡栖身总比在外面颠沛流离要好，这种情况下我也只能走一步看一步了。”接着他对奎力特道“对了，奎力特，我与铁城伯爵最终达成的协议是，让民众先进入铁城，而我们的军队则分开在铁城两边，如果死堡进攻铁城，那么我们便帮他们守护城堡，但在这之间他们需要给我们的军队提供衣物粮草。”

“好。”奎力特道。

迪里奥又道：“但你和马尔卡可以率先以民众的身份入城，马尔卡的身体情况现在已经不能率军打仗了，铁城伯爵也同意安排他到城中休养，而你的安排却是另外一件好事。”迪里奥和蔼的笑起来。

“是什么安排？迪里奥师傅？”奎力特坚定地问道。

“怎么说呢？”迪里奥想了一下道：“奎力特，昨天晚上我单独见到了那个裹得严严实实的神秘的黑衣人，但到现在我也依然不能完全确定他就是伯爵本人，因为他说话的嗓音和口气态度都不像——他先是跌跌撞撞的走进我住的房间，又突然匍匐在地扭动着身躯，‘救救我，救救我，’他说着便向我爬了过来，我还没有说话，他却又突然的站起身‘嘿嘿’冷笑起来，‘吓到您了吧？’他用略带着些呻吟的嘶哑的声音说：‘您知道女人吗？’我冲他点点头。‘那真是一种奇妙的生物，’他再次冲我嘿嘿笑起来道，‘造物并未将她们造的完美，但造物却将她们造的奇妙，奇妙的女人，女人的奇妙。谁如果说她们的身子是温热的，那他一定是没有经历过女人的火热，那种火热能让生铁在她们的身上化为乌有。奇妙的双唇、奇妙的脸庞、奇妙的身姿、奇妙的一切，这一切的奇妙合在一起又构成了她们满载着魔力似的神秘，而这神秘又在不经意间从她们流光溢彩的眼神中、细微的发梢间、轻柔的指尖上向外弥漫，让人疯狂，疯狂到迫不及待的想知道在那奇妙的躯体内究竟隐藏着什么秘密？于是她们媚眼如丝，肤若凝脂，她们开始吐气如兰，并冲我勾动了她们的食指，我看到她们光滑洁白到犹如太阳般耀眼的腿，我就则有些疯疯癫癫的呐喊——救救我，迪里奥，救救我。可是，嘿嘿……’他又笑起来道，‘我为何又会让你救我，你这个鳏夫，废物，你从来就没有尝过糖的滋味，你又怎么会知道它在你的舌尖是甜的还是咸的？你从来都不曾是我，你又怎么会知道我在把握这些的时候是苦的还是乐的？也许我该配合你的意思来与你同台上演一出好戏，因为我能博得你无用的慈悲，我便能骗得一片真实的掌声——虽然那掌声对我来说就犹如耳光一样响亮，但它终究拍不到我的身上，那又有什么呢？弥足珍贵！并且我也能因此而自我安慰。’”

“我不会劝你冷静，我对他道，”迪里奥说：“因为你脑中的念头就犹如刺猬身上的刺一样多，但你却不能理顺它，所以它们早晚会像你的头发一样从你的脑壳中迸出。你这只自寻死路的宽足袋鼩——你看看你自己，你究竟是不是一个行将就木的病人，在这点上你比我还要清楚！是谁告诉你治疗霍乱的医生一定要得过霍乱的疾病？是谁告诉你怏怏的病体一定会比强健的躯体懂得多？我倒是该劝你出去晒一晒太阳，光明一些吧，你的时日还长，所以，走出去领略一下那温暖的生活。可是你对我却是什么态度？我又为什么要劝你？你已经遗忘了你到底是因为什么走到我的面前，你也遗忘了医师在有些情况下可以向患者隐瞒对方的病情，但在任何时候患者都不能向医师隐藏自己的痛楚。虽然我不知道你是谁——奎力特，我确实无法确定他是不是伯爵本人，他像极了一个陌生的病人——除非伯爵本人有着另外一种性格，不然我绝不会认不出来。”

“迪里奥师傅，”奎力特道：“他到底是不是伯爵这都无所谓。”

“好吧，”迪里奥点头道：“跟着我们双方交谈许久，期间他也确实谈到了自己对于女儿异常的爱。直到东方的天空泛白，他方认真的向我表示感谢，然后离去。而在早晨我准备离开铁城时，铁城伯爵却专门找到我，他让我转告你，他接受你对于他女儿的心意，并且他也同意你见他女儿一面。奎力特，”迪里奥笑道：“记得到时候你也要和所有普通民众一样，只能穿件紧身的衣服入城，绝不能携带武器与盔甲。”

“谢谢您，迪里奥师傅，真的谢谢您。”奎力特略带着哽咽认真的说着，可是接着他又摇摇头道：“但我不会去，迪里奥师傅，我不会去。”

迪里奥有些诧异道：“为什么？”

“迪里奥师傅，现在还不是时候，我也不知道该怎么说，但现在不是时候，”奎力特道：“马尔卡现在不能领兵，但我还能打仗。现在不是时候，所以我要跟随军队同守铁城，我要像个真正的骑士那样进入铁城。我是要见她，迪里奥师傅，但我要像个真正的骑士那样进入铁城。”

“奎力特，”迪里奥急道：“你在外面守护铁城九死一生，你在城内同样可以守护它。你还记不记得前天你答应了我什么？先去做你不留下遗憾的事——”

“迪里奥师傅，”奎力特第一次打断迪里奥的话道：“跟了你们这么久，我才学到人生总是要留下遗憾。你既然选择了这个，便不能选择那个，那边的选择是否更好，我不知道，但我却知道在我选择的这方它也是我心意的一部分，我不能留下遗憾。”

“笨蛋。”迪里奥刚说了一声却热泪盈眶道：“奎力特，你是准备和马尔卡一样傻，还是准备也去抛弃那段万金不换的故事？——这就要进马尔卡的帐篷了，我一会儿再给你说。”此时两人已经走到了军营中马尔卡的帐篷前，迪里奥掀开门帘，两人走了进去。

马尔卡正躺在床上，而在他床边站着的正是伊阿图。

“你来了。”迪里奥忙走上前去对伊阿图道。

伊阿图对迪里奥施礼，然后道：“赛马尔城中的民众已经在向前线赶来，并且在得到你信的当天我就送信给了赛飞处。在信中我详细的向瓦万特的大儿子讲述了死堡的事，并告诉他一定不要在此时向赛马尔城轻举妄动。”

迪里奥真心感激道：“谢谢。”但接着他又有些担忧道：“不过，他会相信你的话吗？”

“会。”伊阿图点头道：“他在少年的时候就见过我溃烂胸中的那柄断剑，只是那时我没告诉他那是怎么来的。”

迪里奥沉重的点点头，而马尔卡却以虚弱的语气开口问道：“迪里奥师傅，我听医师说你去铁城谈判了，结果怎么样？”

“还行，”迪里奥接着便将谈判时的情况和最终与伯爵达成的协议大致讲述了出来，等他讲完，帐篷内一片安静。

“我不去城中休养。”马尔卡首先开口道：“我只是少了一只左手，但这并不影响我领兵作战的能力。”

“马尔卡，”迪里奥刚开口，却听到伊阿图道：“这件事情很简单，铁城的决策层之所以怀疑你，是因为他们尚没有见过死堡的可怕——让我去，只要他们见到我的伤口，他们就一定会同意我们的军队入城。”

迪里奥沉痛的道：“伊阿图，你是真的愿意将你那创伤一次次的展露给外人看吗？那对你而言难道不是一件很残忍的事吗？”

“残忍？哈哈，”伊阿图第一次笑起来道：“迪里奥，我一直认为你在做事上是一个干脆利落的人，可谁知你也是如此的优柔寡断。残忍？那就让我来告诉你什么是残忍——我曾和我的妹妹躲在那个昏暗的木制衣柜中，我看着外面发生的一切，我却用绵绸和手堵上了她的耳朵，然后我向她打手势，叫她不要出声，就在那里安静的等我回来——我本想出去看清情况，再回来带她逃离。而就在我站在亚文斯城门口的时候，我突然见到了那场黑火一样的祭祀。于是…… 我应该是返了回去，因为在我碎片式的记忆中，我用双手又一次打开了那扇衣柜的门，‘哥哥，’我也再一次真实听到她叫我的声音——残忍？迪里奥，如果要是为了能够避免这种残忍的事情再在别处出现，而需要我将我胸前的这团恶心恐怖的腐肉让所有人都能够清晰的看见，我也会毫不犹豫的立刻站在这个世界的最高处，然后脱下我的衣袍，彻底袒露我的胸膛。”

帐篷内又是一阵安静，但只一会儿，迪里奥便哈哈大笑起来道“好！如果我们真能够与铁城合兵一处，再加上他们城堡内存有的守城器械，那么即便死堡攻来我们也会有更大的胜算。走！伊阿图，我们现在便去铁城。”

两人尚未走出帐篷，一个士兵便进来报信道：“禀报不死之王，刺客之城派人求见。”

帐篷内除了伊阿图，所有人都吃了一惊。马尔卡艰难的从床上坐起身道：“他们又来干什么？”他说着看了一眼迪里奥，而迪里奥冲他点了点头。

“让他进来，”马尔卡对那个士兵道，接着他小声嘀咕一句：“他们什么时候这么懂礼貌了？”

士兵出去不久，一个平民打扮样的人走了进来，他先是冲屋中的人行礼，跟着道：“刺客之城城主让我给你们带信，死堡所有的怪物已经尽数死在了叹息森林，而黑袍也已被前任刺客之城城主手刃。”

屋中所有人都震惊了，他们只听那人继续道：“我们现任城主则要求你们继续履行与我们的约定。”

迪里奥并未答这句话，他急问道：“叹息森林中的人们怎么样了？”

“他们几乎灭族。”那人回道。

迪里奥摇晃了几下身子，紧跟着他颤抖着声音道：“我、我要去一趟叹息森林，我要去一趟叹息森林。”他说着就向外走去，而奎力特立刻跟上了他。

“让我一个人去，奎力特，你留在这里和马尔卡伊阿图他们处理以后的事，让我一个人去。“迪里奥说着拉过外面一个巡逻骑兵手中牵着的战马，跟着他翻身上马，吆喝一声，那马匹便向前跑去。

几天之后，迪里奥的身影出现在叹息森林的密林中，他就如同上次一样，根据光的变化分辨着林中的方向，但突然间，他看到了远处一只正在死死盯着自己看的梅花鹿。

“法亚尔，是你吗？”迪里奥高声叫道，可那只鹿却转身跑掉了。

就在此时，林中却不知从何处传出了悠扬宛转的琴笛声与轻微敲击的鼓点声，迪里奥侧耳倾听，跟着便听到了无数女声与稚嫩童音合在一起的歌唱声。

“黑袍已死，法亚尔已逝，在这幽幽的密林中啊，残叶已纷纷的落下。我叹息的并非是这忧伤呜咽的秋季啊，我叹息的，是人们不该遗忘恶是因何而到来，人们也不该遗忘善又是为何而消失。去吧！迪里奥，踏着你脚下广漠而结实的土地；去吧！迪里奥，同风一起讲述着这里发生的故事。”

在一个女人柔和嗓音的带领下，这合唱声就如同能够穿透森林的光芒一般，而迪里奥则深深鞠躬，接着，他抬起头庄严的道：“我。迪里奥。在大地之母面前，虔诚立誓！我。首先。永不遗忘！”

532

第六十一章
双线的交织

“你是否还在觉得美好永存呢？我的朋友？那么我恭喜你，你此刻一定处在无乱之地——我是真的不愿打扰你——美好的人与事物将会在这个世界上永恒存在——我也无法反驳你说的这句真理，因为我曾为此思考过许久，但最终我觉得你说的很对。”

在昏暗而又寒冷的王家地下冰库中，情报大臣正手提一盏小油灯对着面前一块横放着的、巨大的长方形冰砖道。

“在和煦金黄的阳光照耀下，有一片青绿的草地，温暖舒适的春风吹过，蝴蝶在半空中翩翩飞舞。绿地上依稀奔跑着的是许多追逐嬉戏的孩子，周围零散站着或坐着的是欢声笑语的人群——这一切都在毫无修饰的展现着生命中那种该有的、就如同艺术绽放一般无穷的张力——然后，这一幕又在这个世界上几经演绎。所以，请珍惜一些吧，因为几千万年过去了，那光明了又暗，那草枯了又绿，那风来了又去，那蝴蝶单双交替，还有那些面孔相同，却不同笑容的大人孩子——即便再过几千万年，这些还会有什么改变？”

“所以，请珍惜一些——因为只有这样，美好才能永存。虽然，你血肉的躯体正被冰封，虽然，我今天来到此处，也只不过是为了要向你辞行。”情报大臣说着冲那块冰砖鞠了一躬又道：“并且，不论你现在处于何方，是正在天际的白云上翱翔，还是正在大地的黄土上流浪，仰或是、你正处在底层的世界中呻吟彷徨；并且，不论你现在还有没有心情、有没有方向，有没有理想，这都将是我最后一次给你带来消息。”

“我要走了，朋友，离开这里，去寻找我生的留恋，去避免我对于未知的苦楚。虽然我和你一样，都曾在这个世间留下了无数的谎言，也都曾在这里孜孜不倦的探索过事实的真相，虽然我们都曾笑过、爱过、也曾真心实意的恨过，虽然你和我一样，也都在这其中经历了抬起头却也无话可说的百年孤独。但是，我要走了，我的朋友，我还是要离开这里，去寻找我生的留恋，去避免我对于未知的苦楚。”

“不，”情报大臣说完这些却急摇了摇头道：“我为什么会和你说这些？我应该和你说的是，如果你准备做什么大事，你就应该提前隐瞒的连神明都不会知道。你今天之所以躺在此处，不就是因为你穿的果断勇敢的外衣却怎么也掩盖不住你恐慌懦弱的躯体，你那遮掩不住的真实又让你自卑委屈且充满疑问，而这疑问又恰恰暴露了你贪婪与懒惰的心意，最终这心意为你带来了不可衡量的灾祸。我扪心自问，我今天为何要来到此处向你辞行？只因这横放着的巨大冰砖就是我的前车之鉴，而你那僵硬寒冷的身体已然成为了我的无言之师。况且，你我又并非朋友，我们虽一场相识，但互不交心，相互提防，我们从一开始就不能相见如故，那么最终的结果也就只能是白首如新。”情报大臣边说边放下那盏油灯，然后，他再次冲那冰砖鞠了一躬道：“我的国王，阴明阻道，山海一方，此别过后，两不相望。”

“陛下，”可紧接着情报大臣却又含笑道：“不知您是否还记得我曾帮您圆过的一个弥天大谎。那是在您登基的当天晚上，我得到您亚赛王弟出逃赛马尔城堡的密报，我当时急于找到您，而我的密探却告诉我，您走进了前王后的寝宫就再也没有出来——我当时真是不敢惊扰您，所以在第二天的会议上，我便向所有人宣布有一个长得很像陛下的人进入教堂去独守前王的英灵了。但宿命的轮回竟能如此规矩——就如同徒手画出的完美方圆，虽不让人惊讶但却也让人意料不到——在这种清晰的轨道上虽发生了那么多事，可时至今日，我却仍然要再帮您圆一个弥天大谎——现在全国上下都在为陛下您祈福，只因所有人都听说了您突染时疾，贵体不适的消息，并且他们确信，您在生病那天让王后找到我，还当着她的面升任了我的首相之职。接着您把权力移交给了王后，让她暂时代您处理国家的一切事务，这之后，您才在皇家御医的调养下安心养病。但谁也不可能知道的是，就是在这头天晚上，我却秘密的让人将装着您尸身的袋子抬到这个你们皇家用来储藏冬天冰雪的冷库。然后，在这里，我将那尚束着口的袋子放入用来制作冰砖的长方形模具内。我开始一遍遍的向模具内浇水，直到那水慢慢冻结成冰，直到那冰如同透明的黄土渐渐掩盖了那块封闭着您的裹尸布。”

说到这里，情报大臣又轻轻叹了口气道：“没人愿意讨论死亡，陛下，我也不例外。虽然我们都不知道自己为何就突然出现在这个世界上，就如同让人猝不及防的雷鸣电闪，这世上凭空就多出了我这么一个能够思考且活蹦乱跳又活色生香的血肉之躯——虽然它是有着永远在追逐着安稳祥和的大脑和永远都要在危险中行走着的满是肉欲的方圆矛盾体。但没有人知道是谁给了我们这一切，也没有人知道它为什么要给我们这一切——也许您知道，陛下，但您已经像一朵无法开口的风信子一样，再也无法向我传递准确的信息。”

“也许会有这么一天吧，不——”情报大臣重重摇了摇头道：“陛下，一定会有这么一天，我的身躯不知为何就同您一样冰冷僵硬，我也和您一样踏入了那未曾有活人走出过的神秘的国度——其实在每个夜深人静的夜晚，我都会想自己离开这个世界时的场景。

是有所准备的安稳离开？还是毫无准备的就突然离去？是充满着肉体的痛苦与思想的不甘？还是犹如睡着一样、不知不觉就开始了另一场漫长无序的梦？谁又会埋葬我这身躯？是我的爱人、子孙、朋友？抑或是野狗、尸虫、秃鹫？另一面是否也存在着统治的君王？是有一样的秩序？还是阴冷漆黑，一团乱麻？或者，根本就没有那里？我不知道，我现在也不可能知道，但正是对于这死的深刻，才能让我体会到这生的通透。"

"陛下，说到此处，"情报大臣笑了笑道："倒让我想起了一句老生常谈——我们不知出处，只知终点，虽然那个终点不知何时会来，会以什么样的方式来，但它总会到来。可这只不过是一句人人皆知却又如同废话一般存在的真理，就如同被一叶障目看不到生命之美却又尽情挥洒着生命之美的生命；就如同你看不到我皱纹里隐瞒的沧桑，直到沧桑的皱纹清晰的爬上了你的脸庞；就如同疾病无时无刻不在准备着攻占你的躯体，但每个人都不相信它有一天真会撞开自己把守的大门一样。陛下，不知出处，只知终点——这并非是一个完美的人生，可是当我用双手向您身上一遍一遍浇水的时候，我心里还是有着一遍遍对生命与美好的留恋，也还是有着一遍遍对死亡与冰冷的恐惧。"

"来生不可期待，往世不可追回——所以，我想了又想，陛下，"情报大臣小声道："我还是尽量晚一些去吧。在这之前，我还是希望自己能够身体健康、聪慧快乐的活着，虽然这些都需要我付出巨大的行动与莫大的勇气，但与死神病魔赛跑，哪个凡人还不该开动自己的脑筋，并出些自己真实的力气呢？"

情报大臣接着站直身子道："陛下，我的感叹到此完结。虽然我知道您已经听不进去了，不过我还要感谢您，因为这还是我第一次能够毫无顾忌的和您说话——我知道您在世时也派了不少密探调查我的言行，虽然现在他们也已被我收入囊中了，但也许您还在记挂着您生前一直记挂着的一切。陛下，我在入职时起过神圣的誓言，在离职以前不得向国王隐瞒任何我所知道的情况——所以今天我将给您带来最后的消息。陛下，都城已经乱套了，王后坐上您位置的第一天，便搬出了国库里所有残存的黄金。王后先是用这些招募了大量的探子，同时以王室的名义对全国许下重诺，谁能找到她的孩子亚伦，那么不论那人以往做过什么罪大恶极的事情，他首先都可得到法律上无罪的赦免，接着，王室将以感恩的形式回报他一根能够实现财富、权力与幸福的盘蛇杖。陛下，您当真该起身看看这个爱子心切到几乎发狂的王后，她的这个承诺和当初您对于追寻人鱼的承诺一样，都在下面瞬间掀起了轩然大波。只不过那次大部分的人买了渔船跑到了海上去，而这次，所有人又都在陆地上疯了一般掘地三尺——可接下来的连锁反应估计是连王后都没有想到的。寻子密探的地位开始蒸蒸日上，兵匪突袭可疑民宅的事件常有发生，邻人与邻人之间相互怀疑告密，而我，则每天收到的关于找到亚伦的消息、疑似找到的亚伦的消息比每天晚上在天空中点缀的星星还要多。”

“我是真的不能理解王后的行为，”情报大臣想了想又道：“可能我还尚不太能彻底了解一个母亲的心意。王后并不是不知道赛马尔城堡可能很快便会攻打过来，可她却依然在这件事上执着固执，并不顾一切的挥金如土、挥霍无度，这样即使真能找到亚伦，但亚伦还能坐稳这个王位吗？或许只有母亲才能了解母亲，如果有机会，我想我应该找我的母亲问一下——对了，陛下，王后以您的名义调回了西方留守的杰洛斯和那里的军队，看来不找回亚伦，王后是不可能迁都了。”

“所以今天下午我已经向王后禀报了新的情况。陛下，我告诉她，我的一个最忠心，最高级的密探终于在海上漂浮的奴隶岛上找到了亚伦——虽然那个岛是个传说，但这却是一个极其可靠的消息。因为在都城时我的那个密探就见过亚伦，所以他绝对不会认错。他亲眼见到亚伦已经成为了那里一个专为奴隶岛岛主斟酒的侍童。他当时便向岛主要人，可岛主回答他的是，在奴隶岛上你可以看上这里所有的奴隶，但岛主却从不卖人。于是我向王后建议，我要亲自率领四十个身怀绝技的人去一趟奴隶岛，并在那里见机行事。王后批准了。”

“我要走了，陛下，并不是去传说中的那个岛屿，而是去赛马尔城堡。我曾发誓向您效忠，今天这个誓言结束了，在这期间，我已经尽我最大的能力不去违背我的承诺。再见，陛下，希望您在那一面过的安好，希望您一切都好。”

情报大臣最后又鞠一躬，然后他提起地上的油灯，走出了冰库。

情报大臣刚关上冰库的大门，两个士兵就拿着火把从上方的台阶上走了下来，他们一看到情报大臣即刻停下了脚步。

情报大臣高高举起油灯，对上面那两个士兵道：“都准备好了吗？”

“准备好了，大人，”其中一个士兵回道：“那三十八个人已经整装待发，我俩也已经背上了王后给我们的金银。”说完，他们侧了下身，让情报大臣看到他们背上背着的包裹。

情报大臣点点头，他踏上台阶道：“走。”

这支四十一人的队伍用了将近半个月的时间来到了赛马尔城。他们浩浩荡荡的进入城内，却发现城中凌乱不堪，有许多人正在清除屋顶上的沥青，还有许多士兵在填埋地上的深坑。

情报大臣一行人来到赛马尔城的宫殿外，他上前对门口守卫的士兵道：“麻烦向不死之王传话，都城的情报大臣求见。”

士兵进入宫殿后不久就出来道：“你们先找个驿馆住下，不死之王说了，他现在有紧急的事情要处理，暂时不能和你们见面。”

“哦？”情报大臣先是疑问似得挑了下眉头，接着他又低眉笑道：“好的。”

此时的赛马尔宫殿内，马尔卡和奎力特正焦急的站在一间屋的门前，而随着屋门打开，医师走出，冲他们摇了摇头。

马尔卡和奎力特的身子同时摇晃两下。

“我已经尽力了，”医师对他们道：“但我只能治疗疾病，却不能挽留一个人自然的寿命。他的年纪已经很大了，衰老的肉体没能抵挡得住这次高烧所带来的损害。所以按照他的嘱咐，我已经给他喝下了能够避免痛苦的药剂，他现在非常清醒，你们去和他说说话吧，但用不了多久，他便会进入长久的睡眠。”

“迪里奥师傅。”奎力特嘶哑着声音，而马尔卡一个健步走入了房间。

迪里奥正半躺在床上祥和的看着马尔卡。

“迪里奥师傅，”马尔卡的声音突然就哽咽了，“您、您要走了吗？”

“嗯。”迪里奥点头笑道：“这个世间给我安排的使命就快要结束了，不论我完成的好还是不好，我都要安安稳稳的走。”

“迪里奥师傅，”刚进屋的奎力特听到这句话却失声痛哭，他上前跪倒在迪里奥的床边，拉着迪里奥的手臂语无伦次又泣不成声的道：“我一直喜欢背您前行，迪里奥师傅，我是真的喜欢背着您一直前行。我有一个父亲，我多么希望他也能像您一样，开导我、睿智的指点我，那么我也不会像一根捅火的铁棍，迪里奥师傅，您鼓励我，我、我——”

“别哭，奎力特，”迪里奥道：“我们相识只不过是我生命中使命的一部分，而你一生的使命却只有你自己才能寻找的到。珍惜自己真实且昂贵的一生，奎力特，你不缺乏行动的勇气和内在的善良，但也正是这些却阻碍了你去看到人性中极其丑陋的一面，也正因此，我平时才常会絮絮叨叨的给你讲一些可怕的事情。但你要知道，奎力特，那些可怕的事情并不会经常发生，可只要不幸碰到一次，它就很可能会残害了我们的一生。我希望你不会埋怨我平日里的絮叨，我知道你也不会，那么我就再说一些——只要是动物多少都会带有一些凶残的本性，而在这个世上因为皮毛决定了一些东西的眼界与思想，所以，不到万不得已，不要去得罪那些愚蠢的人，但一定要远离用糊涂做成漩涡的圈子；遇到那些有恃无恐，恃宠而骄的人，尽量收起自己的慈悲，也不要感情用事；你想去看世界阴暗面的那柄利剑，定要记得带上自己人性中那面光辉的盾牌，人的内心要越活越神奇而多彩，绝不能让它越来越空洞和扭曲。奎力特，并且你要坚信，黑暗虽然能够遮掩一时的光明，但它肯定没有侵蚀光热太阳的能力，而命运的手不论再怎么洗牌，首先重要、也决对不会改变的是，在这副牌中，三永远会是三，王也永远会是王。还有，奎力特，尽量不要去做伤害自己身体健康与自己大脑的事情，你要明白，这世界一直以来就是强者的乐园与弱者的坟场。奎力特，如果你觉得我轻盈，那么我在或不在，你都可以将我背在背上，可如果你觉得我沉重，那么，任何时间你都可以将我放下，自由前行。”

“迪里奥师傅，”马尔卡低声问道：“我呢？”

“马尔卡，”迪里奥冲马尔卡笑道：“你做了好几件都是我意料不到的事，我曾以为你只是个不太爱说话的人，但就如同男女过上柴米油盐的生活才会逐渐发现对方更多的真相一样，我们经历了那么多的事，我才在你身上发现你性格中还蕴含着比你弟弟马里斯还要高大的影子。你使我开了眼界，也许小时候的你说得对——胡子根本代表不了什么，如果真能代表，它也只不过代表了一个不是阉人的男人脸上长出了几根毛。”

“迪里奥师傅，您还记得呢？”马尔卡不好意思的道：“我那时候不懂事，确实说了一些……”

“我不会忘，”迪里奥道：“因为你说得很对，马尔卡，虽然你的身体遭受了重创，但智慧女神可是从天神痛苦的大脑中应运而生的，所以我相信你一定会超过我的，就如同——”

迪里奥话未说完，医师却急走进来道：“迪里奥大人，我已经将那个人叫来了，现在他就在外面。”

“让他进来，”迪里奥道：“马尔卡，奎力特，你们先出去吧，我要和我一个许久未见的朋友聊聊。”

马尔卡和奎力特都没有动，直到迪里奥温和的笑道：“去吧。”

奎力特站起身看了迪里奥最后一眼，迪里奥冲他点了点头。

两人刚走到门口，却听到迪里奥在后面轻声道：“马尔卡，当个好国王。”

马尔卡停步，他转身对迪里奥道：“迪里奥师傅，都城的情报大臣已经来了。”

马尔卡说完，最终还是冲迪里奥点了点头。

第六十二章
永久的睡眠

马尔卡奎力特刚出房门，就与一个衣衫破旧的老者擦肩而过，那个老者进入屋内，他尚未施礼，就听到迪里奥笑吟吟的声音道：“好久不见，朋友。”

“朋友，好久不见。”那个老者并未行礼却也跟着笑起来。

“你现在还在看那窝蚂蚁吗？”迪里奥很有兴致的问道。

“不再看了。”那个老者摇摇头道：“在战争的那些天里，花园里的树都被砍光做成了防守城池的滚木，而围着泉水的墙也被拆除成为了坚硬的礌石，那窝蚂蚁也早已在人们沉重杂乱的脚步下销声匿迹了。”

迪里奥有些沉痛的道：“抱歉，给你们铁城带来了战争。”

“不是你的错，”那个老者道：“在你进入铁城谈判的那天我就知道不是你的错。”

“哦？”迪里奥笑道：“就是我一丝不挂、却骑着高头大马在你们铁城游街的那天？你也在人群中？”

那个老者点点头。

迪里奥非常认真的问道：“那么，告诉我，苏亚斯，在当时的你又看到了什么呢？”

“作为一个老人来说，你的身材保持的已经相当不错了。”苏亚斯也认真的回道。

迪里奥“噗嗤”一声笑了出来，接着他忍不住哈哈大笑道：“苏亚斯，为何你的目光总是和别人不一样呢？”

“你怎么知道别人是怎么想的？”苏亚斯再次认真的道：“也许他们内心的看法与我是一样的呢。”

迪里奥哈哈笑个不停，接着他点点头道：“有道理，有道理。在人间保持身体的健康与内心的光明，这样即便哪天不幸被别人扒光了衣服，你也不会遭受太大的耻辱。”

“当时的你高昂着头，”苏亚斯道：“是因为你知道，人只能扒掉你人造的衣服，却永远也扒不掉你自造的高贵与坚韧。而对于一个人来说，这两点恰恰是一块外在的布能够遮掩着的最后底线。”

“知道是知道，”迪里奥却认真的道：“但我还是有些遗憾，其实那天在马背上我一直生怕自己莫名想到什么，然后我管不住的那部位也跟着高昂起头来，那可真就是太丢脸了。”

迪里奥的话让苏亚斯也“噗嗤”一声笑出声来，接着他忍俊不止哈哈大笑道：“那又有什么呢？如果是男人嫉妒你，那你是比他有福的；如果是女人嘲笑你，那她是比你有福的。”

“可是那天我要见伯爵，”迪里奥依旧认真的道：“我是真怕在那种情况下我不知道自己该说些什么。”

“干翻你们。”苏亚斯也认真的回道：“你可以雄赳赳气昂昂的这么说。当然，你也可以雄赳赳气昂昂的什么也不说。”

“我那天在伯爵府可是九死一生，”迪里奥道：“如果真是那样的话，当天的我一定是必死无疑。”

两个老者同时哈哈大笑起来，像两个孩子一样。

笑过之后，迪里奥诚恳的道："苏亚斯，我今天找你来，其实是希望你能帮我寻找一件事情的真相。"

"什么真相？"苏亚斯问道。

"我有一个学生，"迪里奥道："他生前的身份是王子，他本性是个善良的人。他曾喜欢一个女人，这个女人就是王后。对，就是王后，从前和如今都是王后。他对王后的这种喜欢可以称为爱慕——这确实有些过界，但谁让优点与优点相互吸引，缺点与缺点相互排斥呢。虽然他能做到发自情欲，止于礼节，但爱慕之情可是谁也管不了的事情，他后来也时常向我提起王后的内心有多么善良，为人有多么友善，人格魅力又有多么的高尚。但是有一件事，我却觉得非常蹊跷。"

苏亚斯没有开口询问，只是在认真的倾听。

"我这个学生就是曾经的二王子亚赛，"迪里奥接着道："据他讲，在选举国王的会议上王后将票投给了他的哥哥亚索，对，就是现如今的国王——亚赛本人并为在这件事上太过在意，因为他本来就无意在王位上的竞争。可是当时因为王后的亲生儿子亚伦失踪，所以在晚上的时候他写了一首桑尔夏风格的短诗，希望能安慰一下正处于伤心欲绝中的王后。但他得到那只白色信鸽上的回复却是，快跑，你哥哥要杀你。所以在当天晚上，亚赛便离开了都城，后来他听说那天晚上他的哥哥就霸占了王后——这件事应该是真的，因为不久前国王确实娶了她为妻。"

苏亚斯点点头。

"亚赛却对这件事一直心存愧疚，"迪里奥道："因为在他内心深处认为，王后那晚很有可能是在为了保护他出逃而给了国王可乘之机——这也确有可能，不然他也绝不会在没有任何追兵的情况下毫发无损的跑回赛马尔城堡。可是这种愧疚却成为了他到死都认为自己是懦弱的一种遗憾。他一直认为自己不该逃跑，而应该在那晚背对着一个柔弱的女人伸开自己守护的臂膀。"

“能够理解。”苏亚斯道：“在爱恋中的男女对自己和对方总充满着各种爱恋式的猜想。”

迪里奥点点头道：“但是前些天我却收到了一个消息，王后亲手杀死了国王。”

“什么？”苏亚斯吃惊道：“国王已经去世了？”

“是的，”迪里奥再次点头道：“这件事发生在王后的寝宫内，当时没有任何侍卫与侍女，而国王也没有丝毫准备，就在这种情况下，他被王后一箭射穿了心脏。”

苏亚斯沉默一会儿，道：“现在各处都在张贴都城的告示，说是国王突染时疾，希望全国民众为他祈福，而他也正在皇家御医的治疗下调养身子，政务暂由王后处理。但你们又是从哪里得到的消息？”

“刺客之城，”迪里奥道：“他们往都城与各个城堡内都派出了监视刺客，现在全天下的重要消息都隐瞒不了他们。”

“刺客之城？”苏亚斯疑问似的重复一遍。

“是的，”迪里奥道：“这件事说来话长，当初我和马尔卡奎力特离开刺客之城的时候，他们的城主便用易容术混入了死堡城内。他本想在那里寻到死堡形成的原因，并找机会刺杀黑袍。可在有一天的傍晚他却见到一只巨大的秃鹫飞入了死堡城内。他当时心存疑惑，秘密调查，而当他得知那是国王传递的要与死堡合作的信息时，他便在当天晚上毫不迟疑的放出了跟随自身的黑色蝙蝠，他本希望那只蝙蝠在半路上能够截杀回复都城信息的秃鹫，可那蝙蝠却在第二天晚上重伤而回。就在城主死后，刺客之城便停止了一切暗杀行动，而彻底开启了双瞳计划，他们往许多重要人物的身边都安插了眼线，苏亚斯，就连我们现在的谈话可能都瞒不了他们的眼睛。他们给我的消息是，国王已死，而王后在射出那一箭的时候，非常的稳、准、狠。”

“那么她绝对不是一个柔弱的女人，”苏亚斯说着又想了一下道："刺客之城的消息可信吗？"

"非常可信，"迪里奥道："他们在十几天前就说都城的情报大臣要来投靠我们赛马尔城，而今天他已经来了。"

"我现在得到的情况不多，"苏亚斯道："但我却有两个不成形的念头。一个是，国王会不会是对王后做了什么极其过分的事情，使她再也无法容忍，所以才对国王起了杀心。第二个，王后会不会利用了亚赛与亚索兄弟两人？比如说让他们发动战争，自相残杀，而她只要能在趁乱杀死存活的那个，那么她的孩子亚伦就一定会顺其自然的继承王位。毕竟失踪不同与死亡，这一切也有可能会是王后布的局，也许正是她隐藏了自己的孩子，而在适当的时候，她便会让亚伦归来。"

"如果真是这样，"迪里奥道："那么这个适当的时候就快要到了，可是我们不会给她这个机会。"

"哦？"苏亚斯道："你们还要进攻都城吗？"

"没有办法，"迪里奥摇摇头道："刺客之城的前任城主确实在死堡内查到了一些情况，在临死前他也让那只蝙蝠将这信息带回了刺客之城。死堡里面确实存在过青、灰、黑、白，四个灯塔守护者，他们长袍的颜色分别代表着四季、长夜、神秘还有白昼。现在白袍和黑袍均已死亡，但灰袍与青袍却下落不明。而就在我第二次去叹息森林的那天，刺客之城带来的消息是，他们发现了海上一座被称为幽暗南山的岛屿。那山上暗无天日，布满瘴气，没有任何一个活人能从那里走出过。但是，有一个渔夫却声称，在一天黎明时分，他借着月光确实在那个岛的边沿上见过一个身着灰袍的人。当时那个人就如同幽灵一样似乎在死死的盯着他的船看，他当时吓得连动都不敢动，只能任由自己的船在海上打着弯。可没一会儿，那个身着灰袍的人就走进了黑暗笼罩着的山内。刺客之城得到这个消息，即刻派遣刺客进入幽暗南山内调查，但派去的人就如同从未出世过一般，再也没有了任何消息。"

说到这里，迪里奥暂停一下又继续道："所以刺客之城选择了继续与我们合作，他们希望马尔卡在当上国王之后能够彻底将这里所有城堡联合起来，这样即便幽暗南山真是灰袍与青袍的老巢，当他们攻过来的时候，我们人多势众，胜算也会更大一些。而对于仅剩下一只手的马尔卡，刺客之城给他的承诺是，将会教他如何自由的运用匕首。"

苏亚斯道："如果只是为了要联合城堡，刺客之城应该把这个消息带给王后才是。这样首先能够避免战争，而且由都城发令，那么联合城堡的速度也会更快。"

"我也有过类似的疑问，"迪里奥打了个哈欠道："但刺客之城给我的回答是，国王与王后其实根本不知道死堡究竟意味着什么，这就如同现在没人相信那里的怪物是真实存在过的一样。本来当初它们要来攻打这里，人们只要见到它们便能见到可怕的真相，可它们却尽数死在了叹息森林中。人们听我开始时说的严重，可结果却什么也没有发生，这就让人们更加怀疑我说的话。现在他们普遍认为，什么死堡、黑袍、怪物，还有我从叹息森林中带回来的歌谣，那些都只不过是因为我年纪大了，所以在胡编乱造的故事。同时他们也开始怀疑伊阿图的目的，认为他所袒露的胸膛也只不过是在利用化妆技术而做出的唬人的表演，这是其一。其二是都城现在的兵力财力都不足，在前王死的时候，底下怀有窥位之心的便大有人在，而如果他们得知现任国王也已死亡，就一定会趁势夺取王位，到那时的情况反而会更加糟糕，而王后根本无法震慑住这些天下枭雄。"

"我明白了，"苏亚斯道："怪不得你说不会给她让幼主登位的机会。这就如同孤儿寡母要在大庭广众之下守着一颗价值连城的宝石，也如同狼群本就在盯着那只羔羊，而羊羔却还要到狼群中行走一样。"

"对，"迪里奥道："所以我们已经做好了战争的准备，在几天前铁城就与我们达成协议，此次战争中他们虽不会出兵帮助我们，但也绝对不会趁乱攻击赛马尔城。赛飞处则同意与我们合兵一处向都城进军，但条件是，马尔卡当上国王的那天便要将赛马尔城堡与赛飞高地一并封赏给他们。而刺客之城放弃了他们原先要得到赛马尔城堡的计划，并且传话给我们，他们将会在这场战争中无偿为我们提供情报。”

苏亚斯点点头。

迪里奥的眼皮似乎有些睁不开，他又打了个哈欠道：“可是战争归战争，苏亚斯，我还是希望你能够在王后的身上多留意。她到底是像亚赛说的那样温柔善良，还是像刺客之城带来的消息那样，她并非一个柔弱的女子，或者她是像我们猜测的那样，她杀死国王要么是被逼无奈，要么是她本就用心狠毒，计谋颇深，冥冥中我总感觉这里隐藏着什么真相。苏亚斯，我知道你做事一向专注，所以我想拜托你这件事，也许这里面什么都没有，可是对于亚赛在我面前的死，我总是对他有些亏欠的。”

苏亚斯却道：“我还有一点要向你求证，亚赛告诉你他在都城接到白鸽上的话的消息会不会有假。“

“不会。”迪里奥坚定地道。

苏亚斯点点头。

迪里奥微笑道：“苏亚斯，你相信在这世上有死堡和怪物们的存在吗？”

“相信。”苏亚斯回道。

“那你相信我从叹息森林中带回来的歌谣吗？”迪里奥又笑问道。

“相信。”苏亚斯又回道。

迪里奥叹口气，道：“这次从那儿回来后我就发起了高烧。虽然我时而昏迷，时而清醒。但我还是让马尔卡他们将我这些亲身经历的事情一字不差的传了出去，可是马尔卡却告诉我说，人们听到这些的反应是‘呵呵，这可真是个有趣的故事。’”

说到这里，迪里奥也不免呵呵笑了两下，但接着他便倦怠无力的打个哈欠道："除了经历过的已经没人愿意相信了，人们总认为这是天方夜谭，可他们却不知道在这天方夜谭中，叹息森林中洒下了多少真实而殷红的血迹，刺客之城的城主又是怎样在黑袍面前挥动了自己的双刃，而死堡的那些怪物们又是怎么就差一点给这里每一个活着的人带来了灭顶之灾。匪夷所思，超乎想象，苏亚斯，也许人生就是如此吧。"说到这里，迪里奥沉重的眼皮快要紧闭，他跟着道："我困了，我想我要睡觉了。"

"安心的睡吧，迪里奥，"苏亚斯轻声道："听我给你讲一个睡前的故事，这个故事是我在观察蚂蚁的时候发现的。原来这个世上存在着一种真菌孢子，它们很可能连大脑都没有，但让人吃惊的是，它们却会依附在蚂蚁身上，然后利用自身一种神秘的物质溶解掉蚂蚁的外骨骼，然后它们会挤入这只蚂蚁的体内，并开始大量繁殖。在这个过程中，那只蚂蚁的行为一切如常，它还会正正常常、随心所欲地做任何事情，而它的同类们也对于它体内正在发生的一切浑然不知。直到某天的中午时分——总是正午时分。这只蚂蚁忽然跌跌撞撞的，非常不正常的离开蚁穴，它似乎被一种神秘的力量驱使，而这力量命令它爬到离地面不高的一片树叶上，这树叶的底下还定是附近蚁穴中蚂蚁外出的惯常路线。然后这只蚂蚁会死死的咬住叶脉，并最终结束自己的生命。接着诡异的一幕便要开始出现了，这只蚂蚁的脑袋会裂开，并从里面伸出一支弯柄，真菌又会开始从这条弯柄向下方抛洒新的孢子，这孢子又能覆盖在路径上来回行走的蚂蚁身上，这可怕的循环又将再次开启。无脑的真菌能够控制社会性很强的蚂蚁，还能操控它们的大脑让它们攻击自己的同伴，而且在它的精神指挥下那只蚂蚁也能够步履蹒跚的离开巢穴，最终走向最适宜真菌所需要生长的指定位置。迪里奥，你说这世上存在的这种最惊人、最复杂的寄生关系奇不奇妙？"

迪里奥瞬间有了精神，他忙道："太奇妙了，这和死堡制作怪物的方式太像了，这种关系就如同人被一颗草籽控制了大脑一样。那么后来呢？你有没有发现蚂蚁们会做些什么？它们又会用什么样的方式抵御这样的袭击？”

苏亚斯看着迪里奥的眼睛道：“我明天再讲给你听，今天的夜已经深了。希望明早你睁开眼睛见到我的时候，我们不会这么的行色匆匆。我看到你的伙伴在向你招手了，那边走来的两人应该是你的朋友。”

“认识你很好。”迪里奥爽快的笑道。

“还没问起你的名字。”苏亚斯也笑道。

迪里奥想了一会儿，道：“我从没失去过对爱与自由的追求，也从未失去对不公的愤怒与对弱者的怜悯，对了！我叫迪里奥，虽然、我一生做了许多事与愿违的事情，但我却一直是个、在赛马尔城中、永远追寻着、智慧的、智者。”

几天之后，在马尔卡的陪伴下，奎力特、马尔卡、铁城伯爵三人一起走入了铁城宫殿内建造的冰室中。

奎力特一人走到冰室的正中央，他看着在冰床上躺着的伯爵女儿，她的容貌就如同奎力特第一次见到她时一样。奎力特俯下身，轻轻亲吻在了她苍白的嘴唇上。

奎力特直起身，接着，一分钟过去了，一刻钟过去了，时间仍旧在流逝。

奎力特转身冲马尔卡与铁城伯爵哈哈大笑道：“我想留在铁城，直到有天，有个真正的骑士能够来到这里并吻醒这姑娘的那天，到那时，我将会以一个哥哥的身份欢乐的为她送行。”

铁城伯爵没有说话，而马尔卡则快步离开了冰室。

“你终是去做了你最想做的事情，”马尔卡站在门外咬牙切齿地嘟囔着，泪水却跟着夺目而出，“但可真是遗憾。你们都他妈的走了，非要孤零零的留下我一个人。”他说。

第六十三章
紧守的城门

赛马尔城中的军队整顿完毕，步兵骑兵连绵不绝的从城门口向外倾巢而出。

一列列、一行行。行走的枪戈在晨阳的照耀下就如同一根根沉甸甸的麦穗，战马的嘶鸣声又犹如秋天丰收时唱响的欢歌，银灰色的铁甲上此时正裹加着金黄色的光线，而城外挥手送别的人们却被路上越扬越高的尘土渐渐遮住了自己那双能够看到亲人的眼睛。

这将是场如同酒神狂欢一般的战争。这个长期与梦神、战神为友，同样也很少能够清醒的神灵——平常时刻，他手中的酒神杖就已经在向外散发着如同曼陀罗花般甘甜浓郁的香气，而当他又沉浸与这世间美酒中的时候，他更是能创出天崩地裂般醉心的大乐，并且宣告天下，要一切太平。

醉眼猩红的酒神此时已经将手中的权杖向大地上倾斜，而匆匆赶来的战神又迫不及待的跳起了雄壮有力的战争之舞，梦神轻轻挽起彩云一般的衣袖，她纤细的手指刚刚拨响竖琴上第一个悦耳动听的音符，独手的马尔卡就骑着高头大马跟着军队走出了赛马尔城堡的大门，而在他两边的马上分别坐着都城的情报大臣和伊阿图。

居高临下的酒神亲见精彩绝伦的战争史诗剧就要从此拉开序幕，他不由得欣喜若狂的手舞足蹈，欢闹起来。自从祂上次唆使自己疯狂的信徒们打死一个天才歌手以来，这还是他第一次感到头重脚轻，他迈着高低不一却无比舒适的步伐，扯起嘶哑的喉咙唱起歌来。

"酒神杖、酒神杖，酒神杖中有真相。电闪朝露昙花现，海市蜃楼真亦幻。喜财触金银，爱美见容颜，争勇斗狠迷魂场，声色犬马寒夜长。拼杀声，呐喊声，刀剑相抵碰撞声。油沸刃利火焰热，心尖血红深沼泽。贫穷伴卑贱，空虚随寂寞，酒色财气杀美人，清醒之时尚迷惑。"

此时的马尔卡对身边的情报大臣道："因为幽暗南山的出现，这次我们算是被迫出征，我的意思是一路上尽量减少杀戮，如果能够在不伤亡一人的情况下攻下都城最好，你有没有什么好的办法？"

情报大臣在马上恭敬的施礼道："您能这么说足见您是个仁慈的不死之王。但遗憾的是，这根本办不到。只因战争是由酒、战、梦这三个行事乖张，心内荒唐的神灵共同创造经营，所以即便您能保持清醒，你也无法保持下面军队中每一个人的清醒。况且，除了自卫反击、回收故土以外，这世上再没有任何一场攻伐战争是正义的，同理，也没有任何一场战争是没有杀戮的，所以我们必须要做到连同居民在内拼死抵抗的准备——不死之王陛下，我们这次要通过四座城镇，它们分别是谷地城、秃鹫堡、三岔城、剑河城。其中谷地城留守的军队最多，它是由阿特尔守卫，那里的物产也最为丰富。此时正值丰收，城中的牛羊狍鹿更该是挤满了圈，五谷杂粮也一定堆满了仓；而秃鹫堡酿酒的技术一向远近闻名，所有人都知道那句传言，如果你想找到秃鹫堡，只需要你的鼻子就够了。三岔城就更不用说，山清水秀天色新，横波目，骨肉匀，那是个盛产美女的奇幻之城，在那里，美艳性感，风韵犹存，小家碧玉、大家闺秀这些都将不再是苍白无力的词句，到时会有一个或多个这样天生丽质，亭亭玉立、明眸皓齿的女人出现在你的面前。而在剑河城里，不乏大量奇珍异宝，在那里新奇有趣的玩意儿更是数不胜数。并且我可以很负责任地说，上古时期的那柄王者之剑、噬魂披风和血月神珠根本没被销毁，它就存放在剑河城宫殿下面的迷宫里，两千年前八个抬棺人手持地图，共抬偶像棺椁进入迷宫铁门，并最终将自己与那些都留在了迷宫内。历来国王都知晓此事，只是残存书籍中记载那个迷宫设计的极为复杂，里面到处是暗道、陷阱、机关、岔路，并且有多条水银浇灌而成的河流，没有迷宫地图根本不可能拿到这些东西，所以每一任国王都向外宣称这几样东西已被销毁。现在请不死之王试想，一个男人拼死沙场，本就过着朝不保夕的日子，在幸运的情况下他没有伤亡并攻陷了一座城镇。那时他已经饥肠辘辘却正对美食当前，他长久口渴难耐却闻到了酒香四溢，在征战间他见到最多的本是触目惊心的血浆、冷酷无情的铁器还有僵硬可怖的尸体，他内心在扭曲枯燥无趣的时候却见到了活色生香的美人，那时他根本不会管这个女人有没有丈夫、孩子、或她是谁家的女儿，对方是风情万种还是妖媚入骨，是梨花带雨还是语笑嫣然这些也都无关紧要，只因他急于要进入梦神弹奏的那温柔旋律中，直到他能够彻底困倦之前。而跟着吆喝杂乱的叫喊声又在引诱着他——地上还散落着许多赤黄色金块，洁白色珍珠、幽绿色翡翠，鲜红色玛瑙，这些无主的珍宝让所有人都在争抢，那么即便没有人告诉这个男人该怎么办，或者已有人明确告诉这个男人该怎么办，他最终也会按照自己内心的念头去办。不死之王陛下，您手下有几万这样的男人，那么发生争夺杀戮，复仇愤怒，狰狞惨烈的概率就有几万。”

“你倒是提醒了我，”马尔卡郑重的道“我必须再次三令五申，让军队路过这些城镇的时候必须做到与城中的居民和睦相处，秋毫无犯。只要有人胆敢违反这军令，便立刻就地正法，处以极刑。”

“难。”情报大臣摇头笑道：“仁慈的不死之王，如果说历史的记录是为了让人们在其中照见自己人性中可怕的荒唐，那么酒神杖中装载的真相便是人生的精彩在于悲壮。说句玩笑话，战争只要打响，那么所有参与的人都将像被烈酒控制住了心神一样。您设想一下，在清醒时分，人们还常会因为一言不合就相互诋毁，恶语相伤，虽然所有人都知道那句老话，发动战争易，守护和平难；摧毁一人易，扶持一人难；发泄情绪易，控制欲望难，但人们本就常在选择最容易的事做，更别说再赌上自己人生中最大的利益、生命了。我猜疑你，你怀疑我，这是敌对双方的常态，谁也不相信谁，这是交战双方最常有的结果。所以在战争中女人的身上一定会染上初次的血迹，儿童的手中也一定终将握起锋利的尖刃。在这种情况下即便您的军队是规矩的，但很多男人可能连自己是怎么死的都不知道。如果您还一味的三令五申，我怕军队根本没打入都城就已经在途中发生兵变了。”

马尔卡沉默着听到情报大臣接着道：“我问您一个问题吧，不死之王陛下，如果说现在您必须要杀死一个手无寸铁的好人来换得您与您身边亲人和你的生命，那么，您将如何选择？”

马尔卡答道：“我的智慧绝不会把我逼到这种可怕的地步。”

“可是，”情报大臣道：“在战争中，你永远猜不透站在你面前的是一个可怜的孩子还是一颗复仇的种子，你永远也不敢在看似柔弱的躯体面前背过你的身子。”

马尔卡想了下道：“我倒真想将酒神杖抢夺过来，然后重重摔碎在地上。”

情报大臣又笑了，道：“酒鬼醒后自然会骂酒的害处，可如果你要在他喝的时候强硬的夺下他手中的酒囊，他也必然要骂你多事。”

“我认为情报大臣说的很有道理，”伊阿图在旁边道：“不死之王，您这次带领的军队大部分都属于赛飞军，况且瓦万特的大儿子也还在率领着那里的军队赶来。以我对于赛飞军的了解，他们很可能会那么干。毕竟以前瓦万特领兵的时候为了保持士气高昂，他是第一个提出要进城抢三天的将领。虽然他后来成为了赛飞伯爵，但在培养军队力量上他还是灌输了自己战争时的思想。”

“可是你们攻进赛马尔城堡的时候却并没有抢夺杀戮城中的居民，这是为什么？”马尔卡问道。

“有重要几点，”伊阿图回答道：“第一是当时对国王军的战争结束的快速，第二是铁城给我们送来了大量的粮食，第三是我奉劝瓦万特，国王很有可能将赛马尔城封赏给他，所以对早晚属于自己地方上的人民要仁慈。”

马尔卡想了一下道：“这次我们带的粮食不多，看来必须要速战速决了。”

此时伊阿图却看了下远处道：“那边正赶来的应该是赛飞的军队，不错，我看到前面赛飞的旗帜了，我去和他们交涉。”说完伊阿图调转马头奔了过去。

情报大臣跟着道：“速战速决也有些困难。不死之王陛下，留守在谷地城的阿特尔并非庸才，他领兵打仗也有一定的能力。在几个月前围困赛马尔城堡的十二方阵就是此人发明的，并且当时在我屋中他还提出了要围点打援的想法。由此可见他和他父亲前陆军统帅提蒙在领兵作战上走的绝对不是一条路线。如果说提蒙是个能够开山劈石的猛将，那么阿特尔就一定是个运筹帷幄的帅才。我估计他此刻一定正在想方设法的要拖住我们进军的脚步，比如说他可能会很好的利用地形，让我们在这四座城池前每攻下一座都要大费周折。”

“如果阿特尔是块绊脚石，”在马尔卡马前行走的一个士兵道“那么我们刺客之城负责搬开他。”

“这也是个办法，”马尔卡道：“但下一个领兵的将领会很快敲定，战争也总是要发生。”

“我明白您的意思了，不死之王陛下。”情报大臣笑道：“您是希望我们在通过这四座城镇的时候，城门能够大开，而我们则马不停蹄、兵不血刃的进入都城，这样既能避免无情的杀戮，也能减少军队在城中停留的时间。这也不是不可能办到，只不过要牺牲一个人。”

“谁？”马尔卡问道。

“都城的王后，贝丽苏亚。”情报大臣答道。

“怎么说？”马尔卡再次问道。

“我带来的四十个人中有这么一个人，”情报大臣道：“他最会伪造各类书信图章。我可以让他模仿国王与王后的笔迹各写封加急信笺，然后让信鸽将这两封信带到谷地城。信上的大意是，令阿特尔放弃四座城池，马上带领所有军队赶回都城与杰洛斯的军队汇合。原因是，国王已秘密联络铁城伯爵，铁城伯爵也答应，在我方围攻都城的时候，他会以援助我方的名义出兵，但他们却只会进军到剑河城，跟着便反戈一击，与都城一起对我方形成夹击的形式，这样我们进攻都城，铁城伯爵负责抄我们后路。进攻剑河城，都城会抄我们的后路。我们首尾不能相顾，直等到我们疲惫不堪，粮食又快要用尽的时候，他们再双方夹击全歼我军。阿特尔只要得到这样的书信，必然会率军回到都城，这样我们也就能长驱直入的通过四座城镇。”

马尔卡道：“可以试试，但接下来呢？把战争集中在都城爆发？”

“不，”情报大臣摇摇头道：“当我们在都城兵临城下的时候，我就会亲自告诉阿特尔，国王早已死去，是被王后杀死的，而我之所以投靠赛马尔城，正是因为不死之王答应我要为国王报仇。阿特尔和杰洛斯都对国王有着深厚的感情，他们此时一定会要求面见国王，在确定得知国王的死讯后，他们会放弃抵抗，但也一定会要求杀死国王的凶手认罪伏法，这样便牺牲了贝丽苏亚，可如果不这么做，就会牺牲更多的人，不死之王，您决定吧。”

马尔卡想了很久道：“就这么办吧。毕竟王后杀死国王这件事也确实属实。”

几天之中，赛飞军与赛马尔军合兵一处，战争就在情报大臣这样的安排下开始了。谷地城的阿特尔在收到伪造的信笺后果然领兵向都城退回，而马尔卡他们则畅通无阻的通过了四座城镇，期间急行的军队在严格的军令下未对其中任何一座城镇造成丝毫损害，直到他们顺利的来到都城的城墙下。

酒神瞪着发红的眼睛，战神停止了舞动的脚步，而梦神则满面怒容的推开竖琴，他们异口同声的道："这算什么？冷静的人们，无血的战争，现实的思想，这简直是对神灵的蔑视。"

"我以我手中的酒神杖起誓。"酒神道。

"我以我背负的铁的兵刃起誓。"战神道。

"我以我身边耸立着的竖琴起誓。"梦神道。

"在时光交织的穿梭中，将有三人鲜红的血迹来为我们各自的神器添光增彩。"三个神灵同时道。

马尔卡引军在都城的下方列队排开，而都城上面则剑拔弩张，两军相互对峙。

情报大臣对马尔卡道："不死之王陛下，都城城墙上站着的就是阿特尔，请准许我进入都城告诉他真相。"

"一切小心。"马尔卡道。

"请放心吧陛下。"情报大臣笑道："以我对于阿特尔和杰洛斯兄弟的了解。他们任何一个只要知道国王已被王后所杀，就一定会放下武装，打开城门的，这也将会是我在这场战斗中立下的最大的功劳。"说完后，情报大臣拍马来到城墙下对上面高喊道："阿特尔，我有话对你说。"

过了许久，城墙上垂下来一根绳子，阿特尔在城上大声喊道："如果你有诚意，那么就把绳子绑在腰间，上来和我说。"

情报大臣下马，他将绳子绑在腰上，几个士兵将他拉上了城墙。

"你为什么要背叛国王陛下，"阿特尔直盯着情报大臣恶狠狠的质问道："并且见到你我才知道，当时我收到的那封书信也是你伪造的吧？你不用抵赖，因为只有你见过王室的图章，也只有你熟悉国王与王后的笔迹。你能将那封书信伪造的天衣无缝，可你知不知道，我率军回来时，国王与王后疑心我造反，我又是多么不容易的进入这都城。”

“我并未背叛国王陛下，”情报大臣道：“因为国王陛下在一个多月前就已经死了，是王后杀死了他。而我之所以要投靠赛马尔城堡是因为他们同意审判弑王的那个女人，并同意找出真相为国王报仇。”

“我不会相信你的鬼话，”阿特尔道：“你这么说只是为了让我放下武装，但我会用实际行动告诉这里所有人一个叛国者的下场。”说完阿特尔挥了挥手，两个士兵将绳子套在了情报大臣的脖子上。

“我只问你一句话，”情报大臣并不恐慌的道：“你回到都城以后，有没有见过国王陛下。”

“没有，”阿特尔道：“国王陛下身患急症，但国王陛下并非不能理事。我进入都城的那天，王后就告诉我，国王已经发了信笺给铁城伯爵，并要求铁城伯爵立刻出兵抄袭你们的后方。”

“铁城不会出兵，”情报大臣摇头道“并且也不会有那封信笺，阿特尔，你被王后骗了。我走的那天偷带走了国王印章，没有印章王后本就调不动铁城的军队，况且铁城也与马尔卡他们达成协议，他们不可能出兵。阿特尔，如果你还不相信我说的话，那么你可以到王室的冰库中去仔细看一下，在最里面一块方形的冰砖中，国王的尸体就在那里。”

情报大臣的话让阿特尔有些犹豫，但一个守城士兵却突然高喊道：“快看对方军队的后面是什么？是军队，是铁城的军队，我看到铁城的旗帜了。”

阿特尔和情报大臣都忙向远处看去，果然在滚滚的黄土前高扬着铁城的旗帜。

“你还有什么可说？”阿特尔冲情报大臣愤怒的道。

“不可能。”情报大臣急道。

阿特尔抽出佩剑一剑刺穿了情报大臣的腹部，接着命人将情报大臣吊在城头。

“兄弟们，”阿特尔举剑高声喊道：“铁城伯爵的军队到了，我以我宝剑上沾染的叛国者的献血起誓，我们将誓死守卫都城，誓死捍卫国王陛下。”

第六十四章
面前的真相

如果某人此刻正生活在一个和平的国度，某人该感到荣幸。竞争是一件好事，但战争却极为恐怖。只因在竞争中某人流的是自己的汗，而在战争中某人流的却是同类的血。如果有天有某人告诉某人，要在一个和平的国度发动暴乱，那么某人应该这样回答某人，一万年征战的黑暗，也不如一天和平的光明。

某人为何会这样说？

只因某人明白，一个地方要先有太平安稳，然后才会出现盛世的辉煌。

某人为何会这样说？

只因某人明白，火焰覆盖下的森林里寻不来动物的皮肉，无人耕管的土地也只会长出匮乏的棉粮。天地有四时，人有生存所需，所需为资源，资源即是钱。所以能奴役人们的是黄金，但比黄金更闪光的是人心。

某人为何会这样说？

只因某人明白，因为热爱而委屈了自我的仇恨，因为和平而付出了自我的生命，因为光明而燃尽了自我的黑暗，因为美好而放弃了自我的欲念。这世上不乏冷酷无情者，可卫道者们也依然前仆后继，一直前行。

某人为何会这样说？

某人，听我给你讲一个战争中的故事，在这个故事中情报大臣死于战争中的巧合。在剑拔弩张，仇恨愤怒又如同洪水一般淹没人们理智的时候，巧合往往就成为了最沉重、最致命的一根稻草。

根本没人想到铁城会出兵，至少马尔卡、情报大臣、伊阿图，这些来自赛马尔城的人都想不到。只因战争之前铁城就与赛马尔城有并不出兵的协议，所以当马尔卡见到铁城军队从后方高扬而来的旗帜时，立刻命令所有人进入双向备战的状态。

此时都城上的弓弩手已经准备完毕，就等阿特尔一声令下便会万箭齐发。而铁城的军队却停在了离赛马尔军还有一段距离的空地上。

三方都没有轻举妄动，直到铁城军中出来一个穿着白色盔甲披着白色披风骑着白色马匹的将领。

那匹白马带着那将领缓步的向备战中的赛马尔军队走来。

“难道会是奎力特来了？”马尔卡疑问一句后也骑着胯下的黑马向那个地方走去。

那匹白马停在赛马尔军枪盾组合成的阵前，马上的将领下马高声叫道：“我要见你们的不死之王。”

马尔卡也下马，跟着他分开人群来到阵前道：“我就是。”

那个将领掀起头盔低头行礼，他并非是奎力特，而是一个马尔卡不认识的人。

“我叫雷安斯，”那个将领道：“是铁城的领兵将领，我奉命率领三千铁骑，三千步兵来帮助不死之王进攻都城。从此刻开始，我们的军队将听从不死之王的吩咐。”

马尔卡点头却疑虑道："你们铁城伯爵和我们的协议不是并不出兵吗？"

"很遗憾，"雷安斯低下头道："不死之王陛下，在你们刚刚进入谷地城的时候，我们铁城内部就分成了两派，一派主张乘赛马尔城堡空虚时出兵夺得城堡，再进而得到谷地城、秃鹫堡、三岔城、剑河城。一派主张要维护与赛马尔城堡的和平。铁城伯爵选择了后者。但是第二天在一些人的指示下宫殿里就发生了守卫军叛乱，在叛乱中铁城伯爵不幸被守卫军所杀，然后那些反叛的人们准备要推举铁城伯爵的小儿子继承伯爵的位置。"

雷安斯的话让马尔卡非常惊讶，他忙问道："奎力特呢？我兄弟奎力特有没有跟随你们一起过来？"

雷安斯没敢看马尔卡的眼睛，他低声道："希望您能节哀，不死之王陛下，当我得到伯爵大儿子秘密传来的消息让我率军进宫平息叛乱的时候，奎力特就已经被乱刀砍死在了冰室内。我赶到冰室时，地上已尽是叛军的尸体，而奎力特正俯身趴在冰床上伯爵女儿的身上，他的后背上插着致命的一剑，他也早已没有了呼吸。"

马尔卡"啊"的发出了一声撕心裂肺的痛叫，接着他晃了几下身子用右手护住了自己左边的胸膛，他断断续续的道："那一定、那一定会是场激烈的打斗。毕竟我的兄弟……我的兄弟奎力特，他曾经是个战胜过狮子的人。他天生是个战士，他是个天生的战士，可他却用一生、用一生、活成了一个生而浪漫的人。"

"不死之王陛下，"雷安斯道："请节哀。现在铁城伯爵的大儿子已经继承了他父亲的位置。新伯爵对于奎力特的死亡感到非常抱歉，所以在他扫平叛乱后的第一件事就是让我立刻率军来援助你们。"

"让你的军队进入我军的阵营，"马尔卡忍着心中的剧痛道："同时带信给新的铁城伯爵，对于我兄弟奎力特死亡这件事上我会亲自追查，如果我发现真相并不像你们所说的那样，那么，我如何失去的左手，我就会如何失去你们。”

雷安斯恭敬的行礼道：“遵命，不死之王陛下，我现在就命令铁城军队进入阵营，可是给新伯爵带信这件事就不用了。因为谣言经不起推敲，但真相不畏惧调查。”说完，雷安斯上马，在马上高举一面红色的小旗摇动几下，铁城军队便向前开进过来。

“铁城的军队似乎要发动进攻了。”都城上阿特尔身边的一个弓手道。

阿特尔没有说话，他看了一会儿道：“不像进攻，铁城进军的速度太慢了。谁知道他们到底在搞什么鬼？将士们，你们都睁大眼睛仔细看着，只要赛马尔军后方一乱，你们同时就开弓射箭。还有，传令下去，让城中的骑兵做好战斗的准备。”

“是，遵命。”城上的士兵异口同声道。

可是，让阿特尔心寒的是，铁城军并未发起进攻，他们组成了一个全新的方阵并入了赛马尔军队的后方。

“铁城伯爵反叛了。”阿特尔一字一句的道。

两军依旧在对峙，双方仍然没有动。就这么过了好大一会儿，一匹白马从赛马尔军的阵营中走出。马上的人来到都城墙下，他掀开自己的头盔并冲城墙上大叫道：“请阿特尔与我答话。”

阿特尔高声回道：“我就是阿特尔，你有什么话要说？”

“我是铁城的领军将领雷安斯，”城下的雷安斯大声道：“国王早已被王后所杀，你们现在只不过是在守卫弑王的凶手。”

阿特尔高声回道：“国王陛下此刻就在城内，赛马尔城用卑鄙的手段骗我退回了都城，现在他们又想利用第二个谎言来骗你诱拐我打开城门。如果你真是铁城的将领，那么就不要无端相信他们的鬼话。”

“国王真的在一个多月前就已经死了。”雷安斯再次大声喊道“他的尸体就藏在你们王室的冰库中，这是我们铁城早就得到的消息。你如果不相信的话，可以亲自去那里看一下。不死之王马尔卡说了，在这期间我们联军不会发起进攻。”

阿特尔高声道：“是个正常人都不会第二次选择相信骗子，你如果不相信我的话，那么，你现在就顺着这根绳子上来和我说话。”说完，阿特尔挥挥手，一根粗大的绳子顺着城墙再次滑落下来。

“我不会上去，”雷安斯摇摇头道：“你当然也可以选择不相信我的话。”说完，雷安斯调转马头又向自己的阵营走去。

“他们好像并非在说谎，统帅。”在阿特尔身边的一个弩手小声道。

“不要相信他们，”阿特尔咬牙切齿的道：“他们这样说只不过是希望能够扰乱我们的军心。”

阿特尔说完却犹豫了一会儿，然后他对身旁的那个弩手道：“告诉大家不要放松警惕，我弟弟杰洛斯此刻正奉国王之命率军向这里赶来，只要我们能够死守都城，那么胜利的天秤就永远不会倾向于他们。”

阿特尔说完这番话转身走下城墙。他径直来到城下，然后亲率一支二十多人的轻骑向宫殿方疾驰而去。

阿特尔他们来到都城的宫殿外下马，跟着登上台阶就要进入宫殿。门口守卫的士兵慌忙拦住他们道：“大人，你们要干什么？”

“我有急事要见王后。”阿特尔道。

“请您稍等，”守卫士兵道：“我现在就进去通传。”

“闪开。”阿特尔一把推开拦在他面前的士兵。而剩余把守宫殿大门的士兵刚刚抽出佩剑，阿特尔带来的那些军士就将手中的剑尖抵在了他们的喉咙上。

“大、大人，”那个被推开的守卫兵结结巴巴的道：“你、你们要干什么？”

“王后现在在哪儿？”阿特尔直盯着那个守卫兵问道。

“应该，应该是在寝宫。”守卫兵道。

阿特尔打个手势，二十多个人持剑跟随他走进了宫殿内。

门口的守卫军紧急吹响了手中的号角。

阿特尔他们目不斜视，径直向王后的寝宫处走去，直到黄金守卫军将他们团团围住。

“闪开，”阿特尔道：“我有急事要见王后。”

“您需要等王后的召见，阿特尔统帅，”黄金守卫军的领军道：“并且你们要卸下佩剑。”

“我只带了二十多个人来，”阿特尔冷冷的道：“所以我并非反叛，但如果你们依然不让开一条路、或我带来的这些人中有任何一个人的损伤。那么，我敢保证，我的军队会很快让你们每一个人死无葬身之地。”

阿特尔说完便带着他的人依然向王后的寝宫走去，而他所到之处黄金守卫军最终都让出了一条路。

阿特尔来到王后寝宫的门前，大门紧闭，他用力的敲门，里面没有丝毫声响。阿特尔皱皱眉头，他冲身旁的两个人打个眼色，那两人收回佩剑，合力的撞开了大门。

阿特尔走进王后的寝宫，看到贝丽苏亚正坐在床边看着窗外的天空。

阿特尔施礼道：“王后，请原谅我的鲁莽，但我有急事要见到国王陛下。我请您准许，并且恳请您能如实告知我，国王陛下现在究竟在哪里。”

贝丽苏亚并没有说话，过了好一会儿，她方长长地叹了一口气。她站起，转身对阿特尔微笑道：“阿特尔，国王陛下此刻正躺在王家冰库的一块冰砖内。”

“什么？”阿特尔依然大惊失色，他道：“就是说，就是说国王陛下确实已经去世了？”

贝丽苏亚点点头。

“是你在一个多月前就已经杀死了他。”阿特尔一字一句的质问道。

贝丽苏亚又点点头。

阿特尔的目光阴晴不定的看着贝丽苏亚，过了好一会儿，他招手叫来两个军士道："看着她，别让她跑了。"

"阿特尔，"贝丽苏亚扭头再次看向窗外的天空轻声道："我不会跑，我还要在这里等我的孩子亚伦回来。"

阿特尔没有听到贝丽苏亚最后的话，他带领着剩下的人火速赶往王室冰库处。

整个宫殿内都充斥着混乱前的征兆，所有不明真相的人都在疑惧的看着阿特尔这支手持利剑在宫殿中行走着的、显得极其奇怪的队伍。

阿特尔他们来到地窖的入口处拿起墙上的火把点燃，一行人进入地窖，阿特尔推开了王家冰库的大门。

二十多人先后涌入冰库，火把顿时将这黑暗冰冷的地方照的亮如白昼。

"搜。"阿特尔简单明了的道。

人们分开了，但没有一会儿，便有人低沉着声音道："统帅，找到了。"

阿特尔拿着火把向那个地方走去，他站在那块冰砖前看了好大一会儿，然后才对身边的人道："传我的命令，让军队打开城门，放马尔卡他们进来，并且告知都城所有人知道，国王已经去世了，是王后，在一个多月前杀死了他。"

第六十五章
苏亚斯的猜想

都城的大教堂自从建成以来，这还是第一次涌进来这么多的人，他们的衣着有的雍容华贵，有的贫贱不堪，而两边成排的座椅上此刻早已是座无虚席，就连过道内都站满了高矮胖瘦、老中青少的男男女女，可是依然还是有许多张面孔再向里面挤，没有挤进教堂内的人们就站在外面的台阶上。此时贝丽苏亚则穿着与国王成婚那天时的白裙，在四名黄金守卫军的看护下，一步一步走上了这教堂外的台阶。

随着贝丽苏亚的出现，教堂外嘈杂的人群逐渐安静起来，他们站立着看着贝丽苏亚，而今天的贝丽苏亚还刻意装扮了一下自己的容貌，她每走一步身上的装饰便“叮当”的响。

人们自动的让出了一条路，就在贝丽苏亚即将穿过这寂静人群时。忽然一个女人高声喊道：“有罪，判这个杀死国王的凶手有罪。”她这尖锐的声音就犹如一石激起千层浪，教堂外的人们顿时沸腾起来，有罪的高喊声也开始此起彼伏，四个黄金守卫军立刻拿起各自宽大的盾牌护在了贝丽苏亚的两侧，而贝丽苏亚根本没有停步，她依然沉静的走入教堂，直到来到教堂的前端。

在教堂最前端的高台上站着的并非主教，而是衣袍破旧的苏亚斯。

“安静，”苏亚斯首先对教堂内的民众告诫一句，接着他又庄重的对贝丽苏亚道：“王后，您知道今天找您来这里的目的是什么吧？”

“知道，”贝丽苏亚回答道：“是要审判我的弑王之罪，可是在审判开始之前，我请求和这里的人们说上几句话。”

苏亚斯点点头。

贝丽苏亚转过身，她对着教堂中拥挤的人们道：“请今天所有在这里的、心中真正对于国王怀有着深厚感情、并真正誓要替他讨回公道的人与我说话。”

没人答话，教堂内安静下来。

坐在第一排的阿特尔与杰洛斯却站了起来。“我们就是你要找的人，”阿特尔道。

“我们来与你说话。”杰洛斯道。

贝丽苏亚看着兄弟两人点头道：“好。告诉我为什么。”

“因为兄弟情义。”阿特尔道。

“因为知遇之恩。”杰洛斯道。

“所以，”贝丽苏亚道“你们心中对于国王怀有着深厚的感情，并誓要替他讨回公道。”

“对。”阿特尔与杰洛斯重重点头，并同时重重的回了一声。

“可是你们却忘了一件事，”贝丽苏亚道：“国家不是几个人的帮会，而国王身上更是背负着成千上万人的荣辱性命。你们知道为什么只有你们两个与我答话吗？只因在这么多人中只有你们真正受到了国王的恩惠。不是这样吗？一个好的国王应该避免不需要的战争，那怕是隐忍着，他也要慢慢为民众谋取发展与福利。而世代的和平是，好的国王当有战争的能力，也当有着避免战争的智慧。可是你们誓要讨回公道的人却做了什么？先是霸占了他父亲的妻子，接着又为了要杀死自己的弟弟而发动了赛马尔城堡的征战，只因他想使自己能够一劳永逸的永远安稳的坐在那王位上。于是，战争的车轮便绑架了他，他不能自已的在那车轮上旋转。而跟着这车轮旋转的，是国库的金银，人民的血汗。我告诉你们，阿特尔，杰洛斯，在国王第一次发动攻伐战争的那天，我便苦苦规劝，可是他对我的劝解却妒火中烧，只因他疑心我对于他弟弟有着异样的感情。而在那一刻，我就彻底知道，我总有一天会接受审判，但这审判只该是我当日里投出的那错误的一票，也只该是他以往平日里的伪装遮掩了我的这双眼睛。"

"谎言。"在后排一个衣着破旧的高个消瘦中年男子激动的站起身道："谎言。你根本就没你说的那么好，你只是个爱慕虚荣的女人。在你与国王要成婚之前，你就撺掇国王收取窗户税，后来你又怂恿国王要盖一座新的楼阁来祈祷万民的平安。你收取的便是我们苦苦挣扎来的钱，你这个爱慕虚荣的女人。"

"什么窗户税和新的楼阁？"贝丽苏亚极其吃惊但却掷地有声的道："我根本不知道你说的这两件事。如果你说的是真的——不，你说的一定是真的，在这么多人面前你也一定会是个老实的人。那么我只能回答你，是国王借用我的名义做了他心中的事情，而我根本不知道这些事。如果你不相信我的话——你也一定不会相信。那么，只要你有时间，我欢迎你随时去我的寝宫内调查，你当去我住的地方看看，看看那里有没有什么新的楼阁。还有，收取的钱一定是在国库，而国王是那金库钥匙上唯一的锁，现在我准许你推开那扇大门，如果里面还有你说的辛辛苦苦挣扎的钱，那么，我也准许将它们归还给你们。"

贝丽苏亚的话让教堂内的许多人都在窃窃私语，这时一个将要老年的女人却站起佝偻的身躯嘶哑着声音道："你不该杀害国王，他纵有千般不是，可他终归还是你的丈夫。我是个虔诚的人，我知道那句话，神灵赐给你什么，你便做好什么！他给你一份工作，你便好好工作；他给你一份感情，你便好好经营；若他给你的是份苦难，那么你就当在其中忍耐。只因是神灵将他带到你的面前，也是神灵安排了你们的婚姻，所以你要知道，正因如此，你就更应该在神灵的目光下好好的爱他——我之所以这么说是因为我也是个女人，我也有过一个丈夫，虽然他在世时嗜酒如命，鬼话连篇，一事无成还有严重的暴力倾向，虽然我也挨过他不少次的毒打与辱骂，但我所有的街坊邻居都知道我却是个温柔顾家的女人，我从来没有抱怨过，只因这一切都是神灵的安排。而你的所作所为却无疑是在向圣洁的神灵宣战，这是巫女才会有的行径，所以，你也当在神灵面前受到赤裸裸的惩罚。"

"如果一切都是神灵的安排，"贝丽苏亚回她道："那么，就是神灵安排我杀了他。"

"不，"那个女人道："神灵不会准许一个人夺得另外一个人的生命。"

"那么，"贝丽苏亚道："我该受到什么样的惩罚呢？"

"我建议对待你们这种女人就要恢复以往对待女巫时的严刑峻法，"那个将老的女人道："当在大庭广众之下脱光你们的衣服，先给人们细细观赏你们从恶魔处讨要得来的躯体，这样人们才会引以为戒，懂得离你们这些外在漂亮但却能够残害人心的女人远一些。然后再让人们拧掐你们身体的任何部位，以此来宣告要就此和恶魔划清界限。最后，当有一个道德最高尚的人用钉子刺穿你们的皮肉，让人们见到你们体内流出的恶魔之血，然后，你们当在羞愧不已中自死而亡，因为这才是魔鬼在人间唯一的出路。"

"呵——"贝丽苏亚轻笑一声道："你可真是恶毒，但你的话让我理解了你的遭遇，也让我真实看到了你在婚姻中经历的苦楚，可你不离开那个男人，我知道你也定是用自己的血泪在自己的账本上算过加减乘除。可你准备在这里做什么？你这个曾经莫名懦弱、如今又莫名可怜的人，你是准备将你曾受的苦化为愤怒？然后再将这愤恨变为他人所受的苦楚？你这个可恨的人，当圣洁的神灵说仁慈时，只有恶魔捂上了自己的耳朵。所以——这世上有人经历了苦才不想使他人再经历同样的苦；所以，这世上只有恶魔经历了苦才想方设法变本加厉的要让他人也经历各种的苦。你说道德最高尚的人，会是你吗？你可能认为一定是的，但我可以告诉你，即便在我死的时候，我也不会听到任何一个心中尚存有一丁点余温的人，在任何场合、在任何人面前说出你刚刚所说出的那番言语。"

贝丽苏亚说完这番话便转身对苏亚斯道："我要对人们说的话已经说完了，如果你没什么要对他们说的，那么现在就开始我们两人的对话。"

苏亚斯点点头道："我没什么要对他们说，我来这里只是为了要寻出你杀害国王的真相。"

"我有罪，"贝丽苏亚道："是我杀害了亚索，因为他没有资格当国王。"

"不，"苏亚斯摇摇头道："我说的并非亚索，而是他的父亲，上一任国王。"

"什么？"贝丽苏亚吃惊的皱起眉头道："你不知道吗？前王是被我的女仆所杀，但却和我一点关系都没有，这件事情早已水落石出。王家秘密档案馆内应该留有这件事的记录，你如果不相信的话，你可以去那里查一下。"

"我查过了，"苏亚斯道："并且我从中找到了情报大臣所说的那份女仆的供词，我不知道你有没有看过，但我将它带来了。"

贝丽苏亚又一次惊讶道："我没有看过。亚索只告诉我，我的女仆承认杀害了国王，并承认拐带走了我的孩子亚伦，然后就死去了。我根本不知道有供词。"

苏亚斯将那份供词拿出递给贝丽苏亚道："你看一下吧。"

贝丽苏亚忙接过供词细细看了起来。

教堂内虽然安静，但可以看出贝丽苏亚内心的不平与激动，她的双手自从拿到那份供词时就一直在颤抖个不停，直到她将那份供词还给苏亚斯时她依然用愤怒的略带抖动的声音道："这是个疯狂的女人，只因为自己一个疯狂的念头就毒杀了我最心爱的男人，拐带走了我最心爱的孩子，这个疯狂的女人。"

"王后，你还有什么要说的？"苏亚斯问道。

"我有罪，"贝丽苏亚忍不住掩面抽泣道："我看错了两个人，亚索与我的女仆，是我的轻信让他们给我带来了巨大的不幸，我有罪。"

"可我有一个猜想，"苏亚斯道："王后。这整件事情的始作俑者就是你。"

"你可以随便猜想，"贝丽苏亚恶狠狠的摇摇头道："我管不住任何人的猜想。但是，如果你要想使你的猜想成为现实，那你就要拿出证据来证明。"

"我没有证据，"苏亚斯道："我只有这么一个猜想。我曾问过情报大臣前王死时的来龙去脉，并且我还在王家秘密档案馆中找到了一份你当日在地牢中和罗里斯的谈话记录。我详细询问了记录这份谈话的，当晚被国王安排在罗里斯牢房旁的那个密探。我也看了大主教对你审判时的卷宗。这一切让我猜测你是为了要替你的父王、你的国家、你最心爱的罗里斯复仇，所以，你才处心积虑的杀害了前王、国王、并且誓要把战争带给这个国家。"

"我不想和你解释，"贝丽苏亚眼圈通红道："我还是那句话，拿出你的证据。"

"王后，"苏亚斯的目光说不清楚里面蕴含的是什么，他就那么的看着贝丽苏亚道："我知道，你依旧在苦苦的挣扎，是因为你想亲眼看到你的孩子亚伦安然无恙、是因为你要不易的等着他有一天能够平安归来。"

"你这话说的没错，"贝丽苏亚急促的呼吸着却一字一句的道

“可是，你说的另外一些话却是在恶意中伤。”

苏亚斯沉默许久，道：“王后，别再撑下去了，他们都已经死了，罗里斯，你的女仆，她的孩子菲利亚特，还有、你的孩子——亚伦。”

“什么？你说什么？”贝丽苏亚的身子连晃几下，她没有站稳，一个踉跄重重倒在了地上。

坐在第一排的马尔卡连忙上前要扶起贝丽苏亚，贝丽苏亚并没有昏厥，她半蹲在地上用力推开了马尔卡，可这一推就如同耗尽了她全部的精力。

贝丽苏亚就那么半蹲在地上，她没有抬头，却急喘着气重重的问道：“证据，我需要证据来证明、来证明你说的话、话的真实性。”

苏亚斯停了一会儿道：“告诉我这件事的是情报大臣，亚伦很可能死于几个不法分子之手，原因是他携带了大量的金银。那些不法之徒将那些金银和……一起埋在一片树林内，而亚索也已经替亚伦报了仇，在那片树林里，他埋伏了一队士兵，并且射死了前去挖那些金银的一个人。”

“证据，”贝丽苏亚依然狠狠的道：“我说过，我需要证据。”

苏亚斯又停了一会儿，道：“在王家秘密档案室内，我看到了这整件事的记录，确实与情报大臣告诉我的一模一样，上面也签署着亚索的密令——只要有人去挖那批金银，不问缘由，无需审判，不论是谁，直处死刑。并且，在那份卷宗中，还夹杂着这个。”

苏亚斯说着，从衣袍中取出一个黄金吊坠，吊坠上刻画的是一个女子的头像，而下面则刻着贝丽苏亚几个字。

贝丽苏亚看着那个黄金吊坠，忽然间泪如泉涌，但紧跟着她却起身笑道：“神灵一定是个喜欢制造悲剧的魔鬼，你猜的对！是我——杀害了前王。”

第六十六章
梦境的结束

在这个世界上，你想拥有什么样的心？你又想成为什么样的人？我的朋友，我的这个梦是做的长了一些，可是在这梦中的最后，贝丽苏亚的话却使教堂内的人们一阵哗然。

人们开始忍不住的交头接耳，窃窃私语。可是，接下来贝丽苏亚的话却让许多人站起身子愤怒的握紧拳头，还有一些人更是在激烈的大声喊道："快惩罚这个魔鬼一般的凶手""判这个心如蛇蝎般的女人死刑。""快打死这个祸国殃民的巫女。"

贝丽苏亚的原话是——

"并且在我毒杀前王之前，我就已经决定要把战争带到这里每一个人的头上。"

"安静。"苏亚斯先是冲人群高声呐喊，接着他看着贝丽苏亚道："你还有什么话要对他们说？"

"没有。"贝丽苏亚摇摇头。

人群更加喧闹起来。

“安静，安静。”苏亚斯又连喊几句，然后他才对贝丽苏亚道：“王后，你刚才的话也就是说你承认是你杀害了前王，并誓要将战争带给这个国家。”

“我承认。”贝丽苏亚道。

“也就是说，”苏亚斯又道：“你承认你是为了要替你的父王，你的国家，你最心爱的罗里斯报仇，所以，是你安排了这一切。”

“是。”贝丽苏亚简短道。

“而你的同谋就是你的女仆和菲利亚特对吗？”苏亚斯问道。

“对。”贝丽苏亚道。

“再与任何人无关？”苏亚斯问道。

“再与任何人无关。”贝丽苏亚道。

“可是，在这中间有一个人的行为却很奇怪，”苏亚斯道：“他就是已经过世的内政大臣。我看了他的叛国认罪书，他是否也参与了你们的计划？”

“不，”贝丽苏亚道：“是我让女仆借用内政大臣的名义将国家内部的机密情报传了出去，但内政大臣本人却不知道这件事。”

“也就是说你们借用了内政大臣的名义，然后将国家内部的情况秘密传给了赛飞高地和犹伦之地对吗？”苏亚斯问道。

“当时不止传给了这两个地方，”贝丽苏亚回道：“还传给了四方有着军队并对国王怀有不臣之心的人，但最终却只有瓦万特和蛮王起兵了。”

苏亚斯接着问道：“也就是说当时四方有着军队，有着爵位，还怀有反叛亚索心思的人都接到了那份以内政大臣的名义秘密发出的国家内部机密的情报。他们表面上虽未明着反叛，但这也促使了亚索在打东西战争的时候，他们都在作壁上观，是吗？”

“很有可能是这样。”贝丽苏亚道。

“那么，我就明白了，”苏亚斯道：“内政大臣之所以认罪也许只是出自对于国王的愤怒。他知道城中有人在借用他的名义叛国，而这个人不是你便是前首相大人，可是国王没有相信他，也没给他申辩的机会就痛下杀手铲平了他的整个家族。哀莫大于心死，所以，他才选择饮下毒酒而将乱国和复仇的希望寄托在那个利用了他的、真正的叛国者身上。”

“我并不知道他认罪，”贝丽苏亚摇头道：“亚索只是告诉我他判了国。”

“我还有几个疑问，”苏亚斯道：“第一个是情报大臣告诉我，你因该是在竞选国王那天看到内政大臣带来的那些数字，当时你的女仆已经失踪，并且从新王登基那天开始，情报大臣就在亚索的授意下挑选了服侍你的仆人，也有人日夜不停紧盯着你的那扇窗户。在这种无人帮助，又无信鸽乌鸦的情况下，你又是在什么时间将那些情报传出去的，还有，你是怎么做到和你女仆之间保持联系的？”

“两只麻雀，一公一母。”贝丽苏亚道：“在亚索第一次进攻赛马尔城堡的时候，是它们替我传递了消息。”

“麻雀？”苏亚斯疑问道：“这是不起眼但却难以驯养的鸟类。”

贝丽苏亚道：“在宫殿的花园内，菲利亚特先是捣毁了它们的窝，然后将它们和窝中的小雀一起带进我的寝宫。然后，我的女仆便带走这两只麻雀，接着她晚上出城，在离都城第二个村庄中的一间屋内又为它们建造了新窝。亚索离开都城去进攻赛马尔城堡的当天，我便开始在我的窗户前沿撒上大量的面包屑。有一天这两只麻雀回来了，它们不只吃了面包屑，还飞入我的寝宫内在和小雀分别的地方盘旋。我关上窗捉到它们，看到了女仆带给我的信息，知道亚伦与菲利亚特都下落不明。我不忍心告诉她菲利亚特已经死亡的真实情况，只回复她说我得到消息，她的孩子和我的孩子都安然无恙，从那天开始，我便利用那两只麻雀陆陆续续告诉我的女仆国家内部的情况，并让她想办法将这些以内政大臣的名义传遍四方，而最后一次传信，是我告诉她，我让她马上离开都城外的第二个村庄。”

“你的女仆和菲利亚特都是你身边最忠诚的人，他们对你怀有深厚的感情，你对他们也怀有深厚的感情，所以你的女仆被审问时还在想法设法的保护你，哪怕她得知菲利亚特已经死亡，她还是对你尽了忠，依然将前王暴毙这件事算在了自己的身上。所以，当大主教第一次对你进行审判的时候，他提到菲利亚特的死时，你在心痛中差一点就露出了破绽，只因你当时的第一反应不对，你该关心的是你失踪的孩子亚伦，可是你却在狡辩菲利亚特不可能拐带你的孩子亚伦。等你反应过来的时候，你却用了混淆视听的方式跳出了大主教设计的陷阱。而从那刻起，你就更加坚定不移的前行，你进攻了大主教问话中剩余的陷阱，并最终逃出了那场公正的审判。”

贝丽苏亚点点头，重重的道了一句“对。”

“我只想问你一句话，王后，”苏亚斯看着贝丽苏亚沉重的道：“你最亲的两个人都因为这件事去世了，你还觉得你这么做值得吗？”

贝丽苏亚没有马上答话，她的嘴唇在微微颤抖，但她的目光依旧坚定。

“值得。”她终是道。

苏亚斯接着道：“在你毒杀国王的那天晚上，你提前让菲利亚特带走了你的孩子亚伦对吗？”

“是的。”贝丽苏亚道。

“当时你已经和你的女仆合谋完毕，要将毒药涂抹在一个金杯的上面。这是我的第二个疑问，王后，你怎么知道前王会拿哪个金杯的？”苏亚斯问道。

“我并不能完全确定，”贝丽苏亚的声音也在轻微抖动道：“正常来说，人都会拿离自己最近的酒杯，前王也一直如此。可是，如果他怀疑我准备要在酒中下毒谋杀他的话，他就很有可能将离他最近的那个酒杯递给我，所以，我让女仆将毒药涂抹在离我最近的那个金杯上，而前王也确实这样做了。”

“你是怎么做到让前王怀疑你准备谋杀他的？”苏亚斯问道。

“我没有做什么。”贝丽苏亚道：“只是在地牢中见到罗里斯的那晚，我就知道在隔壁间的牢房有密探在偷听我们的谈话内容。”

“你当时才知道，还是在未去之前便知道的？”苏亚斯又问。

“当罗里斯和我说话的时候，借着昏暗的灯光，我注意到一只隐鼠钻进墙底一个不大的缝隙后就再也没有出来。那时我就怀疑隔墙有耳，而我猜这个耳朵一定会是国王的密探。”贝丽苏亚道。

“我明白了，”苏亚斯道：“本来这是我的第三个疑问，因为在我的猜测中你一生的最爱应该是罗里斯。我不太明白你为什么要在最后一次见到他时，会在地牢中对他说出那番话，现在我明白了，你并不是不足够爱他，而是当时的你就已经决定了要为他复仇。”

“祈求前王放过他的生命已不可能，”贝丽苏亚的眼中忽然留下了一滴眼泪，“以我对于前王的了解，他和亚索一样，表面宽宏大量，骨子里却怀着嫉妒与杀戮的火种。”

“可是王后，”苏亚斯道：“你知道那些话很可能让他的心先死于生命。”

“不，”贝丽苏亚咬着牙道：“我问过他还记不记得在森林中我最后说过什么，他会明白过来的。”

苏亚斯似有深意的看着贝丽苏亚沉默一会儿，然后道：“所以，确实是你勾引了亚索，同时也是你送信给亚赛，让他回到赛马尔城堡去，以此好挑起他们兄弟间的相残。”

“是的。”贝丽苏亚道：“当时的我做了两种准备，如果亚赛为王，我便会引诱亚索带我出城，然后怂恿他到双峰堡借助那里的军队发起王位争夺战。可是在王位的传送上，命运却恰好将那神圣的一票交到了我的手上。”

“所以，当亚索将要满足自己欲望的时候，也就是他将要对你偿还的时候。而你当时选他为王，”苏亚斯道：“是因为你知道，利用他对你的爱还有他本身的性格，他更容易受到你的摆布。”

“不止如此，”贝丽苏亚道:“还有一点，亚赛来自于赛马尔城，那里本身就存有军队。比着要让亚索许下重利求助于想要从双峰堡中走出来的堡主，这样发生战争的概率也会大一些。”

苏亚斯道：“王后，你知道他们兄弟俩都对你怀有特殊的感情。”

贝丽苏亚道：“可是我对他们没有丝毫的感觉。”

“王后，”苏亚斯看着贝丽苏亚道：“你毒死前王，害死亚赛，射死亚索，同时费尽心力要在四方挑起战争，是因为你要摧毁前王一生一世心心念念想要达成的事业。而这一切的起因都是因为罗里斯告诉你，是前王欺骗了你，是他动用了黄金铁骑攻占了桑尔夏城，是他屠杀了那里的民众，也是他杀死了你的父王。”

“对。”贝丽苏亚道：“当我跟随前王来到都城的路上，我觉得桑尔夏城终是换来了和平。”

“你相信罗里斯的话，王后，那么，我只问你，”苏亚斯依然看着贝丽苏亚道:”你有什么证据？”

“我没有证据。”贝丽苏亚道：“我只有一个相信。”

“王后，我问了当时对罗里斯行刑的人，”苏亚斯道：“罗里斯在被行刑前，他面带微笑低声说了一句话，你的女仆当时离得远，一定没听到那句话，但她也一定会告诉你。王后，你觉得罗里斯最后的那句话是什么？”

“桑尔夏之花。”贝丽苏亚道。

“不，”苏亚斯摇摇头道：“行刑者说罗里斯最后说的应该是一个人的名字，如果他没听错，那个名字叫做安娜塔西雅——这应该是一个女人的名字，王后，你认识她吗？”

“不，”贝丽苏亚痛苦的摇了摇头道：“我不认识。”

“王后，”苏亚斯进而盯着贝丽苏亚问道：“你和罗里斯分开了那么多年，你有没有想过，他也许已经有了新的婚姻，新的生活，你就确定他真的一定不会欺骗你吗？”

“不、不会。”贝丽苏亚咬牙道：“即便他欺骗了我，风神也不会说谎。”

“你见过风神吗？”苏亚斯问道。

“没有，”贝丽苏亚道：“但祂时常在我迷乱的梦中出现。”

“这世上只有人类的梦，”苏亚斯看着贝丽苏亚道：“并没有风神。”

“我看不到这命运诡异的走向，”贝丽苏亚道：“我唯有选择相信。”

“王后，”苏亚斯道：“你和前王生活了那么多年，你们也有了孩子，但就因为你这个执着的相信——你，还觉得值得吗？”

“亚伦，”贝丽苏亚道：“是我和罗里斯的孩子。”

大厅内的人们顿时炸了锅。

“安静。”苏亚斯喊道，却听到贝丽苏亚道：“我们在桑尔夏森林中私定了终身，前王攻来时，罗里斯申请去了最危险的地方，他成了在桑尔夏森林中领兵游击前王的将领。然后，在有天夜里，罗里斯用钩绳回到了桑尔夏城，也就在那天晚上，我们秘密见面并瞒着所有人有了亚伦。然后不到一个月的时间，因为和谈，我坐上了前王回到都城的车。”

“所以，”苏亚斯道：“你没想过要让亚伦当国王，而只要他回来，你便会找个时机带他一起逃离都城。”

“是。”贝丽苏亚道。

“所以，”苏亚斯又道：“如果他的心像狐狸一样狡猾。”

“是。”贝丽苏亚又道。

“我已没什么要问的了。”苏亚斯道：“整件事情已经大白于天下，但我不是法官，主教，也不是执法者，我——无法给你判罚。”

“贝丽苏亚，”这时厅内中间排坐上一个苍老的老人站起身，并用力喊了一声贝丽苏亚的名字。

贝丽苏亚回过头去。

“王后，”那个老者和蔼的看着贝丽苏亚道：“我第一次见到你时你只有十七岁，我记得那天街上万人空巷，愿您永远是我第一次见到您时的样子。”

“前首相大人，”贝丽苏亚眼含热泪哽咽道：“我这么说并无恶意，但如果有一天，您忽然得知您身边的一个人欺骗了您许久，并且是他屠害了您城市的人民，杀害了您的父亲，占领了你们的土地，并吊死了您一生中最爱的人，如果您心中还尚存在有一丁点血性，您也定不会和十七岁那年一样的。”

“死刑，死刑。”人们已经在狂乱的叫嚷。

“没有愤怒与报复的人才可以判她的罪。”一个跛子大声喊道，可是他的声音立刻便被狂乱的人群声盖过了。

“即使你要复仇，你也不该将灾祸带给我们。”人们愤怒的喊叫已如同惊涛骇浪，而这海啸般的轰鸣则淹没了贝丽苏亚轻声的、只允许她自己听到的声音，“当我出生时，这世界刚刚出生，我说，要有光，于是便有了光，我觉得光是好的，于是，我便将它与暗分开了。”

此时的马尔卡站起身高声叫道，“安静。”接着他道：“这件事已经画上了句号，不要在句号后再出现新的死者，我对她的判罚是囚禁。”

“不，”贝丽苏亚却抬起头道:“人都要为自己的行为付出代价，我对我的判罚是死亡。”

几天之后，在都城城外，在人们众目睽睽之下，贝丽苏亚手握着桑尔夏特有的长长的风笛，她的脸冲着桑尔夏城堡的方向。这时，一个带着衣袍帽的青年挤过了人群，士兵拦住了他，可是他却高声喊道：“让我过去，我来自矿区，我认识罗里斯，我身上带有他的东西。”

“让他过来。”贝丽苏亚大声道。

马尔卡示意士兵放过了那个青年，那个青年直走到贝丽苏亚身旁，然后他才从衣袍中拿出一个小瓶递到了贝丽苏亚的手上。

贝丽苏亚吃惊的看着那个小瓶。

“在矿区中我问过罗里斯，”那个青年道：“这个瓶子里面装的东西是什么，罗里斯告诉我，这个瓶的名字叫做‘死亡之吻’，是他和一生中最心爱的女人间的定情信物。我在整理他遗物的时候，找到了这个瓶子。在我心中，他是一个很好的人，他在矿区中从一群粗鲁野蛮的男人手中救出了我，他使我重拾尊严站了起来。我已经替他报了仇，也毒杀了出卖他的那个人。现在我想，我应该把这个瓶子还给你了——然后，我想去你们说的桑尔夏森林中看看。”

那个青年说完转身就要离去。

“你叫什么名字？”贝丽苏亚问道。

那个青年回过头道：“安娜塔西雅，在矿区中他们都叫我安娜塔西雅。”

贝丽苏亚抿嘴笑了，接着她拧开瓶子，亲吻了瓶口。

“风神从不说谎。”她笑着，看着远方。

“王后，”她的女仆手拿两个金杯走到她的面前道：“桑尔夏城只剩下我们四个人了，您确定还要冒这个险吗？”

“哪怕只有我们四个，毁灭他们的也必然会是我们。”

贝丽苏亚将风笛放在唇边，悠扬而悲伤的旋律响起，赫然是那首《风神吾心》。

马尔卡转过头去，泪水夺目而出。

贝丽苏亚沉痛的吹奏，途中她一次次放下风笛，轻声呐喊，又一次次拿起风笛，继续吹响这首曲子，直至死亡。

第六十七章 复活的觉醒

“你站在这里多久了？”

“很久了。”

“你在这里看什么？”

“许多东西。”

“你看到了什么？”

“大海在封冻，黑暗在前移。”

“你想告诉人们吗？”

“我让罗威——我让罗威将我看到的一切编进了歌谣，我让罗威——我让罗威将残酷隐藏在了这歌谣中，将真相隐瞒在了这乐章中。我让罗威将这些带给人们，可是，可是我看到在海中唱着这歌谣的罗维拼命游动却不断被人们的鱼叉所伤。我伤心了，可是我哭不出来，只因，只因青龙之目没有眼泪。”

“你想告诉人们什么？”

“能够做到毁灭与救赎的只有人类。”

“你在这里吸风饮露，不食五谷，你的肤色已经像这冰雪一样洁白，只是因为你怀抱着这不切实际的幻想吗？”

“我看到了许多东西，我看到了他们。他们掏空了我所有的急功近利利欲熏心，反而使我留下了这一丝的热情，反而使我留下了这唯一的热情。”

“你抱不动他们，就如同你抱不动这座山峰。”

“不，他们有着能够自我行走的双腿，他们有着能够在分叉路口自我选择的智慧。”

“你似乎遗忘了该怎么笑，但你说这句话的时候，你似乎是在笑。”

“如果我心惶惶，我怕我又遗忘了该如何飞翔。”

“你希望人们学会和平友爱，共同营造自己唯一的家园，来面对或推迟那未知的、总要到来的黑暗是吗？”

“我害怕充满怨恨与诅咒的地方，我害怕只有黑夜在没日没夜的孕育。我害怕那本该是葱绿的森林却装点着不该有的悲伤，我害怕那孤独老去的树枝依旧冲不破那惨白漫天的迷雾。我害怕听到宽阔的海洋只能发出哀鸣般的叹息，我害怕人们手中紧握的不再是如同阳光般发亮的希望。我害怕那本该多姿多彩的灵魂只能和唯一的死亡相拥，我害怕那经久不变的只能是木然的眼睛和连绝望都没有的脸庞。”

“你害怕的东西太多了。这害怕就如同巨石般冰冷坚硬，它横在你的面前，遮住了你的目光，挡住了你的去路，它使弱者自哀、强者自信，你究竟看到了什么？”

“我看到了人们的行为，我看到了人心。”

“这世上挡不住的除了天意难违，还有人心所向。你不用害怕，也不用恐慌。”

“人们，人们还能自我救赎吗？”

“为什么不能？我见过这世上的英雄、智者，我见过这世上无数被美好所吸引而去的人群，我见过无数次传递下去的亲切的笑容，我见过虽柔弱但在不停鲜红的心跳，我见过热血融合着羞涩的脸庞，我见过发光的善良。”

“人们，人们还能维护这样的世界吗？”

“为什么不能？究竟是什么让你如此悲伤？这个世界如此美好，我又怎舍得放弃。”

“我看到了，我看到了你坐着那只海豚跟着罗威穿过大海，我看到了，我看到了你背着罗威走上了这座费丽慈山峰。这里已没有那只青龙了，这里只有我，只有我在用龙眼看着发生的一切，这里只有我，只有我在用人类的言语向你讲述着生命的预言。”

“我来自东面的女巫岛，我在那里捡到了你曾经求救的瓶子，我在那里听到了罗威唱出了你编的那首歌谣，我跟着罗威跨过大海，我背着罗威走上了这座费丽慈山峰，我是那里法力最大的一个女巫，我能复活这里的青龙。”

“谢谢，谢谢你。”

“不止如此，在我们女巫岛，我们还能召唤出一个地狱中的小偷。每隔一百年他便能从死神处偷出一个在一年内到那里去的灵魂。如今四百年过去了，在这四百年中，我们尚未央求过他，所以，我们还能再复活四个生命。”

“谢谢，谢谢你们。”

“我需要知道你在这里究竟看到了什么。”

“南北极地，幽暗南山。红雪融化，海底冰封。枯骨残躯，尸将死兵。”

“世界没有希望吗？”

“我不知道。”

“我需要你用青龙之目看我带来的这块水晶头骨，龙眼应该能从中看到未来——你看到了什么？”

“雪，漫天遍野的灰雪，枯萎发黄的植物，濒临灭绝的动物，污秽有毒的河水，黑烟一般的气息。”

“你还看到了什么？”

“有人拔出了巨斧，城市上空遮挡着大量的蝙蝠，密林中措不及防射出的是凌厉的竹箭，快如闪电般奔腾的是马，冰海相接处停靠的是船，拼尽力气歌唱的是人鱼，而念动了魔法之阵的是巫女。”

“你还看到了什么？”

“三叉戟连接了天上的闪电，火焚烧了一切，水清洗了一切，舟高于一切。宽大的脊梁顶住了宽大的石壁，北方的巨斧封存在了北地，一手创建了一座城市，而延续了生命的不是神，是一个女人。”

“你还看到了什么？”

“太乱了。”

“你有没有看到希望？”

“我什么都看不到了。”

“就这样就行了。不论上天给我们创造了什么样的世界，但我们总会为我们想要达成的世界而奋斗！即便失败，然而无悔，我代表我们整个女巫岛同意参战。”

“我们人鱼只会歌唱和演奏，用你们人类的话来说，这应该算是一种艺术吧。我不知道你们怎么理解艺术，但对我们来说，艺术就是不论你经历了什么样的浩劫，但你的心永远高昂着，它不会死，它只会永存。我们也许会讨厌你们的人情世故，但我们绝对不会愤世嫉俗。亚伦，我代表我们人鱼一族宣告参战。”

“我无法代表人们，我只能向你们俩说声谢谢。”

“没什么谢的，亚伦，人鱼之岛早已被大量的怪兽盘踞占领，我们也总要回去。”

“人们曾经猎杀了女巫，我根本不知道他们是怎么分辨女巫的好坏的，在许多年前我只能带领着许多走投无路的女人与许多心怀善意的女巫寻到了那座小岛，虽然我们把那里称为女巫之岛，但那里的女人和我们都在想着能够有一天再回到陆地和人们友好相处，毕竟，那才是个真正的色彩斑斓的世界。”

“在这费丽慈山脉的雪山上。”

“今天我们结成了同盟。”

“让这皑皑的白雪见证。”

“我代表女巫之岛。”

“我代表人鱼一族。”

“我代表我自己。”

“亚伦，只有你看到了未来，请选择你要复活的四个生命吧，这只有你能选择。也许，我们三个在这场巨大的圣战中都会逝去，但是，我们也尽要拉着那黑暗与我们一起同葬。然后，愿这世上再也不会有战争，愿光明与温馨永存，愿所有生命都能过好自己那来之不易的——一生！”

本书上部完

www.ingramcontent.com/pod-product-compliance
Lightning Source LLC
Chambersburg PA
CBHW052106020426
42335CB00021B/2668

* 9 7 8 1 9 5 7 1 4 4 5 1 1 *